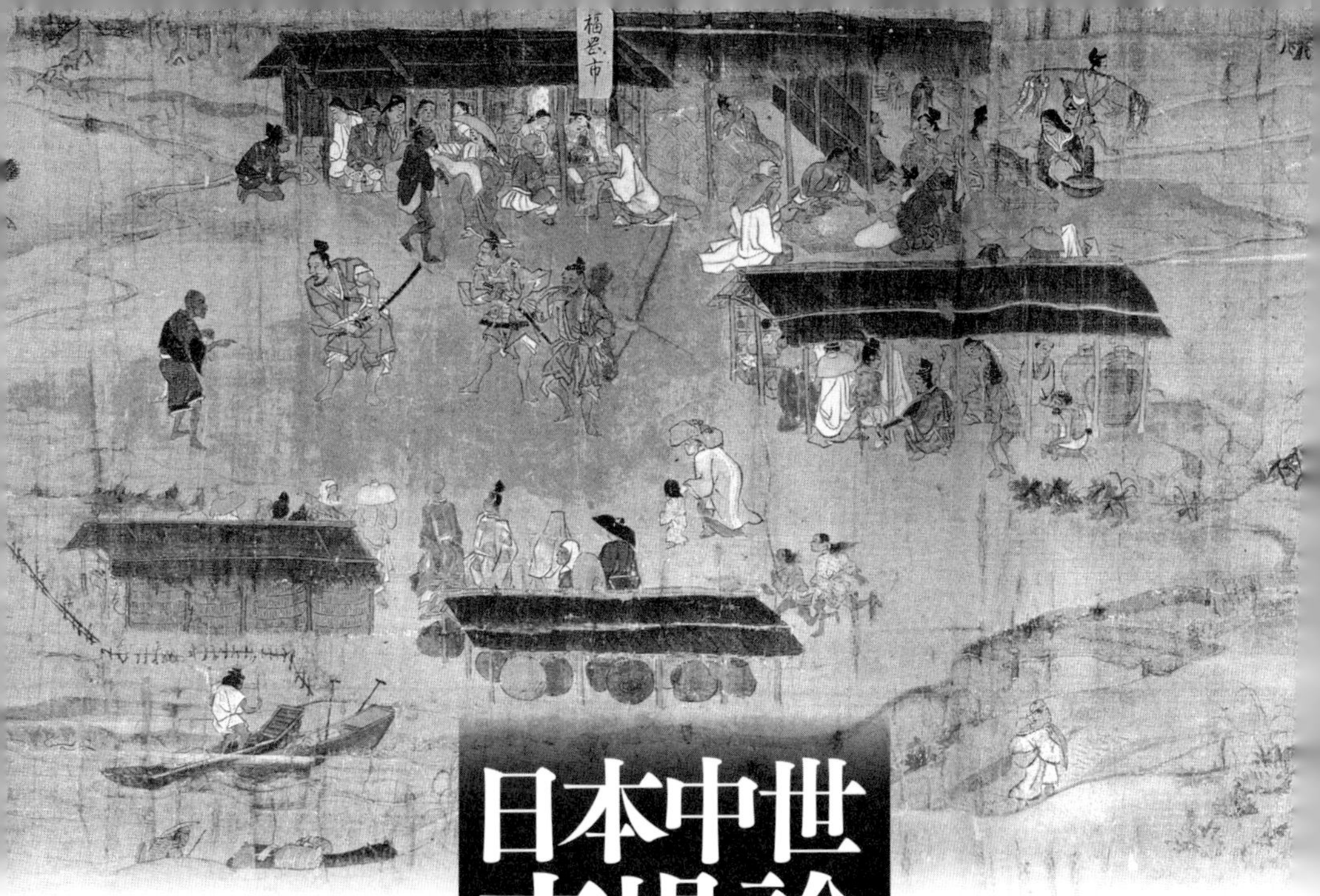

日本中世市場論

制度の歴史分析

安野眞幸｜著｜*Masaki Anno*

名古屋大学出版会

市場は、誰にでも公開された場所でありながらも、いざとなると歴史の本筋からは、隠され、埋もれていく分野のうちのひとつである。このような逆説的な現象がなぜ生じたのか。一言でいえば、歴史を動かしてきた数多くの民衆たちの生活史に対して私たちが無関心であったことによる。したがって、それが文章によってきちんと示されることもなかった。

——鄭勝謨『市場の社会史』（林史樹訳、法政大学出版局、二〇〇二年）

目次

凡例

一、「公家法」は佐藤進一・百瀬今朝雄・笠松宏至編『中世法制史料集　第六巻　公家法・公家家法・寺社法』の「公家法」をテキストとした。法令を特定するに際しては「第○○号」とした。

二、「鎌倉幕府追加法」は佐藤進一・池内義資編『中世法制史料集　第一巻　鎌倉幕府法』の「追加法」をテキストとした。法令を特定するに際しては「第○○条」とした。

三、各法令の「読み下し文」は石井進・石母田正・笠松宏至・勝俣鎮夫・佐藤進一校註『中世政治社会思想』上における笠松宏至校註の「追加法」と、笠松宏至・佐藤進一・百瀬今朝雄校註『中世政治社会思想』下における笠松宏至・佐藤進一校註の「制符・事書他」の読み下し文によった。同書に記載のないものは筆者が「旧仮名遣い」で読み下した。なお、本文中への引用の際には「新仮名遣い」とした。

四、室町幕府もまた『御成敗式目』を裁判の規範・基本法としていたので、室町幕府の出した法令は追加法となるが、ここでは鎌倉幕府の追加法のみを「追加法」と表記し、室町幕府のそれは「室町幕府追加法」と表記することとした。

五、『中世法制史料集』では漢字は「本字」を使用しているが、ここでは「当用漢字」を使用した。

六、史料の引用に際して、必要なところに①②……、ⅰⅱ……などの符号や傍線を付け、適宜改めた。法文上で事書と見なされるところは事書形式に改めた。

第I部　市場の機能——公界再考

「市場」は、訓読みでは「イチバ」であるが、音読みでは「シジョウ」となる。訓読みの「イチバ」からは、身体的な雑踏・賑わい・様々な商品等々が思い出され、多くの人が日常的に訪れる場所となるのに対して、音読みの「シジョウ」は抽象的な学術用語で、「イチバ」という具体的な空間に限られない取引を指す含意があり、両者の間には対立がある。本書で主として取り上げるのは「イチバ」であり、場合によっては「市庭」と表記されていた。ただし、このように述べたのは対象を明確にするためで、「市場制度」など、適宜「シジョウ」と読んでもらっても、さしつかえない。

まずこの第I部では、時間と共にあまり大きく変化しない市場の原理論、市場の制度・構造・機能などを取り上げる。また、網野善彦の「公界論」の見直しを中心的なテーマとする。そのため、市場が「裁判の場」「支払いの場」「文書作成の場」であることなどを論じる。なお、あらかじめ断っておくなら、「公界」という用語の定着は南北朝の動乱の後の禅宗の民衆化によっているが、本書では、公界に相当する実態がそれ以前に形成され、そこに後からこの用語が導入されて、当てはめられたと考えるため、南北朝以前についても、こうした実態を指す場合には「公界」という言葉（本書第1章第四節、第3章第三節、第6章参照）を用いることとする。

第1章　市場は裁判の場である

一　市場には監督官がいる

「市」という漢字

白川静は字源の解明を試みた字書『字統』(1)の中で「市」は「象形」であるとして、次のように説明している。

　市の立つ場所を示すための標識の形。
　交易の場所には高い標識を樹て、検査官を派遣してこれを監督した。

『説文解字』には「買売するものの之くところなり。市に垣あり、冂に従ひ、㇇に従ふ。㇇は古文及なり。物の相及ぶに象るなり」とある。「冂」は「垣」を表していよう。また『唐六典』には「建標立候、陳肆辨物」とある。白川はこの「候」を「検査官」「監督者」としている。ここから市は垣根で囲まれており、〈標識を建て、これを監督する〉ことが古くから行われていたことが分かる。(2)『魏志倭人伝』に「国々に市あり、大倭をしてこれを監せしむ」とあったことや、我が国の律令時代の「市の司」がこれに対応しよう。

『日本霊異記』の「小川市」

平安時代の初め、弘仁十三年（八二二）頃に成立した『日本霊異記[3]』の中巻第四縁には、聖武天皇の御世（八世紀前半）に、大女とチビ女の二人の力持ちが力比べをしたとの話が収録されている。力比べの場所は「三野国片県郡小川市」である。我々にとっての関心は市場にあるので、まず物語の背景である「小川市」を考察したい。当時伊勢湾は今の大垣の辺りまで北に大きく入り込んでおり、現在の木曽三川の下流域に広がる輪中地帯は「味八間の海」であった。その浅瀬の海の澪の通り道が残って今の揖斐川となった。当時の長良川と木曽川は、今の岐阜市の辺りでこの「味八間の海」に流れ込んでいた。

「東山道」はこの海の北岸に沿って東西に延びていた。近江の国の国衙が「逢坂の関」を越えて直ぐの大津にあったのと同様、美濃の国の国衙も「不破の関」を越えて直ぐ近くの関ヶ原古戦場の辺りにあり、共に都に近く、西方に偏していた。一方「小川市」は当時の長良川の河口付近で、東山道にも近く、水陸交通の要衝にあった。この市の場所について栄原永遠男は〈長良川と伊自良川の合流点の岐阜市会渡の「一日市場」、伊自良川沿いの同市黒野の「古市場」に当てる説が有力だが、長良川の旧流路沿いに求めるべきであろう[4]〉とした。いずれにせよ小川市は美濃国の中心部にあり、物資の集散地だった。

「小川市」は国衙市ではないが、律令国家の秩序はこの「小川市」にも及び、「市の司」がいたはずである。古代の市場には「市人」がおり、「往還の商人」は市場まで商品を持ってくるだけで、商品の販売は「市人」が行っていた。それゆえ商品の流れは、「往還の商人」→「市人」→「買手」となる。物語によれば、この市場には「三野狐」という名の百人力の大女が住んでいた。「三野狐」は『日本霊異記』上巻の第二縁に関わり、欽明天皇の御世（六世紀中葉）に狐を妻として産んだ子供が「狐直」の姓を負い、強い力を持ち、飛ぶ鳥のように速く走ったという。「三野狐」はこの異類婚の四代後の子孫・「玄孫」である。

女は「市の司」を追放して「小川市」を支配していた。「三野狐」は「市の司」に代わり、市場「監督者」の立場に立ち、暴力で市場を支配し「往還の商人」を「淩弊」していたとある。棒で威圧したのであろう。「往還の商人」の「物」を奪って「市人」に売らせることを「生業」としていたとある。「往還の商人」の「物」を奪うとは、商品自身の略奪ではなく、その転売から得られる市租の略取であろう。百パーセント「奪って」しまえば、商人は二度と市場にやって来ないからである。「三野狐」は「往還の商人」と「市人」の間に介在し、「津料」や「市場銭」などを徴収していたのである。

そこで商品の流れは、「往還の商人」→「三野狐」→「市人」→「買手」となる。ここにチビ女が登場し、この大女を「試み」る物語が始まる。上巻の第一縁は雄略天皇の命により雷を捕まえた「小子部」の栖軽の物語で、その子が第三縁の敏達天皇の御世（六世紀後半）に登場する「元興寺の道場法師」である。ここで登場したチビ女はその「道場法師」の孫である。大女もチビ女も共に「霊異」のもの、人並み外れた力の持ち主で、実話ではない非現実的・非日常的な「説話」である。二人とも「霊異」だが、前者は異類婚に関わり、人間外・秩序外の存在で、後者のチビ女は天皇や元興寺に関わり、秩序内の存在である。

このチビ女の住所は尾張国愛知郡片輪里で、萱津川近くの海岸である。尾張国の愛知郡から船で「味八間の海」を通り、三野国の小川市に行くことができた。蛤五十斛を捕って船に乗せ、小川市に船を止めた。大女は蛤を皆買い取ろうとして「何処から来たのか」と尋ねた。これは「三野狐」が手数料を徴収するための手続きである。しかしチビ女はこれに応えず、四回目に問うた時に「来る方を知らず」とした。狐は「無礼者」と思い、打とうとして寄ってきた。これに対してチビは両手に鞭を持ち、鞭に肉が付くまで強く十本の鞭で打ち、狐は「服也、犯也、惶也」と言って詫びを入れた。

蛤の主の女は「今後はこの市に居てはいけない、若し強いて住もうとすれば、打ち殺すぞ」と言った。その後狐は市に住まず、人の物を奪うこともなく、市人はすべて皆安穏を悦んだとあって物語は終わっている。この物語で省略されているものは、その後律令国家の役人・「市の司」が復帰し、天皇の秩序が復活したことである。「三野狐」の行ったことを後の時代の史料に登場する事例に捜すと、市場に住む定住商人の「押買」となる。この話は、普通の人と違った特別な人の血を引き、人並外れた力を持つ二人の女が互いに争うが、仏教の力で市の正しい秩序が回復したという仏教説話となっている。

しかしこの物語からは逆に、〈市場は暴力によって、いつでも秩序が破壊される可能性があった〉、〈市場では正しい秩序を守ろうとする勢力と、暴力的支配を試みる勢力とのせめぎ合いが繰り返されていた〉、という事実を読み取ってよいはずである。公衆の面前での力比べによって正しい秩序が勝利した。正邪の判断を下したのは市にいた人々全員である点で、これは公開裁判でもあった。

『今昔物語』の「小川市」

平安末期の十二世紀初頭に成立した『今昔物語』[5]巻二十三の第十七には『日本霊異記』の「小川市場」での力比べの物語が、ほぼそのままの形で書き継がれている。違うのはチビ女が小川の市に着いた時に「美濃狐有テ、彼ノ蛤皆抑取テ不令売ズ」とあるところである。「売らしめず」では、チビ女が市場に立って蛤を売ることを狐が禁止したとなる。『霊異記』の原本では「令売」とある。私はこれを「市人」に売らせたと理解して、前述した商品の流れを考えた。しかし『今昔物語』では後世の「抑買」「押買」と同じ（第13章第二節参照）で、ここに新たに「不」が加わっているのである。

不当な行いであることに変わりはないとしても、商品の流れは「蛤女」→「三野狐」→「買手」となり、流通のシステムに違いが出てきたことになる。これは平安末期に律令体制が崩壊し「市の司」「市人」制度が解体し、「往還の商人」自らが市場に立って売手となる体制が成立したことが背景になっていると私は思う。では「市の司」がいなくなった中世の市場にはどのような監督官がいたのだろうか。次にそれを列挙してみよう。

二　裁判官の登場

星川市場の市場刀禰

平安末期の伊勢国の星川市場(6)では、津料徴収をめぐり市場刀禰と伊勢社の神人との間で争いが起こった。争いはそれぞれの本所を通じて、最終的に明法道の学士の下での裁判となった。ここからは市場の秩序維持者として市場刀禰の存在が確認できる。

東市正の名和長年

佐藤進一は、建武元年（一三三四）に後醍醐天皇が新政の一つとして、これまで検非違使の中原氏が独占・世襲してきた京都の市政機関の「京職─市司」の「東市正」のポストを中原氏から取り上げて、功績のあった伯耆の商人的な武士の名和長年に与えたこと(7)を明らかにした。佐藤はこれを伝統的な官庁請負制の無視だと評した。帝都の都市計画では、左京と右京に区別され、それぞれに東市と西市が置かれていたが、やがて右京はさびれ、左京の北半に人家が密集し、市街はさらに鴨川を越えて東北部にまで発達した。律令制の衰退と共に官設市場は姿を消し、官衙町に新たに市棚や市場が栄えた。

「東市正」はこうした市棚・市場の管理を職務としていた。そもそも検非違使庁は令外官として平安時代に設けられたものだが、鎌倉期に入ると中原氏が「京職」の職務・京都の市政一般を吸収して、その「東市正」となっていた。六波羅探題が設けられると、両者の権限の重複を調整して刑事事件は六波羅が、民事事件は検非違使が取り扱った。こうして京都の商工業者の営業活動の保護は中原氏の職務となり、「東市正」の官職に付随する所領や営業保護税の徴収も中原氏の支配下にあった。検非違使庁は行政権を行使するにあたり、京都の町を小区域の「保」

に分け、使庁の職員を保に配置していた。

彼らは「使庁の下部」と呼ばれる多数の下級職員を手足として、営業上の紛争に関わり、保内商人の債権取立て、抵当物件の強制差押えなどの雑務沙汰を行っていた。つまり京都では市場の監督者として検非違使庁・「東市正」がいたのであり、佐藤がこれを明らかにしたことは画期的なことである。

狂言「茶壺」

狂言の「茶壺」[8]は、栂尾の茶を求めてきた〈男〉が「昆陽野の宿」近くの路上で酔って寝込んでいると、「昆陽野の市」を活躍の場とする〈スッパ〉が、男の連雀の片方に腕を通して自分のものだと主張して争いになり、〈所の目代〉が裁くという狂言である。この目代は二人からは「御検断殿」と呼ばれている。ここから狂言の「市場の裁判官」は目代やその下の小目代で、彼らが市場で「裁判」を執り行っていたことが分かる。観客の立場からすれば、スッパは盗犯で、本来の所有者は酔って寝ていた男となるが、「御検断殿」の立場からすると、争っている二人が同じことを主張しているので判断は難しかった。

それゆえこの争いは、スッパの行った「乱暴・狼藉」というよりはむしろ、市場周辺で起きた「喧嘩・口論」となるだろう。ここから市場では随時「検断殿」を中心とした〈市場法廷〉が開催されていたとなり、市場は〈裁判の場〉でもあったとなる。このほか狂言の中には、〈目代〉が新市を立てる際に、〈一の棚〉を飾ったものには万雑公事を免除する〉と立札を立てたことから、二組の商人が登場し、互いに争うものがある。〈鞨鼓張り〉と〈鍋売り〉の登場する「鞨鼓焙烙」[9]＝「鍋八撥」。〈女の酒売り〉と連雀を担いだ〈小間物商〉が登場する「連雀」[10]。〈馬博労〉と〈牛博労〉が争う「牛馬」[11]などがある。

狂言の「長光」[12]では、京の町屋で〈田舎者〉の太刀を〈スッパ〉が盗もうとして争いになり〈目代〉が登場する。また狂言の「柿売り」[13]では市場に〈目代〉が登場して柿を食べる。ここに登場する市場の裁判官＝「検断殿」

は〈国司―目代〉という系列の中にあり、「検断殿」の権限は律令国家以来の「国司」の権限に基づいていよう。このほか、鎌倉期の王朝国家側の検断権者としては、前出の検非違使や惣追捕使などが知られている。

『庭訓往来』四月往状

『庭訓往来』[14]は、鎌倉末期から南北朝期にかけて、当代第一の碩学と言われた玄恵が、手紙の模型文として少し古い時代の往復書簡それぞれ一組を、月ごとに編集してこれを〈骨組み〉とし、それに後世多くの人が〈中層武家の子弟の教育のための教科書〉として「物尽くし」を〈肉付け〉して、最終的に南北朝後期から室町期初期に出来上がったものであろう。ここで取り上げる四月「往来」の〈骨〉は、遙任として任国に下らない「知行国司」が「目代」に出した「往状」と、「目代」から「国司」に宛てて「事書」通り「遵行」をしたとの報告と、早く任国に赴くようにとの要請の、二つから構成された「返状」から出来ている。

「往状」の〈肉〉は「為政の心得」や「御料興行」のための「市町興行」に関わる商人・職人・百工・芸能民・文人などの招致を内容とした「職人尽くし」である。最初に「凡、先日被仰下、市町之興行、廻船着岸津、并狩山・漁捕・河狩・野牧之事、定被遵行歟」とあり、「市町興行」を指示し、執行を求めている。「招き据えるべき輩」には「伯楽・牧士」「猟師・狩人」がある。これらの狩猟・漁労民や馬飼などは、水・陸交通の担い手で、護衛＝兵士役となるべき人たちである。この部分は、流通業に携わる人的資源確保の命令である。ここからこの「市町」が水陸交通の要衝の港町に作られていたことが分かる。

知行国制度は院政期に始まり、国衙領が存続する間は存続していたので、『庭訓往来』四月往状は室町初期の国衙周辺の在り方を反映していよう[15]。〈骨〉の方は知行国司が登場する院政期以降の国衙市と、それに関連する外港市の建設の場面が前提だが、〈肉〉の方は鎌倉後期以降の領内の国衙市場建設を背景としているだろう。石川松太郎[16]は、「領国の繁栄」をテーマとする四月状が、「地方大名の舘造り」を取り上げた三月状と「大名高家の饗応」を取り上げた五月状の間に挟まれていることから、室町将軍家の権威が確立し、守護などの地方領主の地位が安定し、領国が繁栄し始めた室町前期の事情を描いたものとした。

『庭訓往来』の四月往状では、市場に招致すべき「とりえある人」として「鍛冶・鋳物師・巧匠・番匠」から始めて、多くの職人・商人を列挙しており、「明法・明行道の学士」「検断・所務の沙汰人」を挙げている。「明法道の学士」とは「公家法」の専門家である。「検断・所務の沙汰人」とは「検断の沙汰人」と「所務の沙汰人」だろう。前述のように『庭訓往来』の特徴は「物尽くし」で、石川松太郎の言う「類別単語」の列挙にある。当時の裁判には「検断沙汰」の他に「所務沙汰」「雑務沙汰」があり、市場では売買や貸借に関わる「雑務沙汰」が相応しかったのに、なぜかここには挙がっていない。

一方「返状」には、当時の商品流通の有様について「泊々之借上・湊々替銭・浦々問丸、以割符進上之。任俶載運送之」とある。この「俶載」について、校註者の山田俊雄は「未詳」としながらも〈「割符」の意なることは明らかである〉[17]とした。これに対して佐藤泰弘は論文「『庭訓往来』三百年の誤読」[18]の中で、古代において船の積載量・輸送能力・積載品をいう「勝載」[19]が〈舁載・升載（舛載）→叔載→俶載〉と変化したとして、この部分は「割符によって進上し、船荷によって運送する」の意味だとした。こうした信用経済を円滑に循環させるために、市町には「雑務沙汰」の裁判施設があったはずである。

鎌倉幕府そのものが「検断沙汰」権を持つ「守護・地頭」の組織体として成立したことから、地頭の職務に関わる「検断沙汰」は幕府の組織論上最も重要なものであった。また、中層武家の教育のため、彼らに関わりの深い「所務沙汰」を取り上げるとすれば、往状で取り上げるべきは「検断・所務の沙汰人」となったのだろう。以上から、市場には「検断の沙汰人」がおり、市場は「検断の沙汰」の場だったことは確実となる。ここから「検断の沙汰人」は、先に取り上げた狂言「茶壺」の「検断殿」と重なり、市場では刑事事件の裁判が行われていたとなる。「所務の沙汰人」については、鎌倉幕府が重大視した「所務沙汰」以外にも、一般に国衙領内の在庁官人の「所務」や、荘園内部の「下司・公文・田所・押領使」や「職人」の「所務」についての争いを取り扱う「所務沙汰」が広く荘園・公領に存在していたと考えられる。市場は公共の場であったので、市場にこのような「所務沙汰人」がいたことになる。第4章で取り上げる「市場は文書作成の場」との議論を含めて、後の考えを俟ちたい。

沼田の市場

沼田《ぬた》市場には「雑務沙汰人」がいた。鎌倉時代を通じて長く安芸の国の守護であった小早川氏の惣領・小早川貞平は、天下三分して戦う「観応の擾乱」の時期に安芸の国の「沼田市場」に対して、左記の文和二年（一三五三）四月二十五日付の禁制[20]を公布しただろう。この沼田の庄は小早川氏の本拠地であったが、蓮華王院などの荘園領主もいた。この法令の背景には佐々木銀弥が言う南北朝の動乱という政治的な緊張があった[21]。石井進は『中世武士団』[22]で沼田市場を復元した。石井は永享五年（一四三三）ごろ安直郷には「本市」があり、およそ在家三百が建ちならび、土蔵も一所あり、小坂郷にも在家百五十軒の「新市」があったとした[23]。

『庭訓往来』四月往状に「市町は辻小路を通し、見世棚を構え」とある。その「辻小路」を沼田市場の跡地に発見したことは石井の大きな功績である。新・旧両市場の跡地の近くにはそれぞれ祇園社[24]があり、忠海・能地・二窓などの漁民が参拝していた事実を明らかにし、祭祀の主体である沼田市の成立はかなり古いとした。この能地・二窓の漁民が家船の漂海漁民だとすれば、神功皇后との繋がりを誇示し、倭寇の構成員にもなっていたと考えられる。以上から、市場在家の住民は祇園社の「神人」であり、京都の祇園社と同様、幾つもの「座」を形成し、金融業者の「借上」[25]もあったとなろう。

禁制　（花押）

条々

一　御内被官之仁等、於沼田市庭、或属所縁、或構宿所令居住之段、自故殿御時、堅所有御誡也、而守先制之旨、可被停止事

一　同住人之女、御内若殿原為妻妾相嫁事、同所被禁制也、但、先立相互於令為所縁者、今始不及改沙汰、此日限以後、若於令違背輩者、両方共以可有罪科事

一　同所検断并雑務以下沙汰、至向後者、於御前可有其沙汰事

文和二年四月廿五日

第一条・第二条では、小早川氏の「御内被官之仁」や「御内若殿原」が市場の「住人の女」を「妻妾」として、市場に「所縁」を持つことや、市場に「宿所」を構えることを禁止している。第三条では、「検断・雑務以下の沙汰」が登場する。ここからも市場には裁判官＝「沙汰人」がいて、「検断・雑務以下の沙汰」を取り扱っていたとなる。ここで小早川氏は「検断・雑務以下」の「沙汰権」＝裁判権を市場から取り上げ〈小早川氏の御前で裁判を行う〉としている。市場には元々国司の系統に連なる「検断殿」の「検断・雑務以下」の裁判権があったが、それを守護・小早川氏は自己の下に吸収したのである。

網野善彦はこの三カ条を通じて、市場には「無縁」の原理が潜んでおり、それが武家の主従制に及ぼす攪乱作用を警戒したものとした。佐々木銀弥はこの「無縁論」に対しては判断を保留した。当時流通経済に関わっていた人々は「神人」や「山僧」で、市場が南朝側に味方する勢力の溜り場で、南朝方を警戒する動きが市場への警戒心となって現れたと考えるなら、網野と佐々木の議論には、あまり違いはなかったとなる。南北朝の動乱という政治的な危機の中で、小早川氏は市場裁判権を吸収して、地域権力としての基礎を固め、裁判の場を「市場」から「領主館」へと変化させたのである。

石井進はこの第三条の部分を「沼田市での刑事事件、動産の帰属をめぐる裁判は、惣領が直接裁定する」[27]と解釈

し、「市場で起こった事件の裁判権は惣領自身が直接に把握して行く方針が、はっきりと打ち出されている」とした。石井がこのように「惣領」を強調する前提には、〈これまでは庶子が市場の裁判を担っていた〉との石井の思い込みがあり、この法令の背後に惣領と庶子との対立、惣領制の問題を想定している。事実石井が明らかにしたように「検断権」の在り方をめぐり惣領＝総地頭と庶子＝小地頭との間で争いはあったが、本来市場は地頭とは別系統の法圏に属し、国司系統の裁判所があったはずである。

ここで石井は領主小早川氏の姿を復元し、本拠の「御舘」、城、開発地の「塩入荒野」、氏寺などを明らかにする一方で、小早川氏の入部以前の開発領主＝荘園の下司・沼田氏についても、その「谷田」の根拠地、氏寺等を明らかにし、沼田荘の発展を「谷田から平坦地へ」とまとめ、両者の併存状態を想定した。しかし沼田市場の近くに祇園社の存在を確認したのに、併存していたはずの荘園・公領制下の国・郡や荘園の秩序、支配機構・設備などへの言及はない。沼田市場の市立ては在地領主の沼田氏や小早川氏ではなく、荘園・公領制下の国司・目代などで、市場関係者の多くは「祇園社」の「神人」であっただろう。

市における処刑――市は祝祭の場

『庭訓往来』や沼田市場の禁制から、市場では検断の沙汰の裁判が行われていたことが想定される。ここからさらに、市場では処刑も行われたとなる。処刑の場は公開の場で、広場で執行された可能性が強い。フランスの「ギロチン」などの公開処刑は町の広場で、祝祭の一つとして執り行われ、大勢の人々は見物に押しかけていた。中国には「棄市」という言葉があり、辞書には「昔の中国の刑罰の一種。公衆の面前で斬罪に処し、その死体を市に曝すこと」[28]とある。これは毛沢東時代終わり頃の文化大革命の時に紅衛兵たちによって復活した。公開処刑は市場の祝祭の場において、人々の攻撃のエネルギーを一点に集中させるものだった。

日本でも平安初期には「着鈦《ちゃくだ》の政《まつりごと》」の儀式があった。盗犯・私鋳銭の犯人に首枷を付け衆人の中を連行し、見せしめとして懲罰を加える儀式である。検非違使庁の看督長が囚人を率いて市に至り、鈦《かなぎ》を着けて獄に送った。鎌倉御家人宇都宮氏の家法『宇都宮家式条』の第六〇条[29]は〈市の押買禁止令〉だが、ここには〈押買犯を市に曝す〉とある。見懲らしとしての公開処刑である。犯罪現場＝市場での処刑の命令だが、これは市場がもともと処刑の場でもあったからだろう。また『一遍上人絵伝』[30]には、福岡の市場で一遍を処刑しようと追いかけてきた神主が、逆に一遍の手引きで出家をする様子が描かれている。ここでも多くの人々が見物している。処刑も祝祭の一つの〈出し物〉であったと考えれば、市が〈祝祭の場〉であったことがこれらの背景に考えられる。

『結城氏新法度』の世界――祝祭の場＝喧嘩の場

『結城氏新法度』の第八条[31]には次のようにある。十文字前後の欠字分は佐藤進一の推定によって補った。

一　此方神事又市町にて、やりこ・押買、其外慮外之義に、下人・悴者・指南の者、うたれ候はんものは不及是非。当洞中、其外小山近辺の諸士、此方（神事市町にて、又他所）祭礼市町に、此方の者、やりこ其外盗、又慮外之義なし候て、うたれ候共、誰にても不可侘言。

この「やりこ」について佐藤は「商取引でのペテンの類か」と校註をしているが、「やりこ」の使用例には『塵芥集』第一七一条[32]がある。

一　盗賊人、人の門のうちへ追入たる沙汰の事。

是は其亭討ち候て出し候べき事。若又見え候はずば、亭より追手を入、捜させべし。むりに押し込み候はゞ、越度たるべき事。但、町屋にては、数百人の中にて候間、やりこの事は、押し込み候ても討ち候べく候。

「やりこ」は動詞の「遣る」の名詞化したもので、「やる」には〈やられた。まんまとペテンに懸かった〉との用法から「だます」の意味があり、佐藤の校註はここに基づいていよう。しかし「やる」には、このほか〈娘をやる〉で「嫁に行かせる」、〈一杯やる〉で「食う。飲む」、〈どうにかやっている〉で「生活する」などの意味もあるが、男と女の間で〈やる〉となれば「性交」の意味となり、男同士で〈やるか〉となれば「喧嘩をする」で、〈やってやる〉となれば「懲罰する」の意となろう。『塵芥集』の例は盗賊人が町屋に逃げ込んだ場合は「押し込んででも討ち果たすべきだ」としており、「こらしめる。なぐったり殺したりする」の意であろう。

ここから『結城氏新法度』第八条の「やりこ」は、主人の支配下にある「下人・悴者・指南の者」が「市町」に出かけてきて〈男を売る〉〈名を売る〉ために、適当な相手を見つけて「懲罰する」「喧嘩する」の意味であろう。主従制下にあった「下人・悴者・指南の者」たちが、祭礼の場では主従の縁が切れたとして自由を謳歌するのは当然だとする考えを前提として、ここで下人たちは「喧嘩」、暴力的な「押買」、「盗み」を起こしているのである。第七七条[33]には次のようにある。

一　高橋の祭、其外、神事祭礼之場之喧嘩、何と聞候も理非なしの酒狂也。然者、無躰無性之義、何と可侘言候哉。死候はゞ死損、斬られ候はゞ斬られ損。誰も道理不可申立。指南之者、縁者・親類、又悴者・下人にて候とて、荷担し引汲し、理をとり付、不可披露。いきほして御入可然候。

ここでは「下人・悴者・指南の者」が高橋の祭りに出かけ、酒を飲んで喧嘩をした上で、切られたり、殺されたりしたことを問題としている。「神事祭礼之場之喧嘩」を「酒狂」「無躰無性之義」として、祝祭の場の「喧嘩」はその場限りの自己責任とし、縁者・親類といえども、後になって問題として取り上げてはならないとしている。「死ねば死に損、斬られれば斬られ損」で裁判では取り上げないとしている。最後の「いきほして」を佐藤は「未考」としている。「ほして」の「ほす」は「干す」で「潮が退く」の意味であり、「上がっている息を抑えること」

となり、「御入」は「怒りを鎮める」の意であろう。それゆえここでは「上がっている息を抑え、怒りを鎮めること」がよいとして、訓戒を述べているのであろう。

だからこそ逆に「市町」や「祭礼の場」の平和を維持するために、第一七条には「市町又神事祭礼の場、これより奉行を置くべく候[34]」とあり、結城氏は奉行を派遣して秩序維持を図っているのである。

三　雑務沙汰とその研究史

市場における争いは、多くの場合売買や貸借に関わっており、これらについての裁判を中世では「雑務沙汰」と言った。ここではこの雑務沙汰についての羽下徳彦の説の紹介から始めて、市場裁判官についての研究史を俯瞰したい。

羽下徳彦の説

鎌倉幕府は十四世紀初頭に自らが管轄している裁判を「検断沙汰・所務沙汰・雑務沙汰」に三分割した。刑事事件は「検断沙汰」、民事事件でも不動産訴訟は「所務沙汰」、債権や動産は「雑務沙汰」で取り扱うことになった。鎌倉幕府の作った法律用語の説明書「沙汰未練書[35]」では「検断沙汰」は「謀叛・夜討・強盗・窃盗・山賊・海賊・殺害・刃傷・放火・打擲・蹂躙・大袋・昼強盗・路地狼藉・追落・女捕・刈田・苅畠以下事也」、「所務沙汰」は「所領之田畠下地相論事也」、「雑務沙汰」は「利銭・出挙・替銭・替米・年記・諸負物・諸借物・諸預物・放券・沽却田畠・奴婢・雑人・勾引以下事也」とある。

羽下徳彦[36]はこの「雑務沙汰」を再度、①銭貨・動産の貸借・質入にあたる「利銭・出挙・為銭・替米・年記・諸借物・諸預物」、②不自由身分の者の帰属に関する「奴婢・雑人・勾引」、③売買の事実の有無、証文の真偽等の争訟の「年記・放券・沽却田畠」に細分した。

売買の行われる舞台は市場である。市場での日用品取引の場合には証文の遣り取りはないだろうが、高額取引の場合には証文が作成された。[37] それゆえ「雑務沙汰」の対象となる事案の多くは、市場で起きただろう。次章で述べるように売買には「裏切り」がつきものであったので、売買の行われる市場での争いは日常的であった。その解決方法として『沙汰未練書』には幕府機関としての「問注所・政所・六波羅探題・守護」を挙げており、東国では「問注所」、鎌倉市中では「政所」、西国では「六波羅探題」、九州では各「守護」が管轄したが、一般庶民間の争いについて羽下は「領主の処置」を想定した。慣習法や周囲の人々の仲裁なども考えられるが、具体的にはどうであったのだろうか。

笠松宏至の説

笠松宏至の「中世の政治社会思想」[38] は「雑務沙汰」についてのまとまった研究である。古代の律令国家の段階では「壮大な古代国家の行政組織を、そのまま司法制度に活用したもので」「凡そ訴訟は皆下より始めよ」が原則だった。しかし王朝国家の段階になると「国郡自体の家産化の進行」「その埒外に自ら裁判権を行使する庄園の簇生によって」この原則は「ほとんど意味のないものに化した」[39] とある。その結果、正応五年(一二九二)の「公家法」第四三四号[40] では「諸司諸衙被官の族」が「非拠の沙汰を請取りて過分の訴訟」を行っているとして、禁止の対象になっていたと笠松は述べている。

一方鎌倉幕府の「雑務沙汰」については、「雑人」「雑色」などの例から、そもそも「雑訴」の「雑」は〝さして重要でない〟ことを意味する一種の卑称で、鎌倉幕府の制度上の〈雑務沙汰〉が、本来的な管轄対象ならざるものに与えられた名辞であった[41] とした。つまり笠松は公家や武家の裁判制度の中で雑務沙汰は疎外され、正式な制度には対応していなかったとしたのである。これは恐らく律令制の「市人」「市の司」の制度が解体した時代に、王朝国家の側には、京周辺の検非違使以外、諸国にはこれに対応する制度がなかったことによっていよう。今後の研究に俟ちたい。

ところで弘安七年（一二八四）の執権北条時宗の死後、関東においては安達泰盛の主導する大規模な政治改革が進められ、それに呼応する形で亀山院政による徳政が意欲的に行われた。武家・公家相呼応した「新制」の制定による「先代未聞、末代も有り難き」弘安の「徳政」が推し進められたとした。この時から「雑務沙汰」は国家の正式な裁判所で取り扱われるようになったという。市場に登場する裁判官として、これまで取り上げてきた「目代」「検断殿」「検断・所務の沙汰人」「検断・雑務の沙汰」などは、この弘安の徳政の結果整備されたものと理解してよいのだろう。それ以前の「雑務沙汰」については、第II部で「寄沙汰」に即して取り上げる。

市場裁判官をめぐって

以上見てきたように、市場の裁判について羽下徳彦は〈地頭・領主〉を念頭に置いて「雑務沙汰」の担い手を「地域の領主」だと想定した。石井進は市場での裁判の担い手を〈在地領主〉だとする考えを前提にして〈「沼田市場」の裁判官は庶子〉だと想定した。佐々木銀弥もまた沼田市場宛ての禁制では「雑務沙汰」という言葉が「この時初めて登場する」が、これを「室町・戦国時代市場法の債権・債務関係条文と直ちに同一視できないが、いちじるしく接近しつつあったもの」[42]と評価した。佐々木の視線の向かう先に〈在地領主〉から発展した〈大名領主権力〉があることは明らかである。

佐々木は「沼田市場」の「雑務沙汰」を「この時初めて」登場したとしたが、鎌倉幕府の裁判制度の中にも「雑務沙汰」があるので、佐々木の発言の真意は、領主の発給した市場法の中では「この時が初めて」だの意味であろう。しかし市場法・都市法上には登場しなくても、売買や貸借は古い時代から存在しており、そこでのトラブルに関する「雑務沙汰」自体は古くから存在していたはずである。史料に登場しないのは「雑務沙汰」を取り巻く社会的な関係が中世の前期と後期の間で大きく変化したからであろう（第13章参照）。

以上から、〈市には監督官がおり、市場は統治権と関わりを持っていた。市に関わる裁判＝雑務沙汰については律令国家の崩壊後、公権力は疎外してきた〉とまとめておきたい。

四　網野善彦の市場論

ネットワークの中の市場

「市場」をそこにやって来る人々の側から見れば、市場とは「交易の場」「売買の場」となる。しかしそこで遣り取りされる「商品」の側から見れば、市場とは〈物資の集積と分散の場〉となる。商人たちは商品を市場に持ち込み、買手の来ることを待っていた。こうした売手側の物資の集積や、買手の人々の集合のために、市場には陸路や水路からなる〈交通網の存在〉が前提だった。ここから市場はいくつもの道の交差する交通の要衝に立脚することとなった。「市場」は水路と陸路の接点にある「津・泊・湊」や交通路を監督する「関所」などのネットワークによって支えられていたのである。

本章で論じてきた市場の監督者・支配者、市場の裁判官はこうしたネットワークと無縁ではなかった。市場の支配者は「市場」という〈点の支配者〉でいることはできず、「市場」を含む広域世界の〈面の支配者〉であることが求められていた。これを「統治権」と名付けることができよう。

市場は「無主・無縁」か

佐藤進一は武家政権の支配原理を統一的に理解するために「主人権的支配権」と「統治権的支配権」の対立という仮説を作った。一方網野善彦は「領主の私的な支配」「主従関係」の対極に「無縁」の原理を考え、ここに原始・未開以来の「自由」を見出した。網野は著書『無縁・公界・楽』の中で「市」を取り上げる際に、佐藤の強い影響下に、市は「統治権」と関わっているとして「市」を「無主・無縁」[43]だと説明した。武家政権の二つの原理を実体化して理解していたと思う。市が無主の地である境界領域、例えば川の中州に出来るとして歴史地理学的な関心を喚起したことは大きな功績である。

私も網野の考えに従い「金森楽市令」の舞台となった金森を〈東山道のバイパス「志那街道」が二つの郡の堺を流れる「境川」を越える渡河地点に出来たもの〉で、〈「虎狼の住処」＝無主の地に出来た都市〉[44]だとした。しかし大山喬平[45]は、網野が〈市は無主・荒野に作られた〉とした「越中国石黒庄の天満・高宮市」の史料に遡り、弘長二年（一二六二）の関東下知状を再検討した。石黒庄の小矢部川を挟む二つの市場の支配をめぐり、地頭定朝と荘園領主側の預所幸円は争っていた。二人の言い分から「市」が「無主」の地に立つとは断定できず、〈市立てには領主が関与していた〉と大山は主張した。

預所は市の立つ土地の支配権を問題とし、二つの市が「百姓分」と「預所分」の地に立っているので、〈預所には市への発言権がある〉と主張したのに対し、地頭は「地頭開発の新田」と「無主の荒野」に「地頭の沙汰」として市立てをしたとし、〈地頭側に市に対する独占的な支配権がある〉と主張した。この二人の論争の中から〈市は無主の地に立つ〉との断定を下すことは乱暴で、むしろ市の開設には領主の強い関与を想定することの方が正しいだろう。狂言の世界においても、所の目代が市を立て〈一の棚を飾ったものには万雑公事を免除する〉との高札を立ててから、市立てが行われた。

市の立つ場所

網野は『無縁・公界・楽』を増補する際して、短いエッセー「市の立つ場――平和と自治」を付け加えた。網野はここで学問上の色々な知識を紡ぎ出し、また自分の経験を思い出して「市の立つ場所」を様々に述べている。要約すれば〈「平和と自治」が市の原理であり、これは人間の生命力に根差している〉となろう。歴史学に携わる者は歴史的な事実に基づいて議論を展開しなければならないので、網野は「市の立つ場」について述べているのだが、その主題部分をとり除いて、述語部分のみに注目すれば、網野の主張は〈「平和と自治」こそは人間の生命力に根差している〉となろう。

これは網野の魂の叫びであり、人々に訴えたい網野の「詩」なのだと言ってよいだろう。網野の議論が多くの読者を持った理由はここにあった。しかし前述した網野のエッセーで私が理解しにくいのは次のようなところである。

A　市は、イスラム都市においては「辻」、そしてキャラバンサライ（隊商宿）の中庭に通ずる「王の広場」で開かれた。

B　川田順造氏の描くアフリカのモシ王国の市も、……神聖な「平和領域」であるとともに、「王権の権威の象徴」であった。

C　市は「庭」であり、広場であった。そこは本質的に領主の私的支配とは異質であり、それをこえた空間であった。……統治権を掌握する天皇、将軍、得宗、さらには守護大名、戦国大名も市を自らの管理・統制下に置こうとし、実際それを実現することにしばしば成功している。

網野はCで「私的支配」と「統治権」とを対比している。Cの「統治権」がA・Bでは「王」となっている。ここから網野が主張する「無縁・公界・楽」は佐藤の「統治権的支配権」の捉え直しとなる。小川市の「市の司」は天皇の統治権の下にあったが、網野のこうした理解では「三野狐」の物語は解けない。古代の聖武天皇の御世の「三野狐」とは何なのか。暴力で「統治権」に逆らっているのである。これは鎌倉末期の「悪党」が流通機構や市場の掌握を目指したこととも関係しよう。平時には市場が〈自由〉と「自治」の場である〉ことは多くの場合当てはまるが、常にそうであるわけではない。

ある条件の下でのみ成立するのである。その歴史的な条件を無視して、一方的に「自由」や「自治」を強調してはいけないのではあるまいか。市場とは「三野狐」と「道場法師」の子孫が相争う場でもあった。網野の言う「無縁・公界・楽」の「楽」は極楽のことだと言うが、親鸞の言う「地獄は一定すみかぞかし」に倣って言うことが許されるなら、我々の生きる世界は「天国」と「地獄」の中間にあるとなろう。「天国」に生きることに憧れるのは自由だが、人間が作り出す歴史を捉えるため、視野を「天国」にのみ限定することは誤っており、避けるべきであろう。このような甘さが〈網野は日本浪漫派に近い〉と永原慶二によって批判される原因となったのであろう。

つまり、市場の成立と国王による統治権の成立との間には深い関係があることは事実であるが、両者の関係はどのようになっているかが問題である。柄谷行人は「商品交換は自由な合意にもとづく交換であり……それは国家による支配の下でしか成立しない[47]」と述べている。両者の同時成立、または国家成立の先行が理論的には要請されるとしても、歴史家の私としては、大和国家の成立に先立って地域権力としての国造がおり、律令国家の成立により国造は一宮の神主になり、中世には神官系武士へと繋がっているとし、市の成立の前提に神社の祭礼を考える柳田國男の考えに従いたい[48]。

次章ではこの問題について「市場は裏切りの場である」という観点からさらに追究していく。

第2章　市場は裏切りの場である

本章では「市場は裏切りの場」であることを論じたい。太郎冠者が登場する狂言では、市場周辺に「心も直ぐにないもの」として詐欺師の「スッパ」が出没する。それゆえ市場で人は「蛇のような狡猾さ」が求められていたことになる。しかしその議論に入る前に、「売る」についての言語的考察から始めたい。

一　「売る」の言語分析

売買の場として市場が成立した時、人々は市場に行って何かを「売ろう」とした。「売る」とは何であったか。『国語大辞典』(1)には〈①代金を受け取って品物や権利を他人に渡す。②女が代金を受け取って男に身を任せる。③自分の利益のため、属する国、団体、仲間などの所有物、情報などを敵対する側に渡す。信頼を裏切る。④本当のところを隠して、別のことを理由や目的だと見せかける。口実にする。かこつける。⑤自分のことを広く人々に知らせようとする。「名を売る」「男を売る」⑥人に知られる。⑦しかける。押しつける。「売られた喧嘩」「恩を売る」〉とある。順不同に検討していこう。

市場と喧嘩

第1章では『結城氏新法度』の第八条、第七七条を取り上げ、結城氏家臣の関係者たちが祭りの時に立つ市町に出かけて、喧嘩をしていたことを見てきた。古代の市場が「歌垣」の場であったように、祭礼の場では「競い合い」が許されていた。それが地域の風習として「綱引き」や「相撲」、石合戦、「印地打ち」にもなったのだろう。ご神木を奪い合う「裸祭り」も考えられる。人々は祭礼の場で、名を挙げることを目指していた。ここから市場では⑤の「名を売る」「男を売る」が行われ、それが『結城氏新法度』の場合には「喧嘩」にまで発展したと考えられる。しかし『結城氏新法度』では、祭礼・市町と喧嘩を繋ぐものが何かの説明はない。法度の作成者は「酒狂い」と述べるのみである。

ここでは「売る」場所の論理として、〈市場では喧嘩が許されていた〉としたい。

「売る」＝「縁を切る」

勝俣鎮夫は、商品は一旦神の物になることを通じて、人と物との絆は切断され、初めて市場で取引きされたとした。商品が交換される市場では、網野善彦の言う「無縁の原理」、「縁切りの原理」が働いているとしたのである。[2] この議論の前提には「神物」と「人物」との区別という笠松宏至の「徳政」[3]に関する研究がある。市場経済以前の互酬制の社会から市場経済の社会への転換、私有財産制・物件の観念等々の成立を考えるとき、市場における「縁切りの原理」の説明は大変魅力的である。

白川静は『字訓』[4]の「うる（売・賣）」の最後で、〈「かふ」は交換する行為であるが、「うる」はこれとは異質な行為であったと見られる〉としている。しかし白川は「うる」の最初では「対価をえて、品物や権利などを人に渡すこと。目的のものを獲得する行為であることから、《得る》と同義の語である。……対義語の《買う》は《代う》であろう」としている。しかし私は〈縁切り〉の要素を重視する立場から白川説は採らないこととし、むしろ「失す」と「売る」の近さに注目したい。歌謡曲の歌詞にも「東京は売ったよ」があり、東京とは〈縁を切った〉という意味である。

物とその物を作り出した人、獲得した人との間には本来一体性があった。ここから贈り物を受けた場合、返礼が義務であり、返礼のない贈り物は取り返しの対象となった。このマルセル・モースの言う「贈与論」はカール・ポランニーの言う「互酬」と関わってくる。こうした「かう」の世界が発展すると、「互酬」が王権や王の持つ倉庫によって維持される「再配分」の制度となってくる。ここでは「市場」における「交換」がなくても、人々は自分が生産しない物を「再配分」によって入手することができた。

網野は人はなぜ税を納めるのかを問題とし、日本の場合、神と人との「互酬制」として生きていたと述べ、国家的な租税の背後にこうした「互酬制」の存在を指摘した。そして「互酬制」の担い手に「神人」や「御師」がおり、こうした神社を中心とした「贈与＝互酬」「再配分」の制度をそのまま引き継ぎながら、「市場」や「交換」は始まったとした。王による市場監督が未成熟なままに市場経済に入っていったのであろう。だから日本中世の場合、貨幣についての国家管理が曖昧で、貨幣商品としても、神物としての「米」や「布」が「輸入銭」と共に併存していたのである。以上は網野が市場について述べたことの中心である。

商品が無縁の物として市場で売買されることから、市場で商品を取り扱う人々は「異人」として特殊な人と見なされていた。律令時代には中国から「市人」「市籍」の制度が流入した。これは商人を一般良民から区別する制度である。第1章で挙げた「小川市」に登場する人物は、キツネや道場法師の孫で、共に「霊異」の人であった。ここに「異人」の面影を見ることができる。第三節で取り上げる鈴鹿峠で蜂を使って盗賊集団から荷物を守った水銀商の物語も、商人が不思議な能力を持った者として描かれており、商人の「異人」性を物語っている。

第II部では金融業に携わる僧侶や「神の眷族」に連なる「神人」を取り上げる。彼らには異人の面影があった。三田昌彦(5)も「マウリヤ帝国崩壊後の前一世紀から後三世紀はインド洋交易がさかんになり、……僧院が商人から寄進を受けると同時に、仏僧自身も交易に携わっていた」と述べており、インドでは仏僧が交易に関わっていたという。これは「出家者」が「異人」と見なされていたことによっていよう。『異文化間交易の世界史』の著者フィリップ・カーティンは「専業の交易民は必然的にマイノリティであった」「疑惑を招きやすい存在であった」「様々な時代、地域において、商業は賤業と見なされていた」と述べている[6]。

ところで売買には、人と物との関係を切る以外に、人と人との「縁を切る」働きがあり、売買は人を自由にした。『塵芥集』の第一〇五条「惣領庶子互所帯売買制禁事[7]」には次のようにあり、伊達氏は惣領と庶子との間での土地売買を厳禁している。〈所帯の売買〉と〈惣領制〉という血縁原理とは原理的に対立しており、売買は血縁原理から人々を自由にし、独立をもたらしたからである。

一　惣領と庶子の洞より、互いに所帯売り買ふべからず。たとひ多くの年を経るといふとも、本代をたて請返すべし。この旨背く輩におゐては、かの所帯闕所たるべきなり。

しかしながら「売る」には「縁切り」以外の意味もあった。

「売る」＝「裏切る」

戦後の日本の学界を領導した西洋経済史の大塚久雄は、近代社会を導いた産業資本を美化する一方で、前期的資本としての商業資本には「詐欺瞞着[8]」があるとした。この議論に対しては、その後多くの批判が寄せられ、商業資本への見直しがなされてきたが、近年のメディアで「オレオレ詐欺」への警告が毎日のようになされているように、詐欺というものはいつの時代にもあった。商業というものは信用制度を前提としているが、信用して良いか分からない見知らぬ相手との契約によって、初めて始まることから、商業と詐欺とは密接不可分で、商人が相手に騙されるか否かはもともと自己責任であった。

中世日本の〈所務沙汰〉つまり不動産・土地の所属・支配をめぐる領主間の争いの場合には、その対立には長い時間が関わり、宿意としてその対立は一族間にまで広がっているのが常だったから、争いに際して感情は抑圧され、理性的・組織的・計画的となり、裁判の場で逆上することは少なかった。これに対して、〈雑務沙汰〉に関わる一般庶民の動産をめぐる対立の場合は、日常世界を超えたコムニタスの場の出来事として、祝祭的・瞬間的であった。境界領域での不条理な世界では、感情は高揚し、日常世界では想像もつかないほどの「信頼」関係や、逆に日常世界では憚られる「裏切り」が当然のこととしてまかり通った。

裏切りといえば「ユダの裏切り」が有名で、ユダはイエスを銀三十枚でローマに売った。「売る」[9]の和語にも、漢字の「賣」にも、英語の「sell」にも、共通して「裏切る」の意味があり、「sell」の場合は「人・命・魂・国・仲間・主義・名誉・貞操」など、人が失ってはいけない自分自身のアイデンティティに深く関わるものを「売る」=「裏切る」のである。漢文にも同様な「売友・売主・売国」などの用例がある。「四面楚歌」の場合の劉邦は楚の軍隊を買収して漢に寝返らせ、項羽を孤立化させたのである。この時代には、軍隊の買収は作戦の一つとして存在しており、裏切りは日常的であった。

「売る人」と「売られるモノ」との間には本来強い一体性があり、失ってはいけないものを「売る」「裏切り」の場合も、二度と取り戻すことができない点で、一般の売買と共通している。「共同体と共同体の隙間」において発生したとされる売買が、共同体の内部に浸透してくると、売買のもたらす対外道徳が共同体内部の対内道徳を破壊することになった。ここから売買の行われる市場は対外道徳の世界で、「人が人に狼である」〈「平和」のない世界〉、ホッブズの言う「自然状態」となった。当然のことながら「裏切り」も人々の間の信頼関係や共同体内部の平和を破壊するため、売買と裏切りの両者の共通性は歴然としている。事実、「売買」や「貨幣」、またその担い手となった「公界者」は、共同体の対内道徳の破壊者として忌避され、裏切り者として非難された。[10]

こうして「裏切り」としての「うる」は売買の当初から本源的なものとして存在していた。しかし人々は、貨幣という宝を求めて、売るべきでないものをも敢えて「売ろう」とした。人の信頼を裏切り・騙すところに詐欺が成立する。

ギリシャ神話の「ヘルメス神」はもともと境界を示す石の神であったが、牧畜・商業・旅人・盗人の守護神となった。古代の交易が共同体と共同体の隙間で行われたことから、商業・旅人と盗人とは根っ子で繋がっているのである[11][12]。ちなみに牧畜は季節的な移動を伴うので、商業・旅人・盗人と共に道路・境界領域と関係している。「詐欺」には「雄弁」の要素があり、ギリシャではヘルメス神の「盗み」は「雄弁」や「競技」へと発展し、ヘルメス神は「富と幸運の神」になったが、日本の狂言で「心も直ぐにないもの」として登場する詐欺師の「スッパ」は「詐欺」=「騙り」であるにもかかわらず、雄弁術の発展には結び付かなかった。なおドイツ語で「交換する」を意味する〈fauschen〉は「欺く」〈fäuschen〉と同根だという。

「売る」と「支払う」

市場における売買は食料品・日用品など「売るために作られたモノ」を交換することから始まった。「ウル」と同義語の「ひさぐ」は「手に提げる」から生まれた言葉で、食料品などの行商が背景にある。『庭訓往来』[13]では市場の交易品に「絹布・贄・菓子」があり、『撰集抄』巻六の越後の市場では「海のうろくず（贄）、山の木の実（菓子）、絹布のたぐい」がある。『一遍上人絵伝』の備前福岡市では商品の「絹布・米・魚鳥」が描かれている[14]。ここから保立道久[15]は「中世の市においては、山の物・海の物、および農民的副業の産物としての絹布」が販売されていたとした。しかし商品の中心は食料品である。

食料品の売買の場合は、商品を消費してしまえば終わりで、「原状回復」も「取り戻し」も不可能である。それゆえ売買契約は対価の支払いで完結し、契約は口頭の口約束で充分で、「売券」の必要はなかった。「春」を売る場合も同じである。一般に売買では、売手は相手に欲しがらせ、相手を魅了することが必要だった[16]。それゆえ市場では呼び声が聞かれ、市場は喧噪の場となっていた。しかし高額の取引や大量の取引の場合には、支払いに特別な条件が生まれ、売買関係には貸借関係が含まれてきた。このような複雑な契約を明確化するために文書としての「売券」が作られた。

本来「売るために作られたモノ」ではない土地などの売買の場合には、「売る人」と「売られるモノ」との間に強い一体性が存続し、売手側は「原状回復」や「取り戻し」要求を行う可能性が強く、買手側にはそうした「互酬」的な要求を拒否する力が必要だった。このため、「売る」に対して「支払う」が対抗的に成立し、支払い手段としての貨幣には、売手側の「原状回復」や「取り戻し」要求の想いを「祓う」呪術的な力が求められていた。それゆえ支払い手段としての貨幣は「神物」が望ましく、歴史具体的には「神物」である熊野神社や日吉神社などの「上分」「初尾」である「米」や「布」が選ばれた。

また、売買のための市場は〈神の来臨する場所〉が相応しく、売買には売手と買手の外に第三者として神に関わる「神人」の介在が要請された。日本の場合、売買や市場は元々「神社」を中心とする出挙や供物・贄の貢進という宗教儀礼から発展し、神に仕え出挙や供物・贄の貢進を扱う「神人」が、神社から与えられた特権を基に交易者としての特権を主張することで、商人へと進化したのだろう。取引の場に神が介在し、神物が支払い手段となると、取引された商品には「原状回復」も「取り戻し」も不可能となった。

二　市場の暴力支配

先に我々は〈「裏切り」としての「うる」は売買の当初から本源的なものとして存在していた〉とした。それゆえ「スッパ」は売買の本源に即したもので、売買の世界は詐欺と密接不可分であった。市場において人の信頼を裏切ることが公然と行われ、力によって「原状回復」が妨げられるようになると、それは「暴力」による市場支配となる。

三野の狐について

先に取り上げた『日本霊異記』の上巻第二縁では、「三乃国大乃郡」の人が広い野で女に遇い、結婚して子供を産んだが、その時その家の犬も子を産んだ。女が田租の米をついて精米している時、その犬の子が女に向かって吠えたので、女は驚いて狐になった。家長は「吾れは汝を忘れじ。つねに来りて相寐《ね》よ」と言ったので、夫の言葉に従って「来て寐た」。ここから「キツネ」と名が付いたとある。これは陰陽師・安倍晴明の誕生にまつわる「信田妻」と同型の物語である。『日本霊異記』「三野の狐」の物語は、力持ちの妖怪が暴力で市場を支配する話であったが、なぜキツネが市場にいたのだろうか。

霊異のものの物語ではあるが、市場では「誑かす」こと、「騙す」ことが行われることが言外に含まれているのであろう。キツネが女に化けて「人を誑かす」とするのは中国伝来のもので、キツネが人を騙す話は多く、騙したことがバレたことを「シッポを出す」という。キツネが「誑かす」「騙す」「無知な人々を籠絡するペテン師」に関わっているとすると、市場ではキツネのように「誑かす」「騙す」ことが行われていたとの意味が「三野の狐」には込められていたとなる。「誑かされる」「騙される」被害者の側から考えると、市場には非日常的な、人々の憧れる何かがあると信じられていたとなろう。

しかし「小川」の市場の「キツネ」は人を「誑かし」たり「騙し」たりはしていなかった。暴力で市場を支配していた。時間は飛ぶが、市場を暴力で支配したものに鎌倉後期の「悪党」がある。後述するようにこの時代には同時に「有徳人」も登場する。本郷恵子は著書『蕩尽する中世』(17)で、鎌倉後期に現れる「悪党」と「有徳人」は表裏の関係にあり、両者の活動の基盤は荘園経営や年貢物資の輸送・換金等の請負とその条件整備等にあって、社会事業家として現れれば「有徳人」となり、地域の勢力を束ねて徒党を組み近隣荘園に侵入して年貢を奪うなどの侵害・紛争を行えば「悪党」となったとした。[18]

悪党・有徳人・スッパ

詳しくは第13章で述べるが、十四世紀後半から十五世紀前半にかけての時期は日本中世における経済の停滞期・転換期と言われている。鎌倉後期の交易民の在り方が「悪党」と「有徳人」の対として捉えられるとすれば、停滞期・転換期を越えて以降、「悪党」は消滅し、それからは「有徳人」と「スッパ」が対として対立する社会となる。市場在家が建ち、市場の都市化が進むと、「酒屋」「土倉」「宿屋」「為替屋」「風呂屋」[19]「茶屋」など半ば公共の大きな建物が建った。転換期を経て成功した「神人」の酒屋・土倉たちは公共事業への喜捨により地域の名望家へと上昇し、定住民化して「有徳人」化した。

一方、成功した「有徳人」の陰で成功から取り残された細民は、商業の傍らで詐欺を働く「スッパ」となった。今の時代の詐欺が「オレオレ詐欺」だとすれば、古い時代の詐欺師は人をかどわかして売る「人売り」だった。「公家法」にも鎌倉幕府の追加法にも人売りの禁令はたびたび登場している。また、説教節山椒大夫に登場する「人を売っての名人」山岡大夫は旅の親子をだまし、親子を人買い船に売り払う。しかし狂言の「磁石」の人売りの場合はむしろ小心者で、売られた男から逆襲され、人の笑いものになっている。

スッパの登場

狂言には、市場を根拠にしてスッパが詐欺を働くことを題材としたものがある。〈太郎冠者〉と〈スッパ〉が登場し、都の町屋で太郎冠者が「買おう買おう」と呼ばわるものに「末広がり」[20]や「粟田口」[21]がある。〈商人〉と〈スッパ〉と〈目代〉の三者が登場するのは前述の「茶壺」[22]や「長光」[23]である。「茶壺」は昆陽野の市が舞台で、

「長光」は京の町屋が舞台である。遠江見付のものが坂本の市でスッパにだまされて宿で売られるのは前述の「磁石[24]」である。「仏師[25]」・「六地蔵[26]」・「金津地蔵[27]」では仏師を求めて田舎者が都に出て、「仏買います、仏買を」と呼ばわる。そこにスッパが仏師に化けて登場し、田舎者を騙す狂言である。田舎者の都の市場に対する憧憬がスッパの「騙し」の前提にあるのだろう。

ところで狂言の「三人方輪[28]」は「軽物蔵」「銭蔵」「酒蔵」を持つ成功した有徳人と、博奕に打ち込み経済的に破綻した都市の細民三人との取り合わせを題材としている。有徳人が〈方輪者を抱える〉と高札を打つと、三人の細民がそれぞれ「座頭」「ゐざり」「おし」に化けて抱えられて、狂言はスタートする。有徳人が持っている三つの蔵が「衣類」と「銭」と「米」に関わっていることに注目したい。この三者は網野善彦が精力的に明らかにした如く「租税」となり、また「神物」として流通していたものである。貨幣が多元的で一元化していないことが日本中世社会の特徴である。

三つも蔵を持ち経済的には成功し、豊かな「有徳人」となっても、「公界者」が都市の定住民となるためには、名望家として社会的な尊敬を勝ち得て、『徒然草』の「大福長者」のように「正直を旨とする」人だと社会的に認知される必要があった。安全な「預け物」の預け先[29]としての承認が必要であった。そこで彼らは寺院の建立などの社会福祉に〈これ見よがし〉の善行を行ったのである。有徳人が〈方輪者〉を抱えた理由はここにある。一方ここでの細民は「此の当りに住むばくち打ち」「隠れもないいたずら者」「勝負師」と名乗っている。彼らは人を騙す点で「スッパ」と変わらない。

「スッパ」は「心も直ぐにないもの」で「正直者」の反対物である。人を「裏切る」ことが「自然状態」の世界で、神々に「商売繁盛」を願うことは、騙し・騙される対外道徳の世界の中にいて、その中でもがくことである。これに対して、「嘘をつくな」「正直であれ」を説く仏教やキリスト教などの高等宗教があり、後述する伊勢神道も生まれる。新しい信仰に生きる人々は対外道徳の世界を乗り越えることができた。「公界者」の中で「正直」の徳の追求者が、結果として成功して「大福長者」となった。しかし成功から取り残された細民は対外道徳の世界に住み続け「ばくち打ち」や「心も直ぐにないもの」のままである。

『狂言記』の「茶壺」[30]では、壺主が相手のスッパを「日本一の大ふの古博奕打」と罵る。博奕は鎌倉期以来の武家法では禁止されていたが、「悪党」は好んで博奕を打っていた。しかし室町期になると〈博奕打〉は〈盗人〉などと同様の悪態語に変わり、社会的に否定されていった。このように博奕についての社会的な意味の変化の背景には、交易民が「悪党」への転落をやめ、鎌倉新仏教を採り入れた「公界者」へと変身した歴史があろう。

三　商人と武装

平和の欠如

これまで我々は「売る」には「裏切る」の意味があるとしてきた。ここから市場で「売る」立場にある「商人」たちは〈異人・異邦人〉として眺められ、彼らには「平和」が欠如していたとなる。それゆえ「商人」たちはいつ襲ってくるか知れない暴力や詐欺に対して、常に「身構え」ていた。そのため「商人」たちは様々な歴史的な条件の下で「神々」や「有力者」の「保護」や「法の保護」を求めていた。日本中世の場合、権門や天皇の保護を求めて「神人」「供御人」になることが「商人」たちの在り方であった。しかし外部の外護者に頼るだけではなく、彼ら自身が自衛し、武装したことも[31]考えられる。

先に述べた「小川市」では「道場法師」の孫は「鞭」を持って市場に乗り込んでいた。第II部では債権・債務関係を取り上げるが、債権・債務関係は売買関係から発展したもので、債権者は武力を持ち、強制的に取立てを行った。これもまた「商人」の「武装」を示すものの一つである。次に商人たちが集団で移動する「隊商」の場合を考えたい。

蜂は警固兵

『今昔物語』[32]には鈴鹿峠で八十人ほどの盗賊集団に荷物の水銀を奪われた際に、水銀商が飼っている蜂が、盗賊全員を刺し殺した話がある。この話を紹介した中村修也[33]は蜂を警固兵と解釈している。不思議な話ではあるが、商人が旅行する際に盗賊から身を守るための護衛が必要であったことは否定できない。三浦圭一は「戦国期の交易と交通」[34]の中で五山文学の漢詩において、応仁二年（一四六八）四月、美濃国から西下する人夫百余人、警固兵六、七十人を擁す物資輸送集団が馬に荷を積んでいる様が歌われていることを紹介している。人夫一人が一匹の馬を曳いていたとして、馬百余匹の隊商となる。警固兵の数が馬や人夫の数に近いことに注目すべきである。『一遍上人絵伝』にも旅行者一、二人に対して警固に当たる狩人が一人ずつ描かれている[35]。

第II部で述べるように神人・悪僧は債権を回収するために武装をしており、彼らの武装解除が鎌倉時代を通じて幕府の政治的な課題であった。彼らの行う寄沙汰は〈緑林・白波に異ならない〉として王朝国家や鎌倉幕府は厳禁した。こうした寄沙汰行為から自衛するためにも隊商自身の武装が必要であったのだろう。こうした神人・悪僧の行為が「悪党」に連続し、さらには水銀商である楠木正成や、山陰の海運に関わっていた名和長利などの商人的武士団となり、南朝側が動員した武力にもなっていたと思われる。

交易に関わりを持つ人たちがその武力を駆使して武士団にまで発展して、一国の城主となった例として、大山崎の荏胡麻商人が美濃国の領主・斎藤道三になった「国盗り物語」が有名である。

徳川氏の始祖物語

『三河物語』[36]の最初にも、漂白の時宗僧・徳阿弥が松平に定着し、土地の有徳人の助けを得て道路交通に関わる仕事をして勢力を養い、城を奪い、数代をかけて三河の領主にまで発展したという徳川氏の始祖の物語がある。徳阿弥については「御慈悲においては、並ぶ人なし。民百姓・乞食・非人に至るまで、哀れみをくわへさせ給う」とあり、徳阿弥の最初の仕事として道路普請が述べられている。

ある時は、鎌・鍬・よき・鉞などを持たせ給ひて出でさせ給ひ、山中之事なれば、道細くして石高し。木の枝之道ヱ指出で、荷物に懸かるをば切り捨て、木の根の出でたるをば堀捨て、せばき道をばひろげ、出でたる石をば堀捨て、橋を架け、道を造り、人馬の安穏にと、昼夜ご油断なく、御慈悲をあそばし給ふ。

有徳人が交易を生業としているので、徳阿弥はその用心棒として出発したのであろう。有徳人は自身の仕事のために道路普請が必要であった。放っておけば道路は次々と木や草に覆われてしまう。有徳人が出資した公共事業を徳阿弥が請け負い、「乞食・非人」を組織したのだろう。その組織を基にして地域領主として発展し「中山十七名を切り取った」とある。物資流通のために武力が必要であることが物語の前提となっている。この『物語』では「御内の衆に仰せられけるは」「御内の衆一同に申し上げけるは」等々の会話があった後、面々の言葉として次のようにある。

あれに祗候《しかう》申す五三人の面々は、重罪の御咎を申し上げ申す者なるを、妻子共に火水の責めにて責め殺させられではかなはざる者を、妻子眷属ゆるしおかるるのみならず、其の身が一命迄御ゆるされ、あまつさえ何時ものごとく御前え召し出され、召しつかわさるる御事は、是に過ぎたる御慈悲、何かは御座候はん哉。

ここでは、徳阿弥が声をかけて道路普請の仕事や家臣に加えていった者が「悪党」と密接な関係にある犯罪者・前科者からなっていること、そして「昼夜身を捨てて御奉公申し上げる」として譜代家臣の主人に対する絶対的な忠誠が、死刑を免ぜられたことにあるとの言い分が注目される。

第3章　市場は支払いの場である

市場は「売買の場」である。買手は市場で欲しい商品を入手し、それと交換に対価を支払った。それゆえ市場は「支払いの場」でもあった。中世の市場の周辺には「酒屋」「土倉」「宿屋」「為替屋」「風呂屋」[1]「茶屋」など半ば公共の大きな建物が建っていた。これがこの章で問題とする「市場在家」である。大きな取引の場合には、この「市場在家」で支払いが行われた。第一節ではそのことを問題としたい。第二節では「市場在家」が想定される「泊・湊・浦」についての記述がある『庭訓往来』四月返状を再び取り上げる。第三節では「市場在家」が撰銭に関係したとする撰銭令をいくつか取り上げたい。ここでは金融業者たちが「公界」と呼ばれていたことを問題とする。

一　市場在家での支払い

狂言「末広がり」

狂言の「末広がり」は、太郎冠者が主人から申し付かった「末広がり」を都の市場で探し求めることで劇は始まる。そこに「スッパ」が登場し、騙して唐傘を売りつける。値段の交渉の後で支払いとなる。大蔵流のテキストでは省略されているが、『狂言記』[2]のテキストでは、「して、代物はどこで渡さつしやれまする」「三条の布袋屋で渡しませう」「これで受け取りませう」との会話が交わされる。テキストによっては「布袋屋」の代わりに「三条もがり屋」「三条の大黒屋」ともあり、これらについて、註では「宿で為替屋を兼ねたものであろう」とある。ここが〈代金の支払いの場所〉である。

「三条の布袋屋」や「大黒屋」が銀行の代わりなら、太郎冠者の主人はここに口座を持っていたとなるが、当時そのような仕組みがあったとは思われない。銭は嵩張り重いので、太郎冠者は銭を持たずに買い物に出かけ、支払いの決済は「為替」によったのだろう。多額の金銭の支払いには、金融業者が介在し「為替」による支払いが一般的であった。中世社会の「為替」については、桜井英治が「割符に関する考察」[3]で明らかにした。また既に杉山博は「為替制度がととのってくると、もはや現銭を持って、物忩な路地を往来する必要はなくなった。商人も人夫も一片の割符を持って軽々と往来した」[4]としていた。

この支払場所について、土井洋一は「『狂言記』のことばに関する覚え書き」[5]で考察を加えた。「七福神に由来する布袋屋・大黒屋は、両替商を兼ねた旅籠の屋号としていかにも似つかわしい」として、豊田武『増訂 中世日本商業史の研究』[6]を引用し、三条の大黒屋や布袋屋は「決して架空の商人ではなく、当時有数の商人であった」とした。さらに土井は、「狂言記の布袋屋は、扇座として小川通や四条富小路に実在した大棚関連の施設であり、顧客に対して相応の便宜を図っていた」「冠者はそこまでの情報を持って上洛しているので……冠者の間抜けぶりが誇張」されていると述べている。つまり、扇座・扇屋と関連する旅籠に泊まりながら、間抜けな太郎冠者は唐傘を売りつけられてしまったというのである。土井は、和泉流の「若和布」では「丹波の国能勢郡の住職が同宿に命じて若和布を京で買い求めるに当たり、代物の支払場所を前もって三条の丹波屋と指示している」ことを指摘して、ここでも豊田の研究[7]を引き、「この丹波屋は応永の頃は千本に住し、永正に掛けて丹波栗・丹波莚の営業、隣接する摂津銅山から出土する銅の問職などに携わっていた」として、「宿屋」と「為替屋」を兼ねた三条丹波屋が実在の商人であったとした。

「佐東市」の市場在家

藤原良章は「中世の都市とみちをめぐって」[8]で、厳島神社文書[9]の分析から、「佐東市」の市の辺に「都維那」が住み、その「所従」が酒を用意して人を饗応し、返済すべき銭を置き、支払いに備えていた事例[10]を紹介した。さらに藤原は、売買の行われる「市場」近くの「市の辺」に「市場在家」が立ち並び、「市場」と「市の辺」はそれぞれ異なる秩序によって構成され、備中新見荘の市場に隣接して、道を挟んだ両側には「古町頭・古町尻」の地字名が今に残っていることから、〈市場在家の家並みが並ぶ町〉を復元し、市場の開設には〈市場在家の設定〉、そこへの〈在家人の居住〉が前提であったとした。

「三条の布袋屋・大黒屋・もがり屋・丹波屋」も、「佐東市」の「都維那之所従」の住宅も、〈支払いの場所〉として共通している。また、備前西大寺市場[11]（第13章第二節参照）の「市公事定書」からは、食料品・日用品などを取り扱う「魚座・莚座・鋳物師座」の外に「酒屋・餅屋」の存在が確かめられる。「座」は市場に関係しているが、「酒屋・餅屋」は市場近くの「市の辺」の「市場在家」であり、特に「酒屋」は金融業にも関わっていただろう。以上から西大寺市場でも「市場」と〈市場在家の立ち並ぶ街並み〉からなる「町屋」との対比が見られ、「酒屋・餅屋」は備前西大寺市場の市場開設の前提であったとなる。

信濃伴野荘二日市

千曲川の河岸段丘の突端部で、近くに鎌倉街道が通う野沢原の村境は、現在の佐久市野沢原の跡部で、現在の小字、上野屋・下町屋・金山・舞台・町屋先に比定される。ここに十三世紀末の『一遍上人絵伝』に見られる伴野市があった。ここには雨をしのぐための屋根だけからなり、市の立たない時の荒涼とした市場の光景が描かれている[12]。井原今朝男は、水陸交通の要衝にあったこの伴野市は、十四世紀初頭には「二日町屋」にまで発展したとした[13]。京都商人の隔地間取引の中継拠点としての「商人宿」や、信濃布と呼ばれ珍重された麻布の「問屋」など、いくつかの「市場在家」が立ち、それが町屋にまで発展した。

井原は端裏書にA「とものゝかう二日まちや太郎三郎入道うけとり」、B「重光成阿請文替銭事」、C「のさわのかう二日まちや太郎三郎入道うけとり」とある為替に関連した文書やその他の文書を〈東国の文書としては希有なもの〉として注目し、分析をしている。花押から「太郎三郎入道浄阿」＝「成阿」だとしている。A・Bは替銭の請取状で、Aでは「このうけとりにちかいめ候て、御せにゝ、ちゝ候ハゝ、為浄阿沙汰国においては以一倍可弁進候」、Bでは「若無沙汰仕候ハゝ、以壱倍可弁進候」とある。Cは預状で「もしけたい候ハゝ、壱倍をもんて、わきまへまいらせ候へく候」とある。

ここから浄阿は金融業や領主・大徳寺の年貢請負業を営んでおり、二日町屋の「在家」は支払いの場所であったことが分かる。荘園領主への年貢の現物を、遠隔地間で輸送するよりも、現地の国衙市などで現物を金銭化し、それを為替で送ることで、輸送のリスクを減らし、領主の下であらためて現物に替えて納める方式を浄阿が採っていたとなろう。これがさらに進めば「銭納」となろう。

信長支配下の市場の事例

市場の成立には金融業を営む「市場在家」の存在が前提であったことを、次に私になじみの深い信長支配下の〈熱田〉、岐阜城下の〈上加納〉と、今川氏の支配下にあった〈富士大宮〉の都市の場合から考えたい。

熱田神宮は熱田の舌状台地の南に位置し、その先端には熱田港があった。港の波止場には「浜ノ鳥居」があり、ここから神宮までの「参道」には「神部町」「須賀町」があった。神宮の南側には熱田台地の下をめぐって通る「社会経済の道」があり、東は年魚市潟に臨む「突出鳥居」で、西は「一の鳥居」で区切られ、東から「宿町」「中瀬町」「旗屋町」等が並んでいた。これらの鳥居で囲まれた地域の「市場在家」からなる町が熱田の門前町であった[14]。「参道」と「社会経済の道」の交差点は源大夫社の広場で、市が開かれ、後に「市場町」になった。「宿町」の南は「羽城町」で、「羽城の殿様」と呼ばれた東の加藤氏・加藤図書助全朔の屋敷が、「旗屋町」には西の加藤氏の屋敷があり、共に織田氏の御用商人の質屋であった。

また「富士大宮の楽市令[15]」の分析から、「駿州中道往還」に沿って「神田市場」や「富士浅間大社」「神田橋」が並ぶ光景が復元できる。「駿州中道往還」上の「神田」や「青柳」は古くからの地名で、ここに早くから旅籠屋や伝馬問屋などの「市場在家」からなる町並みが存在し、特産の絹織物を扱う連雀商人のための施設も造られていった。大宮が門前町・宿場町として発展すると共に、後に「神田」と「青柳」の間に「仲宿」「連雀町」の町ができたと考えられる。この「楽市令」で今川氏は、「神田市場」の「諸役」や、神田川に架かった「神田橋の関」の「新役」の停止を命じた。

東国大名の今川・後北条・徳川諸氏の「楽市令」では、「市場」に来る〈外来商人〉を対象とし、「押買・狼藉」「喧嘩・口論」「国質・郷質」「諸役免許」などの禁止を内容としていた。これに対して、岐阜上加納の「楽市場」宛て信長楽市令[16]の第一条には「当市場越居之輩、分国往還不可有煩。并借銭・借米・地子・諸役、令免許訖。雖為譜代相伝之者、不可有違乱之事」とあり、「当市場越居之輩」つまり「市場在家」の〈定住商人〉が対象だった。この「諸役」を池田元助は天正十一年（一五八三）の加納宛て制札で「町中門並諸役」と言い直しており、軒を連ねた「市場在家」によって「町中」は形成されていた。

信長は交易民の「神人・供御人・寄人」＝「公界」のメンバー（以下第二節・第三節で詳述する）を「権門勢家の被官」＝「譜代相伝」の身分から解放して、「市場在家」の〈住人〉の身分に繰り込み、自らの保護下に置いた。信長は「市場在家」の〈住人〉に多くの自由を保証していた。

二　『庭訓往来』四月返状の分析

四月返状の構造

第1章でも取り上げた『庭訓往来』[17]四月往状は、遙任国司の前采女正が「御領興行」のために、「市町興行」を取り計らうよう目代の中務丞に指示したものである。その「返状」には当然、「往状」に対する返答の挨拶がある。「仰せ下さるゝの旨、畏て拝見仕り候ひ畢ぬ」「抑先度の御事書に就て、A芸才七座の店、諸国の商人、旅客の宿所、運送売買の津、悉く令遵行せしめ候」とあり、相手からの命令は滞りなく実行し、指示通り市町ができたとしている。問題の市町は国衙市で、中務丞は零からの建設ではなく、已にある国衙市の再開発・再整備を行ったのであろう。

国衙市については佐々木銀弥の研究[18]がある。佐々木は南北朝前期に成立した常陸の〈国府六斎市〉、尾張国衙下津の〈五日市場〉、若狭の国衙近傍市で七の日に開かれる定期市である〈遠敷市〉などを明らかにし、尾張においては国衙近くの定期市網を明らかにした。問題の市町は一国の物資の集散地であると同時に、京都を中心とする全国的な物流と関わり、山陽道・東海道などの〈陸路〉と、〈海路〉とによって結ばれていたであろう。さらに「…B…何事か之に如ん哉、…C…更に遁避す可からざる歟」とあり、在地の目代としての年貢の取扱い等の公務が具体的に例示され、Bには国司が国衛市を通じて国内物資の流通を統制・監督していたことを示す「交易合期」がある。

その次に「凡…D…」とあり、続く「次…E…」「此外…F…」「或…G…」は商品尽くしである。最後に「交易売買の利潤は　四条五条の辻を超過し、往来出入の貴賤　京都鎌倉の町に異ならず、凡そ御料豊饒にして　甲乙人福祐せしめ　屋作の家風は尋常にして　上下已に神妙なり。急ぎ御外着あらば　高覧あるべき歟　須く御迎の夫力の者を催進むべきなり。恐々謹言」とある。

このうちAの「芸才七座」以下は中務丞が市町に招き整備した人々であるが、中でも「諸国の商人、旅客の宿所、運送売買の津」の三項目に関係して、さらにそれに説明を加えたものがDである。Dの「京の町人、浜の商人、鎌倉の誂物、宰府の交易」はこの国衙市町が全国的な流通に関わっているので、市町に招いたAの「諸国の商人」や商品の例示である。Dの「室・兵庫の船頭、淀・河尻の刀禰」「坂本・大津の馬借、鳥羽・白川の車借」は旅の商人や商品がこの市町に到着するまでのAの「旅客の宿所、運送売買の津」に関係したものであろう。「泊々の借上・湊々の替銭・浦々の問丸、割符を以て、之を進上し、俶載に任せて之を運送す」はこの国衙市町から国内流通路や全国流通路に結び付くために交易路が遠くに伸びていることを念頭に置き、物資の中継港である多くの「泊・湊・浦」での金融業・倉庫業を説明したものである。

この「俶載」は前述の通り「船の積載」の意なので、この「借上・替銭・問丸・割符」からは、南北朝時代にはすでに金融業が起こり、信用経済が普及し始めていたことが分かる。この四月往状には桜井英治[19]が明らかにした通り、当時の「為替」の発達が示されている。ここから問題の国衙市町は「為替」や「海運」のネットワークの拠点となる港に立地し、金融業や信用経済が波及しており、この市町では「為替」によって支払いが無事に行われていたとなる。先に述べた「三条の布袋屋・大黒屋」も「佐東市」の「都維那之所従」の「市場在家」も、このような金融業や信用経済に関わりを持っていた。こうした金融業の前提には第4章で取り上げるように、市場における「手形」などの文書の作成がある。

商品尽くし

Aの「芸才七座の店」に関わるのがEの二二項目とFの三九項目とGの二項目である。この「芸才」は網野善彦の言う「外財[20]」だろう。

この「七座」の説明には「魚、米、器、塩、刀、衣、薬」とある。これに対応するものを、ここにある諸国の物産と比較すると、日常品を取り扱う市場では「塩」「米」は最も基本的な商品であったはずなのに、「塩」の産地は挙げられていない。生産物はどこでも同じとされていたからであろうか。「米」もまた「筑紫穀」が唯一である。これまた全国どこでも米は生産されていたからなのだろうか。次に少ないのが「薬」である。Gの「異国唐物・高麗珍物」がこれに対応するはずだが、「異国唐物・高麗珍物」は「薬」に限られていたわけではない。これはDの「宰府交易」に関わろう。

「器」を土器に限れば「嵯峨の土器」となるが、鉄器としてはFに「能登の釜・河内の鍋」がある。一番種類の多いのが「衣」十二品目で、Eには「大舎人の綾・大津の練貫・六条の染物・猪熊の紺・大宮の絹」があり、Fにも「加賀の絹・丹後の精好・美濃の上品・尾張の八丈・信濃の布・常陸の紬・上野の綿」がある。「刀」はEに「奈良の刀・高野の剃刀・姉小路の針」があり、Fの「備前の太刀・出雲の鍬・備中の鉄」や「奥州の金」も含めると七品目である。「魚」もFに「越後の塩引・隠岐の鮑・周防の鯖・近江の鮒・淀の鯉・松浦の鰯・夷の鮭」の七品目がある。

中継港

Aの「諸国の商人」に対応するものはDの「京の町人、浜の商人、鎌倉の誂物、宰府の交易」の四つであろう。「町人・商人」が人間なのに「誂物・交易」は商品であるが、市町に取りそろえるべきもの（人・物）として矛盾はないだろう。この「浜」がどこを指すのか、註には何も説明がない。おそらく大阪湾岸の「浜」を指し、「堺」か「長渚浜」だろう。次に「室・兵庫の船頭、淀・河尻の刀禰」「坂本・大津の馬借、鳥羽・白川の車借」とある。「室・兵庫」は瀬戸内の代表的な中継港である。「淀」は巨椋池の中の島にある港で、「河尻」は淀川の河口の港を指していよう。それぞれ淀川の始めと終わりの代表的な中継港となる。

「河尻」では海船から川舟に乗り換える。一方「淀」のある巨椋池には宇治川、山科川、鴨川、桂川、木津川が流れ込んでおり、宇治川を遡れば琵琶湖に達し、琵琶湖をさらに北上すれば北陸道に至る。木津川を遡れば南都に達する。鴨川、桂川を遡れば京都であり、しかもこの二つの川の河口で巨椋池の北岸には「鳥羽」があって、車借の拠点である。つまり「淀」は水陸交通の要衝で中継市場であり、「淀」からはさらに小さい川船に積み替えるか、鳥羽で陸路の車借に積み替えたと想像される。そして「白川」は鴨川東岸にある京都の物流センターである。また「坂本・大津」は北陸から琵琶湖に至る水路の終点で、「坂本」から比叡山を越せば「白川」に至る。つまり「坂本・大津」と「鳥羽・白川」は水路と陸路の接点にある中継ぎの場所となろう。

以上から『庭訓往来』四月返状に記されている各地は、当時の代表的な物流の拠点となる。これらは敢えて言えば「運送売買之津」に対応しているとなろう。それゆえDは、Aの「諸国商人、旅客宿所、運送売買之津、悉令遵行候」から連想されるものをすべて列挙したものとなる。なお「旅客宿所」は、この市町に建てられた各家々が担当し、手紙の最後の「屋作家風尋常」がそれに対応していよう。

「泊」「湊」「浦」と「市」

次にある「泊・湊・浦」は瀬戸内海や淀川などにある中継貿易港を指し、ここには金融業・倉庫業・宿泊業・売買の仲介業を行う「借上・替銭・問丸」などがあり、毎日のように荷物はここで積み替えられていたはずである。四月返状で問題とする国衙市の「市町」は、こうしたところと連絡していたので「泊々之借上・湊々替銭・浦々問丸、以割符進上之、任俶載運送之」とあるのだろう。それゆえ「泊・湊・浦」には「倉庫」「宿屋」「取引所」等を兼ねた「市場在家」の建物が想定される。これらは国衙市町への物流を支える脈絡組織で、ここでの物流をもとにして「泊・湊・浦」は市場や都市へと発展したことが考えられよう。

一方『庭訓往来』三月は「領地の仕置き」「館造作」をテーマとしたもので、その返状には、「桁・梁・柱」等々は「為虹梁之間、為杣取令誂候畢」とあり、生産地へ特注とした上で、「門冠木・扉装束・唐居敷板」等々は「於津湊可令買之」とあって、既製品の木材等は「津・湊」で買ったとある。運送に人手の懸かる木材等の商品は普通の市場では取り扱わなかったのだろう。これは四月返状Aの「運送売買之津」と対応している。これを「売買の津に運送し」と読むべきか、「運送・売買の津」と読むべきかは問題だとしても、「津」では「運送」と「売買」が行われ、「津」には「市」の機能もあったとなる。

遠隔地交易に注目するピレンヌは、「ポルトゥス」portusをローマ帝国以来メロビング朝・カロリング朝にまで引き継がれた行政用語で、川沿いに築かれた商品の集散地・中継ぎ港、通過税徴収所が設けられた囲い込まれた場所、「恒常的な商取引の場所」「絶え間ない輸送の中心地」[21]、遠くまで運ぶ荷物の積み卸しがひっきりなしに行われる輸送の中心地、恒常的な商品取引所、船着き場とし、ここに「商人集落」が築かれたとした。他方、「大市」「市場」を売手と買手が定期的に集まる所としてこれと対比した。こうしたピレンヌ説に対して局地的市場圏に注目してこれを克服しようとの研究がベルギー[22]でも日本[23]でも進んでいる。

しかしながら日本の中世社会は、特に西日本においては、京都を中心とする全国物流のネットワークの中にあったので、「泊・湊・浦」はこのポルトゥスに対応していよう。網野善彦は『都市と職能民[24]』の中に掲げた地図「中世の淀川流域と津」を説明する中で、この「泊・湊・浦」には神人や供御人たちが住み着き、彼らが水上交通に従事していたとした。ここには金融業者がいて、商人間の取引を助けていた。中継港であった「淀津」に、鎌倉後期には「魚市場」ができ、「淀の魚市」を中心に「淀」は都市へと発展した。こうした〈信用経済の発展〉と〈悪党の跳梁〉が同時に起きていることが日本中世社会の面白い点で、網野はこの悪党の背後に「未開のエネルギー」の活動を見た。この点からすれば、信用経済がある程度整った『庭訓往来』四月状の〈肉〉の部分は、第1章で述べた悪党の活躍が治まった南北朝期以後の世界を背景としているとなろう。

三　撰銭の舞台

「市場在家」が支払いの場所であったことから、支払い手段としての貨幣に対する「撰銭」の行われた舞台もまた「市場」や「市場在家」だったと考えられる。次に撰銭令を幾つか取り上げてみたい。

『大内氏掟書』第一六七条――公界の沙汰

『大内氏掟書』[25]第一六七条は、大内氏が出した永正十五年（一五一八）十月十四日付の撰銭令である。ここには次のように「公界の沙汰」という文言がある。

銭をゑらふ米をうりかふ事。前御代御法度右のことし。然る処に、近年その御法にかゝわらす、銭をゑらひとる條、国のすいひ土民けつほく、日にそへて言語道断なり。此故にかさねかさね制止をくハうといへとも、猶以自由にえらふ事、前々に超過云々。諸人のうれへ只此事也。所詮、前御代さためらるゝ處の三色なわ切・大とう・うちひらめの外、えらふへからす。仍三文、札のおもてにかけおくもの也。若此旨をそむくやからあらハ、就注進之、一段可加成敗之。自然うる人買人共に、くかいの沙汰に及て後、わたくしに和談して無事たりといふとも、御法たるうへハ、両方罪科のかるへからす者。諸商売人かたく此旨をつゝしミ守之、敢勿背御制禁矣。仍下知如件

永正十五年十月十四日　遠江守　紀伊守　大炊助（以下十人略）

「前御代」に「御法度」として撰銭令が出されているのに、なかなか守られていないとした後で、「前御代」の「御法度」に倣い〈悪銭の「なわ切・大とう・うちひらめ」を市場の高札場の札の表に懸けて置くので、この旨に背く族には成敗を加える〉としている。市場には高札場があったことは鎌倉幕府の追加法第一四二条「人倫売買停

止事[26]」に「当市庭立札、可令触廻国中」とあることからも確かめられる。この法令は市場での悪銭の使用を問題とし、売買の両当事者がたとえ「公界の沙汰」に及び「私に和談して無事」だとしても、〈撰銭を犯した者は犯罪者として処罰する〉との規定である。

契約の自由＝契約当事者の自治の尊重ではなく、大内氏は「御法たる上は、両方罪科逃るべからず」として「公界の沙汰」に対して〈経済外的な強制[27]〉を加えている。この場合「公界の沙汰」に関わるとして法令上に登場するのは「売る人」「買う人」の「両方」である。銭での支払いとしても、銭は嵩張り重いので、多額の金銭の支払いには「為替」などの現金化が必要であった。それゆえこの「公界の沙汰」の場面には第三者の「土倉」「質屋」などの金融業者の関与が想定される。最後に「此の旨をつつしみ守り、敢えて御制禁に背く勿れ」とあり、諸商売人の倫理観に訴えて法の貫徹を願っている。

それゆえこの場合の「公界の沙汰」とは市場の慣習法的なルールを指し、複数の人々の関与が想定される。このルールは経済法則には違背せず、また慣習法とはいえ、後述するように、それに基づいた文書での契約を積極的に行う文書主義とも同居するものであった。大内氏は諸商人に対して「此旨をそむくやから」を「注進」するよう勧め、密告者からの注進を俟って「一段これら成敗を加うべし」として、処罰を定めている。しかも「公界の沙汰に及て後、私に和談して無事たりといふとも」とあり、当事者間で「公界の沙汰」の正当性を主張していても、大内氏はこれを認めないとしているのである。彼らがいなければ「注進」の主体もなくなってしまうので、諸商人・金融業者からなる「公界の沙汰」と大名権力とは対立しつつ共存する関係にあった。

この「公界の沙汰」に対応すると思われるものが二つ、『大内氏掟書』からおよそ五十年後の永禄九年（一五六六）に発布された。一つは次に掲げる浅井氏の「撰銭令十一カ条」の〈最後の条文〉にある「内議申合」であり、他の一つは戦国期の京都を支配した三好三人衆の発布した「撰銭令三カ条」の〈結びの文〉にある「内々相済」である。紙幅の関係もあるので、ここでは浅井氏の「撰銭令十一カ条」と三好三人衆の「撰銭令三カ条」の全体を取り上げることは別の機会に譲り、関係する部分だけを取り上げる。

「浅井長政料足掟書」――内儀申合

「浅井長政料足掟書案」[28]全十一カ条を概観すると、第一条から第三条までが〈撰銭令の基本法規〉で、第一条・第二条は撰ぶべき「悪銭」の提示で、第三条はこれ以外を選んだ場合の処罰規定である。第四条・第五条は「質屋法」で、第四条は〈訴人規定〉で、科人に「過銭」をかけ、それを〈訴人〉に与えるとある。第六条・第七条は「他国の商人」に対する法規で、第八条は「高値停止令」である。第九条は売買の仲介をする「スアイ」に対する法で、ここにも訴人には「褒美」を与えるとの〈訴人規定〉がある。第一〇条は「馬借法」で、最後の第一一条が我々の問題とする「内儀申合」法である。

その第一一条には、次のようにある。

一　諸売物下直ニ為可召置、以撰銭可相渡之由、内儀申合輩於有之者、売手買手相共ニ過銭を申付、告知仁躰に可遣之事

大名の浅井氏が撰銭令を出したことは、それまでの浅井領内の通貨の世界に混乱があり、通貨に一定の基準を導入したことを意味している。例えば百文一緡の値が、その中の悪銭の量によって一緡が百文以下の価値だと公定されたことになり、当然物価は上昇した。そこで第八条の登場となる。ちなみに京都などには悪銭座があり、悪銭が一種の商品として売買されていた。食料品や日用品など本来の商品である「売るために作られたモノ」への支払い、宿賃の支払いや茶店のお茶代、船賃等々はみな悪銭でこと足りたが、蓄蔵貨幣には精銭が求められたので、精銭は蓄蔵に回されることになり、流通界では「悪貨が良貨を駆逐した」のである。

悪銭の登場で、売買両当事者間では支払い手段としての〈通貨の状態〉が問題となった。貨幣経済から物々交換

へ戻った面があった。当然、「撰銭」をして「精銭」で「渡す」＝支払う場合には、下値でよいはずだとなった。なおこの法令で「内儀申合」をしているのは「売手」と「買手」だが、多額の金銭の支払いに関わる場合には、交渉・商談の場には金融業者＝「質屋」などが登場していただろう。そしてここでも売買の両当事者が合意して「私に和談して無事」としているにもかかわらず、浅井氏は両者の間に介入し、法令を出して〈経済外的強制〉を加え、「撰銭」だとして禁止し「科銭」を課している。

この「内儀申合」の在り方は、大内領内の市場で「私に和談して無事」を確認し合っていた「公界の沙汰」と似ている。「売手」「買手」を処罰する点は大内氏と変わらない。この法令では売買の支払いの段階で、両当事者以外に第三者の「告知仁躰」が登場し、「過銭」を褒美として遣わすとある。この人物に対応するものを他の条文から探すと、第六条では「当谷に居住していた」「他国の商人」が精銭を選んで本国に送った場合には、「彼の宿の資料・雑具」を〈訴人〉に遣わすとあり、「往還」する他国商人の場合には〈商人宿〉に連帯責任を負わせて「亭主に至っては誅罰を加うべし」と定めている。「宿」が宿泊業のみならず取引の仲介業も行っていたのである。

ここに登場する「当谷に居住之仁」の〈近所の人〉や「往還の商人」の〈商人宿〉、第四条・第五条の質屋が〈訴人〉＝「告知仁躰」で、彼らには密告が期待されていた。〈質屋〉〈近所の人〉〈商人宿〉などからなる「告知仁躰」は、一方では「公界」を形成しており、浅井氏はその「公界」を取り込み、撰銭令の浸透を図っていた。浅井氏は「褒美」をちらつかせ〈仲間を売る〉ように勧めていた。彼らが仲間を裏切り浅井氏の訴人になって初めて、浅井氏の撰銭令は効果を発揮したのである。この「料足掟条々」は「公界」の構成員が「裏切り」と密接であったこと（第2章参照）を前提としている。

「浅井長政料足掟書」には「公界」という言葉は登場しないが、「市場在家」に対応する「質屋」「商人宿」などの金融業と関わりのあるものが登場している。

「細川昭元撰銭定書」――内々相済

『兼右卿記』の永禄十年（一五六七）正月十八日の条には、永禄九年三月十七日付の撰銭令[29]Aと同年十二月二十九日付の撰銭令Bが記されている。ここでは後者Bの「細川昭元撰銭定書案[30]」の三カ条を取り上げる。第一条では「過銭」は「十貫文」とある。その第二条・第三条と最後の〈結びの部分〉とにはそれぞれ次のようにあり、「酒屋・土倉」「権門勢家之被官」が登場している。彼らが「撰銭」に関わりを持っていたことは明らかである。

一　①依此御法、諸商売をとゝめて不売者、永其座中をはつすへし、②万一座人中としてかくし置者、可為同罪、③酒屋・土倉共以可承知之、次④事を左右によせ、或ⅰ商売物を高直になし、或ⅱ以密々、背法度達私用者、可為右同罪事

一　背此制法輩御成敗刻、咎人之主人、或町人、或親類已下、聊不可相拘事

右条々、堅被定置訖、若背此旨、以内々相済輩者、権門勢家之被官をいハす、於其身者、被処厳科、至私宅者、闕所におこなハるへき由所候也、仍下知如件

第二条の前半①では、撰銭令が出たので商売を止めて売らない者に対しては「座」からの追放を命じている。これはA第三条「悪銭ならハ商売仕ましき由、申へからさる事」に対応している。この前提には「座」メンバーの相互監視があり、②では「座人中としてかくし置く者」を「同罪」としている。後半の③では取引の停滞をもたらすことの禁止を「酒屋・土倉」が共に「承知」すべきだとある。「或ⅰ……、或ⅱ……」と対句構造になっているが、ⅰの「商売物を高値になし」たのは売手である。これは浅井氏の第八条やA第三条の「但、事を撰銭に寄せ、商買物高値ニなすへからさる事」に対応している。

権力側の撰銭令という〈経済外的強制〉に対して、売手側が商売物を高値にして対抗するのは当然である。これに対してⅱの「密々に法度に背き」「私用に達する」者は、支払いに関わる買手側の「酒屋・土倉」で、彼らも同

罪としている。この第二条と第三条から仁木宏は「洛中の地下人は、座結合、主従制、町共同体、血縁集団などの中に身をおき、権力の公的検断を逃れようとしていた[31]」とし、「戦国期京都の都市民の多くが武士の被官となり、都市的な諸賦課を逃れようとしていた[32]」とした。浅井氏の法で「公界」を構成していた「内儀申合輩」が、ここでは「内々相済輩」として登場している。

Bの①やⅰからは売手側を、③やⅱからは買手側を「内々相済輩」に数えることができよう。〈結びの部分〉で「其の身は厳科に処せられ」「私宅に至っては闕所」とあることから「内々に相済ます輩」は「私宅」を持った「権門勢家の被官」で、第二条に登場する「酒屋・土倉」の金融業者の「神人」を含んでいただろう。Bの〈結びの部分〉では「其身は厳科、私宅は闕所」とあるが、一方Aの〈結びの部分〉には「過銭」「褒美」として次のようにある。

右条々、堅被定置訖、若有違犯之輩者、権門勢家之ひくわんをいハす、過銭拾貫文かけられるへし、えらふ者を告しらする族にハ、褒美として五貫文可遣之、此外科の軽重をたたし、可被処厳科之由所候也、仍下知如件

Aでは浅井氏の場合と同様、「座」のメンバーや「酒屋・土倉」が連座を避けるためには、仲間を裏切り訴人となるしか残された道はなかったとなる。法令貫徹のため「公界」仲間の裏切りが不可欠の条件である点で、Aは浅井氏の場合と同じである。Bの「座」からの追放や「其身は厳科、私宅は闕所」という厳しい処分もまた、浅井氏の〈商人宿〉の「亭主」への「誅罰」と似ている。

この「細川昭元撰銭定書」にも「公界」という言葉は登場していないが、金融業者の「酒屋・土倉」は登場している。以上の三つの撰銭令から、支払いの段階で売買の両当事者に対し、第三者の金融業者の登場が確認できる。当時はこうした金融業者・市場在家の在り方が一般的で、先に取り上げた「末広がり」で述べた市場近くの「市場在家」での支払いと一致している。こうした金融業者を含む市場関係者たちの世界を「公界」と名付け、ここでの

「慣習法的サンクション」を「公界の沙汰」と名付けたい。これは佐藤進一・網野善彦・笠松宏至の鼎談[33]の中で述べられている、売買・貸借の争い・雑務沙汰に対する「慣習法」「大法」に対応するもの[34]である。

一方、佐藤はこの鼎談で鎌倉幕府の制度と雑務沙汰との関係について次のように語っている[35]。

ぼくはね、昔、石井良介先生の研究室で、直接先生からいろいろお話をうかがっていたころ、雑務沙汰は内済の世界だったのじゃないかと言っておられて、それで史料は残らないとか、残り方が少ないと考えておられた。

「細川昭元撰銭定書」に登場するこの「内々相済」という言葉は、石井良介の言う「内済」に対応していよう。以上三例の撰銭令と大名権力との関係を見ると、いずれも権力側は「公界」と対立関係にあり、場合によっては、「公界」を弾圧の対象としている。しかし「公界」との協力なくしては撰銭令を遂行できなかったので、共存・交争的関係にあったとなろう。本来「公界の沙汰」とは交易民の「神人・供御人・寄人」＝「公界」のメンバーの自己主張、慣習法であった（第4章第二節参照）が、戦国大名はこれを否定し、自らを「公儀」権力であると位置付けたのである。

第1章で市場の管理は統治権に関わっているとしてきた。本章でのこれまでの考察では、大内氏や浅井氏・細川氏は撰銭令を通じて雑務沙汰に関与し始めており、統治権を主張し始めていたとなろう。またこの撰銭令での「座」からの追放や「闕所」という厳しい処罰それ自体は、『相良氏法度』第一八条での「公界」への抵抗者（第6章第二節参照）への対応と、ベクトルは正反対ではあるが、〈所帯没収・妻子まで処刑〉という極刑を振りかざす点では似ており、「山僧・神人の寄沙汰」の禁止（第7章以下参照）と似た立場にあって、網野善彦の言う鎌倉幕府以来の「農本主義」と関わっている。

以上三例から、一方では各大名は「公界」を必要悪として認めながら、他方では取締りの対象としていたとまとめることができよう。しかし、第6章で取り上げる『結城氏新法度』の場合はこれらとは異なっている。

信長の三撰銭令

『中世法制史料集　第五巻　武家家法III』によれば、信長は永禄十二年（一五六九）に二月二十八日、三月一日、三月十八日と撰銭令を続けて三回発布した[36]。この三つの撰銭令は共に七カ条からなっている。最初の二令は共に「定精選条々」で、内容は似通っているが、最後のものは「精選追加条々」で、内容が異なっている。「補註」[37]によれば、最後の「精選追加条々」は「上京」の他に「下京」「山城八幡惣郷」「奈良中」などにも公布されたとある。また翌年の同月同日、つまり永禄十三年の二月二十八日に信長は尾張の熱田に宛ててほぼ同じ「精選追加条々」[38]を公布した。

前二者の二つの「定精選条々」の第一条・第二条・第三条はそれぞれ次のようにある。

一　ころ　やけ銭　せんとく　二文たて
一　ゑミやう、大かけ　われすり　五文たて
一　うちひらめ　なんきん　十文たて、此外撰銭たるへき事

一　ころ　せんとく　やけ銭　下々の古銭　以一倍用之、
一　ゑミやう　大かけ　われ　すり　以五増倍用之、
一　うちひらめ　なんきん　以十増倍用之、
　　此外不可撰事

これらは実物の悪銭を付けて、市場の高札場に掲示されていただろう。以上のように両者はほぼ同じものなの

で、これからは二度目の三月一日付の定書のみを取り上げる。第四条以後は支払い条件をめぐる細則で、次のようにある。

一　①段銭、地子銭、公事銭并②金銀、唐物、絹布、質物、五穀以下、此外③諸商買如有来、時の相場をもて、定の代とりかはすへし、付、ことを精銭によせ、諸商買物高直になすへからさる事

一　④諸事のとりかハし、精銭と増銭と半分宛たるへし、⑤此外ハ其者の挨拶にまかすへき事

第四条では、支払いを、①の御上に納める税金を支払う場合、②の高額商品の取引の場合、③のその他日常品の商売の場合、に分けてはいるが、いずれの場合も「有来る如く」「時の相場で」「定めた通りの通貨」で支払うべきだとしている。「付」では、支払いが精銭でないからと言って諸商売物を高値にすることを禁じ、三カ条で定めた比率に従って、悪銭を引き受けるべきだとしている。次の第五条の④は、通常の支払いについての定めで、⑤は宿賃・お茶代・船賃などの小口支払いの場合であろう。「増銭」とは「五増倍」「十増倍」などになった悪銭のことである。

④の日常の支払いには「精銭」と「悪銭」と半分ずつで、⑤のこの外の小口の支払いの場合は「そのものの挨拶に任せる」「其の人のあいあいたるべき事」として、当事者同士の相談に任せている。④には、先に述べた①・②・③のケースが含まれていよう。信長の撰銭令では精銭と悪銭を区別し、さらに悪銭を三種に区別し、それぞれの換算率を定めているので、原理的には悪銭と精銭の両替は合法のはずだが、第六条では「悪銭売買堅停止事」とある。「精銭と増銭と半分宛」という大原則だけでは支払い現場での争いは絶えなかったと思われる。そこで問題となるのは第七条である。

二月と三月の二つの「定精選条々」のそれぞれの第七条を取り上げたい。

一　精選の料未究ニ押入、狼藉ニおいてハ、其町として相支、注進すへし、至見除之輩、同罪たるへき事

一　精選未決の間に、其場へ押入、於狼藉者、其所の人として相支、可令注進、若見除の輩に至てハ、可為同罪事

精銭と悪銭の「料」＝割合が売手と買手の間で話がついていない段階で、「押入・狼藉」が起きている。仁木宏は前者の解釈を〈撰銭に関わって「押入狼藉」を受けた場合、その町が狼藉者を「相支」える（＝武力抵抗する）ことを認めている。その一方、撰銭行為を「見除」け（＝見逃）した者は同罪[39]〉としている。しかし「見除」が問題なのは仁木説とは異なり「撰銭」ではなく「狼藉」の方であろう。②の高額商品の取引の場合の支払いには金融業者が関わっており、「狼藉」の場面は買手側の銭主＝金融業者の市場在家であろう。買手側は当然金融業者と近い関係にあり、「狼藉」の主体は売手側であろう。

売手側が取締りの対象となっている点は、第四条「付」と同様である。しかし先に取り上げた「細川昭元撰銭定書」によれば、一般に当時の地下人は「座結合、主従制、町共同体、血縁集団などの中に身をおいていた」ので、売手側は様々な縁につながる人々と共に「狼藉」に及んだのであろう。注目すべきは「其町として相支」「其の所の人として相支」とあることである。近所の人、その町の住人がこの狼藉者を取り押さえた上で、信長側に「注進」すべしとある。町の自治組織が秩序維持のために動員され、金融業者は同じ町の自治組織によって保護されるのが新たな決まりとなっている。

これまでの撰銭令では、売買両当事者間の内々の合意が前提だったのに、ここでは売手側が支払い条件に不満で、「狼藉」という実力行使に至っているのである。売買の場が喧嘩に発展することは不思議でないが、「狼藉」とは過激である。またこれまでの撰銭令への違反者は金融業者の市場在家である可能性もあったが、ここでは金融業者は法を守る立場の人として前提されている。これまでは撰銭の犯罪を取り締まるため、仲間を裏切り密告をする

人が、同じ「座」のメンバーや「公界の人」であったのに、ここでは市場在家の近くに住まう「其の所の人」や「其町」の住人が新しく秩序維持者として登場している。

信長は金融業者の市場在家を「公界の人」ではなく都市住人として把握し直し、彼らの自治の上に政策遂行を考えているのである。これまでの大内氏・浅井氏・細川氏の撰銭令では「公界」の存在を必要悪として認めながらも、抑圧の対象とし、共存・交争関係にあったが、ここでは政策遂行の要の位置にあった「公界」は消滅し、人々は町人の中に溶け込んでいる。〈「公界」の人々の談合の場〉は〈町の自治組織の談合の場〉に取って代わられ、「公界」の人々は都市の定住民に数えられている。こうして有徳人が地域の名望家になる努力は、初めて制度として叶ったことになるのである。仁木宏はこのことを「近世的支配の幕開け[40]」と呼んでいる。

三撰銭令の最後の「精選追加条々」では、支払い手段として「米」の使用を禁止し、高額商品の「糸、薬十斤之上、緞子十端之上、茶碗之具百の上」には金銀による支払いを認め、金銀を借用した場合は〈金銀で返弁すべし〉ともあり、一方では支払い手段＝貨幣として「銭」以外に「金銀」を承認し、他方では、売手側が金銀を要求してはならないとしている。この第七条には次のようにある。

一　銭定違犯之輩あらハ、其一町切ニ可為成敗、其段不相届ハ、残惣町一味同心に可申付、猶其上ニ至ても手余之族にをいてハ、可令注進、同背法度族於告知ハ、為褒美、要脚伍百疋可充行之事

「其一町切ニ」「成敗」が法文解釈の分かれ目で、これまでの解釈[41]では、その町に連帯責任を負わせ、町全体を「一町切り」にするという厳しい処罰を命じ、町人の相互監視を狙ったものとされてきたが、前の二定書の「其町」「其の所の人」がここでは「其一町」になったと解釈すべきで、その町「一町」を限って、つまり町の自治組織の内部で「成敗」を行い、それが「不行き届き」になった場合は「残る惣町全体が一味同心して取り締まるよう申付ける」であろう。ここから「銭定違犯之輩あらハ、其一町切ニ可為成敗」は、仁木の言う〈撰銭令違反者の制裁は

個別町の責任とされた[42]であろう。

「猶其上ニ至ても手余之族にをいてハ、可令注進」の所を「山城八幡惣郷」宛ての文書[43]では「猶其上ニ至ても手余之族にをいてハ、町人之年寄中として可令注進」とあり、「一町切」「惣町一味同心」でもダメな場合＝「手に余る族」に関しては、最後の手段として「町の年寄中」が信長へ「注進」することが謳われている。ここでも浅井氏の場合や細川氏の場合と同様「褒美」が謳われており、密告者の存在が法律貫徹のためには必要であったことが知られる。

撰銭令の分析を中心として、やや先走って公界と大名権力の関係を整理すると表1のようになる。

表1 公界と大名権力との関係

大名	相良氏・結城氏	大内・浅井・細川氏	信長
公界との関係	共存	共存と交争	公界者の町人化。町の保護

『結城氏新法度』の中の「公界」や『相良氏法度』第一八条にある「公界」については第6章で考察したい。

撰銭令での密告

ここでは戦国期の撰銭令を取り上げる際に、権力は「公界」の人々に対し褒美と極刑を以て法の貫徹を図ったとしてきた。金融業者の中に「裏切り者」を作り出し、彼らの「密告」を俟って初めて権力側の命令は効力を持ったのである。それゆえ「公界」の人々が仲間を裏切ることが前提とされていたことになる。『論語』に「君子は義に喩り、小人は利に喩る」とあるように、「公界」の民を「利」によって統制しようとしているのである。「公界」の民は対外道徳の世界にいるので、連帯するとか、共同することは本来難しかった。撰銭令における権力の対応は抑商重農の儒教の影響下にあろう。

このような権力のものの見方は網野善彦の用語では「農本主義」の考え方となる。このような「密告者」を〈権力の犬〉というなら、彼らもまたスッパと同様、人々からの尊敬とは縁のない存在であっただろう。ともあれ市場では詐欺・瞞着・裏切りが日常化していた。それゆえ喧嘩・口論は日常的であった。『武家名目抄』で取り上げている「市町之掟」(後述)では「押買・狼藉」「喧嘩・口論」を禁止していたように、「喧嘩・口論」の禁止は中世前期以来の市場法の基本的条項で、市場の平和を維持するためにはその取締りが必要で、そのためには第1章で取り上げた「検断の沙汰人」が必要であった。

公界者の登場

『大内氏掟書』の「公界の沙汰」は、「公界者」が市場で形成していた合議体制=私的な裁判の衰退した形態となろう。

そもそも、第6章で問題とする相良氏の場合や、結城氏の場合を除くと、大名法規の中で「公界」を肯定的に捉えた用法はない。網野は「太平洋の海上交通と紀伊半島」[44]において「紀伊半島東部—伊勢・志摩の海民的な商人・廻船人は、その広域的な海上活動を通じて」自治都市「公界」を育て上げたとして大湊・山田を挙げ、これを「十楽の津」桑名と繋げて「この地域の特色をよく表している」としている。大湊・山田の「公界」については小西瑞恵[45]の研究もある。相良氏・結城氏と並んで「公界」という言葉がこの地域に限定して肯定的に用いられている背後には、南朝方の北畠氏の政治文化の遺産を見出すことができ、ここに網野の主張する公界と天皇制との関連を解く鍵があろう。

「浅井長政料足掟書」には「質屋」(第四条)、「往還之商人」「宿」(第六条)、「他国之商人」(第七条)、「馬借」(第一〇条)などが登場している。「往還之商人」「他国之商人」を旅の商人とするなら、彼らの相手となった「自国之商人」・市場の商人が考えられる。また第九条の「対諸商売人、非分之儀申懸」者からは仲介業者のスアイが考えられる。これらの人物が「公界」を構成した人物だろう。ところで小島道裕は、戦国大名浅井氏の小谷城の城下町・小谷を復元し、京都と北国とを結ぶ北国脇往還や小谷市場を復元している。[46] 彼ら公界の者たちは小谷市場を活動の拠点としていたであろう。

酒屋・土倉などの金融業者は鎌倉仏教の影響を受け入れて「公界者」になった。転換期を経て成功した「神人」の酒屋・土倉たちは公共事業への喜捨などにより、地域の名望家へと上昇し、定住民化して「有徳人」となった。有徳人たちは王朝国家や南朝の「神人・供御人制」から離れて〈平和な民〉へと転身した。「公界」の言葉が日本社会に定着したのは南北朝の動乱以後のことで、禅宗の民衆化によっていた。しかし「神人・供御人制」はなくなっても、公界の民が直ちに武力を放棄し、「神仏の呪術的な権威」から自由になることはなかった。

十五世紀以降は浄土真宗が新しい権門となり、境界領域を活動の拠点とする公界の民を支配下に置いた。武力を持った公界の民の活動が一向一揆・石山合戦として信長権力と激突するのが戦国末期の歴史である。信長・秀吉・家康の三代の「天下統一」によって最終的に公界の民は〈平和な民〉へと変身したとまとめることができよう。信長・秀吉の茶頭であった千利休が堺納屋衆の一人であったとか、岐阜の町年寄であった賀島勘右衛門[47]が信長のお伽衆の一人であったなど、織豊政権は網野の用語で言う「重商主義」的であったとなろう。

第4章　市場は文書作成の場である

清水廣一郎は中世イタリア都市の公証人文書を研究する中で、契約文書を大切にする習慣を「文書主義」と表現し、ここには「人と人との関係を人為的に形成された〈契約〉として把握し、それを記録に留めることによって持続的な効力を担保しようとするメンタリティ[1]」があったとした。日本においても文書は大事であった。特に「売券」は売買の事実を法的に確定する効力を持つ文書で、「証書」の部類に入っている。しかし、ヨーロッパやイスラームの世界では、法的な意味を持つ証書を作る専門家＝「公証人」がいたが、中世日本にはその制度がない。代わりにどんな仕組みがあったのだろうか。

一　筆師の登場

文字の国・中国の影響下に文明化した古代日本は「律令国家」となり、文書行政が行われた。しかし律令制度の崩壊と共に不動産売買等に際して「公券」は作られなくなり、「私券」の世界となっていった[2]。十一世紀に成立した『新猿楽記[3]』には「太郎主者能書也」とあり、文筆業者の成立が知られる。

傀儡の目代

『今昔物語』[4]には、伊豆守の小野五友が目代を求めていたところ、駿河の国に「才賢く弁へありて、手などよく書く」人がいるというので目代に採用した。国衙の館で印を押しているところに傀儡がやって来て、歌を詠い笛を吹いていると、目代は三度、拍子に合わせて印を押し、傀儡の歌にしわがれた声で合唱したという。「国の御目代」になっていても、昔のことが忘れられなかった「傀儡の目代」の話である。この「傀儡の目代」の話は平安時代のもので、「文字の使用に長じた者、文字の知識に富む者」が傀儡という遍歴民の中にいたことを示す事例の一つである。

また浪人が荘園の公文に採用され、さらには地頭の又代官にまでなった事例[5]もある。彼らは市場にもやって来たに違いない。それゆえ市場は証文・証書を作る場所だったと考えることができる。

執筆・筆取

武家の政権といわれる鎌倉幕府においても、文書行政は不可欠で、五味文彦は『武士と文士の中世史[6]』で、京下りの下級官人が鎌倉殿の家政機関・政所を中心に鎌倉幕府の制度を整えたことを明らかにした。『御成敗式目』第一五条[7]「謀書の罪科の事」には「執筆の者また与同罪」とあり、その後およそ三百年後に、『御成敗式目』を意識して作られた伊達『塵芥集』第一三四条[8]には「たのまれ書き候筆取、同罪たるべき也」とある。武家政権の内外には「執筆」「筆取」といわれる文筆業者がいたのである。また、菅野文夫は論文「執筆・請人・口入人——十一・十二世紀の土地証文から[9]」において、文書の表面に「依雇筆取」として登場する代書人＝「筆師」の存在を明らかにした。こうした人物が活動した舞台はどこだったのか。菅野はそこまで述べていないが、それが問題である。次に文書は市場で作られ、市場で取り交わされていたことを論ずる。

『庭訓往来』四月往状

『庭訓往来』[10]四月往状では市場に招き据えるべき人物として「清書・草書の手書」「眞名・仮名の能書」「梵字・漢字の達者」を挙げている。ここから「市場」には文筆業者がおり、彼らが文書を作成していたとなる。しかしながら、この部分について中井信彦は『町人』[11]で次のように述べている。

「検断所務の沙汰人」につづけて、「清書草書の手書・眞名仮名の能書・梵字漢字の達者」と、文字の使用に長じた者をならべているところに、私は編者の手前味噌がありそうに感じる。文字の知識にとむことが、その前後に記されている「検断所務の沙汰人（司法・行政の遂行者の意）や宏才利口の者、弁舌博覧の類」に通ずるのであろうし、この往来物を学習することの効果をうたうと同時に、編者をふくめた教師たちの自己宣伝にもなっていそうに思われるが、どうであろう。すくなくとも、未詳の編者の所属階層をしめすひとつのヒントになりそうに思える。

これは、石川松太郎が『庭訓往来』の「解説[12]」で、永くその編者は〈玄恵〉だとされてきたが、その後の研究によりこの玄恵説は葬り去られたとして、〈編者未詳〉としたことを踏まえたものである。ここにある「手前味噌」「自己宣伝」の言葉から、極論すれば、この『庭訓往来』の編者で、これを用いて教育を行っていた教師たちがコッソリと、この「職人尽くし」の場所に自分たちのことを「清書草書の手書・眞名仮名の能書・梵字漢字の達者」として忍び込ませたのであって、極論すれば実際の市場には「文字の使用に長じた者」は登場していなかったとの議論が導き出されそうにも思う。

しかし「文字の使用に長じた者、文字の知識に富む者」は、遍歴する「取りえあるもの」であった。中井の議論は成り立たないと思う。

謡曲「自然居士」

自らの意志で我と我が身を人買いに売る〈身売りの物語〉として謡曲の「自然居士」がある。これは〈娘の人商人への身売り〉、〈子方救出譚〉、〈自然居士の芸尽くし〉の三つからなっている。自然居士が京都東山の雲居寺の付近で「雲居寺造営の札、召され給え」と寄付勧誘のための勧進・説法を行っているところから劇は始まる。この説法が一段落したところに娘が登場し、二親の供養のためにと「身代衣一重」に添えて「諷誦文」を差し出す。人々が感動するところに「東国の人商人」が登場し、人々を威嚇して子方を連れ去る。ここで自然居士は説法の終わりを宣言して、自然居士の娘に対する救出劇が始まる。

昨日市場で娘は身を売り、そこで得た代金で「身代衣」と「諷誦文」を入手し、翌日自然居士に会い、供養を願ったのである。娘が二親の供養ために人買いに自身の「身を売」ったのも、その代金で「身代衣」と「諷誦文」を入手したのも、またその「身代衣」と「諷誦文」を受け取った自然居士が説法を行っていたのも、同じ市場とその周辺である。『庭訓往来』四月往状の最初の部分に、「市町は辻・小路を通し、見世棚を構えさせ、絹布の類、贄菓子の売買に便であるようにはからうべきである」とある。「絹布」と「贄菓子」は市場で商う商品の代表なので、娘が「身代衣」を市場で入手したのは当然である。

鎌倉幕府の追加法第七三六条[13]には「勾引人　人売事」として「而鎌倉中幷諸国市廛間　多有専此業之輩云々」とある。「廛」とは「やしき・みせ」の意で、「農作物を一時貯蓄するところ。田野中の貯蓄の小屋」とあり、白川静[14]は「市廛」＝「市場」としている。つまり市場には人勾引する人商人がいたのである。買手の人商人側には双方納得づくの身売りだとの証明書は必要で、人商人が女を支配下に置くためにも身曳状は必要であった。それゆえ代金を受け取った時に身曳状は読み上げられ、署名捺印が行われただろう。以上から〈市場は身曳状が作成される場〉であったことに間違いはない（第5章参照）。

また前述した通り『庭訓往来』の四月往状の招き据えるべき職人の中には、「梵字漢字の達者」がいる。ここから市場には「諷誦文」などの「仏事・法事」関係の文書を作成する「梵字漢字の達者」がおり、「諷誦文」は市場で入手したとなる。

『徒然草』第一一五段——梵論師

「清書草書の手書・眞名仮名の能書・梵字漢字の達者」などが諸国を放浪し、市場を遍歴していたとすれば、『徒然草』第一一五段[15]にある「ぼろぼろ同士の決闘の話の聞書きと、ぼろぼろの起源」が問題となる。兼好法師が『徒然草』で記している鎌倉後期の出来事は、時間的には『今昔物語』の「傀儡の目代」よりも後のことで、『庭訓往来』や謡曲の世界よりは前の時代に当たっている。漢字ではこの「ぼろぼろ」を「梵論」とも「暮露」とも書くが、「暮露」だと「乞食」がイメージされるが、私は仏教を外在的に論ずる「梵論」が相応しく、「梵字漢字の達者」などの筆師を指していると思う。

この聞書きに登場する「いろおし」は、何でも仮名の「いろは」で書こうとする「いろは押し」、「しら梵字」は「梵字知らず」で、共に筆師・代筆業者に対する〈あだ名〉から来ているのではないか。「起源」の「ほろしも、梵字、漢字などいひける者、其始なりけるにや」の所を、烏丸本では「ほろんじ、梵字、漢字などいひける者、其始なりけるとかや」とある。それゆえ「ぼろんじ」もまた「梵論」や「ぼんじ」=「梵字」から生まれた可能性がある。次の「梵字、漢字などいひける者」とは梵字や漢字を書く筆師を指し、彼らが一つの職人集団として成立していたことを述べたものだろう。

〈宿河原というところにぼろぼろが多く集まって九品念仏を行っているところに〉、としてこの物語は始まるが、彼らは熱心な念仏の徒ではなく、渡世上、客の要望に応えるために九品念仏の知識が必要であったので宿河原で学習会を開いていたのだろう。訪ねてきた「しら梵字」が自分の師の敵討ちをしたいと申し出て決闘となるのだが、文字の習得には師匠について長い期間の学習が必要であり、師弟の間には親子以上の強い絆があったのだろう。

「いろおし」は「ここで決闘をしては道場を汚すことになるので、前の河原で決闘しましょう」と言い、「しら梵字」を前の河原に誘う。付添いの人々に対しては「決して、どちらをも加勢しなさるな。多くの人の迷惑になると、仏事の妨げになるでしょう」と言って、河原に出て、二人だけで心行くばかりに刺し違えて、共に死んだとある。一方では「道場を汚すこと」や「仏事の妨げ」を気にしながら、他方では潔い死にざまである。ここから「世を捨てたるに似て、而我執深く、仏道を願ふに似て、闘諍を事とす」「放逸無慙の有様なれど、死を軽くして、少しもなづまざる方、いさぎよく覚えて……」と兼好法師は評している。「世を捨てたるに似て」や「仏道を願ふに似て」は渡世上の必要からで、彼らの本業は市場での営業にあったのだろう。

「闘諍を事とす」とあるのは第2章第一節で述べたように、市場が〈喧嘩の場〉であることと関わっていよう。「しら梵字」が自分の師匠が「いろおし」に殺されたと言った時に、「いろおし」は一切弁明をしないで、感情を面に出さずに、ただ淡々と「ゆゆしくも尋ねおはしたり。さる事侍りき」と述べている。周りの人にも「手出し無用」を言って決闘となったことには、潔さが感じられた。「いろおし」が師匠を殺害したことも、「しら梵字」の敵討ちも、〈喧嘩の場〉である市場を背景にした、共に渡世上の出来事であったのだろう。以上から市場には、遍歴する文筆業者の存在が確かめられよう。

棚橋光男の説

先に述べた「傀儡の目代」について棚橋光男は著書『王朝の社会』において、原文の「微妙くは無けれども筆軽くて目代手の程に有り」に注目し、「〝手〟というのは筆跡のことであるから、目代手とは、目代タイプの筆跡ということであろう」とし、目代手の絶好の史料として東京国立博物館所蔵の九条家本延喜式の裏文書にある康保三年（九六六）の清胤王書状九通を挙げ、清胤王は周防前司の在京目代でかなり高水準の事務処理能力を持っており、太政官の中下級官人として実務に通暁していたとしている。[16] そして平安時代には〈代書〉が普通のことであったとして次のように述べている[17]。

今日にのこる平安時代の太政官関係文書・国衙関係文書と、たとえば在地の民間人が検非違使庁の裁判を申請したり中央の官庁に申請したりした文書の書体（筆跡）は、おどろくほど似ている。というより同じである。右肩下がり、痩せた硬筆で筆勢が鋭く右はねのキツい独特の書体である。似ているのも道理で、私はこれらはすべて共通の社会集団、すなわち中央における中下級の実務官人に共通の書体であり、『今昔物語集』のいう「目代手」とは、まさにこの書体であったと考える。

なぜ共通の書体になるかといえば、それは、かれらが官人として出身する以前、かれら官人予備軍の養成機関である大学寮で共通の基礎的な訓練をうけたからである。もっとも、その大学寮自身、しだいに形骸化していくのではあるが……。

『徒然草』の「ぼろんじ」についての私の推測が正しいとなれば、彼らが大学寮解体後の文筆業者＝筆師の養成に関わっていたことになるのではあるまいか。

二　売券の分析

公券と私券

律令国家は唐から班田収授法を採り入れ、土地を「公」のものとし、「私」の自由な売買を禁じていた。その後土地の売買が始まっても、土地にはいろいろな制限が付き、土地売買は複雑な社会関係の中に置かれていた。それゆえ土地の売買契約は一回限りの対価の支払いで完結するほど簡単なものではなく、文字による契約書が作られた。古代では土地売券は「公券」として作られ、売券成立には売買両当事者以外に、その土地が関係する国家機関の多くの人々が関与し、国家機関が公印を押し、売券は多くの人々の前で読み上げられて、保証された。これに対して王朝国家以降、中世になると、売券は売手が買手に差し出す「私券」形式へと変わった。

「公券」の場合、売買の両当事者が「官」に対し「解状」を提出し、「官」がこれを承認した上で「公券」を両当事者と官庁の三者に公布する手続きを経て「売券」は成立したが、王朝国家の成立以降は最初の「解状」だけの世界になったのである。中田薫[18]は〈「私券」の取り交わしにより売買契約は成立した〉とした。これが現在でも定説である。しかし売券の表面には登場していなくても、古代の「官」に代わって、売券の成立・契約の成立に至るまでには多くの人々が介在し、それらの人たちが万一の場合には証人となるシステムが売券の背後には存在していた。売券にある「在地明白」文言がそれである。

『庭訓往来』[19]には市場に「清書・草書の手書」「真名・仮名の能書」が招かれたとあり、「市場在家」には文筆業者がおり、彼らが証文を書いたと思われる。一方、伊達『塵芥集』第一〇〇条「本銭返年紀売地事」[20]には、取り交わした証書が一方しかない場合を問題としている。つまり、証書は売手にも買手にもそれぞれ残されていたのである。ここでは、その証書を失った場合には「証人任せ」として、「証人」が登場している。勝俣鎮夫はその頭註[21]で「一般の証人ではなく、恐らく売買契約の際の保証人を指すと思われる」としている。ここから売買契約や「売券」の成立には「証人」が関与していたと想像される。

高橋慎一朗は紛失状に見られる「在地人」の実例や機能を明らかにした[22]。紛失状とは平安時代に登場する文書で、火災・盗難などで文書を紛失した場合、代わりに作成された文書に法的効力を付与することを記した文書である。紛失状に登場する証判者は時代とともに変化するが、十世紀から十二世紀では「在地人」や現地の有力者の中から任じられた「保刀禰」が文書を作成し「京職」に提出した。「在地人」は「下級官人層、僧侶、沙弥」といった有力住人で、物件の所有や事故発生の証人として、紛失事故の経緯によってその都度変化した。「在地人」の可能性は、①文書保有者＝文書紛失者の居住地、②田畑・屋敷などの物権の所在地、③紛失事故の発生場所、の三つからなるという。

十二世紀以降は「保刀禰」が消滅して、代わりに「保官人」が登場する。官人とは検非違使のことで、使庁の成立が背景にある。鎌倉時代も「在地人」と「保官人」である。ここで登場する地域の有力者「在地人」は売券の保証も行っていた。鎌倉後期になると「官人」全員の連名も現れるという。

次に「売券」の成立過程・作成過程を笠松宏至の仕事に即して考えていきたい。

快潤私領永代売券

現在でも、個人として大きな買い物である家やマンションの購入契約の際には、銀行など第三者が立ち合う場合が多いし、逆にマンションを販売する業者の側は、売手側の強制ではなく、買手の自発性、自由意志によることを証明するために、敢えて買手側の家などで契約書を取り交わす工夫さえ採られている。もともと押売り、押買いなどを不正だとする考えがあり、契約当事者の自由意志を尊重することは、売買には欠かせないものであった。そのための仕組みとして、日本中世の市場においても、売買契約に立ち会う「証人」や「筆師」などの第三者が存在していたはずである。

笠松宏至は論文「中世在地裁判権の一考察(23)」の最初の所で「担保文言・罪科文言の史料的価値」を取り上げ、「応永四年（一三九七）の一売券が作成されるまでの経過を示す一連史料」として四通の大徳寺文書を紹介した。これらの四文書の分析から、売券の担保文言に記されている売買の条件、①弁償を「本銭」とするか、「本銭一倍」か、②その有効期間を「一期之間」とするか、「拾カ年」か、をめぐって、売主と買主とが請人や文書を通じて交渉をしていたことを明らかにした。その結果、売券上で一見決まり文句のように見える担保文言は、〈歴史の実際を反映している〉としたのである。

史料の四通のうちの「史料A」は応永四年（一三九七）十二月一日付の売券[24]で、売主「快潤」とその妻と思われる「藤原氏女」、請人の「行潤」と「行憲」の四人が署名・押印している。笠松は「行憲」が売主と買主の間に立って交渉を行ったとしたが、売券に名を連ねている「行潤」の役割が不明になっている。朝鮮における「客主」と不動産の委託販売を担当した「居間[25]」をここで思い出してみたい。「行憲」は「客主」に対応し、宿泊・委託販売・金融などを行う〈市場在家の主人〉となり、「行潤」は「居間」に対応し「客主」の下で不動産販売を担当するスタッフとなろう。売主との交渉に当たったのは「行潤」で、買主との交渉は「行憲」が行ったとなる。とすると、「史料B」と「史料C」は売主の「快潤」が請人の「行潤」に宛てたもので、「史料D」は「行憲」が買主の「如意庵之宗旭侍者」に宛てたものとなる。笠松が言うように、これらの史料から、売主と買主との間に「行憲」「行潤」の二人の「請人」が立ち、様々な交渉を行ったとなる。

交渉のテーマは担保文言にある弁償額が「本銭」か「本銭一倍」か、保証の有効期間が「一期中」か「拾カ年」か、にあった。しかし笠松がこの文書を引用する際に「中略」とした担保文言には「然間、本券并封裏以下文書等副進之。此上者、於子々孫々、更不可有違乱煩之儀。然者、殊不可有親他之妨者也」とある。ここで「子々孫々」や「親他」の「違乱煩」「妨」を問題としていることから、十年後には本人が本物返しを行う可能性を残していたことになる。売券の表面には「永代を限り」「沽却」とあるにもかかわらず、この土地売買にはなお本人の取戻権が残る本銭返しの可能性がある。

菅野文夫が論文「執筆・請人・口入人[26]」で述べたように、「売券」は一般に寡黙で、その表面には売主・買主・対象物件・対価・担保文言など必要最小限の情報しか登場しない。売券成立に至るまでには、実際には多くの人々が関与していたが、それは幾つかの文書に例外的に登場するだけである。これらの要素のすべてを組み合わせて合成し、モンタージュすることで、当時の売券成立の姿が明らかになるのではあるまいか。ここではそういう合成の方法により考察を進めていきたい。菅野によれば「請人」＝請使で、売主に代わり、直物の受け取り、明沙汰義務や弁償義務を売主と共に負った保証人だという。「史料C」にある「且又請人之御ため六借御事候」とある「請人」は「行憲」を指し、この場合の「行憲」は請使に当たっている。以上から「筆師」「請人」がヨーロッパやイスラーム世界における「公証人」に対応していると考えることができよう。

次にこの四文書での笠松の分析を参考にしながら「市場」と「市場在家」の関係を中心として、私なりに売券の成立過程を再構成したい。

売券の成立過程

(イ) 不動産屋

今であれば、新聞の折り込みのチラシ広告とか、不動産屋の壁への張り紙とか、現地に「売地」との立て看板を立てるところだが、[27] 中世のことだから、市場の高札場に立札を立てて公示したのだろう。『庭訓往来』四月往状の「庭給仲人」[28] が今で言う「不動産屋」に当たり、双方から手数料を取っていたと思われる。この場合は販売の委託を請け負った「行憲」がそれである。その立札には①売主・「快潤」、②売地の四至、③売地の由来、④希望価格、等が記されて、人々の目に曝されていた。それゆえ売券に記されるべき①売主、②売地の四至、③売地の由来、④売り値、⑤「永代売買か、年期売りか」などの売買の条件は当初から自明であっただろう。

(ロ) 売主・買主の対面、口頭での仮契約

「如意庵之宗旭侍者」が市場に「買主」として登場して、土地販売の情報を得て、「行憲」と接触した。そこで話を進めるために宿泊となっただろう。その市場在家で「行潤」と対面し、売券成立に向けてのドラマはスタートした。次に「売主」と「買主」との対面や、現地の観察があり、ともあれ〈仮契約〉が成立した。「史料C」には「一期中ハ不可有等閑候由、雑談申候了、其段ハ今も其所存候、雖然状ニのせて申候事ハ難治候。所詮此分にて難被治定候者、他方へ契約仕候て料足を可返進候」とある。笠松の現代語訳に従うと次のようになる。

一期中は責任をとると話したことは認めるし、その意志は今も変わっていないが、売券に載せることは拒否する。これらの訂正を認めないなら契約を破棄する。

ともあれ市場での対面の際には口頭で「雑談」があり、売買の口約束がなされ、「料足」が〈手附金〉として手渡された。〈仮契約〉は口頭で、公共の場である市場または市場在家でなされた。

(ハ) 手附金

その〈手附金〉の支払いには金融業者・神人の介在が求められるので、〈手附〉の支払い・貨幣の引き渡しの舞台は、買手が現に宿泊している金融業者・神人の私宅「市場在家」へと移り、次に本契約のための契約文書の原案の作成となった。ここまでの商談の過程で、契約の舞台となる話し合いの場には「不動産屋」「行潤」のほか、「市場在家」の主人である金融業者「行憲」や文筆業者も登場していたことになる。

この時までには、売買の仲介をする「請人」を「行潤」とすることが売主より買主に通知されただろう。こうして本契約成立に向かって「売主」「買主」「請人」の三者の関係が成立した。

(ニ) 売券の案文=草案

売券そのものは「売主」が「買主」に差し出す形式をとるが、笠松はそれとは逆に「売券の草案は買主が作成し、請人を通じて売主に提示しその同意を求めている」とする。その案文=草案は「買主」側の文筆業者=「筆師」が書いた。「買主」側の利害に直接かかわるのは担保文言であり、「買主」側の担保条件の主張が原案の案文に記され、「売主」側に提示された。それゆえ、この案文は「買主」→「請人」→「売主」と手渡された。

(ホ) 売主から請人へ

「売主」から「請人」に宛てた「史料B」の最初には「沽却之状案文給候了」とある。「売主」は「案文恐れながら両所に点を懸け返しまいらせ候」として、二カ所に意見を付けて「史料B」と共に案文を「請人」に返した。その返事を受けて再度「売主」から「請人」に送られたのが「史料C」である。また「請人」から「買主」に宛てた「史料D」の最初には「昨日給候売券案文つかわし候」とある。それゆえ「点を懸け」た案文は、今度は逆に「売主」→「請人」→「買主」と手渡されたのである。

「史料D」には「本銭一倍ならびに一期の文章難儀のよし申候間、重状を遣り候て、唯案文のごとく書給へと申候へ共、両度の返事かくのごとく申候」とあり、「史料B・C」は「史料D」と案文と共に「買主」に送られたことが分かる。A・B・C・Dの四文書は残存しているが、この草案は売主から「点を懸けた」後、人々の手を経て買主の許に戻り、文書の任務は終了し、廃棄された。ここまでなら「請人」は単なる仲介者だが、彼は問い合わせを行った「三位上座」の意見や、「これ以前の売券」の実例を挙げて買主に訂正を勧めている。「三位上座」とは行憲が関わる「権門勢家」の一員だろう。

(へ)「公界」の慣習法

売主の「快潤」は〈「無法」だ〉〈「法之内」にあるべきだ〉と主張し、請人の「行憲」も「史料D」では「三位上座」の意見を参考に挙げて、〈この地方で以前からある売券の条件に倣うべきだ〉と主張している。このことを笠松は「地域的・政治的に限定された場の中に、売券の様式や文言を慣習的に規制する一定のルールが存在していた」としている。売券の成立に際して、こうした意見の飛び交う世界があったのである。それが既に取り上げた「公界」である。ここで「快潤」の言う「法」とは〈「公界」の慣習法〉で、このような慣習法・ルールから前述の「公界の沙汰」は生まれたのだろう。

このようなルールを体現して毎日の業務に専念しているのは、市場にいる執筆業者「筆師」「清書・草書の手書」だろう。売券が多く決まり文句から出来ていると見えるのは彼らが関与していたからである。「市場在家」を経営する金融業者は、日々このようなルールに身を曝しており、金融業者もまた「公界の沙汰」「公界の論定」に関与していたはずである。このような慣習法への違反者に対する制裁措置が、大福長者の言う「恥に臨む」であろう。

しかし、市場にこのような「公界」の法廷があったとすれば、市場には慣習法を強制する武力＝検断権もあった可能性が出てくる。

「寄沙汰」や「悪党」の存在から、山僧・神人が活躍する平安末期から南北朝の動乱期に至る長い期間において「公界」が武力を行使する場合があったと想定される。

（ト）文書の読み上げ

文書Ｂ・Ｃ・Ｄが「点を懸け」られた案文と共に買主の許に届けられ、そこに示された条件を「買主」が了解して、新たな「売券」＝「文書Ａ」が作成されると、契約の成立となる。両者が契約内容に満足し、この文書が市場で多くの人々の前で読み上げられ、代金の「直銭拾貫文」の支払いが済むと、「売主」と「買主」との間で「手打ち」が行われ、この文書は効力を発揮した。この「文書Ａ」には売主の「快潤」の他に四人の人物が登場している。保立道久は「酒と徳政」[29]において、「市での取引・契約の際には〈手打ちの酒〉が必要であったとして、『一遍上人絵伝』の福岡市の画面下側の仮屋の右端には、三つの酒甕と酒売が描かれているとしている。しかしその左手には、大きな瓢から酒を杯に注ぐ男と、左右に女性を従えた男が対面している様子が描かれている。ここから市が酒を飲む場所であったことは明らかである。[30]

中村直勝は「キキミミ」の登場する「買券」を紹介したが[31]、他の文書の表面には登場しなくても、売券や買券には一般にその文書を聞く人々の存在が前提とされていたはずである。つまり、土地証文は市場で口頭により読み上げられたことで、契約が両当事者間で〈自由で平等〉な意志に基づいて取り結ばれたと社会的に承認されたのである。この契約内容を市場において音声で聞いた人々が契約の保証人となった。逆に、身曳きの場合にはこの音声が自由人からの転落を自身に言い聞かせる自縛の言葉となった（第5章参照）。売券に「在地明白也」とある〈在地の証人体制〉はこうして築かれた。

市場では不動産業者、支払いに関わった金融業者、執筆業者などの「公界者」が立ち会い、彼らはこの契約の保証人となっていた。これらの人々が構成する世界が市場の裁判所、「公界」の裁判所である。これは伊達『塵芥集』第一〇〇条の「証人」に対応しており、契約の事実の有無を取り扱っていた。「売券」の最後には必ず「後日の沙汰の為」との文言が記載されているが、これはこの「公界の沙汰」＝市場の法廷を指していよう。

一方、土地の四境をめぐる争いの保証人としては、近隣の「古老」[32]が関与していたので、売買契約の証人となった人々には、同時に売買された土地の近隣の「古老」、すなわち自治村落のメンバーがいた。以上の想定が正しいなら、土地売買をめぐって、現地には市場の法廷と「古老」の法廷の二種類の裁判所が成立していたことになる。

先に網野善彦の見解を紹介した際「公界」という言葉が日本社会で成立したのは十五世紀だとしてきた。それゆえ、この文書に関わる応永四年（一三九七）の段階では「公界」という言葉は未成立だったとなる。それにもかかわらず、当時の呼び名は不明であっても、市場法廷は存在しており、「公界の沙汰」「公界の論定」に対応する当時の市場裁判所を経て、契約文書＝「売券Ａ」は成立したのである。

（チ）支払いが遅れた場合

『塵芥集』第九四条「依代物無沙汰、売所帯於余人事」[33]では、証文の取渡しが終わっても、代物を済まさない場合の処置を定めている。この法令の背後には、現実に支払いを担当する金融業者と買手との交渉が不調に終わったことが想定される。ここからも売買契約の背後では金融業者が大きな役割を担っていたことが確認できる。前述のように古代の律令国家の時代から平安期の王朝国家に至る過程で売券が「公券」から「私券」へと変化したが、売券が人々の前で読み上げられ、それを聞いた人が契約の証人となる仕組みには変化がなかった。

（リ）「後日之沙汰」文言について

売券の最後には決まって「為後日之沙汰之状、如件」という文言が記されている。しかしこの文言に注目した研究は、寡聞にして知らない。「状」とは当該契約状を指し、契約について後日トラブルが発生したときには、契約状の作成された市場で開かれる裁判において、ほかでもないこの「文書」が〈契約状を持っている人物の権利を保障する〉ということで、市場でこの契約に立ち会った人々が証人となることが前提となっている。物に対する権利としては様々な由緒が考えられるが、その中でもこの文書だけを他から取り分けて権利を保障する物だとして特別に指定しているのである。

日本中世の社会では文書は大切にされ、人々の権利は文書によって保証されていた。前述のように研究者たちはこれを「文書主義」と名付けている。第1章では市場には国王の統治権が関わっているとしてきた。王による国家全域への統治権が文書の正当性を保証している場合もあろう。しかし日本の中世社会のように登記という制度もなく、統治権が幾つにも分裂している社会では、統治権の担い手はどうなっていたのだろうか。文書主義の背後に慣習法を挙げるとしても、裁判やそれに基づく強制執行は市場の人々の支持の下で行われただろう。文書主義を支える制度としての市場における裁判についてはこれまで注目されてこなかった。「公界の沙汰」という承認をめぐる秩序維持力を問題とすべきであろう。

三　笠松宏至論文を見直す

本書ではこれまで〈市場とは何か〉を、市場の機能面から考えてきた。市場とは〈裁判の場〉〈支払いの場〉〈文書作成の場〉だとしてきた。これらの考察を通じて、市場で撰銭が行われることから「公界」を問題とした。そこでは「公界」を〈在地領主たちの「一揆」〉とする通説的な理解とは異なり、「公界」を〈市場や流通の世界、交易民の世界に関与している〉とした。この章ではさらに、笠松宏至が取り上げた「大徳寺文書」の売券の分析を再検討した。その結果、売券の罪科文言決定の段階では、文書の表面にはまだ「公界」という言葉は登場していないが、実質的に「公界」に当たるものは登場していたことを確認した。

ところで、この文書の分析から「公界の沙汰」を最初に取り上げたのは笠松である。それゆえ次にこれまでの考察の締めくくりとして笠松の「公界」についての議論を考えたい。

市場は公界の場である

笠松は一九六七年初出の「中世在地裁判権の一考察」[34]で、売券の文言が事実を反映していることの証明から、「罪科文言」「公方の沙汰」「地頭の沙汰」「地下の沙汰」「公界の沙汰」へと議論を展開していった。笠松がここで「公界の沙汰」を「地下の沙汰」に引き付けて考えたことから、「公界」は「一揆」だとの勝俣鎮夫の考えを誘い、「公界」についての通説が形成された。しかし応永四年（一三九七）の売券の分析[35]の再検討から、この売券の「罪科文言」には市場慣習法として「公界」に相当するものが既に関与しており、「公界」は十五世紀の「地下の沙汰」に近いとした笠松の考えは成立しないとなった。

つまり市場は「公界」の場であったのである。それゆえ公権力から疎外されていたとされた「雑務沙汰」は、既に「公界の沙汰」として日の目を見ていたのである。ここから笠松の「公界」に関する構想、論文の全体的な見取り図に対しては、疑問を差し挟むことが当然となり、全体的な見直しが求められることになった。笠松論文を構成する諸事実＝ピースの並び方は変わり、全体の絵柄は大きく変わることになる。

公方・時の公方・地下

売券には担保文言が記されているが、笠松は、罪科文言は鎌倉中期から現れるとして、これを「無主格罪科文言」と名付けた上で、南北朝期には「公方罪科文言」が現れ、十五世紀後半頃より主に畿内周辺地域の売券では「時ノ公方」「時ノ領主（地頭）」文言が現れるとした。十五世紀後半の文明期以降の丹波桂林寺文書では「公方罪科文言」はなくなり、代わりに「公方」と「地下」の連記が現れ、十六世紀後半の永禄・天正期には「時ノ公方・

地下」が現れるとした。笠松は「公方」＝「地頭・領主」とした上で、罪科文言の主語は〈公方→公方・地下→時ノ公方・地下〉と変化したとまとめた。

笠松はこの「地下」を〈被支配者である地下人を指し、組織的には売買者と売買物を含む地域的共同体である〉とした。「地下」の主体は自治村落で、売券にある「在地明白」文言がこれに対応するとした。一方、古澤直人は地域社会や半自立的中小権力などが〈下から〉中央政治権力を呼ぶための呼称[36]が「公方」で、「公家」や「武家」がこれに対応しているが、〈地方〉の法秩序には「在地領主法」「一揆法」「庄園古老法」や「本所法」があるとした[37]。それゆえ正規の手続きとして訴訟を上へ上へと上げて行くのではなく、地方の現場で神人たちが実力で解決を図ることが「寄沙汰」となる。

古澤は「時の公方」を〈従来の国制のなかでは、あくまでも「私」として位置付けられていた個別の在地領主が支配の正統性を認定されたとして自称したもの〉とした。それゆえ「時の公方」は領主（地頭）となる。罪科文言への「地頭・領主」の出現と、地頭が現地の秩序維持者として「買得安堵状」を発給することとは関連しており、「荘園制から大名領国制」への転換となる。古澤は著書の一カ所で「売買以下契約関係の保証[38]」を取り上げたが、国家史・国制史を追及する立場からか、これへの論及はない。私の主張は、古澤の言う〈半自立的中小権力〉の中に「市場法廷」を加えるべきだとなろう。

笠松は「公方」＝「地頭・領主」とするため、論文の構想では「公方の沙汰」と「地下の沙汰」の間に「地頭の沙汰」を挿入したが、「公方」＝「地頭・領主」との前提を外せば、〈公方→公方・地下→時ノ公方・地下〉以外に〈公方→時ノ公方〉〈公方→時ノ地頭・領主〉もあったとなる。しかしながら、本書第13章で述べるように、十四世紀後半から十五世紀前半に経済の転換期があったとすると、この転換の反映が「公方」から「時の公方・地下」への変化となろう。「大名領国制」への転換が売券の罪科文言に「時の公方」「地下」「領主」を登場させ、「公界」を日本社会に定着させたのだろう。

笠松は「公方」と「地下」とは語感的に近いとしながら、「公方」＝「地頭・領主」との前提に立ち、両者間の対立関係、競合関係を想定して、「公界」は「地頭・領主」と「地下」との中間にあるとした。一方、勝俣鎮夫は一九七二年に出版された『中世政治社会思想』上の『相良氏法度』の頭註[39]の段階では「公界は、世間・公衆の意」として、大名法廷とは一線を画していたが、積極的に自説を主張してはいないし、撰銭と『大内氏掟書』との関係も述べていない。しかしこの笠松・勝俣両論文を出発点にして、在地領主を主体とする「所衆談合」や「郡中惣」の世界が次々と明らかになっていったのである。

そこで生まれた論争では、「公界」を大名権力と無縁な〈在地のもの〉とするA説と、〈大名法廷〉とするB説が対立した。笠松宏至・勝俣鎮夫・網野善彦と続くA説に対して、村井章介[40]は大山喬平・安良城盛昭に続くB説に立ち、法令の初めに登場する「老若」を〈在地法廷〉として、自説を研究史の中に見事に位置づけた。しかし「公界」が売買や市場や大福長者に関わり、動産の移動に関わっているとすると、これまでの論争は根本的に見直され、議論はすべて否定されよう。むしろ正確には、笠松や勝俣の研究を契機に、戦国大名たちの分国法ではない在地領主たちの一揆契約法の世界がやっと明らかになったのが研究史の実情となる。

「公界の沙汰」に対して〈大名法廷〉か〈一揆〉か、を問うという問題の立て方自身、こうした研究史に規定されている。「詐欺瞞着」や「裏切り」が日常的な世界で、仲間内での「恥に臨む」という一種の「法廷」の世界は、桜井英治が「為替」研究の中で〈信用が必要である〉と指摘する以外、これまでの研究では取り上げられていないが、ここにこそ「公界の沙汰」はあったのである。[41]前述の経済の転換期を迎えて「公界」の構成員が権力の保護下に入り、自力での解決の道を自粛すると、経済生活は平和になり「公界」は体制的には消滅していく。しかし相良氏や結城氏領内などでは「公界の沙汰」は例外的に生き残った。

以上、売券の分析を通じて、日本中世の交易民の慣習法として「公界の沙汰」が存在していたことを見てきたが、これは文書主義を伴うものであった。以下でさらに詳しく論じていきたい。

第5章　市場は身曳きの場である

罪を犯した犯罪者が、その罪のゆえに処刑されるところを助けられ、我と我が身を検断権者に捧げ、その人の下人となることを、中世では「身曳き」といった。これも一つの契約である。この場合、身分の変更を確認するために文書＝身曳状が作られた。それゆえ「身曳き」には〈裁判〉〈処刑〉と〈契約文書作成〉の三要素とが含まれている。「身曳き」を、犯した罪への「償い」とすれば、それは「支払い」の一つとなる。これまでの我々の考察が正しいなら、これらの要素はすべて市場に関係していたので、「身曳き」は当然市場で行われたとなる。まずそのことを示す史料を石井進の論文によりながら幾つか挙げていきたい。

一　「孫三郎身曳状」

室町中期の文安五年（一四四八）の「孫三郎身曳状」[1] Aは石井進が何度も紹介したもの[2]で、一般によく知られている。石井はカナ書きの原文を分かりやすくするために、適宜カナを漢字に変換し、濁点を振って書き直しをしている。意味からすれば「詫事」は「詫言」にすべきかもしれないが、ここでは石井に倣った。これから分析を進めていくために、私も石井に倣いこの本文をa～dの四つに分割する。

A　（ウハ書）

「あをかた殿《まいる》いましめ状　まこ三らう」

a青方が知行の分において那摩の内に孫三ふ郎さる科を仕り候によって、直に誅し申すべく候へども、ちやうもん方へ詫事申候間、法のまゝの曳文をしさせ申候、

b他領に罷り出で申候はば、重代相伝の下人に親子三人の物も召使い申すべく候、

cこの後は如何なる神社仏神の御領内に出で入り申候とも、この状をもって沙汰し召されん時、一口の義理申まじく候、dよっていましめ状件の如し

于時ふんあん五ねん《つちのへたつの》とし六月十八日　なままこ三郎（花押）

あおかた殿《まいる》

那摩のある中通島は、五島列島の中では、一番大きな福江島に次ぐ大きな島で、島の北には平戸島に近い小値賀島・宇久島がある。那摩は中通島の青方浦の北隣にあり、青方浦周辺の小さな地域社会がこの文書の背景である。

石井進の解釈

文書の段落ごとに石井の説明を紹介したい。aについては〈青方氏が知行している那摩で孫三郎がある罪を犯したので、直ちに誅殺すべきところであるが、「ちやうもん方」に詫び事をしたので一命は助ける代わりに、法の通りの曳文を書かせた〉とある。この「曳文」を、石井良助の研究を引き〈「自己の身を相手方に曳進める」こと、すなわち「我と吾が身を相手側の支配下に置き、その所従被官となる」身曳にさいして、相手側にさし出す証文〉と説明した。「ちやうもん方」については註で〈よくわからないが「ちやうもん」という人名か、「聴聞方」で役人か〉とある。ここでは後者を採りたい。

bについては〈所従となった孫三郎がもし他領に逃亡したならば、その時には孫三郎の親子三人同じく青方殿の重代相伝の下人にしてしまうぞ〉とある。cでは〈以後、孫三郎がどんな有力な神社仏寺の領内に逃亡した時でも、この文書に定められた通り身柄を追及され、親子三人が連座して下人にされても一口も異議は申し立いたしませんと誓約している〉とある。次に石井進は、この文書の差出人は孫三郎で、青方殿宛ての文書なのに、文書の形式と文体との間には矛盾があり、本文の主格は青方氏で、受取人の青方氏かその代理人が作成して、孫三郎には花押のみを書かせた「責め取られた曳文」だと主張している。

石井は「主格」が青方氏であることを示すものには次の四つがあるという。①aの最初の「青方が知行の分」に敬語がないこと。②「直に誅し申すべく候へども」は領主青方氏の立場からの表現であること。③「曳文をしさせ申し候」と使役形なのも青方氏の主格を示していること。④bの「重代相伝の下人に親子三人の物も召使い申すべく候」も、dの「いましめ状」の名称も青方氏側の表現であること。石井は土佐の安芸文書二例（後述B・C）と、南北朝期の若狭国太良庄で地頭若狭氏が「曳文を責め取り」売り払った事例を挙げて、「曳文」は一般に「圧状」で「責め取られた」文書であるとした。

b・cの追奪担保文言は孫三郎から青方殿に対して行った個人的な誓約・約束だが、この文書の前提には、五島列島一帯の浦々に根を張っていた領主たちの地域的な一揆体制、人返し体制が存在していた。他領の領主や百姓の屋敷などに逃げ込んでも、領主間の人返しの網にかかり逃げ切れなかったのである。それゆえ唯一残されていたアジールは「神社」「仏寺」の「御領」だったが、cではそれらのアジール権を認めないとしている。この「聴聞方」は孫三郎の調書作成の段階で犯人を尋問した「沙汰人」だろう。「さる科を仕り候によって」とあり、犯罪の取り調べ自体は既に終わっている。

法のままの曳文

ここでの「法のまま」によく似た言葉に「法に任せて」がある。これは現代人の語感では「合法的に」の意味だと思われるが、近藤成一は「悪党召し捕りの構造[3]」で、本所一円地の悪党を取り締まる際に違勅院宣を基に六波羅は「衾御教書」を出したが、そこに「任法可召進」とあることに注目し、これまでは荘家の自治に任されていたが「呵法の沙汰」と思われても、敢えて実力行使に及ぶことだとした。「抵抗を排除して」でも検断権を行使するという含意が「法に任せて」にはあるとしたのである。西田友広もまた『悪党召し捕りの中世[4]』において「法に任せて」を「実力によって有無を言わせず」の意味だとした。

それゆえこの場合「聴聞方」は僧侶で、「聴聞方への詫び言」が問題である。孫三郎が「さる科を仕り候によって」とあり、例えば殺人を犯したので死刑とされたが、孫三郎は「過失致死罪」だから減刑をと「詫事」をした。僧侶の助命嘆願には耳を傾けるべきだとの世間一般の慣習法を前提として、青方殿はたとえ「呵法の沙汰」と思われても「法のまま」「曳文」を命じたとなろう。神田千里の『戦国乱世を生きる力[5]』では、『政基公旅引付』に七宝滝寺の別当代玄仙が盗みの犯人の助命嘆願をしたことをはじめ、刑場に臨んだ僧侶が自らの袈裟を投げかける〈法衣のサンクチュアリ[6]〉の例が、幾つも引かれている。

身曳き＝イマシメの原型

文書Aの「ウハ書」と文末には「いましめ状」とあり、本文中のaには「法のまゝの曳文」とあるので、この文書は当時「いましめ状」と呼ばれたものであり、広く「曳文」の一種であったことが知られる。この文書Aが明らかにしたことは、孫三郎が死刑に処せられるところを、詫び言が聞き入れられて、青方殿の下人に身を落として、罪を償うことになったことである。孫三郎は緊縛されて刑場に連れ出され、衆人環視の中で死刑執行が猶予され、縄を解かれ、その上で「いましめ状」に自ら花押を書き、命を失わないで済んだのである。「イマシム」としての

「拘禁」「緊縛」を主人・下人間の関係の原型とすれば、刑場での緊縛された在り方が孫三郎の原点であり、肉体的な緊縛である「いましめ」を解かれた代わりに、この「いましめ状」で精神的な拘束状態に入り、新しい「いましめ」を受け入れると約束した。それゆえ文書Aは「いましめ状」なのである。

公開の場である処刑の場には孫三郎の妻や子供もいて、死刑が免除されてホッとすると同時に、孫三郎が逃亡した時の「重代相伝の下人に親子三人の物も召使」うとの連帯責任をその場で承認しただろう。一方周りの人々はこのドラマ全体を見物しており、孫三郎はこの文書に花押を書いて文書を完成させ、衆人環視の中で読み上げられ、青方殿にこの文書を提出することで、「いましめ状」は効力を発揮した。孫三郎の身分は変化し、生活の場は自分の家から領主の屋敷へと移行した。こうした一連の手続きを経て「我と吾が身を相手側の支配下に置き、その所従被官となる」身曳きは完了し、この「いましめ状」は「身曳状」になった。

孫三郎が青方殿に対して行った「いましめ」としての奉仕の具体的な内容とは、家内奴隷として炊事・洗濯・掃除をはじめ、買物・外出のお供、他人への伝言など太郎冠者のような身の回りの仕事も考えられるが、この場合は親子三人の者の生活を以前通りに維持した上での奉仕なので、江戸時代に犯罪者が許されて「岡っ引き」「下っ引き」になったのと同様、検断権を持つ青方殿の下で犯罪者の探索などに当たった可能性が大きい。石井は文書の文面から「責め取られた曳文」「圧状」の側面を強調しているが、死罪を免れた「お礼」として、この「曳文」のcの追奪担保には孫三郎の自発性を認めてもよいだろう。

中世の刑事裁判＝「検断の沙汰」では、検断権者には検断物の没収権があり、検断の沙汰は裁判権者にとって収入を意味していた。処刑してしまえば検断物はなくなってしまうので、奴隷として所有物にしたのは当然で、ここから、死刑から財産刑へという流れが出てくる。そのことをここでは「法のままの曳文」としており、犯罪者が「戒状」「身曳状」を提出して犯罪奴隷となるのは中世の「慣習法」であったと思われる。しかし検断権者の青方殿の立場からすれば、孫三郎への死刑執行は猶予されただけで、犯罪者の孫三郎を常に監視しており、孫三郎に不埒な行いがあれば、いつでも死刑を執行する権利があった。

石井進批判——個人的承認か、社会的承認か

石井は「身曳状」の差出人・孫三郎と受取人・青方殿の二項対立に注目して、「身曳状」作成の原因を、処刑の代わりに犯人を自分の所有物にしたことへの青方氏の「後ろめたい感じ」にあるとし、孫三郎の個人的承認に基づく身分変更に注目し、「自由人」が自発的に自らの「自由」を放棄する意思表明文書を提出するという形式を踏むところに「中世という時代の特色」があるとした。ここには契約の主体は個人だとする近代的な発想が見られる。しかし、犯罪を憎む世論を背景に、「人勾引」をすれば犯罪者は「下人」になるとの中世の慣習法に基づき、青方殿は孫三郎から「身曳状」を責め取ったのだろう。

石井は述べていないが、この「戒め状」が「責め取られた圧状」だとすれば、この文書を作る筆師が存在していたことになる。また「聴聞方」は沼田市場において見られた「検断・雑務の沙汰人」である可能性が強い。公開の場としての「市場」で、こうした人々の立ち合いの中で、孫三郎は身曳状を提出したのである。石井の考えの前提には、中世においては裁判は領主の屋敷の中で行われていたとの想定がある。たしかに中世以降では武家の屋敷内部には「お白洲」があり、屋敷内で裁判や処刑が行われていたことは事実である。中世や近世の武家屋敷では犯人を戒めるための「牢屋」や「屋敷牢」も確かめられている。

しかし当時の裁判や処刑の場所は〈公共の場・公開の場〉であり、多くの人々が見物する〈公開裁判〉〈公開処刑〉だったであろう。その根拠に、先に見た『庭訓往来』四月往状を挙げたい。市に招き据えるべき人々に「検断・所務沙汰人」と「清書草案手書・真字仮名能書・梵字漢字達者」がいる。前者からは市場での裁判の執行が、後者からは市場での文書作成が想定される。契約文書を作成する「手書」、代書屋としての「真字仮名能書」が想定されるのである。太良庄の地頭・若狭氏の場合も、曳文を責め取ってすぐに大門傔杖を売り払っており、曳文を

書いた場所は遠敷の市場で、書いたのは代書屋であろう。

中世の各荘園の政所には文筆能力のある「公文」がおり、鎌倉期の守護・千葉氏の下にも、室町期の守護・小早川氏の下にも、戦国大名の下にも文筆能力のある祐筆の存在が確かめられる。しかし「青方殿」のような五島列島の中通島・青方浦の地頭＝在地領主までもが祐筆を抱えていただろうか。むしろ必要な場合に市場で、執筆のできる職人・筆師を雇い、用を達していたであろう。A文書の表面から、石井も指摘しているように、①文書の書き手と花押の書き手の孫三郎とは別筆なので、検断権者の青方殿と犯罪者の孫三郎のほかに、この文書の「筆者」の存在が確かめられるのである。

②孫三郎の「詫び言」を聞き入れてくれた「聴聞方」の存在も大切である。これが「検断・所務沙汰人」に対応すると考えることができよう。この二つから少なくとも二人の第三者の存在が確かめられ、彼らは市場の人と考えられる。以上の分析から身曳きは公開の場＝市場で行われ、公界の沙汰を前提として、社会的な承認行為として行われたと言うことができる。

以上、身曳きを社会的な承認行為とすることによって、我々は市場での裁判、支払い、文書作成を確かめてきたことになる。これが強引な我田引水でないことを証明するために石井が紹介していない次の文書を取り上げたい。

二「礼文」

『中世法制史料集　武家家法II』(7)の参考資料に収められている「樺山文書」には、応永三十年（一四二三）の次のような「礼文」Bがある。この年は四代将軍足利義持から五代将軍義景に替わった年である。これは石井進が紹介している文書の中には含まれていないが、身曳きの場が市場であることをよく示している。

B
深河五か村之内、後迫兵庫并中崎道幾入道礼文の事
右之意趣者、案楽兵庫方より雑務之事。公方ニ被申候処ニ、彼男女兄弟此間相隠申候罪科ニよて、既二人共ニ頸をめされへく候つるを、彼彦太郎男みつ女まいらせ上候間、死罪を蒙御免候。雖然科被懸候之間、某兵庫か分ニ、くわ物十貫文、并愚身道幾か分ニ、五貫文、是ハ少軽科たるニよて被詮申候。忩々沙汰仕へく候。若此分あきらめかけ、如何成けんもん、高家、神寺之御領内ニ罷入候共、子孫までも以此證文可致御沙汰候。其時一事一言之あらそい申まじく候。殊ニ御売得之在所にて候へハ、皆納仕候ハさらん内ニ、本主之儀ニかけ申さるゝ事候共、其後も聊異儀を申さすさたをいたすべく候。仍為後日状如件

深河北方五か村之内兵庫（略押）
并中崎道幾（略押）

応永三十年九月廿四年

最初の事書には〈これは大隈の「深河五か村之内」「後迫兵庫」と「中崎道幾入道」の二人が提出した「礼文」である〉とある。案楽兵庫の方から逃亡下人のことで公方に雑務沙汰としての提訴があった。そして、案楽兵庫の下人の「男女兄弟」を「隠した」罪科により、「後迫兵庫」と「中崎道幾入道」が逃亡下人隠匿の罪で処刑されることになった。隠匿下人は元の主人・案楽兵庫に返されたが、犯人二人は「かどわかしの罪」で死刑と決まった。しかし処刑の場で下人の「彦太郎男・みつ女」を献上するとしたので、二人は死罪を免れた。ここで提出している「礼文」は死を免れたことへの「御礼」の約束である。

二人に対する処刑は市場での公開処刑であり、だからこそ犯人二人の命と〈引き換え〉に下人の「彦太郎男・みつ女」が犯人の〈身代わり〉になった。こうした〈交換〉も市場に相応しかっただろう。「彦太郎男・みつ女」は「科物」十五貫の代わりに献上されたので、今後十五貫を支払えば解放される約束であった。〈「兵庫」の分は「過

料十貫文」、私「道幾」の分は「五貫文」を早々に沙汰いたします。私が五貫文である理由は、取り調べで私の方は「少軽の科」となったからです〉とあり、下人二人の身請けについての金額も、責任の軽重もきちんと文書に載せて、明示している。

追奪担保文言には〈二人が支払う約束を「彦太郎男・みつ女」が「あきらめかけ」＝「諦め始めて」、「権門高家・神社仏寺の御領内」に逃げ込んでも、子孫に至るまでこの証文を以て裁判をしてください。その時は「一事一言之あらそい」を申しません〉とある。さらに〈殊にここは「御売得之在所」＝〈彦太郎男・みつ女を売って金を得た在所〉であるので、十五貫を皆納しないうちに「本主之儀ニかけ申さるる事」＝〈「本主」だとの理由で、元のつながりを復活させたい〉と下人二人が主張しても、「その後も」〈いささかの異儀も申さず公方に仕えるよう、しかるべく処理致します〉と念を押して誓っている。

「彦太郎男・みつ女」を献上した場所＝「御売得之在所」は〈市場〉であろう。こうしたことの前提には市場での裁判と公開処刑があり、この「礼文」の作成もまた〈市場の筆師〉によっていたのだろう。以上から身曳きの場が市場であること、身曳きが社会的な承認行為であることが確かめられた。

三 「安芸文書」の身曳状

土佐の国の豪族安芸氏の家に伝わった「安芸文書」(8)の中には、C・D二つの「身曳状」がある。これらは石井進の紹介したものである。Cは鎌倉末期の元応元年（一三一九）八月十二日のもので、Dは室町中期の享徳四年（一四五五）八月十八日のものである。

伴平内身曳状

C　曳進我身事

合壱人生年三十八歳

右件元者、安芸庄八多山於宮地、依有大犯之罪科、既及死罪之間、以僧御口入、被助命進候、然間、限永代、至于子々孫々円山東殿御内、曳進之処之状如件

元応元年八月十二日

伴平内（略押）

「大犯の罪科有るにより、既に死罪に及ぶの間、僧の御口入れを以て、助命進らせ候」とあり、検断権者の「円山東殿」と犯罪者の「伴平内」の間を「僧」が仲介している。神田千里が言うように〈処刑されるところを助命嘆願するのは僧侶の務め〉であった(9)。「大犯之罪科」と刑が確定する裁判の場も、僧の口入れで「助命」が決まる処刑の場も、またこの身曳状自体が作られる場所も、前述した文書Aの「孫三郎戒め状」の場合と同様、共に市場であっただろう。この「伴平内」の場合は「永代を限り、子々孫々に至るまで円山東殿の御内」になったとあり、「重代相伝の下人」になっている。

乙法師身曳状

D（端裏書）

「身ひき文」

人かとい申たるニよんて、みおひき申候所実也、字おと法師と申候おとこ、年をかすニよんて、年かゝす候、永代おかぎり候て、は田山殿所ゑ、身をひき申候所実也。いかなるけんもんかうけの御りやう内、神社

仏事御りう内ニ候とも、この状文おもんて、御さた候ハん時、一口之委細申すましく候、御さたあるへく候、依後日為、身ひき文状如件

享徳二等八月十八日

名母地蔵

乙法師（花押）

名谷

石井はCの事件現場「安芸庄八多山」に、百年以上を経てDの「は田山殿」が領主となっていると想像した。最初にある「人かどい申たるニよんで、みおひき申候所実也」から「人かどい」をして人を売りとばした犯罪者は、捕まれば「身曳状」を出して下人となり、罪を償うのが当時の「慣習法」で、「目には目を、歯には歯を」の同害刑＝「人を下人にしたものは人の下人になる」のである。一般に人の下人は騙されて市場で売られることも多かった。『塵芥集』第六九条「逃走下人問答事」[10]には「譜代の下人、或は逃げ走り、或は人に勾引はれ、うられものゆくままに、しせん本国に買い留められ、人に召使はるるのとき……」とある。

「字乙法師と申候男、年をかくすニよんて、年かゝず候」から、若い犯罪者は反抗的な態度を改めず、自分の名前も名乗らず、年も隠していることから、「名母地蔵」「名谷」という添え書きが生まれた。これを石井は身曳状が〈領主・畑山殿の側で作成された〉ことを示す証拠としている。しかし私は、この文書の背後に〈筆師〉の存在を確かめたいと思う。このような反抗的な下人の逃亡は充分に想定されるので、「いかなる権門高家の御領内、神社仏事御領内ニ候とも、この状文を以て、御沙汰候ハん時、一口之子細申すまじく候、御沙汰あるべく候」は追奪担保文言として実際に大きな意味を持ったであろう。〈権門・高家や神社・仏寺の領内に走り入りをしても、この文書を持って身柄の引き渡しを要求した時、一切抗弁しない〉の意味である。

以上述べてきた如く、罪を犯し、処刑されるところを許されて身曳きを行う場所は市場であった。市場で裁判が

行われたとすれば、判決の執行もまた市場で行われたはずである。次に市場で処刑＝法の執行が行われたと解釈できるケースを取り上げたい。

四　人勾引人は下人となる

他人を勾引すれば、その罪として犯人自身が下人になるという同害刑（タリオ）が日本中世の掟であった。これまでの例はいずれもこのことを証明している。同様な例として次の事例を挙げたい。

紙背文書の世界から

下総の『中山法華経寺文書』[11]の第三九文書E、第四〇文書Fは共に「土岐常忍・快有・浄仙連署奉書」である。文永二年（一二六五）とは鎌倉中期に当たっている。石井進は紙背文書の面白さを広く一般に紹介した『中世を読み解く――古文書入門』[12]の中でこの折紙の文書を紹介している。石井は読みやすくするために適宜漢字に改め、句読点を付けているので、ここではそれに倣った。

E　吉田の百姓検校六男ゆへに、兄検校太の娘を刑部左衛門に売らるゝ由、嘆き申候。詮し候ところ、かの検校六男を、検校太に受取らせさせ給候て、娘に取り替えさせらるべき旨、仰下さるゝ状、如件

文永二年十二月十二日

常忍（花押）

快有（花押）

ミやうちの御房
浄仙

F　検校六男出で来候なん上ハ、別の子細あるべからす候。早く検校六男を受取らせ給候て、重長が娘をば、紏し返さるべき旨、仰せ下さるゝ状、如件
文永二年十二月十二日
常忍（花押）
快有（花押）
浄仙
刑部左衛もん殿

娘を失った「検校太」が守護・千葉氏に提訴したことから問題が発生した。千葉氏の奉行人である常忍・快有・浄仙が詮議を行い、「宮内の御房」と「刑部左衛もん殿」の二人に命令を下した。この文書を紹介した石井は網野善彦が「未進と身代」(13)で展開した議論を承けて「検校六」と「刑部左衛門」との間には債権・債務関係があり、支払いのできない検校六が逃亡したので、その債権の取立てに「検校太の娘」を身代に取った可能性を指摘している。湯浅治久(14)はこの想像をさらに膨らませ、可能性をとことん追求して、二つの文書の関係を次のように述べている。

検校六男は兄・検校太の娘をかどわかして「宮内の御房」に売った。「宮内の御房」はこの娘をさらに「行部左衛もん殿」に売った。そこで「行部左衛もん殿」は娘を「紏返す」がその代わりに検校太が身柄を確保している「検校六男」をうけとるよう命じられた。

Eには「吉田の百姓検校六男ゆへに、兄検校太の娘を刑部左衛門に売らるゝ」とある、この「ゆえに」が問題である。売られた原因が「検校六」にあることは間違いないが、何を意味したのだろうか。本郷恵子[15]は湯浅の解釈を行き過ぎだとして「詳しい経緯が記されていないので、検校六がなぜ姪を売ったのかは不明である。借金が払えない、年貢が収められないなど、困りぬいた末の行為なのか、単に彼がごろつきだったのか。いずれにせよ、独立した百姓である父のもとで暮らしていた娘は、叔父につかまったか騙されたかして売り払われ、刑部左衛門に隷属する立場に貶められてしまった」とした。

私も本郷に倣い、ここでは単純に検校六が姪を売ったとしたい。鎌倉幕府の追加法の第二八六条[16]つまり建長五年（一二五三）の「諸国郡郷庄園地頭代、且令存知、且可致沙汰条々」全十三カ条の中の第五条には、次のようにある。

一　牛馬盗人　人勾引　等事

右……

次　人勾引事　於親子兄弟等者、非人勾引之儀、不可懸其咎焉

親子兄弟間の人売りは「人勾引」には含めないとある。〈娘を結婚させる〉と〈娘を売る〉との間に明確な線を引くことができないことが前提とされている。ここから叔父と姪との関係は親子兄弟関係に限りなく近いので「人勾引」には含めないという判断もあり得たと思うが、検校太・検校六兄弟の場合は、兄弟の両親は共に死んでおり、兄弟間の問題を解決する人物がいなかった。それゆえ二人の関係は、「兄弟は他人の始まり」という諺に近かったのであろう。本郷は「在地で生産にたずさわる百姓らのあいだでは、人身の略取や囲い込みが日常的に行われていたらしい」としている。

Eの「宮内の御房」への命令は〈検校六男を逮捕して、検校太に受け取らせる〉ことであり、この「宮内の御

房」は千葉氏の影響下にある吉田の領主で、検校六・検校太に影響力を発揮できる人物であろう。兄・検校太は、弟・検校六の身柄を拘束し「刑部左衛もん殿」に引き渡す〈下人の交換〉により、娘の解放を勝ち取った。吉田の百姓・検校太・重長と「刑部左衛もん殿」は交換の場で対面し、下人の交換を行った。この交換の場は公共の場＝市場が相応しい。市場ではこの交換の後に、検校六の身分が自由人から下人に変わったことから、検校六は「身曳状」を「刑部左衛もん殿」に提出したと想定される。

〈人をかどわかした者は死罪〉となるのが原則で、死を許されて犯罪奴隷となったのだろう。交換の場には千葉氏の奉行人の常忍・快有・浄仙が立ち会っていただろう。「宮内の御房」も出席しただろう。それゆえ市場という公開の場で、複数の人の立ち合いの下で「身曳状」は作成され、これまで「自由人」であった検校六は「自由」を失ったとなる。市場が〈縁切りの場〉〈無縁の場〉だとは勝俣鎮夫や網野善彦の主張だが、検校六の下人化はこの縁切りの場がこれまでの縁＝身分が切れて、新しい身分に変身した「変身の場」であったことを示している。以上から文書E・Fの場合も市場を舞台としていたとしたい。

五　債務奴隷への身曳状

「大光寺文書」の身曳状

これまでは犯罪奴隷の場合であったが、次に石井進は日向の「大光寺文書」の観応の擾乱期の文和二年（一三五三）の「右馬五郎証文」Gを第四番目の身曳状[17]として挙げている。この場合は年貢の未進という債務ゆえに身曳きをした場合である。これには次のような起請文がついている。

G　右馬五郎男自身引文之事
合壱人定　字右馬五郎男生年廿五歳也
右件子細者、大光寺百姓地を給候て、御年貢依不弁済仕候、我身を永代御寺引申候所実也、於自今以後者、大光寺常住可為御下部候、向後者、御ゆるしなく候て、何成権門高家神社仏寺御領内罷入候とも、如此状御沙汰候む時、一事一言子細を不可申候。若又背御寺候て、ふけう仕候者、上奉始梵天帝釈、当山地神、伊勢天照大神宮、巨田八幡大菩薩、熊野三山第権現、妻満五社大明神、惣日本六十余州大小神祇御罰、字右馬五郎男八万四千如毛穴可蒙罷候。仍為後日沙汰、起請文并引文之状如件

文和三年正月廿五日　　右馬五郎（略押）

起請文付文書のGでは、「大小神祇の御罰を、字右馬五郎男の八万四千の毛穴の如く罷り蒙るべく候」とあり、誓いを破った時の自己呪詛の言葉を神に懸けて誓っており、明らかに個人的な誓い＝承認が問題となっている。この点に注目すれば石井の言うように、個人的な約束・承認が曳文にとって決定的な意味があったとなる。しかし、このG文書の最後には「仍て後日の沙汰のため、起請文ならびに引文の状件の如し」とある。この文書は「起請文」であると同時に契約状の「引文」であり、この文書が個人的な誓いと同時に社会的な承認（＝後日の沙汰）をも問題としていることは明らかである。

この文書が作成された場所は神社境内の可能性がある。市場が寺社の門前に立つ場合が多く、市初めの儀式として市神を祀ることから、市場で起請文を読み上げることは特異なことではなかった。起請文を捧げる場所としては神社の境内が考えられ、一定の祭祀が公衆の面前で執り行われたと想定されるが、起請文と曳文が一体化していることから、この文書は公衆の面前で読み上げられたと考えられる。以上からA・B・C・D・E・F・Gはいずれ

も市場・神社という公開の場で読み上げられたものとなろう。

市場が裁判や処刑の場であったので、身曳状は市場の公開の場で読み上げられて成立した。個人的な承認行為は社会的な承認行為によって補強された、個人的な承認行為を勝手に覆すことはできなかったと私は考えたい。この想像はさらに、売券の締めくくりの決まり文句「後日の沙汰ための状件の如し」が、〈市場で証文を聞いた不特定多数の人々が証人である〉との意味であろうとの想像に我々を導いてくれる。ここから、動産に関わる「雑務沙汰」、民事裁判の場も市場であった可能性は高いと言えよう。

「大光寺文書」には、前年の文和三年に木下馬五郎が大光寺に差し出した次のような証文[18]がある。

（ハシウラ書）

H　「馬五郎か証文」

　　戸申大光寺務年貢事

　　　合四斗定舛者常住斗子也

右件の年貢者、以後日わきまへを申候まてハ、馬五郎か身者、寺の可為殿人候、若このむねをそむきていかなるけんもんかうけ神社仏寺の御りやう内に罷入候とも、この証文のむねニまかせて御沙汰候ハん時、一言も不申子細候、仍為後日状如件

　　　文和三年五月八日　　　　　　木下馬五郎（略押）

石井は、この両馬五郎を同一人物とした上で、〈年貢四斗のかたに身を寺の「殿人」におとし、年貢未済が決定的となった翌年正月に自らを永代の「下部」として身曳くはめにおちいってしまった〉と説明している。ここから「殿人」と「下部」との間には隷属の違いがあったことは明らかである。これは土地売買の際の「永代売買」と

「年期売り」の違いにも対応している。そしてこれらの文書が市場で作成されていたとすれば、市場は債務の取立ての場であったことになり、債権・債務と市場との関係という大きな問題に我々を導いてくれる。
これについては「寄沙汰」「付沙汰」「請取沙汰」「国質」「所質」「郷質」として第II部以下で取り上げることにしたい。

犯罪奴隷と債務奴隷

ところで、犯罪と債務との間には「負い目」を負うという共通項がある。「罪」と「負債」との間に近い関係があったとしても、少なくとも日本では「債務奴隷」は債務者が債権者の奴隷になるのに対して、「犯罪奴隷」の場合は加害者が被害者の奴隷になるのではなく、犯罪者は犯罪を取り締まる検断権者の側の奴隷となっている。犯罪を社会から撲滅しようとする公共の意志に、職権を持つ第三者の検断権者が対応しているのである。犯人が公権力を持つ者の従者になることに限れば、鎌倉時代には、囚人となった犯罪者を御家人の武士に預ける「召人」の制度がこれに対応していよう。

笠松宏至は『中世政治社会思想』上で鎌倉幕府の追加法の分類を試みており、その中で「主従法」の項目を立てて、その最初に寛喜三年（一二三一）の次の追加法第三四条[19]を挙げている。

一　所預置召人、令逃失罪科事　去年七月評
右、預置謀叛人之処、其召人於令逃失者、依為重科事、可被召所領也、其已下者不可処重科、随軽重可被行過怠、所謂寺社修理等是也、但逃脱之後、為令尋求、三ヶ月者可被延引也、若三ヶ月之内不尋出者、随事之躰、可有其沙汰歟

「預け置くところの召人」について笠松は頭註で「囚人を預かりこれを拘禁しておくことは、鎌倉御家人の特異

な義務の一つであった」としている。このような項目を立てた笠松の考えに従えば、預けられた「召人」が従者になることは当然視されていたとなる。古代の蝦夷との戦いなどでも、負けた者は俘囚とされ、「召人」と同様であった。源平の合戦に関わる謀叛人の場合にも、「囚人を預かり拘禁しておくこと」は行われたであろう。[20]

蒙古合戦の折にも、弘安四年(一二八一)九月十六日付「野上太郎殿」宛て四カ条の「条々」の第二条[21]には「異国降人等事、各令預置給分……如然之輩、輙浮海上不可出国」とあり、降参した蒙古や高麗などの敵兵は鎌倉武士に預けられていた。秀吉の朝鮮の役の場合には、朝鮮人の陶工が各大名に拉致され、その結果各地に窯が立ち「有田焼」や「薩摩焼」が出来たという。さらに本書第2章では、道路普請を通じて犯罪者が徳阿弥の従者になったことを見てきた。異国との戦いの折の降参者・捕虜や犯罪者・囚人を従者として預かる習慣の中で「身曳き」も行われたのであろう。

しかし平景清の場合は、牢屋に拘束されており、そこを逃れたことは有名である。以上身曳状の分析を通じて、市場の機能を再確認した。

第6章　戦国家法の中の「公界」

戦国期に入ると市場の傍に市場在家が集中して都市が形成された。〈裁判の場〉・〈支払いの場〉・〈文書作成の場〉は市から都市へと変化した。支払いは売買契約に関わり、契約主体は売手と買手だが、支払いに「為替」が利用される場合には、「売買契約」は「貸借契約」に発展した。貸借契約の場合には、支払いの約束を債権者側が追及する「債権取立て」の問題が発生した。具体的には「質取り」＝差押えであり、紛争処理のために裁判制度が整備された。金融業者などからなる「公界」が自治の延長として裁判官を代行した。「貸借契約」には文書が必要なので文書主義が重視され、「公界」は慣習法を踏まえつつ文書作成と関わっていた。

この章では戦国家法の「公界」、具体的には弘治二年（一五五六）に成立した『結城氏新法度』と、明応二年（一四九三）以後に成立した『相良氏法度』のそれを取り上げる。なお、『相良氏法度』第一八条の「公界」については、村井章介の論文「〈公界〉は一揆か、公権力か――『相良氏法度』第十八条の解釈をめぐって[1]」に対する論駁を別に用意している。また、「質取り」は歴史具体的には「高質」「所質」「国質」「郷質」や、訴訟＝「沙汰」を〈寄せる〉〈付ける〉〈請け取る〉から「寄沙汰」「付沙汰」「請取沙汰」となる。これらについては第II部以降で取り上げたい。

一　『結城氏新法度』の中の「公界」

牧健二は『中世法制史料集』第一巻の[2]「序」で、日本の中世法を俯瞰して「我国でもそれを中世と呼びならわしている鎌倉開府から関ヶ原役までは、諸家のあいだに法権が分散していたことが特色的であった」「その主要なものをあげると、朝廷の公家法、鎌倉室町両幕府の幕府法、庄園に対する寺社権門諸家の支配関係によって生じた本所法、後期において各地に群起した分国法、庶民のあいだに成立した座法村法、更に織豊二氏の統制的立法であった」と述べて、「此等の法はいずれも慣習法を原則とし、成文法があっても、普通には慣習法の露頭であるのを例とした」と述べている。

『結城氏新法度』の第二九条[3]に登場する「公界」は金融業者＝蔵方の〈寄合の場〉〈会所の建物〉を指し、彼らの寄合での結論が第四二条の「公界之義」で、「公界之義」は蔵方の内々の法である「座法」が露頭したものとしたい。第四四条、第八二条、第八三条は〈債権の取扱い〉、門番・夜番という〈町の治安維持〉、流通経済の中心的なテーマである〈撰銭〉について、大名の結城氏がそれぞれ彼らに諮問し、彼らが寄合で協議して合意した結果を答申し、それが「新法度」になっている。つまり後者の三カ条は結城氏の支配体制が〈蔵方の合議〉を組み込んで形成されていたことを示している。

大名権力と金融業者の密接な結び付きについては、室町幕府の納銭方や公方御蔵の例から理解できるし、伊達の『塵芥集』には「蔵方之掟」が付属している。結城氏の場合、第八二条から〈蔵方の寄合〉が町の自治をも担っていたとなる。「公界」の言葉は、第三〇条・第八七条には「公界寺」「公界僧」として登場するが、これは蔵方・金融業者が「有徳人」＝名望家として認知されるために寺を建立したことと関わっていよう。寺の建立は公共物・喜捨としてなされたはずなのに、蔵方の私有の論理が働き、そこに自分の子や兄弟を送り込みたいとしているので、結城氏は寺の退廃を問題としたのである。

第九四条の「公界寄合」「公界活計」は、蔵方たちがこの法の制定者である結城政勝の父・政朝の命日である十三日に公界の会所に集まり「活計」＝宴会[4]をしていることを問題としたもので、蔵方たちが命日にかこつけて宴会をすることで、結城氏と「公界」との結び付きを誇示することを禁じ、その他の宴会はお構いなしとしている。これらの各法令の解釈はこれから行うとして、「公界」を〈蔵方の寄合〉、またその〈会所の建物〉とすることで、『結城氏新法度』の「公界」が統一的に解けるのみならず、「公界」と公権力との関係という多くの研究者を悩ましてきた難問も解決できるのではあるまいか。

第二九条――間済沙汰事

「公界」という言葉が登場するものに、次の法令がある。[5]

一　以間、何たる沙汰にてもすみたる義、又別之六ヶ敷事に間すみの義引懸に公界へ申出べからず。此以後前の事迄引かせ間敷と書付候。況んや間之義ゆめゆめ不可叶候。

これについて頭註には「どんな争いごとでも、仲裁によって結着のついたことを、世間に公表してはならぬ」とある。「間」を「仲裁」とする解釈には従いたい。しかし「公界」を「世間」とすることには異論がある。「世間の口に戸は立てられない」との諺がある。その場合、「世間に公表する」とは「積極的に噂をばらまく」となるがそれでよいのだろうか。「人の噂も七十五日」で、たいした威力はないのではなかろうか。「公界への申出」とあることからすれば、一端内々で解決した問題を、何かの問題にかこつけて、今でいえば警察や裁判所などの〈公の機関〉を念頭に置いて、「出るところに出よう」とすることではあるまいか。

そこで思い出されるのが「堺」や伊勢「大湊」の「公界」についての小西瑞恵の研究[6]である。「公界」の言葉は

「あることを処理するために催される大勢の人々の集会」を意味する「会合」と近く、「寄合を開く場所としての会所」を意味しているとして、「地下之公界会所」を「堺の市議会場」とした。それゆえこの場合の「公界」も、江戸時代の〈町年寄の屋敷〉のような〈町の寄合の建物〉であると考えられる。これについては、後述する第三節の百年前の神奈川湊の自治を担った「蔵衆」の「談合」が参考になる。

第四二条――忠信者跡負物沙汰事

この法令[7]については佐藤進一[8]・網野善彦[9]・安良城盛昭[10]・峰岸純夫[11]・村井章介[12]らの研究があるが、紙幅の関係もあり、紹介や批評は止めたい。問題の法文は次のようにある。私の考えで変更したところには傍線を施した。

一　忠信の跡不如意に候はゞ、我人ともにが公界之義にて候。蔵方より三ヶ一、本も子分をも許すべし。忠信之間、一向なすまじきと申事は、あまり無理に候。よく〳〵両方此分別可入義にて候。

「我人ともに」のところは、一九六五年の『中世法制史料集』第三巻では「われ人〔　　　〕」とあって右傍に「ともに?」とあり、三文字分の欠損があり、残劃によって判読したが疑わしいとして「?」がついている。また一九七二年の『中世政治社会思想』上では「〔ともに〕は推定」とある。先学はみな〈「我」と「人」との「両方」の関係が「公界之義」だ〉と解釈をしているが、私は〈「我人ともに」が「公界之義」〉である、つまり〈「我人ともに同等にせよ」が蔵元たちの主張としての「公界の義」である〉と読みたい。「我人ともに」は「公界」の発言として括弧に入るのである。

それゆえここでは意味の上から「が」を補った。この法令が前提としているのは、債権者＝「蔵方」Aと「忠信の者の子孫」Bが互いに対立して主張しあう場面である。この蔵元＝倉元について豊田武は〈荘園制下荘園の農産物を本所や領家に送るために、荘内の荘園庁や津頭に倉庫が設置され、倉預や倉本がその管理を任されていたが、彼らは同時に交易を行い、金融業者にもなり「問」「問丸」へと発展した〉と説明[13]している。室町時代以降、こうした「蔵元」は大名権力と親密な関係を築き、御用商人となっていた。後述するように、結城領でも金融業者は結城政勝から親しく「各」と呼ばれていた。

「両方」は前半の「我人」を指し、AとBである。最後の「よくよく両方此分別可入義にて候」は、結城氏が出した「分別」＝結論を納得して〈受け入れるべきである〉の意で、「蔵方より三ヶ一、本も子分をも許すべし」は結城氏の判決である。ここの「本も子分をも」は諺に言う「元も子もない」に関わり〈元金も利子も〉の意味である。後半で「忠信之間、一向なすまじき」と主張したのは、忠信の者の子孫＝債務者Bであるから〈一向なすまじき＝全額不払い〉」と主張したのに対して、Aは「我人ともに」＝「借手A・貸手Bともに同等に」＝双方痛み分け＝〈引き分け〉を主張した。

Aは「公界の義」つまり〈蔵方の寄合の結果〉として主張したのである。この「公界」を佐藤や安良城は「世間」の意としたが、もっと狭く金融業者の「蔵方」の人たちが構成している同業者組合〈座〉の「寄合」であろう。債務の支払いの争いでは〈元金は支払うが利子は免除〉などの方式もあろうが、結城氏は一方では蔵方の寄合の意見を「公界の義」として判断の基礎に置き、他方ではBの主張をも考慮に入れて「蔵方より三ヶ一、本も子分をも許すべし」との判決を出した。結城氏は両者の主張の中間を採り「蔵方よりは元・利ともに三分の一請求することを許可する」としたのである。

それゆえ〈忠信の者の子孫が困窮しているなら、元金も利子も三分一に免ずるべきである〉がこの法令の趣旨となる。[14]室町幕府における政所と納銭方一衆の関係のように、大名権力と蔵方の同業者組合＝「公界」とが特別な関係で結ばれていたことを前提とした上で、結城氏としては見過ごせない忠信の者の子孫の取扱いに配慮しているのである。それゆえこの法令では、「公界」と大名権力とは〈共存関係〉にあり、必要悪としての〈共存・交争関係〉にあった大内氏・浅井氏・細川氏の場合とは異なっているが、必ずしも「公界」の意見に全面的に従っているわけでもないことになる。

この法令の前後を見ると、第三九条「負物沙汰事」、第四〇条「売地請返事」、第四一条「蔵方質入地事」、第四三条「負物沙汰可依證文事」、第四四条「貸金質取地等他人譲与事」、第四五条「親負物可懸養子事」、第四六条「以他人令相続罪科人名跡時不可懸先主負物事」と、金の貸し借りに関わる法令＝「貸借法」としてまとまっている。それゆえ『結城氏新法度』の第四二条は第四一条に続く「蔵方法」で、〈「蔵方」からの「負物」〉が共通のテーマである。また第四四条、第四五条と第四六条は〈負債・借金の相続〉がテーマであり、この第四二条とも共通している。

これらの「貸借法」は結城氏と「公界」との協議の中で法制化されたものであろう。伊達氏の場合、この「貸借法」に対応するものに『塵芥集』の「蔵方の掟」十三カ条があり、また『塵芥集』では第一〇六条から第一二〇条までが貸借関係の法としてまとまっている。

第四四条——遺産相続・債権の譲渡

この法令は、[15] 結城氏より公界への〈諮問事項〉と、公界からの〈答申〉と、結城氏の〈結論〉の三つからなっているが、最初の諮問事項はさらに〈一般論〉と〈特殊なケース〉と、その中での〈諮問〉という構成になっている。「各」として呼びかけている「同心」を佐藤進一は「重臣」とした。それは『結城氏新法度』の前書きに「各」とあり、これはこの法度の最後に署名している重臣たちを指しているとすることから来ているのだが、この条文上で「各」として登場するのは、武士ではなく、むしろ室町幕府の政所の納銭方一衆のような、大名と懇意な金融業者・蔵元であろう。この条文は彼ら「公界」の意見を聴取して作成されている。

「各」からの諮問に基づき、いくつかの選択肢の中から答申させ、それを結城氏の法としたことが確かめられるものには、このほか第八二条、第八三条がある。ここには「同心に」と副詞的に使われているので、この「同心」

は名詞ではなく〈よく協議して〉〈合意して〉の意味であろう[16]。蔵元の寄合の場を前提とした用語である。この法令の紹介を兼ねて解析図を示すと次のようになる。

［結城氏より公界への諮問事項］

（一般論）

銭持死候はん時、子共・兄弟・親類の方へ、「誰々に代貸し候、これを分々て渡す」と書立をなし、渡し候事は世の習にて候。不及是非候。

（特殊なケース）

自然人々他人に「誰に代を貸し候、これを進」とも、「屋敷・所帯質に取候を進」などゝ《と》言置き状書渡し、これを渡すべく候。

（具体的な諮問）

「他人ならば其首尾たつ間敷候歟、又立つべく候哉。」同心に此沙汰一方へ有落居、可被申候。可加書候。

［公界から結城氏への答申］

各へ尋候へば、「他人たりとも、状を請取ならば、其状さきとして請取べき也。」「状証文なくば、如何にあり〱と事申候共、すむまじき」よし、同心に被申候。

［結城氏の結論］

げにも無余義候。於後々も此分。

ここで確認できることは口頭での言葉は「如何にありありと申し」ても、証拠とはならず、「遺言状」「証文」が決定的だとしていることで、第四三条の「負物沙汰可依証文事」とも共通して〈文書主義〉が確認される。

第八二条——「門番夜番次第事」

この法令[17]も、結城氏より公界への〈諮問事項〉と、公界からの〈答申〉と、結城氏の〈結論〉の三つからなっているが、最初に諮問事項があって、三つの案が提示され、その説明がある。解析図は次のようになる。

［結城氏より公界への諮問事項］

「町々、中城・西城共に、門番・夜番之次第三ヶ条、何よく存候哉」、各同心に可被申上候。其分に永代可落着。

（三案の提示）

一　其町之人数を書立、可言付候歟。

一　狭くも広くも、もとより屋敷一間づゝ之所へ、一間に一番づゝ可言付候歟。

一　屋敷持たず候共、手作持候ものには、屋敷持に一番づゝ可言付候歟。又屋敷一間成共、二構に住い、口二あらば、二番と可言付候歟。

（理由説明）

大切之番を辛労いたみ、彼方此方とねり廻候。何各同心可相定候、これへ書き可付候。

［公界から結城氏への答申］

各へ尋候へば、「其町の屋敷一間、又屋敷持たず共、所帯持はいたすべき」よし、各被申候。

［結城氏の結論］

無余義候。於後々も此分。

「門番・夜番」は町の住民の義務であり、蔵方の寄合が同時に町々の自治をも司っていたことになる。桜井英治は「職人・商人の組織[18]」の「土倉・酒屋の存在形態」において、土倉・酒屋は「座」や「商人司」という同業者組織の結成を志向していなかったとし、納銭方一衆は酒屋役・土倉役徴収のための組織＝徴収請負団体で、経営の相互保障のための組織ではなく、彼らは一族経営をしていたことから血縁関係の「一類」「一類中」というまとまりをなしており、鎌倉末期の「土倉寄合衆」という言葉は、出資システムである「合銭の輩」とほぼ同じ意味で用いられている、としている。

彼らは金融業を通じて土地集積を進め、十六、七世紀にかけて町共同体の中に根を下ろして、指導的な位置を築いていったと桜井は言う。[19] ここから結城領内においても、蔵方が町共同体の中核を担っていたことが説明されよう。

第八三条──「撰銭事」（撰銭令発布について公界への諮問）

「撰銭事」を定めた『結城氏新法度』の第八三条[20]には「公界」の言葉は登場しないが、この法令は法度制定者＝結城政勝から「各」に対して「銭撰りてよく存候哉」との諮問から始まっている。ここでは結城氏は「公界」からの〈具申案〉とそれに対する結城氏の〈対策〉をそれぞれ二つずつ用意して、「公界」に〈諮問〉している。これに対して公界から結城氏へ「各に尋候へば……よし被申候」との〈回答〉があり、それを承けて〈結論〉を述べる形でこの法令は出来ている。次に〈諮問〉二組みの〈具申案〉〈対策〉とそれぞれに対する〈回答〉〈結論〉からなる解析図を掲げたい。

［結城氏より公界への諮問］　銭撰り候てよく存候哉。

（具申案一）　万事是者不自由にて候。

（対策一）　永楽かた一銭を使ふべきよし、触を可廻候。

（具申案二）　又、撰りたち之事不可然由、各被思候者。

（対策二）
悪銭之侘言被申間敷候。此義同心可被申上候。書き付けべく候。

［公界より結城氏への回答］
各に尋候へば……よし被申候。

（第一案に対して）
永楽一かたはなるまじく候。

（第二案に対して）
悪銭のかたを選りて使ふへからず候。

［結論］
役人悪銭撰り候て、制札判に打ち付けべし。

［公界より結城氏への回答］の「……」のところには「永楽一かたはなるまじく候。悪銭のかたを選りて使ふへからず候」が入る。（具申案一）の最後には（具申案二）の場合と同様の「各被思候者」が省略されている。ここでは〈永楽銭のみとすべし〉とするなら、市場などに「触」を廻して周知を図るとしている。（具申案二）の「撰りたち」は佐藤進一の考察の如く〈しきりに撰る〉〈徹底して撰る〉の意であろう。[21]〈撰銭はよくない〉とするなら、「悪銭だ」として「各」が結城氏の下に訴えることを認めないし、公界のメンバー一同はこの義に同心する旨の「書付」を結城氏に提出すべきだとある。これに対する「公界」の回答は、第一案の永楽銭のみを通貨とするのはダメで、第二案の場合は、悪銭ばかりを選んで使うことになるので、これもダメだとしている。結論として〈悪銭をいくつか選んで制札に打ち付ける〉ことを挙げている。この条文の特徴は、結論に至るまでの法制定の過程が具体的に記されている点である。ここからは蔵方が寄合を行い同心する場が「公界」だと確認できよう。

以上から我々は戦国期東国の社会に、西欧の絶対主義時代の「等族会議」ほどではないが、大名権力に対して一定の発言権を持った合議組織＝「寄合」が存在していたことを確認できよう。[22]そして有徳人である彼らが、一方では名望家になるために寺院を建立して社会的名声を確保しながら、他方では、人の子として家族の愛情に引かれ、また「世俗内禁欲」とはほど遠い宴会での蕩尽に走り、結城氏より苦々しく見られていたという、日本中世都市民の姿もまた垣間見られたのではあるまいか。

二 『相良氏法度』の中の「公界」

次に『相良氏法度』の「公界」を取り上げる。ここでは笠松宏至・勝俣鎮夫・網野善彦の解釈した「一揆」としての「公界」でも、安良城盛昭や村井章介の解釈した「公権力」としての「公界」でもない、私の第三の解釈を述べる。結論を先に述べれば、「公界の沙汰」とは、ここでもやはり〈交易民の「神人・供御人・寄人」＝「公界」のメンバーが市場で形成していた合議体制＝裁判所〉となる。したがって、〈「公界」とは何か〉という「公界」そのものの解釈としては、村井章介のそれとは根本的に異なるが、「公界」が大名権力と近しい関係にあることに限れば、私の考えは村井と一致している。

『相良氏法度』第一八条

『相良氏法度』は全部で四十一カ条からなるが、詳細に観察すると次のA・B二つから出来ていることが分かる。

A 「為続・長毎両代之御法式」二十カ条

B 「天文廿四年乙卯二月七日」付「晴広様被仰定条々」二十一カ条

Aは末尾に「天文十八年己酉五月吉日押之　税所新兵衛尉継恵（花押）」との日付・奥書がある。戦国相良氏の七代目の当主晴広（一五四六〜一五五五、治世十年）の代に評定の間に壁書として掲げられたことが知られる。二代目為続（一四六八〜一五〇〇、治世三十三年）の制定した〈為続法〉と、三代目の長毎（一五〇〇〜一五一二、治世十三年）が制定した〈長毎法〉から成っている。〈為続法〉は七カ条で、「申定条々」の事書があり、日付は「明応二年（一四九三）卯月廿二日」で、為続の治世の終わり頃の成立となる。〈長毎法〉は日付・事書きのない十三カ条である。〈為続法〉と〈長毎法〉との間には七年から十九年の隔たりがあった。それゆえ〈為続法〉がおよそ八年以上実施された後になって〈長毎法〉が制定されたとなる。

次いで晴広は自分の制定したBも壁書として掲げた。それゆえBを〈晴広法〉と名付けたい。戦国相良氏の六代・七代の時代には、為続・長毎親子の時代を「両代」と呼び、理想化する動きがあったことを踏まえて、七代の晴広が「為続・長毎両代之御法式」として一括して壁書きに掲げ、また自らの「条々」を掲げたのである。為続の政治を息子の長毎や曾孫の晴広が継承しようとしていたとなる。

『相良氏法度』の〈「公界」とは何か〉を論ずるために、村井のように『相良氏法度』の第一八条のみを取り上げて、いくら精密に分析をしても、それは恣意的な解釈を弄ぶことになる。〈為続法〉と〈長毎法〉の「両代の法制」全体の中での第一八条の解釈を試みなくてはならない。我々が今問題とする第一八条は〈長毎法〉の中の第十一番目だが、第一八条が『相良氏法度』全体の中でどのような位置にあるのかを考えるためには、最初の壁書〈為続法〉にも注目すべきであろう。

第一条「買免之事」・第二条「無文買免之事」・第三条「転売主退転之事」は共に〈土地を本主の側に返せ〉との定めである。第四条は「普代之下人之事」とある「人返し法」で、「寺家・社家」や「地頭」のアジール権を認めないとしている。この法令が実施されると、元の主人と逃亡下人を捕まえて確保している人との間で、謝礼や返却のための実費支払いなどの問題が出てくる。土地に対しても、下人に対しても〈元の所有者の権利を保護する〉点で、第一条・第二条・第三条と第四条は共通していよう。第五条は「悪銭之時買地之事」とあって、撰銭令だが、相良氏はここでは土地の売買という高額取引に限って定めている。

次の第六条・第七条は、共にこの前にある五カ条に対する手続法の細則である。それゆえ、これは五カ条と同列に扱うべきではないだろう。村井も〈為続法〉の第六条・第七条が第一条から第五条までの経済法とは異質で、第六条や第七条は為続が人々に訓戒を述べる形になっていると指摘している。〈為続法〉の中心は年期売りに近い

「買免」において、本主権の保護を謳った最初の三カ条で、ここから人々は売券を以て市場の裁判所に殺到し、権利の確認を急いだはずである。ここでの判断＝「公界の沙汰」を踏まえて、相良氏は安堵状を発給したのであろう。最初の三カ条が個別法として市場に掲示され、「公界の沙汰」が問題となってから数年経って、七カ条の〈為続法〉が整理されたのだろう。

第六条の画期的な点は、土地売買に関わる利害関係者に対して「法度のことを申し出す」道を開いたことである。このことにより、相良氏領内の土地支配は安定化したであろう。相良氏は利害関係者を集めて「いかにも堅固に、相互に被仰定肝要候」として当事者間の話し合いを促し、民事不介入を原則とはしているが、市場へ個別法を掲示して以来の市場の裁判所＝「公界の沙汰」での永い経験を踏まえて〈「忽緒」だと思われる人に対しては「勿体ない」＝品格がないとして「堅可申候」＝譴責する〉として、利害関係者の話し合いの場に、これからは相良氏が介入するとして訓戒を垂れている。

土地の移動となれば土地の四至が問題となる。相良氏は原則を定めてはいるが、個々の場合に即した細則は、相良氏では対応できないので「その所の衆」の談合＝現地の法廷に任せた。それが第七条の前半である。これには、蔵持重裕が明らかにした荘園の政所を中心とした「古老」「名主沙汰人」たちの談合の場である「庄園古老法」[23]や、藤木久志が明らかにした近隣の領主たちの談合の場＝〈近所の儀〉[24]が関わっていた。他方、第七条の後半には〈誠に無分別な子細を相良氏の方に披露することがある。無理の義を申し乱される人に対しては、今後は「其の所の衆」の成敗に任せる。「為後日申候」＝今後は気を付けるように〉とある。「所の衆」の談合の場は、市場における金融業者たちからなる「公界」の場とは区別して考えたい。

この第六条や第七条が実施され、八年以上の時間が経って、あらためて長毎によって第一八条が出された。訓戒では対応できないほど、「申し出」を行う人は過激になっており、相良氏の対応も厳罰主義になっている。〈長毎法〉第一八条の「公界の論定」とはこの市場の裁判所を指している。相良氏の法廷と市場法廷＝「公界」の法廷との関係が問題となり、第一八条の法令が制定された。「公界」は在地領主の「一揆」でなく、「市場」や土地売買に関わる「雑務沙汰」と関わりがあったことを強調しておきたい。

人々が相良氏の法廷に「申し出る」と、相良氏の「役人」が「公界」を招集して、審議が始まるのが手続きであった。第1章で取り上げた市場の秩序維持者として「市の司」「目代」「検断殿」「所務・雑務の沙汰人」に代わって、金融業者を中心とした市場の住人が「公界の沙汰」の担い手として登場しているのである。

第一八条の解析図

第一八条では「老若」が何を指しているかが問題である。先学は歴史用語の中にその意味を探っていったが、私はより一般的な〈老若男女〉のことで、〈どんな人でも〉の意だと思う。第六条・第七条では共に「何事にても候へ」とあり、〈どんなことでも取り扱う〉としていたことに対応して、ここでは〈どんな人でも〉と強調し、〈諸沙汰についてだれでも申し出てよい〉としているのである。それゆえ案件の取扱い手続きは〈老若の申し出→相良氏の役人→公界〉となる。次に私の解析図を示したい。村井のもの(25)を参照したが、Ⅰ「諸沙汰之事」を事書として(主文)から独立させたこと、Ⅱ「訓戒的部分」をについて別の考えを示したことが相違点である。

(事書)　　諸沙汰之事

Ⅰ(主文)　老若(より)役人江申出候以後、

Ⓐ(仮定)於公界論定あらは、申出候する人「道理也」とも、

(帰結)非義に可行

況、

Ⓑ(仮定)無理之由、公界の批判有といへ共、「一身を可失」之由、申乱者あり。至爰、自然有慮外之儀者、

為道理者不運の死ありといふとも、

（帰結）彼非義たる者の所帯を取て、道理の子孫に与へし。所領なか覧者ハ、妻子等いたるまで可絶。よくよく分別有るべし。

II（付則）　殊更其あっての所へ行、又ハ中途辺にても、惣而面に時宜をいふべからざる事。

第一八条の現代語訳

村井の現代語訳を参照して現代語訳を試みると、次のようになる。


（事書）「買免」による売買契約などの雑務沙汰のこと。

（主文）老若男女を問わずどんな人でも（相良氏の）役人へ申出をして以後、Ⓐ公界の論定があったならば、申出人が「道理は自分にある」と言っても、（公界の判断を優先させて）非議＝敗訴とする。いわんやⒷ自分を敗訴とする公界の批判があっても、公界のメンバーを「一命を奪ってやる」と言い募ることがあって、万一にも慮外のこと（＝私闘）が起こり、道理を言った人が不運にも死んだならば、敗訴した者の所帯を取り上げて、道理の子孫に与える。所領がない場合は、本人はもとより、妻子などに至るまで処罰する。よくよく分別すべきである。

（付則）殊更その相手の所に行き、あるいは行く途中の所で、おおよそ面と向かってその時に相応しいと自分で思っていること（＝その時の自分の考え）を言うべきではない。


以上の考察から市場には金融業者などからなる「市場法廷」＝〈公界の沙汰〉が存在していたことになる。これは第3章第三節で取り上げた『大内氏掟書』にある「公界の沙汰」にも対応しており、第1章で明らかにした市場における裁判官の「検断殿」・目代・「検断・所務・雑務の沙汰人」とは別個の存在で、律令国家や王朝国家の統治権とは関わりのないものである。第4章第二節の売券の成立過程の分析でも「公界の沙汰」が顔を出していた。さらに第II部の議論を先取りして述べると、「山僧・神人の寄沙汰」が「公界の沙汰」の発生時のあり方である。公権力の統治権とは別に、彼ら自身「神仏」の権威を借りて、統治権を勝手に主張していたのである。

「公界」は激昂の場である

『相良氏法度』第一八条の条文を素直に読めば、これは市場という「裏切り」の場が前提になっていると思う。「公界」とは市場を中心とした交易民の世界で、「公界論定」は市場法廷であった。「諸沙汰之事。老若役人江申出候以後、於公界論定あらは、申出候する人〈道理也〉とも、非義に可行」までは、事柄を相良氏の法廷へ提訴した後の市場法廷のことを述べており、相良氏の判断は〈「公界論定」を尊重する〉で、〈たとえ申出る人が「道理だ」と主張しても、公界の判断に従う〉としている。ここまではよく理解できる。

しかし、次に「況や」となって文章は反転する。「一身を可失」という激しい言葉が登場し、〈万一慮外の儀があって、不運の死があったとしても〉となっていく。「公界論定」「公界の批判」からは「公界」は〈理性的な判断の場〉だと思われるにもかかわらず、条文に登場する「申出」人は、「公界」の判断に対して「道理也」＝〈自分に正義がある〉と言い募り、自分を敗訴とした人に対して「一身を失うべし」＝〈殺してやる〉とコトアゲをしている。これは「裏切り」の事実が分かり、人々は〈信頼していたのに〉と、激怒しているのである。この法令が問題としているのは、激昂する「公界」の世界である。

「公界」の内部では、信頼していた人からの裏切りが日常化しており、近しい人に裏切られたことが原因で、近親憎悪のように、すぐにも感情が激昂・爆発しているのである。一方、相良氏もまた「所帯没収」や「妻子の処断」と厳罰主義で臨んでおり、「公界」周辺では感情が沸騰し、激しい怒りが渦巻いていたことになる。そこで法令の制定者・相良長毎は法令の最後で、「よくよく分別有るべし」とか「惣而面に時宜をいふべからざる事」と訓戒を述べて、荒々しい感情を鎮めているのである。第12章第五節で述べる、大福長者が自己の諫めとした「怒り・恨み」もまた、こうした激昂の原因であった。

三　神奈川湊の「蔵衆談合」

「蔵衆談合」の形骸化

井原今朝男は論文「幕府・鎌倉府の流通経済政策と年貢輸送」[26]において、神奈川湊についての文明年間（十五世紀後半）の長尾忠景書状[27]に「喧嘩闘争以下事者、蔵衆可談合」とあることを紹介した。鎌倉府の管轄下にあった神奈川湊は、これまで「代官」を設置せず「蔵衆」の「談合」＝自治に任せていたが、関銭・浦方にはその「分目」を立てていたのに、地子等の催促に及んでいないので、これからは「代官」を置くとある。この「蔵衆」は品河湊の鈴木道胤と同じ社会層に属す神奈川湊の富有人たちで、この書状から神奈川湊は「蔵衆談合」の自治体制から、代官の設置へと変化したことが分かるとした。

「代官」が置かれたことで「蔵衆」の自治が否定されたのではなく、「代官」と「蔵衆」は共存し、棲み分けをしていた。「地子」は新たに「代官」の徴収になったとしても、「関銭」はこれまで通り「蔵衆」の管理下にあったであろう。これまで分析してきた「公界」は、長尾忠景書状よりおよそ百年後の『結城氏新法度』の世界では、この自治が形骸化し衰退した姿を示している。「談合」の場は「宴会」となり、自治の対象は「門番・夜警」に縮小したと見るべきであろう。逆にこうした「蔵衆談合」から「公界」への道を一層発展させた世界に、伊勢・志摩の都市の世界[28]があるのだろう。

四　網野善彦の「公界」

これまで我々は「公界」の言葉を〈無縁論〉と結び付ける網野善彦の解釈から離れて、金融業との関係で理解できるとしてきた。次に、網野が著書『無縁・公界・楽』に対する批判を踏まえて、「公界」という言葉を最初に本格的な学問の対象とした研究を取り上げたい。

「公界」は禅林から出た言葉

網野は「悪党」研究を元々のテーマとし、『蒙古襲来』[29]で「悪党」を〈得体のしれない野生のエネルギーの発露〉だと捉え、「悪」とは「異様な力」を示す褒め言葉だとして、歴史的な評価を転換した。この「悪党」と関わっていたのが鎌倉末期の「神人・供御人・寄人」である。『蒙古襲来』出版を契機に、網野は関心を一気に非農業民・職人・芸能民・被差別民などへと広げた。網野は〈職人は荘園公領制の中で「職」を与えられていた。「神人・供御人」は王朝国家によって組織されていた〉とし、これまで荘園社会からの脱落民とされていた「道々の輩」を国家制度史の中に位置づけ直した。

網野は『無縁・公界・楽』[30]で「縁切寺」「駆込寺」「無縁所」など様々な「寺」を取り上げた中で、「公界寺」を取り上げ、次に「公界所」「公界者」へと論を進め、狂言の「居杭」で「芸能」民の「算置」は「公界者」として本源的な自由を公言しているとした。また『相良氏法度』第一八条を取り上げて、笠松宏至・勝俣鎮夫等の研究を踏まえ、「公界」は戦国大名・相良氏権力とは無縁な「一揆」だとした。網野の研究は〈社会史〉として一世を風靡し大きな注目を浴びると同時に、安良城盛昭など旧来の社会構成史の立場に立つ研究者から相次ぐ反論に曝され、網野は「無縁」の言葉を封印した。

網野の晩年の仕事『日本中世都市の世界』[31]では、「公界」は禅林から出た言葉で、禅宗の辞書には「禅林にて公共物を称する語」「おおやけの場所、原義は一般公衆の用いる場所」「一般大衆が共同使用する場所」とあるとした。その上で網野は「公界の大道」「公界の道」「公界往来人」の用例を挙げ、「公界者」を遍歴・漂泊する「道々の輩」「道々の細工」とした。市場を活動の場とした「芸能」民や商工業者「神人」「供御人」などは「公界者」で、彼らの中での成功者が市場在家の住人となったという。ここからすれば『大内氏掟書』の「公界」とは「道々の輩」から身を起こした「土倉」「質屋」などの金融業者であろう。

それゆえ、「公界」「公界者」などの言葉が日本社会に定着するのは、鎌倉仏教の一つ・禅宗の大衆化を俟たねばならないが、この言葉の定着以前にもこの言葉が示すものは「神人・供御人・寄人」として歴史的に存在していたとなる。網野は最後の著書『都市と職能民の活動』[32]の第一章「中世都市論の〈東と西〉」の最後において、「封建制」という概念に代わるものとして、「都市と職能民」というテーマで「新たな人類社会史の追究」を進めることの重要性を主張している[33]。第四章「都市的な場と都市」の終わりでは、「中世社会とその国制は、その成立当初から、列島全域に及ぶ流通・交通と都市ないし都市的な場を不可欠な前提として動いており、これを……〈在地領主〉の支えによって成り立つ〈封建社会〉と規定するのは、まったく事実に反するといわなくてはならない」「これに代わる概念規定、人類社会の歴史全体にも通用する……概念を創り出すためには……これまでの議論の前提とされてきた西欧中世社会の実態の再考をはじめ、アジア・アフリカ・アメリカ大陸の社会にまで視野を広げた研究を推進する必要があろう[34]」と述べている。

こうした議論に関わって、第三章「〈職〉と職能民」では、フィリップ・カーティンが『異文化間交易の世界史』[35]で述べた「交易離散共同体」という概念を引用している。網野は廻船によって西国の沿岸地域を往反し、鍋・釜、鋤・鍬等の鉄製品と原料の売買に携わった燈炉供御人を挙げて、「この供御人組織を、最近の人類社会全体に即した交易に関して用いられるようになった〈交易離散共同体〉という概念によって表現することも、まったく小規模であるとはいえ、さほど不適切ではなかろう[36]」としている。つまり、「公界者」「道々の輩」を「交易離散民」と言い換えているのである。それゆえ「公界者」と「交易離散民」との関係が我々の課題となる。[37]

第II部　債権取立てに見る市場と国家（一）

——寄沙汰考

第Ⅰ部では、笠松宏至の言う「公界」を、根本から見直すことを通じて、公界とは市場において、交易民が形成するものであるとしてきた。ここではその分析をさらに深めて、笠松の言う「寄沙汰」や「徳政」を再検討していきたい。

債権者と債務者との間に結ばれる関係を「債権・債務関係」と言う。売買関係と同様、ここでも契約状が取り交わされる。これまでの考察から、〈契約の場〉は市場であり、〈契約状作成の場〉もまた市場であり、〈支払いの場〉も、支払いをめぐる〈トラブル解決の場〉も共に市場であったとなる。契約状には〈借用者〉と〈借用物〉、〈貸与者〉と彼への〈返済の条件〉等が記される。

近代社会における売買関係の場合、取引される〈物への権利〉＝物権については、排他的な支配権が設定され、所有権が遣り取りされる。これに対して貸借関係においては〈人への権利〉が発生する。近代社会では、これは訴求可能性や強制執行可能性となる。債務者に対する権利＝債権は、人に対する請求権で、裁判制度が未確立な中世日本社会では、国家による競売が想定されないため、強制執行は自力救済の形を取った。この強制執行が第三者に委託されると「寄沙汰」になった。流通路に大きな発言権を持っていた神人・悪僧がその担い手であった。

この第Ⅱ部ではその「寄沙汰」を問題とする。

人に対する請求権は債務者が土地を持っている場合には、その土地に向けられ、年貢を運送の途中で奪うこともあったが、もっと貧しい人の場合には、家財道具やその人の住む家屋そのものに向けられ、住宅の破壊に至ることもあった。時間と共に、担保は人の家族となり、子供や下人が質として取られた。債務者側の保護が認められるようになると、質取りは債権に見合うことが求められ、寄沙汰に制限が加えられるようになった。こうした約束を記した追奪担保文言が「高質」である。

第7章　寄沙汰前史——僧と金融

一　二つの法

日本は中国世界の周縁に位置しており、中国の仕組みはそのまま日本に波及した。銭が国家の財政運用手段であり、欽定的支払手段であることは古代日本でも確かめられる。奈良時代には皇朝十二銭が出回り、国家の財政運用手段（欽定的支払手段）として銭は利用された。銭とその貸借に、寺院や僧侶が関わっていたことを『日本霊異記』と『今昔物語集』から述べたい。

『日本霊異記』と『今昔物語集』の金貸しの大僧

九世紀の初めに作られた『日本霊異記』(1)の下巻第四縁は「沙門方広大乗を誦持ちて、海に沈み溺れざる縁」である。方広経典を誦持する「大僧」が人に銭を貸して妻子を養っていた。僧は奥の国の掾に任じられた娘婿に銭二十貫を貸した。歳月を経て利息が二倍になった時、婿は元金だけを返済したが、利息分は返済しなかった。僧が催促すると、婿は僧を奥の国に誘い、海路で海に投げ入れて殺害を試みた。しかし方広経読誦の功徳で、僧は溺れず助かり、このことを秘密にして婿に会った、という物語である。高利貸しの行為は非難されず、逆に「大僧」に対しては「忍辱の高き行なり」との称賛の言葉が与えられている。

これと同じ物語がそれから三世紀後の十二世紀初めに作られた『今昔物語集』[2]巻十四の第三十八にも「誦方広経僧、入海、不死返来語」として収録されたが、物語への評価は変化した。「此ヲ思フニ、婿ノ殺スモ邪見ナルベシ。又舅ノ銭ヲ責ムルモ不善ノ事也トゾ、聞人云ヒ謗シリケルトナム語リ伝ヘタルトヤ」とあり、婿の悪事を秘密にした僧の忍辱の行為への称賛の言葉は消え、代わりに舅が「銭を責むる」ことは「不善」となった。この二つの物語を比較した赤坂憲雄は「『霊異記』と『今昔』を隔てるおよそ三世紀のあいだに、僧侶と金融業をめぐる、また金融業そのものをめぐる社会通念にある種の変化が生じたことを想定して間違いない[3]」とした。

『霊異記』下巻第四の縁「大僧」は寺に所属せず、在俗生活を営んでいたので、金融業を生活の糧としていた。ここで不思議に思うのは、「大僧」の娘、「婿」の嫁が物語に登場していないことである。家族の絆は問題となっていない。これは「大僧」が出家者・私度僧として、「僧籍」に入っておらず、また入っていたとしても「市籍」には入らない人物で、世間一般の道徳からは自由な「無縁な人」であったので、銭を貸して生活ができたのだろう。金を貸す金融業は無縁な人の特権であった。だからこの原則で婿に接したのである。それゆえこの物語は金融業に関わるものが「異人」であった例に挙げたい。

婿の言い分

『霊異記』や『今昔』の「大僧」と「婿」との間は「隣人」以上に親しい家族の関係で、隣人愛の原則があったとすれば、その対象となるのは当然だと思われるが、ここではむしろ契約は契約として、利息の取立てが話の前提となっている。「一粒の麦もし死なずば」との言葉があるが、「米」はその「麦」と比べてもはるかに収穫率はよかった。それゆえ春に種籾を貸して秋に返済する出挙は日本社会に根付いていた。「大僧」の高利貸しはこうした出挙の習慣に根ざしていたのであろう。一方、『霊異記』にも『今昔』にも記されていないが、婿が〈本物だけでよい〉と考えていたとすれば、その根拠には次のような考えがあったのではあるまいか。

（イ）無利子の消費貸借(4)

債権の場合、米や麦などの貸借においては、同種、同量、同等な物で返還する消費貸借があり、無利子の消費貸借を「借物」と言うのに対して、利子付きの消費貸借は「負物」と呼び、名称は区別されていたとある。これはお隣同士で米や麦を融通しあう場合であろう。

（ロ）自然債務(5)

債務者が履行しなくても債権者から訴えられたり強制執行をうけたりすることのない債務をローマ法の世界では「自然債権」と言い、ローマ社会で奴隷が主人に貸すなどの間柄において発生した債務を言うとある。娘をもらった関係から、たとえ契約状があっても、婿は「自然債権」として、履行しなくてもよいと考えたのだろう。

（ハ）共同寄託(6)

経済人類学のカール・ポランニーは人間社会の経済関係を「贈与」「互酬」「再配分」「商品交換」の四つとした(7)が、柄谷行人は『世界史の構造』「共同寄託と互酬」でマーシャル・サーリンズの議論を引き、バンド社会や世帯における「原始共産制」の「再配分」を「共同寄託」と名付け、「互酬」を必要としない純粋な「贈与」が生き残っている場合とした。一方、城塞王制における「再配分」では、支配者集団は被支配者に対する「略取」を継続するために、あるいは灌漑施設を作り、あるいは他者からの攻撃から保護する等の「再配分」を行った。ここから国家には〈人民に対する保護者〉という顔が生まれたとした。つまり婿は「消費貸借」の「借物」や世帯における「原始共産制」の「共同寄託」として了解したとなる。

修多羅分

同じ『霊異記』中巻の第二十四縁、第二十八縁には南都七大寺の一つ「大安寺」の「修多羅分」に関係する話がある。「修多羅分」とは大般若経を読誦し議論をする修多羅衆の研究組織の費用をまかなうための資金で、一般に貸し出し、その利息を修多羅衆の費用に充てるものだった。大安寺は官寺で、通常の経費は国からの欽定的支払手段として、銭の形で支給されており、僧侶は官寺の中の七堂伽藍の三面僧坊に居住し、朝夕の食事は食堂で採るなど、共同生活をしていたが、特別な費用の調達には高利貸しによる営業が認められていた。寺院が銭の貸し出しを行うことで、銭は一般の流通手段・支払手段になっていた。

『霊異記』の第二十四縁[8]は、修多羅分の銭三十貫を借りた大安寺の西の里に住む「楢磐嶋」が、越前の敦賀に交易に出かけたが、帰りに閻羅王の使いの鬼に出会い、鬼を大いにもてなしたので長生きをした物語である。第二十八縁[9]も、大安寺の西の里に住む貧しい女が「釈迦の丈六の仏に福分を願って福を得た」物語で、「大安寺の大修多羅供の銭」「常修多羅供の銭」「成実論宗分の銭」という短冊の付いた銭四貫を三度も拾い、その度ごとに寺に返すが、最後には〈仏の下された物だ〉として、銭四貫を与えられて富裕になったという。この話を紹介した赤坂憲雄は「それを元手に、市の振り売りなどの商い交易にしたがい、豊かな財物を手に入れただろう[10]」とした。

「大安寺」の「修多羅銭」と「大僧」の二つの事例から、奈良時代には皇朝十二銭が出回っており、銭を貸して利息を取る金融業は寺院や僧侶の正当な活動で、生業の手段の一つであったとなる。銭を貸し出した場所は僧侶の家や寺院であろう。この伝統は室町時代の禅宗寺院が行った「祠堂銭」にまで繋がっている。しかし三世紀後の『今昔』では、この〈高利貸しは正当な生業の一つ〉とする観念は変化し、高利貸しは望ましくない職業で、〈利息の返済を迫ることは悪だ〉とする観念が新しく生まれた。貸し付けるものも「銭」から貨幣商品である「米」へと変わり、利子付き貸借は古くからあった「私出挙」になぞらえられたのだろう。王朝国家はたびたび私出挙の禁止令を出していた[11]。

赤坂は続けて「十二世紀半ばの作とされる『病草紙』の女借上の姿、つまり肥満した醜悪なる姿態の描写からは、高利貸しそのものにむけた否定的な眼差しといったものを感じざるをえない[12]」と述べている。

奈良仏教から平安仏教へ

平安時代に入ると、寺院の得度制度の弛緩により、僧の人口は増加した。また新しく密教が取り入れられ、神仏習合の考え方の下で新たに神社が興隆し、神人も増加した。律令制下の公田が荘園になり、国家の負担を遁れるため公民が僧侶や神人になるなど、律令国家の公地公民制度の土台は揺るぎだした。律令体制下の官寺体制は解体し、国家は官寺への経済的支援をしなくなった。国家の経済的支援に対する対価として、寺院の側が国家安穏・鎮護国家を祈禱する官寺の在り方は変わった。僧侶は七堂伽藍の内部での共同生活をやめ、代わりに寺院内部の私僧房に住み、これを私財とした。さらに寺社の側では国家の枠外へと溢れ出た人口を受け入れ、支えるため、独自な経済的基盤の発見が必要となった。僧房の主「房主」たちは、一方では遠隔地の荘園から地主職を買い集め、他方では〈高利貸しは正当な生業の一手段である〉との古くからの慣習に基づき、私出挙などの金融活動を行った。学問僧は寺院大衆として僧伽共同体を形成し[13]、自立した経済基盤を維持するために武装化していった。こうして彼らが荘園の獲得や金融業に本格的に乗り出したことに対して、王朝国家はストップをかけた。公家新制[14]では「僧供料と号して出挙の利を加増する」ことを悪僧の「濫行」として禁止した。

僧侶が「古法」に基づき、生活の基盤を全面的に高率の「出挙」に依存するようになると、「公家法[15]」や鎌倉幕府の追加法[16]では、これに対抗して〈出挙の利は一倍を過ぎてはならない〉とする「制定法」の「利倍法」が登場してくる。これまでの「慣習法」としての、僧侶の金融業をよしとする「古法」に対抗して、公家や幕府の制定する「新法」が現れ、高率の「出挙」は禁止されたのである。その結果、僧侶や神人たちは二つの法に引き裂かれ、王朝国家の定めた法を犯してでも生活を守らなければならなくなった。『今昔』の背景にはこうした歴史があるのだろう。

悪僧の登場

債権を徴収するための〈強制執行〉には武力が必要であった。武装した僧侶が悪僧として歴史の舞台に登場することになった。「悪僧」の事例として、十二世紀初めに後に検非違使の別当となる藤原（中御門）宗忠の日記『中右記』[17]の、長治元年（一一〇四）十月七日の記事にある叡山の大衆の「法薬禅師」を挙げることができる。「公家法」が悪僧に敵対するのは、もともと「市籍」という制度がなかったとしても、国家の統制外で貿易や商業に関与する悪僧が現れ、「人の物をうばいとったり、人の首を切るとおびやかしたり」したためである。安田元久は『院政と平氏』[18]で次のように述べている。

かれは叡山の東塔の大衆であるが、武勇人にすぎ、合戦を好み、山上で乱闘があるたびかならずこれに加わった。また諸国の末寺や荘園の役人を兼任し、諸国と京都の間を往来したが、つねに数十人の武士を引き連れていて、人の物をうばいとったり、人の首を切るとおびやかしたりしている。その武威は世にはびこり、だれも口をだすことができず、朝廷すらもかれの行為を禁止することができない。

法薬禅師は長治元年十月に「叡山大衆使」を九州の大山寺に派遣し、大山寺のトップに近い人物を通じて博多の宋商から物を借りたとあり、貿易に関わる旅の商人であった。彼が「つねに数十人の武士を引き連れていて」「諸国と京都の間を往来した」ことは、次章で取り上げる七十年後の「公家法」第二九号が前提とする国中を往反する「悪僧」像と重なる。彼が「訴訟を決断」したとの具体的な記録はないが、金融・商業・貿易活動に関わり実力行使をしたことは「訴訟決断」に関係していよう。「公家法」第二九号には「其身」を「搦進」すべしとあって、検非違使などの検断権を前提としている点が、七十年という時間の変化を表していよう。

現在では「武威」という言葉は武士にこそふさわしいと思われるが、伊藤正敏が言うように「武勇、人に優れ、心合戦を好む」法薬禅師が登場してきた世について、『中右記』が評した言葉が「武威の世」である。「武威の世」は保元の乱より四十年以上も前に到来していたのである。[19]

二　保延二年の明法博士勘文

勘文の成立

ここでは保延二年（一一三六）九月付の「明法博士勘文」を取り上げる。これは日吉社の大津神人が「上下の諸人」に「上分米」を貸し付けたが、返済されないので天皇に提訴したことに対して出された法家の勘文である。神物である「上分米」貸し付けの際には「請文」を中心として、証文がいくつも提出されていた。証文には「請文」のほか「質券」「借書」「庁宣」などがある。「請文案三通、四通」や「質券田公験案五通」「庁宣三枚、四枚」などからは、高額の貸借だったと想像される。こうした高額の契約の場合、中国では「公券」によって契約状は国家による保証を得ていたと思われる。ソグド人社会[20]やイスラーム社会[21]では「市場監督者」の立ち会いの下で「公証人」によって契約書は作成された。

しかし日本の場合、この時代になれば、「公券」の制度は廃れ、「私券」による契約書となっていた。「公証人」制度については不明である。秦漢帝国の「市籍」制度が古代日本の律令制度の中に移植されていたかも疑問である。この当時金融活動の中心となっていた僧侶や神人が「市籍」に組織されていたことはない。金融・貸借の争いを王朝国家や検非違使が担当したとして、この当時僧侶や神人を王朝国家や検非違使が保護と監督の下に置いていたとは考えられない。僧侶や神人は王朝国家と敵対する荘園領主側の人間であり、彼らの権利を記した契約書＝「私券」を王朝国家が保護することはあり得なかった。

王朝国家と無縁なところで商業・金融の担い手としての僧侶や神人が成立したことが、武士の成立と並んで、日本社会を中国社会から決定的に引き離すものとなっていた。日吉社大津神人が「上分米」を貸し付けた相手は、「公券」の場合であったなら、発券の許認可権を持つ人々であったことになる。中国的な世界であれば、王扆を処刑したように債権者を犠牲にするとの考えが成り立ったであろう。[22] 契約を取り交わした市場は支払いの場で、支払い請求は市場でなされただろう。返済がないので「契状」の通り返済せよと、大津神人は債務者の「上下の諸人」に交渉したが、「院宣にあらずば、返弁すべからず」が返事だった。

支払いがなされないので権力の中枢部に向かって問題が持ち込まれていった。日吉社司は院と直接交渉をしたが、院からの返事は「院中祗候の輩においては、御沙汰あるべし」「自余の人に至っては公家に奏達すべし」だった。これを佐藤泰弘は「院中祗候の者には催促するが、それ以外は関知しない」[23] と解釈した。しかし、この場合の院の「御沙汰」とは、契約そのものの破棄で、「返済しなくてもよい」との命令であろう。[24] 神人や日吉社の主張が〈契約に基づき利息も元本も共に返却せよ〉であったのに対して、院の判断は〈共に返さなくてよい〉または〈関知しない〉なので、両者の主張は全面的に対立した。

そこで最後の手段として天皇に訴えた。それゆえこの「勘文」が問題とする裁判は、訴えの当事者が大津日吉神人から日吉社司に「面を替える」手法をとった「寄沙汰」だった。天皇はこの訴えを受け「明法博士」に「利」と「法」の決定を命じた。こうして保延二年九月付「明法博士勘文」は成立した。勘文には法家に勘申を命じる〈宣旨〉、〈訴状〉と〈具書〉、法家の判断の基礎となる〈法〉、法家の〈判断〉の四つが記されている。〈具書〉には保延二年四月三日と同年六月付の二通の債務者の注文がある。この勘文に登場する債権者は大津日吉神人、債務者の中心は受領たちで、神人が訴人、受領が論人で、明法博士は裁判官の立場にある。

「受領」という言葉は、本来は朝廷において新任の国司が前任者から事務手続きを受けたことを意味したが、国司を意味するものになった。この当時の国司は中央に対して一定額の租税を請け負う徴税請負人になっており、そのため受領は強欲・貪欲の象徴、地方の富の収奪者、また現実世界の豊かさや幸運の象徴でもあった。受領の説明には、強欲の物語である『今昔物語集』[25] 巻二十八の第三十八縁「受領は倒るるところ土をも摑め」が有名である。しかし本郷恵子は『梁塵秘抄』に収められた今様の「殿は受領に成り給ふ」を引いて、黄金に輝く蓬萊山、そこで語り合う鶴と亀という何層にも重ねられたおめでたいイメージの中に受領を位置づけ、受領を〈限りない消費、蕩尽の担い手〉として、著書『蕩尽する中世[26]』を始めている。彼らは重任を狙って破格の散財をしたことから、大きな借金を残したので、ジョルジュ・バタイユの言う「呪われた部分」に当たっていよう。

史料

この勘文は宮内庁書陵部が所蔵する「壬生家古文書」の中にあり、『平安遺文』の第五巻に二三五〇号文書として収められている。棚橋光男は原文書の写真を著書『中世成立期の法と国家[27]』に載せた。『平安遺文』では勘文の日付・署名の奥に債務者の注文の追記があるが、棚橋は追記部分を除いた上で、勘文を「弁官宣旨」「訴状・訴人所進文書」「根拠条文（法源）」「勘判」の四つに分解した。一方、佐藤泰弘は論文「借上の予備的考察[28]」でこの文書をCからHまでの六つに分解した。増えた原因は、「訴状・訴人所進文書」を「訴状」と「訴人所進文書」に分け、勘文の奥にある追記の注文Hを加えたからである。

佐藤は、法家に勘申を命じる〈宣旨〉をD、〈訴状〉をC、〈具書〉である債務者の注文をF・G・Hとし、法家の判断の基礎となる〈法〉と法家の〈判断〉をEとした。棚橋の著書の写真から明らかなように、法家の〈判断〉である「勘判」は一段下げて書かれている。FとGは明法勘文の本文中に連続して引用されているのに、Hは勘文案の日付・署名の奥に追記されている。五味文彦は、Hを本来はFに続けて書かれたものと推測した[29]。これを承けて佐藤は、FHとGとは本来別個な注文であったが、明法勘文案に引かれた際に、この二通の注文が混同され、注文Gの日付「同年六月日」が誤って勘文に引かれたと考察した。明法博士は本来二通の注文であったものを一通と誤認して、引用したとしたのである。

ここではⅠ「弁官宣旨」、Ⅱ「訴状」、Ⅲ「訴人所進文書」（債務者の注文）F・G・H、Ⅳ「根拠条文」、Ⅴ「勘判」と、大きくは五つ、厳密には七つに分けて史料を紹介したい。

Ⅰ「弁官宣旨」

Ⅰの「弁官宣旨」は明法博士の勘文であるから、通例の「宣旨」の事書であれば「応……事」となるところを「勘申……事」となっている。事書は次の通り。

勘申日吉社神人等訴申上下諸人借請上分米利法事

次に、行が改まり「右」から始まる。なお、この文書の端裏書には「借上分米利法事」とある。これは「事書」の最後にある傍線部分と同一であるが、この「宣旨」において「宜しく法家をして契状の旨に任せられ、利と法を定めしむべし」とあることの要約で、「上分米を借る利法の事」と読むべきであろう。

右、左大史小槻宿禰政重仰偁、左少辨源朝臣俊雅偁、内大臣宣奉　勅、日吉社司等言上日社神人等□□□上下諸人借請上分米利法事、宜令法家任契状旨、定利并法者

宣旨(30)とは天皇の命令だが、天皇のいる内廷での〈詞〉を、太政官のいる外朝にまで伝達して正式な〈文書〉として発令しなければならない。内廷と外朝とを結ぶのが蔵人所である。天皇の側近にいる女官の〈内侍〉に勅命を伝え、内侍が蔵人所の〈職事〉に伝える。職事は当日の政務担当者である〈上卿〉に伝え、上卿は事柄の内容を吟味して、〈外記局・弁官・内記局〉に伝えて宣旨発布に至る。勅命が上卿から弁官に伝えられると、弁官は弁官局所属の書記である「史」にこれを伝え、史をして宣旨を起草発布せしめた。この場合は「内大臣」が「上卿」で、「左少辨源朝臣俊雅」が弁官で、「左大史小槻宿禰政重」が書記官である。

「宣奉勅……者」は「勅ヲウケタマワルニ、ヨロシク……スベシテエリ」と読む。

II 「訴状」

この「訴状」の中には「者」(てえり)の文字が四回登場する。引用文の始まりを示すものは「保延二年四月三日日吉社司等解状云」「彼津神人等解状偁」「因茲任彼契状、加催(促刻負)人申云」[(□□□)は虫食い部分を引用者が補った]「歴　院奏之□、仰云」の四つであり、後の二つ「負人申云」と「仰云」は口頭での遣り取りの引用で、それぞれ直近の「者」と対応している。「日吉社司等解状云」が最後の「者」に対応するのに対して、「彼津神人等解状偁」は第二番目の「者」に対応し、「社司等解状」は後者の「神人等解状」を含む入れ子構造になり、それぞれの文の最後に口頭の遣り取りが記されている。

負人の言い分が「非院宣者、不可返辨」であったのに対して、神人側の言い分は「借請之日、雖出丁寧之契状、催促之時、既背(違)請文……頗乖穏便……借請他物、何無其辨哉」で、神人たちの怒りは極まり、「若非蒙裁許者、争勤仕神事哉」と神事の停滞を述べて結んでいる。この訴状を受け取った天皇・明法博士の側が「利法」を問題としているのに、神人や社司たちの要求は「契状に任せよ」で、両者の主張はすれ違っていた。もちろん「契状」には「利法」は記されていたはずである。院側の「仰」も、「院中祗候之輩」とその他の「自余人」とを分けるのみで「利」と「法」の定めはなかった。

以上からIIの「訴状」が提出されるまでの経緯は次のようになる。

1　大津神人は神物である「上分米」を「上下諸人」に貸し付け、「請文」を中心に証文=「契状」を受け取っていた。

2　「上下の諸人」が返済をしないので、大津神人は「契状」の通り返済するよう債務者=「負人」たちと直接交渉した。

3　「院宣にあらずんば、返弁すべからず」がその返事だったので、このままでは季節御祭が闕怠に及んでしまうとして「解状」を記して日吉社司に訴えた。

4　その「解状」に基づいて社司が院に訴えたところ、院からの返事は「院中祗候の輩においては、御沙汰あるべし」「自余の人に至っては公家に奏達すべし」だった。

5　そこで、日吉社司廿人は神人に代わり、直接天皇に訴えることになった。

「訴状」部分を適宜改行して示せば次のようになろう。

保延二年四月三日日吉社司等解状云、

請特蒙　天裁、任契状、被裁下大津神人等訴申上下諸人借請上分米、依不弁償、季節御祭欲及闕怠子細状、

副進上分米注文一通、

右、彼津神人等解状偁、当津神人者、雖無一分之相募、供奉数度之祭場、其間労績不可勝計、□□或往反諸国事廻成、或以上分米企借上、是則非顧私之方針、偏為継絶之、而近年以降、上下諸人借請神物之後、更無弁償之□、因茲任彼契状、加催促刻負人申云、自非院宣者、不可返辨者、借請之日、雖出丁寧之契状、催促之時、既背違請文、検之道理、頗乖穏便、縦雖非神物、縦非祭料、借請他物、何無其辨哉、為訴之甚、莫過于斯、若非蒙裁許者、争勤仕神事哉者、就此状歴　院奏之□、仰云、於院中祗候輩者、可有御沙汰、至于自余人者、可奏達公家者、望請　天裁、早任契状、可糺返件上分米之由、被宣下者、将勤仕数度之神事、弥奉祈無窮之宝算、

仍勒事状、謹解、社司廿人加署判、

III「訴人所進文書」（債務者の注文）

右の「訴状」に続いて、「訴人所進文書」として次のようにある。

同年六月日所副進神人等注文云、注進　日吉社大津左方神人等貯置御供領請負、以領地為質券、各乍出文書、不致其弁人人注文等事

この後「左方神人」のリストFがあり、紙の継目のあとに「右方神人」のリストGがある。最後に「右、大津神人等米、如此等国司借召、不令致弁給日記、所注進之状、如件」とある。この後Ⅳ「根拠条文」、Ⅴ「勘判」と続いたあとに、さらにHのリストがある。

戸田芳実は「債権者」と「債務者」の間では〈借り手の持っている私領を抵当物件とし、請文・質券文などの証文（契状）をとっていた〉[31]とした。原文では「債権者」「債務者」「証書」が棒書きされているものを、ここでは佐藤泰弘の整理に基づき、債権者に番号を振り、F・G・Hを「債権者・債務者・証文」の形で表2〜4に示した。なお、Hの6・9は私の考えによった。

表2　F　左方神人

番号	債権者	債務者	証文
1	参位藤原国貞訴	故能登高前司	請文案二通
2	参位源国吉	同人	請文案三通
3	僧隆快	同人	請文案四通
4	参位藤原貞資	高嶋住人等	質券田公験案五通
5	参位藤原国貞	賀茂住人四郎大夫忠通	請文案一通、但追可進覧
6	参位橘成親	故肥後前司	請文以後日可進覧□

Gでの特徴は「庁宣」「四枚」「三枚」の登場である。

表3 G 右方神人

番号	債権者	債務者	証文
1	参位源貞元		
2	同貞元	讃岐守	庁宣四枚
3	同貞元代成元	参河守	庁宣三枚

表4 H 左方神人？

番号	債権者	債務者	証文
1	同成親	故左大弁宰相殿	請文以後日可進上
2	同成親	当任能登守	請文以後日可進
3	正元	越中国庁官・田堵等	請文以後日可進上
4	参位源宗貞	物売四条女	借書也、文書後日可進上
5	中原成行	美作当前司	庁宣請文返抄等
6	佐伯時国	周防入道	侍字江栄沙汰
7	参位藤原貞資	清原俊任并男三郎	借物文書後日可進上
8	参位藤原恒時	大膳進	請文後日可進上
9	参位藤原忠恒	越前国木田御庄住人検校	請使花光。請文追可進上
10	参位藤原恒時	珍貞兼	証文顕然也。後日可進上
11	若江兼次	肥後介参位大江朝臣	質券文進上之
12	同兼次	蔵人大夫	請文案文二通進之。正文ハ後日可進上
13	同兼次	内匠助	請文案二通。正文後日可進上
14	同兼次	於筑紫筑前国芦屋津為兵藤滝口被押取了	日記追可進上
15	大中臣景元并僧智慶	大炊頭	入質券文案、進上右方神人了

註：3の債権者「正元」は後述する佐藤泰弘・井原今朝男の考えに従った。6の「侍字江栄沙汰」の「沙汰」は仲介の意で、「侍字江栄」は「口入人」であろう。9の「請使花光」は証人と考えた。

債権者に注目すれば、彼らの名前の前には多く「参位」の肩書きがあり、有位者であったことが知られる。ここから「神人」は国内名士のメンバーになる有資格者であったとなる。Fの1と5、Fの6とHの1・2、Hの8と10、Hの11・12・13・14は同一人物である。Fの初めに「注進」に続いて「左方神人」とあり、Gの初めに「右方神人」とある。この「左方神人」と「右方神人」に注目する限り、FとHは参位橘成親が共通することから「左方神人」として繋がっているとなる。ここから「右方神人」の注文にはかなりの欠落があったと佐藤は推定した。しかしFの5・6には「追可進覧、後日可進覧」とあるが、Hには「後日可進上」とあり、用語が異なっている。それゆえ、両者が同一人の筆になるとは考えられない。

また「訴人所進文書」の最初にある「同年六月日所副進神人等注文云」が佐藤の整理では宙に浮いてしまう。佐藤はこの部分だけがGに関わっているとして、「同年六月日所副進神人等注文云」はGの最後にある「右、大津神人等米、如此等国司借召、不令致弁給日記、所注進之状、如件」に対応しているとした。Fの初めにある「貯置御供領請負、以領地為質券、各乍出文書、不致其弁人人注文」と「国司借召、不令致弁給」とが対応しないことは明らかである。以上から佐藤はFを「保延二年四月三日」のものとしたのである。

IV「根拠条文」

謹撿

雑律云、

負債違契不償、一端以上違廿日笞廿、々日加一等、罪止杖六十。卅端加二等、百端又加三等。各令備償

雑令云、
其質者、非対物主、不得輙売。若計利過本、不贖聴、告所司対売、則有剰還之
天平勝宝三年九月四日格云、
私稲貸与百姓求利、皆悉禁断。如有犯者、依先格以違勅論、物即没官、国郡官人即解見任。又云、以宅地園圃為質、皆悉禁断。若有先日約契者、雖至償期、猶任居住、梢令酬償
職制律云、
詔書有所施行、而違者徒二年者

読み下す。

謹しみて撿ずるに
雑律に云う
負債の違契は償はず、一端以上の違は廿日笞二十、二十日には一等を加う、罪は杖六十で止めよ。卅端には二等を加へ、百端又三等を加へよ。各備へて償はしめよ。
雑令に云う
其の質は、物主に対するにあらざれば、輙売するを得ざれ。もし利を計りて本に過ぐれば、贖はざるを聴す。所司に告げて対売せば、則ち剰り有らば之を還せ。
天平勝宝三年九月四日の格に云う
私稲を百姓に貸与して利を求むること、皆悉く禁断す。犯有る如くんば、先格に依り違勅を以て論じ、物はすなわち没官し、国郡の官人はすなわち見任を解け。また云う、宅地園圃を以て質と為すこと、皆悉く禁断す。もし先日の約契有らば、償期に至ると雖も、猶、居住に任せ、いささか酬償せしめよ。

職制律に云う

詔書に施行する所有り、しかれども違は徒二年てへり。

Ⅴ「勘判」

拠検此等文、如社司所進契状案者、負債之輩、或以田地而為質、或限数倍而成契、彼此倶忘禁遏、逓犯科条者也。而負人等過彼期約之年、未致酬報。律条所指、罪状雖明、至于出挙之利者、格制旁重犯之者、違勅之罪所難遁也。然則各令償本物、不可令致息利之弁。偏思私益、何背皇憲矣、仍勘申

読み下す。

これらの文を撿ずるに拠り、社司進めるところの契状案の如くんば、負債の輩、或いは田地を以て質と為し、或いは数倍を限って契と為す。かれこれ禁遏を倶に忘れ、たがいに科条を犯す者なり。しかれども負人ら彼の期約の年を過ぎ、未だ酬報を致さず。律条の指す所、罪状明らかと雖も、出挙の利に至っては、制を格しあまねく重犯の者、違勅の罪遁れ難きところなり。然らば則ちおのおの本物を償はしめ、息利の弁を致さしむべからず。偏に私の益を思い、何ぞ皇憲に背かんや。よって勘じ申す。

大津神人たちの主張が「元本も利子も支払え」であったのに対して、院の判断は契約そのものを無効とするので、「元本も利子も支払う必要なし」であった。これに対して、法家勘文は「元本は支払え、利子は支払う必要なし」と両者の中間を言っているのである。

三　勘文の研究史

戸田芳実の説

この文書を最初に取り上げたのは戸田芳実の論文「王朝都市と荘園世界」(32)である。戸田は院政期の「国内名士」「都鄙間交流・都鄙間交通」を取り上げる中でこの文書に注目し、文書に登場する日吉神人や受領などを「国内名士」に数えた。しかし戸田論文の中で私が一番興味を引かれたのは、『高山寺本古往来』の中にある国内名士の集まる「藤前司御館庚申会」である。任期を終えた受領が「留任前司」として任国に留まり、私的な倉庫・「納所」を基にして、土地の開発や経営に当たっており、「庚申会」は彼の「私宅」で二カ月に一回、年に六回、飲食を伴って夜を徹して語り明かされた無礼講の宴会である。

この宴会を背景にして、出席者相互間での農料の〈稲〉や大狩の〈馬〉の借用などが行われたので、『古往来』からは受領の下での「国内名士」たちの会話の実際が分かる。戸田は都鄙間交通の一つの結節点はこの「非公式の交流の場」・受領の館の「庚申会」だとしたが、その前提には「国衙市」などでの「公式の交流の場」があった。このほか、受領と神人との交流の場には泊・津・港などの海上交通の結節点に築かれた「市場」があった。佐藤泰弘は「借上」を説明するために『庭訓往来』の「卯月十一日」(33)の返書の「泊々借上・湊々替銭・浦々問丸」を取り上げて、「借上・替銭・問丸」が互いに似た存在であったと主張している。

『庭訓往来』は南北朝期の世相を反映したものだが、藤原明衡の『新猿楽記』は平安後期の商業の進展を記したものである。「八郎の真人」を「商人の主領なり。利を重んじ妻子を知らず、身を念いて他人を顧みず」「泊浦において年月を送り、定まる宿無し」とあり、活躍の舞台が水上運送と関わりの深い「泊・浦」であったことが知られる。保延元年（一一三五）の文章博士藤原敦光の「勘申」(34)には「京中所住浮食大賈之人」が「或いは近都に於いて一物を借り、遠国に向かいて三倍を貪る」とある。ここからも大商人が泊・津・湊を中心に、都市近郊の特産物を諸国に運送して利潤を獲得していたことが分かる。

泊・津・湊には受領の納所が造られており、ここで「請文」「庁宣」などの契約文書が作られ、交付されたのだろう。それゆえ契約に基づく支払いの場もまた、こうした市場だったと思われる。戸田はこの「勘文」から分かることを次の四つにまとめている。

第一、中央神人である大津神人には「参位」の有位者が多いこと。
第二、一人の神人が複数の相手に貸し付けていること。
第三、借用者の階層が広く上下に亘っていること。
第四、借用者は京都を中心に山門領荘園の分布と関連して、諸国に広がっていること。

これらの特徴を踏まえて戸田は、神人と彼が対応した諸国の受領を中心とする「上下の諸人」の借用者リストを作った。

その上で戸田は、H5の中原成行を国内名士の代表として取り上げた。侍従丹後守成俊の子として都市貴族的な家系を持ち、院中の雑事・御幸の供奉などを勤める院召次所に所属する〈召次勾当〉で、愛智郡司など七郡の〈郡司〉を兼ね、愛智郡長野郷に住み、「愛智新宮」という日吉神社の末社の神事を勤仕する〈神人〉でもあった。[35] これらの有位者の「国内名士」の背後には、室町時代の金融業者・土倉の場合と同様な、金融のネットワークが存在していただろう。[36] 室町時代には高利貸し業者に金を預けて利息を得る預金者たちの[37]「合銭の輩」がいた。桜井英治はそのネットワークを、直列型・並列型・複合型と図式化した。[38]

それゆえ戸田が「国内名士」と名付けた有位者の金融業者の背後には、無数の零細な金融業を営む僧侶や神人たちのネットワークの存在が想像できよう。国内名士は「蔵預」「土倉沙汰人」に対応するマネージャー＝〈雇われ店長〉に過ぎず、その背後に真のオーナーである複数の「土倉主」「土倉本主」が存在していた可能性がある。一方、借用者のリストは戸田から始まり、五味文彦[39]、佐藤泰弘[40]、井原今朝夫[41]によって次々に作られ、精度が増してきている。戸田と五味が「債権者」「債務者」の対応表を掲示したのに対し、佐藤と井原は「債権者」「債務者」「証文」の三者の関係を明確にした。

佐藤は、債務者の注文F・G・Hの原文は棒書状態だが、債権者ごとに適宜改行して句読点を加えてリストを見直し「債権者、債務者。証文」と整理した。「債権者」「債務者」「証文」の三者の関係を明確にしたことは佐藤の大きな功績である。先に佐藤の見直しを表示する際に、私は新たに〈契約の証人〉の項目を付け加えた。一方、井原は債務者を次の三つに分類した。

①鳥羽院の近臣で知行国司や受領の歴任者：F1・6、G2・3、H1・2・5・11。
②中央諸司官人：H8・12・13・15。
③「住人」とある名主・百姓層：F4・5、H3。

戸田は③に注目し、大津神人が近江高島郡の住人に対して農業用の出挙を盛んに行っており、「質券田公験案」「五巻」とあることから、多数の地域住民が大津神人の農業出挙の網にかかっていたとしたが、井原はむしろ神人から巨額な用途を借用した中心人物は、①の知行国主や受領層で、大津神人の活動を民衆経済とは規定できない[42]とした。

棚橋光男の説

この勘文における法家の判断は〈「本物」は返すべきだが、「息利」は返さなくてよい〉である。この法家の判断は後述する「利倍法」に反しているが、五味文彦が言う「折中の法[43]」として院側の利害を反映させたものだろう。

棚橋光男は著書『中世成立期の法と国家[44]』の中でこの勘文を三回に分けて取り上げた。第II章「院政期の訴訟制度」の「明法と明法勘文」では、史料紹介を中心とし、第III章「法書『法曹至要抄』」の「売買貸借関係個条」では、この勘文が歴史的に生み出したものを公家新制の中に見出し、第VI章「院権力論」の「保元元年令と建久I令」では、それをさらに展開している。

本郷恵子の言うように、法家の行ったことは〈政治的に望ましい結論と結びつくように、ご都合主義的に過去の律令の条文を柔軟に考えること[45]〉であった。棚橋は第II章でこの法家勘文を「契約そのものを無効と断じたに等しい」とし、その結果「法的統制と保護の外」にあった「利稲出挙の盛行をより一層おしすすめること[46]」になったとした。五味は棚橋のこの結論に対して異論を出し、棚橋の考えを〈債権者を保護したか。債務者を保護したか〉に矮小化した上で、「飢饉」「徳政」という新観点から〈債務者保護〉だと主張した。しかし棚橋の王朝国家の雑務沙汰・出挙についての位置づけは注目に値する。

笠松宏至は著書『日本中世法史論』中の二論文「中世政治社会思想」と「『日付のない訴陳状』考」において「雑務沙汰は鎌倉幕府の制度上、本来的ならざる管轄対象であった[47]」とし、「中世在地裁判権の一考察」でも「中世における各種裁判権は、常に上位権力からの疎外と委任、下部権力における実質的な管轄によって結ばれていた[48]」とした。つまり鎌倉幕府は雑務沙汰を本来的な管轄対象でないと「疎外」しつつ、下部権力に「委任」していたとしたことになる。棚橋の結論は、笠松のこの結論と密接に連繫している。「法家勘文」においても上位権力は出挙＝雑務沙汰を「法的統制と保護のそと」に置き「疎外」していた。

もちろん笠松の場合、この「下部権力」とは在地領主たちの一揆としての「公界」を念頭に置いている。これをこれまでの我々の考えに従い、市場在家における神人たちの仲間の連合、交易民の結合と読み替えることができるか否か、公界の民の側で裁判を実施できたか否かの検討が我々の課題となってくる。棚橋は公家新制についての分析を踏まえて「治承・建久の新制にいたって、諸寺社悪僧神人の濫行停止と私出挙の利息制限が一括して前面におし出されてきた」「契約行為そのものを無効とするのではなく、息利の制限・統制が前面におし出されてきた[49]」と述べている。継承すべき大事な視点である。

むしろ五味は棚橋に倣い、公家新制の分析の方に進むべきではなかっただろうか。ここで煩をいとわず棚橋の言葉を再度取り上げ、議論を再検討したい。棚橋は次[50]のように述べている。

債権・債務両者間に行なわれた契約そのものを無効と断じたに等しいかかる法意は、結局のところ債権者よりも債務者をより強く法の保護のそとに放置し、法的統制と保護のそとにおける利稲出挙の盛行をより一層おしすすめることとなったであろう。

神人側は生活のため、どうしても金融業から撤退できなかった。それゆえ、債権・債務契約を無効とする判定が出ても出挙はやめられず、神人たちは「法のそとに放置」された。そのことは結果として、彼らよりもさらに弱い立場の債務者たちを法の保護の外に放置したことになったと、棚橋は言っているのである。棚橋は続けて「保元・治承・建久の公家新制においてくり返された諸社神人の濫行停止は、如実にこのことを物語るものであった[51]」としている。王朝国家が停止令を繰り返し発布したのは、以下の章で述べるように、公家法＝制定法が守られず、神人たちが慣習法の世界で活躍を繰り返していたからである。

五味文彦の説

五味文彦は笠松宏至や勝俣鎮夫の議論から強い影響を受けて、保延二年の直前の長承三年（一一三四）から保延二年頃にかけて飢饉があったことを明らかにし、〈すべての債務を破棄すべし〉との「徳政令」としてこの文書を見るべきだと主張した[52]。徳政としての債権破棄が問題となっていたとしたのである[53]。しかし、室町期の「徳政令」と同じものを院政期に当てはめて考えてよいか、疑問である。この判断は近代人の考えを過去に押し付けるものであり、当時の人が飢饉で困っていたことが事実だとしても、だから室町時代の人や現代人と同様に、借金は帳消しにすべきだと考えていたかは疑問である。

かえって人々の生活を困難にさせたとしても、むしろ攘災のためには神事・仏事をしっかりと行い、祈禱を行うことが大事で、そのために出挙を支払うべきだとの神人の主張の方が幅をきかせていた可能性がある。[54] 五味はこの文書の背景には長承以来の飢饉があり、それに対する徳政として、この「勘文」を読み解こうとした。五味は保延二年の直前の長承三年から保延二年頃の短期的な飢饉のみを問題とし、債権破棄が徳政として当時の政治課題となっていたとしたが、むしろここで問題なのは、院と寺社勢力との歴史的・構造的な対立を背景にした、長期間にわたる累積負債の問題である。

戸田は先の論文の中で、借用者の一人H1の「故左大弁宰相」を「故参議左大弁宰相」とし、さらにこれを「大治五年（一一三〇）に没した従三位藤原為隆」とした。[55] ここから問題の負債は七年以上も前のものとなる。また佐藤は、H5の「美作当前司」とは「見任者の直前の美作国司」の意味で、藤原顕能だとし、彼の差し出した証文「庁宣・請文・返抄」のうち、「請文」は債権者の中原成行から米を借りた際の「借書」だが、「庁宣」は「借上庁宣」で、成行が近江国愛智郡司であったので、近江国司の出した庁宣だとした。顕能は近江国司の経験はないが、父顕隆は天永元年（一一一〇）から永久三年（一一一五）まで近江守で、大治四年に没した。ここから佐藤は、顕能は父顕隆が近江守在任中の債務の弁済に追われていたと想像した。[56] 受領の任期を超えた庁宣は受領個人やその子孫の負債となった。それゆえ中原成行がこの当時抱えていた問題は、二十年前以来の累積債務となる。このほかにも「故」という文字はF1「故能登高前司」、F6「故肥後前司」と付いている。ここからこの勘文で問題としているのは、七年から二十年以上という、長期間にわたる累積負債の処理の問題であったとなる。国内名士の背後に多数のオーナーたちの存在を考えると、短期的な飢饉よりももっと深刻な国家・社会の構造的な危機に関わっていたと言えよう。

こうした累積債務の解決策としては、〈利息は問わない、元本は返せ〉が合理的なのであろう。ここから導き出されることは、債権を取り立てるために債務者の不払いを裁判所に訴えても、結果が見えていたので、契約を重視する立場を貫くとすれば、実力行使しかなかったとなる。その結果、債権を第三者の山僧や神人たちが引き受け、本人に代わって取立てを行う「寄沙汰」が行われるようになった。この法家勘文は自力救済としての「寄沙汰」が社会的な解決策であるとの考えを結果として導き出したと思う。

佐藤泰弘の説

佐藤泰弘は論文「借上の予備的考察」で「国司借召」の言葉からこの「庁宣」とは何かを問い、さらに「借召」の言葉から「借上」とは何かを問題とした。そしてこの「庁宣」は在京の知行国司が任国の在庁目代に宛てて、国内の神人から上分米を「借り召す」ように命じたものだとし、目代は任国で必要な米を、国内にいる神人の上分米から「借り召し」て、代わりに神人に「庁宣」を手渡したとした。神人は「借上」としての金融業の他、輸送業・為替業をも行っていたと佐藤は主張し、ここから、神人は国内の米を都や諸国に送る権利を手にして、異地間での物資融通により利益を上げることができたとしたのである。

佐藤の関心はこの文書よりもむしろこの時代の商品流通の方にあった。この研究を踏まえて網野善彦はこの文書から、大津日吉神人のネットワークが瀬戸内海から北陸道にかけて成立していたと論じた[57]。第6章で見た網野の議論を繰り返せば、〈十世紀後半の日本では金融業者の「借上」や海運業者の廻船人、倉庫業者などによる広域的なネットワークが形成され、こうした交易民の共同体は国家から自立して発展した。受領や官司たちは国税や官物の徴収を請負い、「為替」などの信用経済を前提にして、国税や官物を商品として流通界に投入していた。年貢は質物となり、金融業者との間で貸し借りの対象となった〉となる。

しかし「庁宣」とは、遙任国司が任国の留守所に出す命令書であるから、本来は国内の留守所や郡司に宛てて出すもので、国内の私人である神人に対して〈行政行為として上分米を用立てるように命令した〉との佐藤の想定には無理がある。国司が神人から上分米を借りたければ、「庁宣」ではなく「請文」を出すべきであろう。受領が進納する相手には中央の朝廷のほか、封戸の所有者である院宮王臣家などがあり、ここにある「四枚」「三枚」の「庁宣」とは、税目・用途に応じて、在京目代から留守所に対して出されたもので、留守所はこの「庁宣」を国内の神人に差し出し、それぞれに応じて上分米を借りたのである。

神人はこの「庁宣」をもって在庁に督促できたが、一種の手形として流通もしただろう。当時の在り方は「荘園公領制」といって、一国の半分は国衙領でも、残りは荘園であったことから、国司発給の支払い請求書は荘園経済にとっても利用価値はあった。当時は飢饉でもあったから、米の相場も考えられよう。「讃岐守庁宣」「参河守庁宣」とあるが、本来なら「庁宣」の奥には「某国守某」と署名すべきところを、遙任国司の場合は「大介某」と署名して花押を書くのが通例だった[58]。それゆえ、この場合の「庁宣」は「讃岐守」のもの、「参河守」のものだとして文書上とは別に表記されたものだろう。

この讃岐守・参河守について五味は、おそらく保延二年の知行国主や国司から調べた結果であろうが、それぞれ藤原経隆・源資賢と註をした。しかし、この文書が不渡りになってしまっていることから[59]、この庁宣は保延二年以前の国司の発行であろう。不渡りの原因について、本郷恵子は国司交代の際の完備した文書システムと、済物を徴収するシステムとの齟齬・矛盾が文書の不渡りを作り出したとしたが[60]、もっと単純に、留守所として、任期が切れた国司の命令には従えなかったからであろう。受領の方は重任を期待して次々と借りたのだろう。不渡りとなれば、受領本人やその子孫に負債はのし掛かった。

また年貢には納期があることから、この文書の効力には期限があっただろう。

井原今朝男の説

井原今朝男はこの文書の中で、二人の明法博士が主張する「法外な利子は無効」に注目した。ここから井原の議論は、神人の要求が否定されるのは当然だという方向に傾き、神人たちの要求や生活を無視する方向に進んだ(61)。井原は、債権者側の行う暴力的な寄沙汰に対抗して王朝国家の側が債務者を保護すべく裁判を行ったという社会的な文脈を無視して、国の保護政策を一般化して「法外な利子は返さなくてもよい」との法理を導き出した。井原が「日本中世債務史」だと自負する『中世の借金事情』には、私がこれから問題とする寄沙汰・請取沙汰・国質・所質などは一言も触れられていない。

著書の「プロローグ」では、現在では債務問題が自殺要因の一つになっているとしながら、本論で中世史料を探ってみると、近代債権論とは異質な中世独自な債務慣行があるとの主張となり、中世には債務を理由に自殺した人がいなかったかの如くであるが、『宗長日記』には大永五年(一五二五)の項に長田親重が「旧借の返弁にもおよばねば、催促のせめつかひしきりにして、いかんともせず、おもひわびてのことにや」とて、首くくりをしたことを記している(62)。また別の所では「なまなまの痩侍」のこととして「けふあすのかてつきて、女は水をくみ、男はつまでをひろひ、子はめのまへに人のやつことなり」とある(63)。

「薪水の労」について辞書には「(炊事などの労働の意から)人に仕えて、日常の雑事などに骨身を惜しまず働くこと」とあり、この侍夫婦は〈身曳き〉をして人の下人になったのであろうし、子供は売られたのであろう。石井進は「身曳きと〝いましめ〟」において出挙の未済者に対しては事実上の債務奴隷である「役身折酬」の規定があった(65)としている。何れにしろ「債務奴隷」となったのであり、中世社会が現代と違い、債務者が保護されていた別世界とすることはできまい。

四　対内道徳と対外道徳

債権者側が債務者に向かい〈契約状通り実行せよ〉と主張する劇に『ヴェニスの商人』がある。古代ユダヤ教においては、利子は禁止され、七年おきのヨベルの年に債務奴隷は解放され、借金は帳消しになるとの定めであった。時代が進む中で、このような掟はユダヤ教徒内部のものとなり、異教徒に対しては利子を取ってよいとされ、対内道徳と対外道徳とに分裂した。日本中世の場合も、祭事のために上分米を祭祀圏内の人々に出挙し、それを元手にしての祭祀遂行は対内道徳としては許され、貸し付けた「上分米」を神物だと主張することも許されていた。しかし神事を理由に、高率の利息やあこぎな取立ては正当化されたのだろうか。

この「勘文」に登場する貸借関係は「大津神人」と院の近臣の「受領」との間の貸し借りで、荘園領主に連なる人々と、荘園整理を推し進めようとする勢力との間の出来事となる。両者は利害を異にし、対立関係にあり、両者の間に信頼関係は想定できない。神事を理由としても、それは取立てを合理化するイデオロギーだっただろう。対外道徳が幅をきかせ、利息は一層高率となり、追求は一層過激になっていたと考えられる。「尾張国郡司百姓等解文」などからも明らかなように、受領を地域の富の簒奪者とするなら、日吉神人は簒奪者からの簒奪を試みたロビンフッドや鼠小僧のような〈義賊〉となろう。

山本幸司[66]は「中世的な観念では、困窮者に対する恩恵的な貸借と営利を目的とする貸借とは、峻別すべきであった」として、「相互扶助としての貸借」の存在を主張し、ここから律令国家の出挙と鎌倉幕府の徳政とを論じた。しかし山本のこの議論からは『霊異記』の「大僧」が「人に銭を貸して妻子を養っていた」ことは説明できない。対外道徳の世界である市場を問題とする我々は、営利を目的とする債権の取立ての方に注目したい。日吉神人・日吉社司側が「契約通り」を主張しているのに、訴えを受け取った側が「利法の事」だと了解したのは、債権者と債務者の間の契約に問題があると見たからである。

「借債の日、丁寧の契状を出すと雖も、催促の時、既に請文に背（違）す」とある負人の態度の変化の背後には、『霊異記』の大僧の婿と同様〈本物は何が何でも返済するが、利息分は契約状にあっても、両者の交渉で〉との考えがあったからだろう。債権者と債務者の間に「庚申会」のような親しい関係が想定され、特権の授受と貸借とが関連していると債務者側が認識している限り、返済条件をめぐって両者の思惑は食い違った。こうした債権者と債務者の主張の違いを背景としてこの勘文はできたと考えられる。

歴史上の問題は、「神人・悪僧」の出挙が高利で返済の取立てが厳しいことを理由に、王朝国家が「寄沙汰」を〈濫行〉として禁止したことの方にあるだろう。その〈濫行〉の一つが「嗷訴」である。王朝国家は南都北嶺の「嗷訴」への対策として北面の武士を置いた。これが武士・源平両氏の台頭の原因となった。鎌倉時代の「京都大番役」は各国の御家人を束ねる守護の大事な仕事だった。たしかに「嗷訴」が満寺満山の一味同心に基づくものであるのに対し、私的な徒党による〈濫行〉は悪僧の行動として区別されていた[67]。しかし「嗷訴」の禁止に先立ち、「神人・悪僧」の〈濫行〉としての「寄沙汰」は取締りの最初の対象となったのである。

一方、「神人・悪僧」たちは「神の威を借り」て、すなわち、人々と隔絶した「祟る神」「罰する神」の権威を借りて人々を威圧し、「通常の法の適用を一切拒絶しよう」とさえした。こうして金融社会の法と王朝国家の法は真正面から対立することになった。しかし、信用経済を最終的に支えていたものは金融業者たち自身の「寄沙汰」であった。それゆえ、〈神人・悪僧の濫行〉は禁止されてはいても必要悪として社会には存在し続けた。次章以降では、「諸社神人・諸寺悪僧」の行った〈濫行〉の歴史を考察したい。

第8章　平氏政権下での寄沙汰の登場

前章で行った「法家勘文」の分析では、〈王朝国家は貸借に関する民間の争い＝雑務沙汰に対しては、法的な保護や取締りを放棄していた〉としてきた。それゆえ、債権者も債務者も共に法の外に放置されていたことになる。それにもかかわらず、社会的な必要から貸借自身はむしろ発展していったので、債権・債務関係に対するトラブルは、笠松宏至の言うように「上部権力の疎外と委任は、下部権力の現実的な管轄によって結ばれていた[1]」との状態になっていた。このことを王朝国家の「公家法」では、最初「神人・悪僧の濫行」と表現したが、次第に「寄沙汰」という表現が定まってくる。

この章では平氏政権下の社会において実質的な「寄沙汰」が登場することを論じたい。平氏全盛時代の治承二年（一一七八）七月十八日に、太政官が山陰道諸国の国司に宛てた「公家新制」十二カ条の中の第一〇条目は「公家法」第二九号である。ここには「寄沙汰」の言葉はないが、交易に関係した神人たちが裁判権を管轄・行使していることを問題としており、対象は実質的に「寄沙汰」である。また建久二年（一一九一）の「公家新制」には「寄沙汰」に関わる「土地差押えの作法」がある。もちろん王朝国家の側はこれらの行為を犯罪だとして禁止していたが、一片の法令の発布で止まるものではなかった。

ここで分析の対象とする史料は「公家新制」「公家法」である。佐藤進一・百瀬今朝雄・笠松宏至編『中世法制史料集　第六巻　公家法・公家家法・寺社法[2]』は、これまで「公家新制」と呼ばれていたものを、「公家法」と名付け、通し番号を付けて、「公家法」「第一部　法規」として整理・収録した。しかしこれは水戸部正男が明らかにした「天暦元年令」からの「公家新制」六十一令をすべて網羅したものではなく、「中世法」の観点に立ち「保元元年令」から収録したもので、当然ここには取捨選択がある。しかし本章ではこれを基にして議論を進めていきたい。

一　「寄沙汰」の研究史

笠松宏至の説

現在でも「寄沙汰」についての通説は笠松宏至の学説であろう。笠松は「寄沙汰は、訴因をもつものが自ら当事者になることなく、訴を第三者に依託し（＝沙汰を寄せる）、委託を受けたものがこれを受託し（＝沙汰を請取る）、爾後該訴権の実現につとめる行為である」と定義した。その上で寄沙汰は実行される場によって二分されるとして、①既存の正規な公武の法廷で「面を替える」行為、②「沙汰を請取り、そして沙汰を寄せた者の自力救済を代行する行為」とした。しかし笠松は後の解説論文「鎌倉後期の公家法について」[3]では、この二つを「法廷内寄沙汰」と「法廷外寄沙汰」と言い換えた。

笠松が挙げた「法廷内寄沙汰」には次のものがある。

イ　「治承二年の公家新制」の「公家法」第三〇号（後述）。

ロ　寛喜三年（一二三一）十一月三日の宣旨四十二カ条の中の第二二条目で、「公家法」第一七二号。ここには「偽書を捧げ理と称する」とある。

ハ　弘安八年（一二八五）十一月十三日の宣旨二十カ条の第三条目、「公家法」第三五二号。ここには「相論未断之地、寺社等に寄附する事」とある。

ニ　正応五年（一二九二）七月二十七日の「雑事条々」十二カ条の第三条目、「公家法」第四四九号。「公人并諸司被官輩寄沙汰禁制事」とある。

ホ　元亨元年（一三二一）四月十七日の「雑事条々」六カ条の第五条目、「公家法」第五六八号。なお、これは「公家法」第三五二号と同じ内容の法令である。

ヘ　上記第六条目、「公家法」第五六九号。「不知行の地を他人に寄進する事」とある。大石直正[4]は「寄沙汰」には雑務沙汰のみならず所務沙汰もあるとし、荘園寄進には法廷闘争の側面があるとした。これはそれに対応する法令である。大石は①の「面を替える」行為が荘園寄進の進む時代と深く関わっているとした。

「法廷外寄沙汰」については、これから本章で取り上げる「公家法」第二九号のほかにも、次章で取り上げる「寛喜三年の宣旨」や、第12章で触れる正応五年七月二十七日付の広田社宛て「雑事拾弐箇条」の第四五七号、第四五八号もある。

佐藤進一の説

既に我々は第1章で笠松の「雑務沙汰」についての研究を見てきた。笠松は〈公家や武家の裁判制度の中では雑務沙汰は疎外され、正式な制度として対応していなかった〉とし、その制度未整備の隙間を「寄沙汰」が埋めたとした。しかし佐藤進一は「室町幕府論[5]」で、室町幕府権力が京都支配を実現するために、王朝・本所権力から京都支配権を奪取し、検非違使庁と本所の二つの政治経済機構を解体・吸収したとした。それゆえ、少なくとも京都周辺では山僧・神人の「寄沙汰」は、隙間を埋めたものではなく、正式な制度の一つで、検非違使庁などの正式な制度との対立の中で整備されていたとなる。

佐藤は、検非違使について次のように述べている[6]。

検非違使は王朝国家の治安・警察・裁判を司る中枢機関の職員であると同時に、京都市政区域の末端を分掌して、都市民の生活を直接に守る責任を負うのであり、特定業種の商工業者にとっては、使庁の職務の執行は同時にかれらの営業保護になるのである。

つまり佐藤は、〈室町幕府成立以前の雑務沙汰や債権の取立は検非違使庁と山僧・神人の「寄沙汰」の二つによっている〉と説いたのである。検非違使庁が雑務沙汰に関わっていたことは本章の最後で述べる。第10章で述べる鎌倉幕府の追加法の第三三条の「宣旨事」の中にある文言「経上奏、可随理非」は、使庁による雑務沙汰を指していよう。

棚橋光男の説

棚橋光男は「中世国家の成立[7]」において〈院政期の陣定＝公卿会議は、所領・所職の訴訟審理を重要な職務とし、荘園領主階級の共同の権力機構として機能していた〉として、さらに次のように述べた。

院政期を通じて、荘園・国衙領間の相論と衝突は絶えることがなかった。一方においては、在庁官人層＝在地領主層による国衙領（在庁別名）拡大の動きや、公郷在家役・一国平均役の過重な賦課が、国内荘園との抗争を激化させた。また地方においては、加納田の本田化や国衙領住民の荘民化が国衙領の減少をもたらし、寺社の神人・悪僧らによる在庁官人層への武力攻撃が、〝神威〟を掲げてくり返された。

棚橋によれば、本章で取り上げる〈神人・悪僧の濫行〉とは、在庁官人層と神人・悪僧たちが互いにやり合っていた衝突・攻撃を王朝国家の立場から表現したものとなる。棚橋は権門荘園相互間における相論と闘乱・合戦もまた存在していたとした[8]。検非違使庁については、その長官の「別当」は「陣定」の構成メンバーで、その下に①直接強制執行と警察機能を遂行する「追捕尉」と、②先例考勘と法的判断を担当する「道志」の二つのパートがあったとした[9]。また『法曹至要抄』を中核として「王朝国家法」が再編され、「公家法」「武家法」「本所法」の母胎になったとした[10]。

『法曹至要抄』は全部で十四条、一七七項にわたり、その中の売買貸借法は「売買条・負債条・出挙条・借物条・質物条・預物条」の六条、二十三項からなり、〈社会生活の中で発生する売買貸借のトラブルに、キメ細かに対応した法規だ〉とされた。王朝時代は「大開墾の時代」で開発のために人手を雇う元手が必要で、これに目を付けた神人・悪僧が「出挙」と称して高利で貸し付けを行い、トラブルも頻繁に起こった[11]。〈出挙条の六項はこうした訴訟に配慮した法令である〉とする[12]。つまり、王朝国家の側には王朝国家法や使庁による「雑務沙汰」への対応が見られたとして、笠松説と対立したのである。

二　神人・悪僧の濫行

保元の乱と公家新制――九州の地は一人の有なり

「保元元年（一一五六）閏九月十八日　宣旨[13]」は保元の乱に勝利した後白河天皇が発布した公家新制である。棚橋光男は第一条の「九州之地者一人之有也、王命之外、何施私威」に注目し「保元元年令は、都市貴族＝荘園領主内部の闘争の終結ののち、その勝利者としてたちあらわれた後白河が、中世的王権のその名において荘園・国衙体制の確立を宣言したもの[14]」だとし、さらに〈王朝国家は「濫行」として禁令を出しているが、その背後に神人たちの金融活動を見るべき〉だとした。第一条から第七条までの事書を示せば次のようになる。

第一条　可停止新立庄園事
第二条　可停止加納余田等事
第三条　可停止神人濫行事
第四条　可停止悪僧濫行事
第五条　可停止寺社濫行事
第六条　可令注進社領等事
第七条　可令注進寺領等事

棚橋はこの「保元元年　宣旨」の全体の構成を表5のように示した。[15]

表5　保元元年　宣旨

中央	荘領の確定 第一条　寺社領新立荘の停止 第二条　加納余田・荘民濫行の停止	確定荘領・仏神事の保護 第六条　社領・神事用途注進 第七条　寺領・仏事用途注進	神人・悪僧等の統制・抑制 第三条　本神人の確定、新加・濫行停止 第四条　悪僧・寄人、出挙・濫行停止
諸国	本末関係の整備 第五条　諸国内寺社濫行の停止		

しかし棚橋は十二年後の論文「中世国家の成立」[16]では、第一条・第二条を「荘園整理令」、第六条・第七条を「寺社領・仏神事の注進令」、第三条・第四条・第五条を「神人・悪僧の活動を規制し、その抑圧を策すもの」と言い直した。

次に「神人・悪僧等の統制・抑制」を目的としたとされる「公家法」第三号・第四号を取り上げる。

「公家法」第三号・第四号

第三条[17]・第四条は「公家法」第三号・第四号である。これと同じ内容の法令には「保元二年三月十七日・雑事五箇条」の第三条[18]・第四条、すなわち「公家法」第一二号・第一三号がある。これらは〈神人と悪僧の濫行を禁じたもの〉である。このほか〈神人濫行の禁止令〉には「保元元年九月廿三日・左弁官下住吉社・雑事　二箇条」の第一条[19]があり、これは「公家法」第八号である。これら「公家法」の第三号・第八号・第一二号は対象の神社は異なるが、内容はほぼ同一で、共に「猥補神人、或号正員、或称其掖」とある。神人の増加は国家の税を遁れる人を増やすことになる「濫行」だった。それゆえこれらの事書は「可停止神人濫行事」である。

これに対して第四号・第一三号には「或号僧供料、加増出挙利、或称会頭料、掠取公私物」の言葉があり、金融活動に関わっており、「公私の物を掠取る」からは、この第四条が差押えの禁止令・寄沙汰の禁止令だったとなる。衣川仁は著書『僧兵＝祈りと暴力の力』の中で〈第三条の神人条項は神人の定員に関する規制〉〈第四条の悪僧条項は金融活動に対する禁止令〉とした上で、〈両者はワンセットとして理解されるべきで、定員規制は「夏衆、彼岸衆、先達、寄人」にも関わり、金融活動は神人の問題でもあった[20]〉とした。それゆえ第三号の「神不享非礼、豈叶神慮哉」は神人の金融活動に関わり、「濫行」には「神人整理令」と「寄沙汰禁止令」の二つが含まれていたことになる。

次に史料を掲げたい。

一　可令且下知本社、且諸国司停止諸社神人濫行事
　　伊勢　石清水　賀茂　春日　住吉　日吉　祇園

仰、恒例神事、所役惟同、往古神人、員数有限、而頃年以降、社司等偏誇神眷、不顧皇猷、恣耽賄賂、猥補神人、或号正員、或称其掖、所部公民、蔑爾国威、先格後苻、厳制稠畳、神不享非礼、豈叶神慮哉、早可注進本神人夾名并証文、至于新加神人、永俾停止、社司若致懈緩、改補他人

一　可令仰本寺并国司、停止諸寺諸山悪僧濫行事

興福寺　延暦寺　園城寺　熊野山　金峯山

仰、悪僧凶暴、禁遏惟重、而彼三寺両山夏衆、彼岸衆、先達、寄人等、或号僧供料、加増出挙利、或称会頭料、掠取公私物、若斯之類、寔蕃有徒、国之損害、莫大於此、慥加懲粛、勿令違犯、不拘制法之輩、遣本寺所司、注進父母、師主及所縁等、知不録与同罪、但、愁緒不可黙止者、宜付本司経　奏聞

読み下す。

一　且つは本社に下知し、且つは諸国司諸社神人の濫行を停止せしむべき事

伊勢　石清水　賀茂　春日　住吉　日吉　祇園

仰す、恒例の神事、諸役は惟ふに同じ。往古の神人、員数に限り有り。しかれども項年以降、社司等ひとえに神眷を誇り、皇猷を顧みず、恣に賄賂に耽り、猥りに神人を補す。或ひは正員と号し、或ひは其の掖と称し、所部の公民、国威を蔑爾し、格を先にし苻を後にす。厳制稠畳なり。神は非礼を享けず、あに神慮に叶うや。早く本神人の夾名ならびに証文を注進し、新加の神人に至っては、永く停止せしめ、社司もし懈緩を致さば、他人に改補せよ。

一　本寺ならびに国司に仰せて、諸寺諸山の悪僧の濫行を停止せしむべき事

興福寺　延暦寺　園城寺　熊野山　金峯山

仰す、悪僧の凶暴、禁遏は惟ふに重し。しかれども彼の三寺両山の夏衆、彼岸衆、先達、寄人等、或いは僧

の供料と号し、出挙の利を加増し、或いは会頭料と称し、公私の物を掠取る。斯のごとき之類、寔に蓄し徒有り、国の損害、此より大なるはなし。慥に懲粛を加え、違犯せしむなかれ。制法に拘わらざる輩、本寺の所司を遣わし、父母、師主及所縁等を注進せよ。知りて録さざれば同罪に与す。但し、愁緒黙止すべからざれば、よろしく本司に付けて　奏聞を経べし。

第三号——神人整理令

「神人」に関連する言葉をこの条文の中から拾うと「本社・諸社・神事・社司・神眷・神不享非礼・神慮・本神人・新加神人」等があり、〈「神人」は「神社」に属し、「神眷」を誇る「社司」の指導下にあった〉となろう。こうした一群の言葉と対立するものは、「諸国司」のほか、「不顧皇猷」「蔑爾国威」にある「皇猷」と「国威」である。つまり、法文上からは「天皇」「国家」、学術上の用語では「王朝国家」が「神人」と対立関係にあったことになる。この法文上では、この〈神人と国家との対立関係〉を逆転させる言葉が「神不享非礼、豈叶神慮哉」で、〈「神」さえも「礼的秩序」に従っている〉である。

「公家法」第三八一号の「神威」を借りての狼藉（詳しくは第12章第二節）は、「神慮」に叶わぬ「非礼」に当たり、この当時、国家の規制から遁れようとした人々は「正員」や「腋＝脇」の神人になった。神人の増加は荘園の増加をもたらしたので、「保元元年宣旨」の第一条・第二条で「庄園整理令」を進めようとした王朝国家が、第三条で神人の増加を抑えたのは当然である。この法令は「太政官→諸国司→社司→神人」という命令系統の中で発布された。「神人」の補任権は「神の眷族」である「社司」にあるが、王朝国家はその「社司」の人事権を持ち「社司」を通じて取り締まろうとした。

法令の最後の方にある「早可注進」以降が太政官の命令で、これは「神人の定員制限令」「神人整理令」である。この当時の日本社会では、荘園制が国衙体制を突き崩しながら成長しており、両者は対立関係にあったが、「職」

という共通のシステムによって両者は基礎づけられていることから、学界ではこれを「荘園・公領体制」と名付けている。この法令の背後には、「神人」が神の権威を頼んで王朝国家と対立しており、〈「神人」たちは王朝国家の法の下にはいなかった〉ことがあろう。王朝国家側の「国衙」と、「諸社」の「荘園」とが対立関係にあったことが、この法令の前提となっているのであろう。

しかしながら網野善彦は保元年間の幾つもの宣旨＝「公家法」第三号、第八号、第一二号にある「早可注進本神人夾名并証文」の部分を、次のように解釈した。[21]

諸社神人の濫行を停止するとともに、新加神人を抑制し、本神人交名と証文とを注進させている……これは《神人名帳》よばれた神人身分の基本台帳の作成指令であり、この新制自体、いわば神人整理令の性格をもっていたというべきであろう。これによって諸社の神人は宣旨によって正式にその帰属を確認されたのである。

建久の宣旨「公家法」第三七号では、この部分を「各仰其社総官等、於本神人者、令注進交名并証文、至于新加輩者、慥解其職」とある。網野は王朝国家が一貫して神人の員数を制限して彼らの濫行を抑えようとした[22]として、〈保元・治承・建久の新制は……《神人整理令》というべき性格を含むとともに、「神人名帳」の注進を通じて、神人等に対する統治権的な支配を確保・貫徹しようとしたもの[23]〉とした。「社司」「社総監官」が国司に注進した「交名」に基づき、国司は「神人名帳」を作成した。それが神人身分の基本台帳となり、国制上の身分＝神人身分が成立したと主張したのである。

網野は『概説　古文書学』「寺社文書[24]」でも「交名帳」の説明をしたが、神人身分を証明するため社司が発給した神人補任状である「証文」については何の説明もない。神人は国家ではなく社司によって身分が保証されていたのである。それゆえ、〈国制上の身分〉といっても、王朝国家は神人の特権を保証したのではなく、名簿作成は法の外に溢れ出ようとする神人を取り締まるためのものであり、〈濫行抑止〉の方に主眼があった。この「神人交名」

は鎌倉後期の「悪党交名」とも共通して、「神人」「悪党」が複数犯であることから〈交際のあった人々の名〉という意味での「交名」なのであろう。西田友広はこれを「ブラックリスト」と名付けている[25]。

以上から、私は網野説とは異なり、「神」と「国家」との対立関係から、〈神人は国家への対抗意識を持ち、国家の法秩序の外に立つ存在であった〉ことを強調したい。ともあれ、この第三条を「神人整理令」と理解してよいだろう。

第四号――寄沙汰禁止令

第四号は「太政官→国司→本寺の所司→悪僧」という命令系統の中で発布されたもので、「不拘法制之輩」以降は太政官の命令である。「濫行」の説明として「僧の供料と号し、出挙の利を加増し」「会頭料と称し、公私の物を掠取る」とある。つまり第三号の「濫行」が〈神人の増加〉であるのに対し、ここでは〈金融業〉という具体的な行為を「濫行」とし、「出挙」の「利の加増」が「公私物の掠取」や「国の損害」となっているとしているのである。この法令を解釈するためには、近藤成一が『鎌倉幕府と朝廷[26]』で述べている「路次狼藉」についての、次の記述が参考になろう。

路次狼藉というのは、路次において通行人の所持物を奪い取る行為のことをいうけれども、これもまったく見知らぬ通行人の所持物を奪い取るということではなく、奪う者と奪われる者が債権者と債務者の関係にあって、債権回収のための自力救済行為として行われる場合がある。この場合も問題となるのは債権の存否であって、債権の存在が確実であれば、路次において債権回収の実力行使に及ぶこと自体は罪とはならないというのが以前の考え方であった。

延慶三年・正和四年の立法は刈田狼藉・路次狼藉についての考え方を改めたことを意味する。……たとえ債権回収のための差し押さえであっても、それを路次で行えば罪になる。自力救済のための実力行使が制限されるようになったのである。

これは「悪党召し捕りの構造」を述べる際に、それを引き立てるために、いわば〈悪党の陰画〉として述べたもので、史料に基づく実証的な分析を伴ってはいない。近藤は、〈債権が存在すれば、路次狼藉は罪にならない〉〈債権があると称して行う模倣犯だけを盗賊として処罰の対象とする〉と言っているのであろう。この文章がこの法令解釈に有効だとすると、「諸寺諸山の悪僧」の行う「濫行」は、「債権」の存在を証明する文書があるので罪にならないとなる。それゆえ、この法令が問題としているのは、多発する神人・悪僧の寄沙汰を模倣する模倣犯に対する取締令となるが、それでよいのであろうか。

「……と号し」「……と称す」とは、仮称するものを持っていれば正当だとの主張を含んでいる。しかし、ここで王朝国家が問題としているのは債権の存否ではなく、「出挙の利を加増する」とある高率の利息であり、利倍法違反の寄沙汰である。この「寄沙汰」の場合、債権の存在を証明する文書を伴っていることは、本章第三節から明らかである。また第11章で明らかにするように、神人・悪僧の側が〈文書に基づくべきだ〉とする市場の慣習法を重視する立場に立っているのに対して、国家の側は〈「利倍法」＝制定法を守れ〉として対立しており、寄沙汰における対立点は「債権の存否」ではなかった。

第7章で取り上げた大津日吉神人を戸田芳実は「国内名士」としたが、ここに登場する「夏衆・彼岸衆・先達・寄人等」も「三寺・両山」に属する「国内名士」の同類であろう。戸田は国内名士の典型的人物として中原成行を取り上げた。彼は都市貴族の家系を持ち、院の下級職員である召次を統括する〈勾当〉で、近江国の愛智郡長野郷に住み、愛智郡司など七郡の〈郡司〉を兼ねており、日吉神社の末社「愛智新宮」の神事を勤仕する〈神人〉でもあった。この愛智新宮は、その中原成行が住んでいた長野郷近くの愛智郡旧日枝村に鎮座していたと思われ、ここを中心に社領荘園の「日吉保」が成立していた。

長治三年（一一〇六）には二百余町、神民（田堵）二百余人と急速に大規模化した。当時の荘司は恒依だが、中原成行も日吉保の経営に深く関わっていただろう[27]と戸田はしている。中原は領内の農民に対しては「里倉負名」制に基づき、生産の保証のための「出挙」、山本幸司の言う[28]「相互扶助としての貸借」を行っていたが、京・近江を頻りと往来したことから、領外の人々にも接触し、彼らに対しては営利目的の貸借・収奪的な高利の貸し付けを行っただろう。この第四号の場合も国衙領侵略の志向を持った「出挙」で、「僧の供料」「会頭料」との名目で濫行を行ったのだろう。

これらの行為を取り締まるために「制法に拘わらざる輩、本寺の所司を遣わし、父母、師主及所縁等を注進せよ」とある。これと同じ文言は「公家法」第三八号[29]、第五一号[30]にもあり、後の「在所注文[31]」に当たろう。出家者の「所縁」が問題なのは、還俗させた上での処罰を目的としたからであろう。「知不録与同罪」の言葉は保元元年以来の公家新制を継承した[32]建久二年三月二十二日宣旨の第二条、「公家法」第三三号[33]にもあり、その頭註[34]には「不録」を「注進しない」、「与同罪」を「ヨ同罪」と読み「名例律によれば、真犯ではないが、それと同罪の意で、唐律では罪は絞までと規定された」とある。しかしこれは「罪に与同す」とか「同罪に与す」と読むべきだろう。衣川仁[35]は「協力しない者は同罪と心得よ」と解釈している。衣川説に従いたい。「若斯之類、寔蓄有徒」を衣川は「このようなたぐいは実に『蕃有徒』である」と読んだ。この「蕃」は〈植物が生い茂る〉の意で、「実に生命力があり〈なかま〉を増やしている」だろう。「先格後苻、厳制稠畳」の言葉は建久二年三月二十二日宣旨の第一条[36]にもあり、頭註には「いわゆる庄園整理令」「何回もの厳しい立法が行われている」とある。この場合は衣川の言う「『国威』をないがしろにしている。そのため繰り返し禁制を出さざるを得ない[37]」の意味だろう。

以上この法令の分析によって、棚橋が前章の引用文の中で述べていた「利稲出挙の盛行」を確認することができた。第四号での「濫行」は〈〝神威〟を掲げての寺社の神人・悪僧らによる在庁官人層への攻撃〉と理解することができよう。

三　神人・悪僧の訴訟決断

治承二年の「公家新制」

保元元年令（一一五六）から二十二年後、平氏全盛時代の治承二年（一一七八）七月十八日に、太政官は山陰道諸国の国司に宛てて「公家新制」の「太政官符山陰道諸国司　雑事拾弐箇条」を発布した。ここでは第七条と第一〇条と第一一条の三つを取り上げる。第七条は「公家法」の第二六号[38]で「利倍法」である。第一〇条は「公家法」第二九号[39]で「寄沙汰」禁止令である。ここには「決断訴訟」の言葉があり〈神人・悪僧が私的に裁判を行っている〉とある点に注目したい。中世前期の「公家法」の中には山僧・神人の「寄沙汰」に対する禁止令が幾つもあるが、それらの中でもこの「決断訴訟」文言は特異なものである。「公家法」第二九号内部の「或は京中を横行し……、或は諸国に発向し……」の対句構造からすれば、この私的な裁判の結果が「田地を侵し奪う」ことになる。そして次の第一一条が「公家法」第三〇号[40]で、私領を神人・悪僧に寄附することの停止令＝「荘園整理令」である。それゆえ、第二九号は次の「公家法」第三〇号と内容的に関係しよう。

次に第二六号、第二九号、第三〇号を順に取り上げたい。

「公家法」第二六号――一倍の外は非法

上述のように治承二年七月十八日の「宣旨」十二カ条の中の第七条目は「公家法」第二六号である。保元の「公家法」第四条では、漠然と「出挙の利を加増し」とあったものが、ここでは「出挙の利、壱倍を過ぐるを停止すべき事」と明確化している。事書には「可停止私出挙利過一倍事」とあり「利倍法」である。

一　応同停止私出挙利過壱倍事

右、同宣、奉　勅、出挙私物、格制殊重、況於非法利乎、而貧弊之民、被責窮困、竊以借用、返償之間、悉尽資貯云々、如斯之類、縦出契状、雖経多年、一倍之外、可停止非法者、

読み下す。

一　まさに同じく私出挙の利、壱倍を過ぐるを停止すべき事

右、同じく宣す。勅をうけたまはるに、私物を出挙すること、格制殊に重し。況や非法の利においておや。しかれども貧弊の民、窮困に責められ、竊かに以て借用す。返償するの間、悉く資貯を尽くすと云々。斯の如くの類、たとえ契状を出し、多年を経ると雖も、一倍の外、非法を停止すべし。てへり。

井原今朝男はこの法から「私出挙の利壱倍を過ぎる事を停止すべし」「私出挙の禁止」「非法の利の禁止」等を読み取り、ここから麗しい世界を夢想した。しかしこの法が問題としているのは「貧弊の民」が「窮困に責められ」て窃かに「借用」したが、「返償」の段階で「資貯を尽くし」、ますます「貧弊」「窮困」に陥っていくという社会的現実である。法が救済できるのは「一倍の外、非法を停止すべし」であるが、債権者の側は「契状」の存在や「多年を経ている」ことを理由に、債務者を譴責した。この法は太政官から山陰諸国の国司には伝えられたであろうが、「貧弊の民」にまで届いただろうか。

この法が前提としているケースは、「被責窮困」を理由に「出挙」を借用する人々が「返償」することで「悉尽資貯」となる、「資貯」を担保にした経済規模の小さな「貧弊之民」が中心であろう。強制取立ての際、「資貯」で足りない分は「役身折酬[41]」「人宅の破却」「民烟の追捕[42]」へと発展したであろう。第7章で取り上げた大津の神人

の借用者リストでは、③の住民に当たろう。神人たちの貸し付けの主な相手は、①の受領や知行国司という裕福な貴族か、②の官人たちであった。こうした大口の貸し付けに対しては、土地が担保となり、これに対応した法令は次に取り上げる第二九号であろう。

この法令の段階での王朝国家側の関心は「利倍法」の周知徹底にあり、〈証文によるか〉〈法によるか〉は負人側の選択に任されていたのであろう。

「公家法」第二九号——神人・悪僧の濫行

『中世法制史料集』の編者が付けた事書には「可搦進致濫行神人悪僧事」とある。史料と読み下し文を次に掲げる。

一　応同搦進諸社神人、諸寺悪僧、往反国中致濫行事

右、同宣、奉　勅、近年諸社神人、諸寺悪僧、或横行京中、決断訴訟、或発向諸国、侵奪田地、就中、延暦興福両寺悪僧、熊野山先達、日吉社神人等、殊以蜂起、同下知諸国、慥令搦進其身者、

読み下す。

一　応に国中を往反し濫行を致す諸社神人、諸寺悪僧を同じく搦め進むべき事

右、同じく宣す。勅を奉るに、近年諸社の神人、諸寺の悪僧、或ひは京中に横行して、訴訟を決断し、或ひは諸国に発向して、田地を侵し奪う。なかんずく、延暦興福両寺の悪僧、熊野山の先達、日吉社の神人等、殊に以て蜂起す。同じく諸国に下知し、慥かに其身を搦め進めしめよ、てへり。

第二九号の研究史

笠松宏至は論文「中世の政治社会思想」で、この「公家法」第二九号を取り上げ、この法令を〈公家新制中で寄沙汰に関し最も早い時期に属するもの〉[43]と紹介した。この法令の表面には「寄沙汰」という言葉は登場していないが、笠松は自ら下した定義からそう判断したのである。この「公家法」第二九号を踏まえて、網野善彦は「中世の商業と金融」[44]で次のように述べている。

十二世紀から十三世紀にかけて……日吉神人や山僧による《日吉上分物》、熊野神人や山臥による《熊野御初尾物》など、神仏に捧げられる初穂として神物・仏物とされた米や銭を資本とし、これらの人びとは出挙利銭とよばれた金融をさかんに行うとともに、神仏の権威と身につけた武力を背景に、公権力とは独自に裁判権を行使し、徴税の請負、執達、債権の取立てなどを実力で行ったのである。

ここにある「独自の裁判権行使」が我々の問題である。

法令の分析

「一　応……事」は事書で、太政官の命令の要約である。「右」以下の「同宣」は左大臣藤原経宗の「宣」で、「奉勅……者」の「……」は天皇の言葉である。最後の所にある「同下知諸国、慥令搦進其身」が「諸国」への命令で、それ以前はその命令が出されるに至った経緯の説明で、現場で対応した諸国や検非違使庁からの報告や諮問に基づいているだろう。事書の「諸社神人、諸寺悪僧」を「就中」以下では「延暦興福両寺悪僧、熊野山先達、日吉社神人等」と言い直している。勅は対句形式をとり「或いは……或いは……」とあり、「京中」で「訴訟を決断」し、「諸国」で「田地を侵し奪う」とある。

ここからは「京中」で「訴訟」が行われたとなるが、むしろ事書の「往反国中」が、本文中の「横行京中」「発向諸国」に、「致濫行」が「決断訴訟」「侵奪田地」にそれぞれ対応していると読むべきであろう。それゆえ「諸社神人、諸寺悪僧」が〈訴訟を決断し〉、「田地」を〈侵し奪う〉ことが〈濫行〉となる。この場合の「田地」は貸借・出挙の抵当物件で、「侵奪」は抵当物件の私的差押えである。ここからこの法令全体のテーマは「諸社神人、諸寺悪僧」が債権者に代わって行う「寄沙汰」で、「訴訟の決断」とは債務者を呼びつけて行った「債権取立て」のための裁判＝「雑務沙汰」となる。

「神人・悪僧」たちは民事裁判を独自に敢行した。先に我々は上位権力が裁判を疎外するなら、下位権力はその委任を受け、自ら裁判を実現させたとした。契約状があるにもかかわらず約束は守られず貸借の返済がなされないなら、契約状によって返済されるべきだとする「市場法」に従い、諸社神人、諸寺悪僧たちが独自の統治権力を形成し、債権者側が裁判を実現して、強制執行を行うことは自然の流れであった。「神人・悪僧」は債務者に対しては直接権利はないが、債務者を呼び寄せ、借状にある「後日の沙汰の為」という文言を根拠にして、債権者に確認を取った上で強制執行を行ったと思われる。

「訴訟を決断する」とは、債権者・訴人から訴えを「寄せられた」ことを理由に、債務者に直接返済を迫ることだろう。ここには「侵奪田地」とあり、債権の担保・質に入っていた物は「田地」であった。この法令から「神人・悪僧の濫行」＝「寄沙汰」には文書が伴っていたことは明らかである。「田地」のある場所は「京中・諸国」で、債務者のいる現地で「訴訟を決断した」となろう。①債権者の〈代理人〉、②〈債務者〉、③証拠の〈文書〉、④〈証人〉、の四者を揃えての雑務沙汰ではあるが、この訴訟の裁可主体が第三者ではなく、債権者の〈代理人〉であることが問題である。

正規の裁判所は国衙や使庁などにあり、国司らが管轄し「検断・所務・雑務の沙汰人」や「明法道の学士」等で構成され、契約文書があっても「市場法」に敵対して「利は一倍を超えるべからず」との利倍法の貫徹が目指されていた。つまり国衙領や検非違使の支配領域は王朝国家法によって統治されているが、寺社の支配する荘園の世界は神人・悪僧が支配し、もう一つ別の統治権の支配下にあったのである。土地を差し押さえる際の作法については次節で取り上げる。

独自の裁判権の行使

「国中を往反」して「京中を横行」し「諸国に発向」している時の出来事なので、神人・悪僧たちは「市・町・津・路地・辻」などの境界領域・公共の場で、債務契約に詳しい市場の公界人たちを語らい、私的に裁判を強行したのだろう。「神人・悪僧」の根拠地は本社・本寺の「延暦興福両寺、熊野山、日吉社等」だが、彼らに関係する者は「諸国」の荘園などに「散在」していた。それゆえ「訴訟決断」の行われた場所は散在神人らのいる現地付近の公共の場＝〈市場〉であろう。「神人・悪僧」は〈移動判事〉として本寺・本山から「蜂起」して、集団で現地に赴き「濫行」に及んだと想像される。

「神人・悪僧」は債権者に代わり債務者に返済を迫った。即決裁判[45]である。文書の正当性を保証しているものは、その文書が作られた市場における〈承認〉である。契約の場面を証言する人の存在が必要である。こうした暴力的な裁判の場は「市場」が相応しい。こうした証人を含む公界人たちと語らい・談合した場が、市場での「公界の沙汰」の原型だろう。王朝側から見ればこれは正規の裁判ではないので、「公家法」第二九号は前条の第二八号の「盗賊放火の輩」と比べた上で「濫行」だと非難された。公家法や鎌倉幕府法を広く眺めても、「訴訟決断」の文言が登場するのはこの「公家法」第二九号だけである。

つまり「神人・悪僧」の「訴訟決断」はこの宣旨を以て〈非合法だ〉と宣言され、〈不法な裁判だ〉と断定されたのである。それゆえ、この後もこうした裁判は続けられたが、王朝国家の側は裁判の結果、強制執行として行う「債権の取立て」を「神人・悪僧の寄沙汰」として取り上げ、非法・犯罪だとして取り扱うことになった。市場の取引に関わる神人・悪僧たちが裁判をしたという文字史料としては、これは希有の例なのである。この法令に注目したい所以である。次に「公家法」第二九号で、神人・悪僧が訴訟を決断し遵行した場所やその状態を考えたい。

歴史的背景——人民裁判

「公家法」第二九号においては、「奉勅」の次に「近年」とある。この言葉は何を意味していたのか。治承二年（一一七八）十一月には平徳子が言仁親王を生み、清盛は天皇の外祖父の座に着いた。この法令が出たのはその少し前のことで、清盛と後白河法皇との間は休戦状態にあった。しかし前年の治承元年には「鹿ヶ谷事件」があり、後白河法皇の側近は、反平家の陰謀に荷担したとして検挙され、殺されるか、島流しになった。つまり院と清盛との間には厳しい対立があったのである。

しかもこの時代は南都・北嶺の寺社勢力が両者の対立関係に様々な形で関与していた。安田元久の『院政と平氏』[46]よりこの時代の嗷訴を表示すれば表6のようになる。

表6　治承二年以前の嗷訴

	行　動	原　因
嘉応元年（一一六九）	内裏乱入	法王の近臣藤原成親の目代が美濃国の比良野荘で日吉の神人を紛争で殺害
承安元年（一一七一）	上洛の企て	院の北面武士平信遠が興福寺の寺使に乱行
承安二年（一一七二）	春日社の神木を奉じて	伊賀国住人が春日社神人を紛争で殺害
承安三年（一一七三）	上洛の企て	多武峰焼き討ちをめぐる南都十五寺の荘園・末寺の没官命令に対して、上洛の企て
治承元年（一一七七）	日吉・白山の御輿を奉じて	院の近臣藤原師高・師経が白山の末寺を焼き払う。院は延暦寺の末寺・荘園没収のため諸国司へ調査を指令

殺人犯の処罰などを要求して「嗷訴」が繰り返される中で、神人・悪僧の「寄沙汰」もまた行われたであろう。殺人事件等の背後には、王朝国家・院側と権門勢家の大寺社側との間で、荘園の寄進をめぐり、厳しい利害の対立があった。寄進を受け入れようとする寺社側と、荘園整理を進めようとする院側が対立する中で、債権・債務関係に関わる個別的な事案の場合は「寄沙汰」になったのだろう。しかし承安三年や治承元年の「嗷訴」の場合では、荘園の没収に対する寺社側の抗議が「嗷訴」蜂起の直接の原因だった。王朝国家は「嗷訴」に対しては対応に苦慮していたが、個別の「寄沙汰」に対しては厳しい対応を進めていたのである。

新井孝重は『中世悪党の研究』[47]において『参考源平盛衰記』を引き、「嗷訴」が三重の構造になっていたとして「寺院大衆の周辺部に無数の神人・宮仕が取り囲むように群集し〈手ヲ扣キ音ヲ調テ喚叫〉」、「さらにその外側に貴賤上下の都市民の群れが走り集まり、拝みひれ伏している」とした。こうした「寺院大衆」「手を叩き叫喚する神人・宮仕」「貴賤の都市民」からなる三重構造は「寄沙汰」においても見られただろう。それゆえ「訴訟を決断する」とはあるが、この裁判は公衆の面前で展開された「人民裁判」で、祝祭的な雰囲気の中、人々の歓呼の中で行われていたと考えるべきであろう。

聖なる暴力——寄沙汰と嗷訴

笠松宏至の論文「中世の政治社会思想」[48]は文永・弘安期の「徳政」を解明することを目的としたもので、その当時「徳政の興行」としての「雑訴の決断」が政治の重要項目であったとして、国家の裁判制度の外にある「寄沙汰」と「嗷訴」とを区別した。しかし「寄沙汰」禁止令の中には、「嗷訴」の場合と同じ「蜂起」[49]や「嗷々沙汰」[50]という言葉があり、「山門ならびに諸社神人等、諸事につき催促と称し、数多を率いて乱入狼藉に及ぶ」[51]ともあるので、山僧や神人が徒党を組み、大声で騒ぎ訴える点で、債権取立てを本質とする「寄沙汰」と、朝廷や幕府に対して様々な要求を突き付ける「嗷訴」との間には共通点があった。

「嗷々沙汰」と「嗷訴」とに共通する「嗷」の古訓は「さわぐ・とどろく」で、「大声で祈り訴える」の意味である。衣川仁は『僧兵＝祈りと暴力の力』[52]の中で、「高声」についての網野善彦の主張を承けて〈「嗷訴」を行う大衆が担いだ神輿や神木が「神威」を視覚的に表したのと同様、日常社会で禁止された「高声」が「神威」を聴覚的に表していた〉とした。それゆえ神人・悪僧は視覚・聴覚に訴えて「神威」を体現し、集団で行動をしたのである。鎌倉時代の裁判用語説明書の『沙汰未練書』には「嗷訴トハ理不尽訴訟也（山門南都以下諸社ニ在之）」とある。「寄沙汰」は「嗷訴」のこの側面を引き継いでいた。

衣川は、嗷訴を行う仏教側の主張には、〈証拠・証人による審査〉という世俗の合理性を超えた面があったとした。興福寺の別称「山階寺」には〈日常の道理を超える面がある〉と人々は認識していたので、興福寺大衆の最初の「嗷訴」から「山階道理」という言葉が生まれた。『大鏡』には「いみじき非道の事も、山階寺にかかりぬれば、又ともかく人もいはず、山階道理とつけておきつ」とある。ここから、金融業の「借上」を行う大津神人は、返済未履行を債務者個人の問題ではなく〈「神事」の断絶〉を意味し、〈「仏法破滅」をもたらす社会問題だとして強制的に取り立てを行っていた[53]〉と衣川はした。

前述のように「寄沙汰」を分解すれば〈「沙汰」を「寄せ」る〉となる。「寄す」について『国語大辞典』には「ある事柄をある人に任せる」とあり、白川静『字訓[54]』の「よす」でも、「寄」は「もと神霊に依託する意を持つ字であろう」とし、「寄・託は何れも神意に任せる意で、無条件的に事を託する意である」とある。それゆえ「寄沙汰」は「神威を借りて」行う裁判で、この場合の「神」は「罰する神」「祟る神」「荒ぶる神[55]」であろう。ここから「寄沙汰」は「嗷訴」と同様に宗教的な権威を背景にして行われ、世俗の合理性を超えた非合理な要素が加わって、両者ともに〈聖なる暴力〉の要素があったとなる。

「神威」の言葉は、第9章第一節で取り上げる「寛喜元年の太政官符」に三例ある。この太政官符は出羽国司・淡路国司・太宰府それぞれに宛てて三カ条ずつ出された。「公家法」の第一四一〜一四三号、第一四四〜一四六号、第一四七〜一四九号である。そのうち第一四五号、第一四八号、第一四九号には「仮神威」「募神威」「寄事於神威」とある。また第12章第二節で取り上げる「公家法」の第三八一号にも、「仮神威」がある。「神威」の向こうに〈神人たちが天皇の権威を超えようとする意志〉、〈国家への対抗意識〉を見てよいだろう。

処罰――追捕官符システム

法令の最後に「同下知諸国、慥令搦進其身」とある。これは、この法令の前にある「公家法」第二八号の「陸海盗賊、放火輩」に対する法令の最後にある処罰文言「宜下知諸国、隣里与力搦進其身」を承けており、「悪僧・先達・神人等」の「蜂起」は王朝国家の言う「五カの大犯[57]」の中の「山賊・海賊」に相当するとして、国司や検非違使庁にその取締り・身柄の拘束・追捕を命じている。これは日本古代国家の「追捕官符システム」の発動である。後の鎌倉幕府の用語で言えば、守護の関与すべき「検断沙汰」の対象であったとなる。西田友広は「追捕官符システム」を次のように[58]説明している。

追捕官符システムは、朝廷が国司に対して、犯人の追討・追捕を命じる官符(勅符や宣旨の場合も含む)を発給し、国司はそれに基づいて押領使・追捕使や国内の武士を動員して犯人を鎮圧するというシステムで、謀叛・殺害・強盗などの重犯を対象として発動された。……平将門の乱や藤原純友の乱もこのシステムによって鎮圧された。

「公家法」第三〇号――私領の神人・悪僧への寄附停止令

次に「治承二年の公家新制」第一一条=「公家法」第三〇号を取り上げたい。これは〈私領を神人・悪僧に寄附することと〉の停止令である。前述のように、「公家法」第二九号はその「或は京中を横行し……、或は諸国に発向し……」という対句の構造からすれば、そこでの私的な裁判の結果が「侵奪田地」になるので、第二九号はこの第三〇号と関連している。

事書は「可停止以所領寄附神人悪僧事」とあり、次のようにある。

一　応停止諸国人民以私領寄付神人・悪僧等事

右、同宣、奉　勅、諸国人民、以公田称私領、寄与神人、悪僧等云々、国之滅亡、無大於斯、宜任先苻悉令停止者

読み下す。

一　応に停止すべし、諸国人民私領を以て神人・悪僧に寄付する事

右、同じく宣す。勅を奉るに、諸国の人民、公田を以て私領と称し、神人、悪僧等に寄せ与ふと云々。国の滅亡、斯より大なるは無し。宜しく先苻に任せ、悉く停止せしめよ。てへり。

この時代に「諸国人民」が「公田」を「私領」と称して「神人・悪僧」に寄進していたことを大石直正[59]は指摘した。大石の言う通り、荘園制を進展させる点で「寄進」と「寄沙汰」とは本来同じもので、表裏の関係にあった。この法令は、建久二年（一一九二）の宣旨＝「公家法」第三四号にある〈諸国人民が私領を神人・悪僧・武勇輩に寄与して、押領すること〉に対応しており、元亨元年（一三二一）の宣旨の中の「公家法」第五六九号[60]「応停止譲不知行地於他人事」にあるように、不知行地を寄進して行う「寄沙汰」は公領の荘園化に関わっていよう。

四　土地差押えの作法

「建久二年の公家新制」――「公家法」第三七号

鎌倉幕府成立の直前の建久二年（一一九一）三月二十二日には「宣旨」全十七カ条が発布された。それが「公家法」の第三二～四八号である。その第一六条目の「公家法」第四七号は、「海陸盗賊ならびに放火の輩を搦め進めることを〈前右近衛大将〉源頼朝と京畿内諸国所部官司等に命じた」ものとして有名である。ここにおいて朝廷は頼朝を自己の治安維持体制の一角に取り込もうとしていたので[61]、これを「平氏政権下」のものとすることには多少の無理があるが、とりあえずここで論じていきたい。その第六条目が「公家法」の第三七号[62]で、これには「可令停止諸社神人濫行事」との事書がある。

次の第七条目は「公家法」の第三八号で、事書には「可令停止諸山悪僧濫行事」とある[63]。内容は前述した「公家法」第四号に連続しており、「出挙利分と称し」「仏僧供料と号し」て行う〈悪僧の濫行に対する禁令〉で、どちらも「出挙」に関連した違法行為を問題としている。ここでは内容の面白い前者の第三七号を取り上げたい[64]。

一　可令且下知本社、仰京畿、諸国所部官司、停止諸社神人濫行事

仰、伊勢已下神民、濫行人数加増、格条所制、罪科不軽、而近年諸社司等、云本神人、云新加輩、為先賄賂、多以加任、然間、横行洛中、致出挙違法之責、経廻城外、招濫妨不拘之科、或振榊立榊、或質券懸札、民之受弊、無甚於此、各仰其社総官等、於本神人者、令注進交名并証文、至于新加輩者、慥解其職、宜加禁遏、兼亦社司等若有違犯者、改補其人、処以重科、

『中世政治社会思想[65]』下で笠松宏至が試みた読み下し文を次に紹介する。私の読み下した部分には傍線を付けた。

一　かつがつ本社に下知して、京畿・諸国所部の官司に仰せて、諸社神人の濫行を停止せしむべき事
仰す、伊勢已下の神民、濫行の人数加増す。格条の制するところ罪科軽からず。しかるに近年諸社司等、本神人といひ新加の輩といひ、賄賂を先となし多く以て加任す。しかる間、洛中を横行して、出挙違法の責を致し、城外に経廻して、濫妨不拘の科を招く。或ひは桙《ほこ》を振りて榊を立て、或ひは質券を札に懸く。民の弊を受くること、これより甚だしきはなし。各々その社の総官等に仰せて、本神人に於ては交名ならびに証文を注進せしめ、新加の輩に至りては、慥かに其の職を解きて、よろしく禁遏を加ふべし。兼てはまた社司等もし違犯あらば、その人を改補して、処するに重科を以てせよ。

諸社神人の濫行の第一に神人の数の増加を挙げているので、これは「神人整理令」である。ここでは、法令中頃の「然間」以降にある「濫行」の具体的な在り方を示す「或振桙立榊、或質券懸札」に注目したい。傍線部は『中世法制史料集』では「或質券懸レ札」とあり「質券を札に懸く」と読むべきなのに、『中世政治社会思想』下では「券を質として札を懸く」とある。また後者の頭註には「榊を立て」についても「質物の差しおさえを示すために榊を立てる」とあり、「札を懸く」には「榊と同じく、差しおさえを明示するための札を質物に付ける」とある。

その直前の「桙」は「鉾」の異字で、弥生時代の銅鉾、日本神話の逆鉾に繋がる祭具である。嗷訴の作法として、鉾を先頭に行列して進み、問題の土地において「桙を振」ったのであろう。その後四本の笹竹を立て、そこにしめ縄を張り、その中に榊や札を立て、その札に債権・債務関係を証明する「質券」を懸けた。これが、「出挙違法の責め」として行う、土地の〈差押えの作法〉であろう。私はここにある「札を立てて、それに『質券』を懸けた」の「札を立てる」は、日本書紀に記されている素戔嗚尊の国津罪の一つの「串差し」に対応し、土地の所有権を主張する古来からの行為[66]だと思う。

作法通りの差押えは「嗷訴」の場合と同様、多くの人が見物し「手を叩き、叫喚して」歓呼賛同する中で「人民

裁判」として行われたが、王朝国家側はこれを「濫防不拘之科」とし「民之受弊」＝犯罪だと断じている。ここで注目すべきは、係争中の土地に単に「串を立てる」のではなく、「或振桙立榊、或質券懸札」とあるように〈証拠文書の提示・誇示〉を伴っていることである。証拠となる契約文書＝「質券」だけが神人たちの行動を正当化し、明法博士の主張を覆す唯一の根拠であった。

証拠文書を提示して土地を差し押さえる神人・悪僧の生み出した作法＝慣習法に対して、王朝国家の制定法はこれを認めなかった。『法曹至要抄』「質物条」の第九五条には「以田宅不可為質事」とあり、次の第九六条にも「以質券不可領田宅事[67]」とある。また『法曹至要抄』「出挙条」第八六章の次にある欠番の法令には「禁制出挙財物以宅地園圃為質事[68]」とある。制定法と現実の齟齬が生まれていたのである。国家の法令で禁止しても「貧乏の民は宅地を質と為す」行為を止められず、国家が指示できることは債権者が住居を取り上げることの禁止に限られていた。

文書主義と利倍法

このように「文書」がすべての主張の根拠になっていることを研究者たちは「文書主義」と呼び（第4章参照）、文書に対する中世の人々のこのような心性を学者はまた「文書フェティシズム」と名付けている。この場合は、慣習法に基づいて債権者側が行う債権取立てとしての強制執行＝差押えを「文書」が正当化していた。「文書」＝「質券」が強制執行に対して社会的な承認を与えていたのである。そして、敢えてその社会的承認が行われた場所を挙げれば、多くの人が集まる市場などであろう。慣習法的な市場法が契約の自由を根拠にしていたとすれば、契約文書の権威は絶対である。しかしながら、王朝国家の制定法である「利倍法」はこの「文書主義」を否定した。

王朝国家が「利倍法」を強制できた根拠は、律令法に基づく〈民に対する保護〉、〈社会正義の実現〉であろう。しかしこの法令の中での土地の〈差押えの作法〉の記述は非常にリアルで、当時の事実を正確に反映していると考えられるので、現実の世界ではむしろ〈文書が制定法を破っていた〉と見たい。「寄沙汰」をめぐる王朝国家と神人・悪僧との対立点は、市場の慣習法に基づく〈「文書」を重視するか〉、王朝国家の制定した「利倍法」を中心とした〈「制定法」を重視するか〉にあった。ここでは正義や社会秩序の根拠として慣習法と制定法が対立しているのだが、それが〈市場の「文書」〉と〈国家の「制定法」〉の対立として現れているのである。なお、第3章で見たように、この場合、慣習法が現代的な経済原理に基づいており、制定法が経済外的強制となっていることが重要であろう。

実際、債務者＝「負人」の側が「京畿・諸国所部官司」に訴えると、ここで初めて王朝国家側の「法」＝処罰規定が登場してくる。その際、処罰対象が「本神人」の場合は、「其社総監官等」が「交名」と「証文」とを共に注進するように命じられていた。「新加神人」の場合はその職は解かれ、「社司」の場合には「改補」させられ「重科」に処せられた。

文書の糺返・其物の没官——「公家法」第八三号

もう一つ別の「建久二年の公家新制」である「建久二年（一一九一）の三月廿八日の宣旨」全三十六カ条の第三一条目は「公家法」第八三号[69]である。次のようにある。

一　可停止私出挙利過一倍事

仰、三代之格、雖為半倍、雑令之分、猶極一倍、云彼云是、不可不用、但、近年其利日加、其物月増、謬以重質、更代軽財、一年之中、以半倍雖為利分、両年之後、以一倍為定数、早下知京畿諸国、自今已後、一倍之外、縦雖出証文、慥令従禁遏、不拘制法、若猶違犯者、令負人触訴使庁、宜糺返文書、慥没官其物

読み下す。

一　私出挙の利一倍を過ぐるを停止すべきの事
仰す。三代の格、半倍たりと雖も、雑令の分、なほ一倍を極む。彼と云ひ是と云ひ、用ひざるべからず。但し、近年その利日に加はり、その物月に増す、謬ちては以て質を重くし、更に代はりては財を軽くす。一年の中、半倍を以て利分たりと雖も、両年の後、一倍を以て定数となす。早く京畿諸国に下知し、自今已後、一倍の外、縦とひ証文を出すと雖も、慥かに禁遏にしたがはしめ、制法に拘はらず、若しなお違犯せば、負人をして使庁に触れ訴へしめ、宜しく文書を糺し返し、慥かに其物を没官せしめよ。

ここに出ている「其利日加」「其物月増」「重質」「軽財」は債権者が高利を要求していることであろう。「縦雖出証文」からは、債権者が「証文」を理由にして債務者を譴責していることが知られる。一方、この法令では「三代格」や「雑令分」がどうあっても、出挙の利は一倍にするとして、たとえ「証文」を出しても「一倍」という「定数」に従わせ、従わない者に対しては使庁を通じて「証文を糺し返し」、「其物を没官する」とある。ここにある「証文」とは債権・債務関係を証拠づける「借状」で、ここでの「糺返」と「没官」とは「証文」を重視する慣習法を根底から覆すものであった。

ここには「使庁」が登場し、契約時に取り交わした「証文」よりも〈律令国家の制定法＝「令格」を基準にせよ〉と命じている。債務者＝「負人」が「使庁」に訴えると、後の徳政令と同様、「借状」は「負人」に戻され、「借状」は破棄され、負人側の利益は保証された。「其物の没官」とは、債権者に支払われた「其物」を検非違使が一時預かり負人に返すのではなく、文字通り〈官による没収〉の意で、検非違使庁の手数料収入になったのだろう。つまり、債務者と債権者の争いの原因となった「証文」は破棄され、支払った物は検断物として使庁が没収し、債権者は「若猶有違犯者」として犯罪者扱いになっている。

この当時検非違使庁は「訴訟」を受け付けており、棚橋光男が言う通り、検非違使庁の体制はこの時代に既に確立していた。しかし、この「公家法」第八三号の趣旨は一倍を超えることの禁止にあり、文書の「紕返」と其物の「没官」とは違反者に対する最後の手段で、現実には使庁への出訴の周知が目的だったのだろう。第1章で述べたように京都の市場の監督者は検非違使庁・「東市正」なので、京都の「東市」周辺ではこの「法」は強く貫徹しただろう。逆に、「東市」から離れた寺社の境内・門前などの市場では、国家の制定法は貫徹せず、「契約文書」が重視された慣習法の世界であった。

以上から「神人・悪僧の濫行」は「寄沙汰」で、契約状を根拠にして行われたが、王朝国家は利倍法を根拠にして、これを禁止した。「承久の乱前後の寄沙汰の拡大」については次章で、「公武の寄沙汰対策」については第10章で、「利倍法と寄沙汰との対立」、「寄沙汰の終焉」については第11章でそれぞれ取り上げる。

第9章　承久の乱前後の寄沙汰の拡大

この章では承久の乱前後の時期において、寄沙汰が主体の面でも、対象の面でも拡大したことを取り上げたい。承久の乱前後の出来事を年表にまとめると次のようになる。

一二一二	建暦二年	建暦二年の新制
一二一三	建保元年	和田合戦
一二一九	承久元年	実朝、公暁に殺される
一二二一	承久三年	承久の乱
		七月　後鳥羽上皇隠岐へ、順徳上皇を佐渡に流す
		十月　土御門上皇を土佐に流す
一二二四	元仁元年	六月　北条義時没し、泰時執権となる
一二二五	嘉禄元年	幕府評定衆を置く。追加法[1]第一七条（利倍法）
一二三一	寛喜三年	宣旨事（「公家法」第一五〇号＝追加法第三三条）
一二三二	貞永元年	『御成敗式目』（貞永式目）制定
一二三五	嘉禎元年	僧徒の武装を禁止する（追加法第七〇条）

一二三九　延応元年　　追加法第一〇〇～一二一条
一二四二　仁治三年　六月　北条泰時没し、経時執権となる。「新御成敗状」二十九カ条

このうち寛喜三年の「宣旨事」はここで取り上げるべきものだが、紙幅の関係があるので、これは独立させて次章で取り上げる。ちなみに、寄沙汰の禁止令は初め「公家法」の中に見られるが、寛喜三年の「宣旨事」を転機として、この時から武家法に登場してくる。禁止の主体が替わってくるのである。

ここではまず最初に建暦二年の公家新制を取り上げたい。

一　「公家法」の寄沙汰禁止令

建暦二年三月二十二日の公家新制(2)＝「宣旨」全二十一カ条は、「神事・仏事」関係法八カ条と「過差」禁止令五カ条を中心とした、「公家法」第九二～一一二号である。ここでは、次章で取り上げる「宣旨事」の前提となったと思われる第八条目の「神人・悪僧の濫行」禁止令である「公家法」第九九号と、第一七条目の「僧侶の武装」禁止令の「公家法」第一〇八号を取り上げる。また次の第一〇九号は「利倍法」であるが、これは第11章で取り上げる。

神人・悪僧の濫行停止令――「公家法」第九九号

一　可令所部官司停止諸社神人諸寺悪僧濫行事
仰、神人者、斎敬為本、僧徒者、修学為先、而頃年猛悪之民、称神人闐城、愚癡之侶、号寺僧溢郭、不顧神

眷、偏致梟悪、不憚仏意、剰事狼喚、濫行之至、責而有余、自今以後、慥可禁遏、若不拘厳制者、任法令糺
断

読み下す。

一　所部官司をして諸社の神人、諸寺の悪僧の濫行を停止せしむべきの事
仰す。神人は、斎敬を本となし、僧徒は、修学を先となす。しかれども頃年猛悪の民、神人と称して城に闐ち、愚癡の侶、寺僧と号して郭に溢る。神眷を顧みず、偏に梟悪を致す。仏意を憚らず、あまつさえ狼喚を事とす。濫行の至り、責めて余り有り。自今以後、慥に禁遏すべし。もし厳制に拘はらずんば、法に任せて糺断せしめよ。

「斎敬為本」「修学為先」は彼ら神人・僧徒の本来の在り方を述べたものである。「斎敬為本」からは、神人が神社近くの交通の便のよい〈市場在家〉に居住し、「修学為先」からは、僧徒の根拠地が奈良仏教の場合は「南都」の〈寺院〉に、平安仏教の場合は「北嶺」などの〈山岳〉にあったとなる。こうした本来の在り方にもかかわらず、彼らは「濫行」を行っていた。王朝国家は彼らの濫行の停止・禁遏を、国司や使庁などの「所部官司」に命じた。法文上には「猛悪の民」「愚癡の侶」「梟悪」「狼喚」「責めて余り有り」と非難の言葉が連ねられているが、彼らの行った「濫行」が「寄沙汰」だとの論述はない。

この「法に任せて」の言葉は、現代人の語感では「根拠となる法に基づいて、合法的に、適法に」の意味だと思われるが、西田友広が述べているように、中世の用例ではむしろ反対で「是非に及ばず、善悪にかかわらず」の意味で用いられていた[3]。それゆえ、ここの意味は「何が何でも糺断せよ」で、強い禁止を示していることになる。

僧侶の兵仗停止令――「公家法」第一〇八号

一　可停止僧侶兵仗事

仰、近来僧侶之行、放逸為先、加之、観念是暗、心隔四禅之夜月、印契如忘、手提三尺之秋霜、破戒之罪、責而有余、滅法之因、職而由斯、洛中洛外諸寺諸山、慥加厳誡、任法科断

読み下す。

一　僧侶の兵仗を停止すべき事

仰す。近来僧侶の行ひ、放逸を先きとなす。しかのみならず、観念は是れ暗し。心は四禅の夜月を隔なれ、印契は忘するる如し。手に三尺の秋霜を提げ、破戒の罪、責めて余り有り。滅法の因、もととして斯れに由る。洛中洛外の諸寺諸山、慥かに厳戒を加へ、法に任せて科断せよ。

これは僧徒の武装禁止令で、「三尺之秋霜」は刀剣のことである。当時山僧・悪僧は武装をしており〈「武威」の担い手〉と言われていた。こうした「武威」に基づき「寄沙汰」を行っていたのだから、山僧・神人の濫行を取り締るためには、彼らの武装解除がどうしても必要だった。このほかに、僧徒の兵仗を禁じた「公家法」には、「弘長三年（一二六三）の宣旨」の第三三条目の「公家法」第二六七号[4]や、「弘安八年（一二八五）の宣旨」の第一条目＝「公家法」第三七〇号[5]がある。また武家法では、次節で取り上げる文暦二年（一二三四）の追加法第七〇条[6]も同じ趣旨の禁令である。

ここにある「任法科断」も強い否定を表している。

寛喜元年の三太政官符――「公家法」第一四一～一四九号

寛喜元年（一二二九）四月七日には出羽国司・淡路国司・太宰府宛てに、それぞれ太政官符が出された。それぞれ「雑事参箇条」で、従五位下平朝臣知宏に宛てた「公家法」第一四一～一四三号、従五位下藤原朝臣宗政に宛てた「公家法」第一四四～一四六号、筑後守従五位下中原朝臣尹光に宛てた「公家法」第一四七～一四九号である。(7) 三者共に、国司からの奏状に天皇が「請うに依れ」と答えたものである。この三者に共通しているものは寛徳（一〇四四～四六）以後の新立荘園の停止を命じた「庄園整理令」で、出羽国宛ての第三条目と、淡路国と太宰府宛てのそれぞれ第一条目にある。

それぞれの国司は承久の乱後の王朝国家の立て直しを図っていた。出羽国司宛て第一条の「公家法」第一四一号では、国司がこれまで通り「押領司」を兼ねるように命じている。淡路国司宛ての第二条は「公家法」の第一四五号で、〈公民が荘園に入り籠もり国務を対捍することへの禁止令〉だが、「或いは神人と称し、或いは庄民と号す」とあり、神人になると庄民にもなっていたことが知られ、ここからこの法令は「神人整理令」でもある。第三条目の「公家法」第一四六号は「私出挙の禁令」で、次のようにある。

一　応同停止権門勢家使并神人悪僧等責徴私出挙物事

右、得同前　奏状偁、同撿案内、私出挙物加徴息利、其制已重、章条不軽、而権門勢家使、神民、悪僧等、横行部内、猥致譴責、東作之勤、為斯被妨、西収之稼、為斯多廃、州県之費、尤在此事、望請　天恩、被停止私出挙物責者、宜慰窮民之愁者、同宣、奉　勅、任先例、依請者

読み下す。

一　まさに同じく停止すべし、権門勢家の使ならびに神人悪僧等、私出挙の物を責め徴する事

右、前に同じ　奏状を得るに偁はく。同じく案内を撿ず。私出挙の物の息利を加徴す、其の制已に重し、章条軽からず。しかれども権門勢家の使、神民、悪僧等、部内に横行し、猥りに譴責を致す。東作の勤、この為に妨げられ、西収の稼、この為に多く廃す、州県の費、尤も此の事に在り、望み請うらくは　天恩、私出挙の物の責めを停止せらるれば、宜しく窮民の愁を慰むべし。てへれば、同じく宣す、勅をうけたまはるに、先例に任せ、請ふに依れ。てへり。

この法令では私出挙の利息の加徴が禁じられている。ここで初めて「神人悪僧」と共に「権門勢家の使」が登場しており、「神人悪僧」が本所と無関係な一部の跳ね上がり分子ではなく、彼らは「権門勢家の使」と一体となって私出挙をしており、出挙の負債を責め取ることは荘園拡大の手段であり、神人の活動は本所の意向に基づいていたとなる。だからこそ淡路国主と王朝国家は「神人悪僧」と「権門勢家の使」との私出挙の譴責を禁止したのである。これは「寄沙汰」禁止令に数えることができよう。

西海道の寄沙汰――「公家法」第一四九号

次に、太宰府に出された「公家法」第一四七〜一四九号を取り上げたい。この第二条は「神人整理令」で、「近来以降、管内人民、不謂緇素、併補神人、横行所部、恣募神威、対捍身役」とある。第三条は、「自力救済」である「寄沙汰」の禁止令である。これらの法令は、第8章で取り上げた「保元の宣旨」七カ条の内容に対応している。「保元の宣旨」が畿内向けであったのに対して、七十年後、承久の乱の八年後に王朝国家は同じ内容の太政官符を西海道の太宰府に宛てて出した。ここで取り上げるのは、三カ条中の最後の法令＝「公家法」第一四九号である。次のようにある。

一　応同停止諸社司等寄事於神威、以謀計文書、不決理非、掠取人領事右、得同前　奏状偁、同撿案内、募神威、妨人領之者、古今之間、厳制已存、而近代諸社司等、以謀計文書、不決理非、暗号有文契、押妨田地、因茲、互陳理非、諍論之間、或率人勢而振其威、或背牧宰而好喧嘩、濫吹之起、只存此事、望請、早給官符、欲被停止者、同宣奉　勅依請者

読み下す。

一　応さに同じく停止すべし。諸社司等事を神威に寄せ、謀計の文書を以て、理非を決せず、人領を掠め取る事

右、同前の　奏状を得るに偁く。同じく案内を撿ず。神威を募り、人領を妨ぐるのもの、古今の間、厳制すでに存す。しかれども近代の諸社司等、謀計の文書を以て、理非を決せず、暗に文契有りと号し、田地を押妨す。茲に因り、互に理非を陳じ、諍論するの間、或ひは人勢を率いて其の威を振るひ、或ひは牧宰に背きて喧嘩を好む。濫吹の起り、ただこのことに存す。望み請うらくは、早く官符を給ひ、停止せられんと欲す。てへれば、同じく宣す。勅をうけたまはるに、請うに依れ。てへり。

この法令は荘園寄進に関わる「寄沙汰」を問題としている。事書では「諸社司等」が「事を神威に寄せ」て、「理非を決せず」「人領を掠め取ること」の「停止」を命じている。本文では現地の国衙在庁からの報告に基づいて、「神威を募り」「人領を妨ぐ」ことはすでに厳しく禁止されているのに、「諸社司等」は「事を神威に寄せ」て「謀計の文書を以て」「理非を決せず」、「暗に文契有りと号し」て「田地を押妨する」という、文書を盾にした所領侵略を行っているとある。これに対して、「因茲」以降は筑前守の行動で、国司の下で裁判を行い、互いに理非を論じ「諍論」しようとすると、「諸社司等」は国司に背いて大勢の人を率いて威を振るい、牧宰に背き喧嘩をしようとするので、「濫吹の起り」だとして国司は怒っている。

「諸社司等」の側はここでも「文書」を正当性の根拠として、力に訴えて主張を貫こうとしている。「諸社司」たちが証拠として掲げた文書を、ここでは「謀計文書」「暗号有文契」と表現し、どのような文書でも無効だとの王朝側の主張を強く前面に出している。寄沙汰が文書を背景としていることは既に前章第三節でも取り上げた。また前章第三節の「聖なる暴力」の項で述べたように、寄沙汰は「神威」を募って行われていた。「或率……或背……」の在り方は、同じく前章で取り上げた「公家法」第二九号の「横行京中」「発行諸国」や、次章で取り上げる「宣旨事」の「振旅」と同じ〈実力行使〉である。

「諸社司等」に率いれられ、好んで「牧宰に背いて喧嘩」をする人とは、前条の「公家法」第一四八号にあった武装した「神人」であろう。そこで、「茲に因り」国司は神人のこうした暴力・濫吹を停止するために「官符」を請求した。これは前述した西田友広の言う「追捕官符システム」[8]の発動である。治承二年（一一七八）の「公家新制」＝「公家法」第二九号に引き続き、ここでも寄沙汰に対しては国家をあげて禁止・取締りを行うとしているのである。承久の乱後、王朝国家は治安維持能力を失ったとされているが、この法令からはむしろそれを再構築しようとする強い意志を見て取ることができよう。しかし、現実には守護・守護所の協力が必要であったのだろう。次章で述べるように、寛喜三年の「宣旨事」では、王朝国家は正式に幕府に取締りの協力を要請した。

以上、建暦二年の公家新制、寛喜六年の太政官符の分析から、王朝国家が神人・悪僧の寄沙汰を強く否定する姿勢を示していると言えるが、このことは逆に神人・悪僧の側が根強く寄沙汰の正当性を主張し続けていたことを示していよう。寄沙汰の拡大の問題に入る前に鎌倉幕府と王朝国家の関係に触れておきたい。

二　六波羅と寄沙汰

点定物――追加法第五一条

承久の乱（一二二一）後、鎌倉幕府は京都には「六波羅探題」を、全国には「新補地頭」を置いた。その後十年経った貞永元年（一二三二）には新補地頭の制度を整備し、七月には『貞永式目』＝『御成敗式目』を制定した。そして同年十二月十九日に北条泰時は六波羅に対し「六波羅成敗法十六カ条」を出した。[9]現在発見されているものは、その内の一部の九カ条＝追加法第四三～五一条である。第四九条は「出訴訟後、可被止知行由、訴申間事」、第五〇条は「三カ度召符以後、不参決事」で、共に所務沙汰に関する訴訟関係法である。ここで取り上げる第五一条は「寄沙汰」関係の訴訟手続法である。

ここには債権差押え＝「点定物」の取扱いについての新方式が提示されている。次章で取り上げる前年の寛喜三年（一二三一）の「宣旨事」＝追加法第三三条が、王朝国家から投げられたボールを幕府が受け止めたことを示すものとすれば、幕府が六波羅に対してボールを投げ返して、寄沙汰に対する幕府の対策を示したものが、この追加法第五一条となる。[10]次のようにある。

一　点定物事

右、点定物者、為狼藉基之間、先糺返之、可経沙汰之由、下知先畢、依之、尋明之後、任道理可致弁旨、雖令成敗、無其沙汰之条、為論人尤不便也、自今以後、件点定物、無左右不可被返付本主、訴人論人両方付対、糺明之後、随理非可被成敗也

読み下す。

一　点定物の事
右、点定物は、狼藉の基たる間、先ずこれを糺返し、沙汰を経るべき由、下知先に畢。これに依り、尋ね明かす後、道理に任せて弁を致すべき旨、成敗せしむと雖も、其の沙汰なきの条、論人として尤も不便也。自今以後、件の点定物、左右なく本主に返付せらるるべからず。訴人論人両方付対、糺明の後、理非に随ひ成敗せられるべき也。

この法令は、「点定物」として差押えに遭った被害者側からの訴えに対して〈六波羅はいかに対応すべきか〉に答えたものである。注目すべきは、「点定物」についての争いに対して、とりあえず元の所有者に返すと、債務を弁済しないことがあり、かえって債権者側が不利になるとの実例を踏まえて、問題の根本に遡り、法廷では「債務者」と「債権者」を「訴人」と「論人」として対決させて「道理に任せて」裁判を行うべしとしていることである。ここから、六波羅探題が寄沙汰に遭った被害者側の訴えを聞いた上で、当事者主義の立場に立ち、検断沙汰の一環として事柄を取り扱おうとしたことが分かる。

これまでの山僧・神人の行う「寄沙汰」は、双方の対決、それに基づく両者の言い分の陳述の上での〈道理の発見〉ではなく、むしろ債権者側の立場に立っての一方的な即決裁判だった。これに対して検非違使庁における裁判は、双方の対決を含む点では「寄沙汰」と異なるが、鎌倉幕府の「三問三答方式」までは行かず、双方の言い分を一度聞いてからの裁決だっただろう。前節で述べた「公家法」第九九号には「法令に任せて糺断」とあり、第12章の第一節で取り上げる弘長三年（一二六三）の広田社宛て「検断式条」の第一条目の「公家法」第二一七号[11]「五箇大氾追捕事」には「一方の訴訟に就き、理不尽の沙汰を致すべからず」とあった。職権主義の立場に立ち「一方の訴訟」に基づく「理不尽の沙汰」[12]の克服が公家法の課題であった。

最後の方にある「訴人論人両方付対」の所はよく読めない。編者は註で〈双方が出廷して対決する〉「両方付出」

対ヵ」としたが[13]、むしろ「両方付応対」で「両方の応対に付き」ではあるまいか。双方が出廷して対決することは検非違使庁でも行っており、その対決の中から「理非」を導き出すことを六波羅は目指すべきだとしたのであろう。「寄沙汰」は山賊・海賊行為に当たる重罪で、守護の取り扱うべき「検断沙汰」だとして、六波羅でも取り上げてはいるが、問題の根本に遡れば貸借問題となり、「雑務沙汰」となる。六波羅探題は幕府裁判の原則「三問三答方式」を雑務沙汰にまで広げようとしていた。

公家法の世界で「二問二答方式」が定まるのはもう少し後のことのである。民事事件の裁判手続きにおいて当事者主義を貫こうとする限りで、六波羅の方が先行していた。このことが、六波羅探題が京都において雑務沙汰を取り上げることへの社会的承認をもたらしたのだろう。以上から、検非違使庁と六波羅探題が揃って京都庶民の雑務沙汰を管轄する体制がこの頃に成立したと想定したい。

西国住人等の寄沙汰——追加法第六七条

天福二年（一二三四）に鎌倉より六波羅へ出した御教書＝追加法第六七条[14]がある。その事書には「西国住人等号神人、構事於左右、好寄物巧物之沙汰事」とある。差出人の武蔵守は泰時、相模守は時房、受取人の駿河守は六波羅探題の重時である。

一　西国住人等号神人、構事於左右、好寄物巧物之沙汰、致狼藉間、守護所地頭代等、及相論之時者、忽及喧嘩云々、不致沙汰者、定弥乗勝歟、甚不便也、神民於致狼藉者、可被解却神職、若非職之輩、募神威令濫行者、可被処罪科之由、可被触申別当貫首也、抑向後自由濫吹、尋取神人交名并在所注文、可被召仰守護人地頭等、随訴訟出来、為致穏便之沙汰、存此旨可被申沙汰之状、依仰執達如件

天福二年三月一日　武蔵守　判

相模守　判

駿河守殿

読み下す。

一　西国住人等神人と号し、事を左右に構へ、寄物・巧物の沙汰を好み、狼藉を致す間、守護所地頭代等、相論に及ぶの時は、忽ち喧嘩に及ぶと云々。沙汰を致さずば、定めていよいよ勝ちに乗る歟。甚だ不便なり。神民狼藉を致すに於ては、神職を解却せらるべし。若し非職の輩、神威を募り濫行せしめば、罪科に処せらるべき由、別当貫首に触申さるべき也。向後自由濫吹を抑へ、神人交名ならびに在所注文を尋ね取り、守護人地頭等を召仰せらるべし。訴訟出で来るに随ひ、穏便の沙汰を致さんが為、此旨を存じ申沙汰をなさるべきの状、仰に依つて執達件の如し。

「西国住人等神人と号し」とあり、「西国住人等」が自らを「神人」に擬えて「狼藉」を行っている。「寄物巧物之沙汰」とは「寄物之沙汰」と「巧物之沙汰」だろう。ここでは「構事於左右、好寄物巧物之沙汰」とあり、〈いろいろな理由を見つけて、債権の取立てを好んで行っている〉の意だろう。これは現代語の「ゆすり」「たかり」「かつあげ」などに当たろう。当事者たちは、自分たちは「神人」なのだから「寄沙汰」を行ってもよいと主張しているのである。「守護所地頭代等」が犯人を捕らえて、「及相論」つまり裁判にかけようとすれば「喧嘩」となり、不問に付せば増長するとして、対応の難しさを述べている。

ここのところは、前節で取り上げた「公家法」第一四九号と似ている。ここでは「守護所地頭代等」から寄せられた「西国住人等」による新しい「狼藉」＝犯罪の発生という事態を六波羅側は問題としている。「甚不便也」の前までは六波羅からの報告で、それ以降は問題に対する幕府の対策・方針である。これは寄沙汰禁止令に「守護・地頭」が登場する初めての法令である。幕府の対策は三段になっている。第一は「神民於致狼藉者」から「可被触申別当貫首也」まで。次は「抑向後自由濫吹」から「可被召仰守護人地頭等」まで。第三は「随訴訟出来」から「存此旨可被申沙汰」までである。

初めには「守護所・地頭代」とあり、二度目には「守護人・地頭」とある。後者の方が上位者で、前者に対して命令を下す立場にある。最初は現地の「守護所・地頭代」が事件に対応して、喧嘩になり、手が付けられない事態になったので、一段上の「守護人・地頭」を「召し仰す」となっている。「召仰」とは〈上位者が下位者を呼び寄せて、特定の任務につくことを命じること〉であり、この場合「守護人・地頭」が京や鎌倉へ出頭し、事件の解決を命じられることである。命令の具体的な内容は、第二段にある「向後自由濫吹を抑へる」ことや「神人交名ならびに在所注文を尋ね取る」ことであった。

幕府は寄沙汰の報告があった場合、現場の「守護所」や「地頭代」に任せず、正員である「守護・地頭」が対応するよう命じていた。鎌倉幕府の治安維持体制を問題として「守護・守護所」を解明した西田友広[15]によると、鎌倉幕府は守護を全国に置いたが、守護に任命された東国出身の有力御家人は、鎌倉・京ではなく東国の本拠地にいることが多く、有力被官を代官「守護代」として鎌倉・京に派遣した。西国の任地には守護代のさらなる代官の「又守護代」「守護又代官」を置き、彼らが現地の「守護所」を運営した。彼らは在庁官人の系譜をひき、現地出身の国御家人で、守護が変わっても現地守護所を支え続けた人々である。さらに各国内には郡単位に「守護郡使」「郡守護使」「郡守護代」がいた。

守護所は、石井進[16]が明らかにしたように「国衙」近くに置かれ、実質的に国衙を指導していた。ここに「政所」があった。犯罪発生の際には「守護郡使」らが実況検分を行い、守護所で裁判が行われた。それゆえ、この法令上に登場する「守護所」とは「又守護代」や「守護郡使」などからなる人々で、彼らが中心となって「神人交名」「在地注文」を作成・整理し、守護の正員に提出したのであろう。以上からこの法令は〈幕府→六波羅→守護人・

地頭→守護所・地頭代〉という命令系統を前提としているとなる。

この法令は、「西国住人等」が「狼藉」を行っているとの訴えが「守護人・地頭」に寄せられた際に、彼らを通じて「穏便の沙汰」ができるようにと、処罰方針を定めたものである。第一段では、守護人・地頭は「別当」「貫首」に、「神民」に対しては「神職の解却」を、「非職の輩」に対しては「罪科に処す」よう命じている。「別当」は王朝国家の中で軍事・警察権を代表する「検非違使庁の長官」であり、「貫首」は権門勢家を代表する「一山の長」だろう。それゆえ、幕府は神人の狼藉や濫行に対しては〈六波羅→守護人・地頭〉を通じてこの「別当」「貫首」に命令を下したことになる。

第二段では〈向後の自由濫吹を抑える〉ために「守護人・地頭」は「守護所・地頭代」に対して「神人交名并在所注文」を「尋ね取る」よう要請している。「神人交名」の注進は、前述したように、これまでは王朝国家が「神人整理令」の一環として寺院より提出を命じていたものだが、承久の乱後は鎌倉幕府が王朝国家に代わり注進を命令している。幕府が神人取締りに乗り出しているのである。第三段では「随訴訟出来、為致穏便之沙汰、存此旨可被申沙汰」とあるが、この「守護所」の「政所」で作成された「守護注進状」を鎌倉や六波羅の法廷に提出せよとのことであろう。

ここでは「神民」と「非職の輩」が対置されている。「神人」を号する「西国住人」の中で「神民」は「本神人」で、「神威を募り」「濫行」する「非職の輩」は「新神人」となり、「寄沙汰」の場に初めて「新神人」が登場したことになる。「神人整理令」に背き「寄沙汰」の担い手は拡大しているのである。「狼藉」「濫行」「自由濫吹」は「検断沙汰」に関わり、守護人・地頭の取締りの対象だった。幕府は本神人には「神人交名」を、新神人には「在地注文」を尋ね取り、守護・地頭を通じて鎌倉・六波羅に提出せよと命じた。六波羅探題・守護・地頭という鎌倉幕府の総力を挙げて西国の寄沙汰と対決しようとしている。

表示すると表7のようになる。

表7　追加法第六七条の処罰方針

	神民（＝本神人）	非職の輩（＝新神人）
守護所・地頭代	神人交名の尋取	在地注文の尋取
別当・貫首	神職の解却	罪科に処す

僧徒の兵仗禁止令――追加法第七〇条

先に取り上げた「公家法」第一四九号でも、いま取り上げた追加法第六七条でも、共に「喧嘩」が問題となっている。前述したように、今でこそ「武威」は武士にふさわしいとされるが、この当時山僧・神人は「武威」の担い手だった。それゆえ、神人と武士が裁判の場で対決して「相論」に及べば「喧嘩に及ぶ」ことは当然だった。そのため、山僧・神人の武装解除がこの当時の公武両政権の課題であった。文暦二年（一二三五）正月二十七日付の六波羅探題に宛てた幕府御教書＝追加法第七〇条[17]は僧徒の武装禁止令である。次のようにある。

一　僧徒兵仗可令禁遏事

厳制已重畳、就中至山僧武勇者、承久兵乱之後、殊被停止畢、而近年帯弓箭兵具、横行洛中之僧徒、多以有其聞、直奪留彼物具者、定又及喧嘩歟、於自今以後者、早伺見知然之族、云京中、云辺土、見知出入之所々、可被注申之、随交名触達本所、召下其身於関東、可有誡御沙汰之状、依仰執達如件

文暦二年正月廿七日　　武蔵守

相模守

駿河守殿

掃部助殿

読み下す。

一　僧徒の兵仗を禁遏せしむべきの事

厳制すでに重畳、就中山僧の武勇に至つては、承久の兵乱の後、殊に停止せられ畢。しかるに近年弓箭兵具を帯し、洛中を横行するの僧徒、多く以てその聞え有り。直に彼の物具を奪い留めば、定てまた喧嘩に及ぶか。自今以後に於ては、早く然る如きの族を伺見て、京中と云ひ、辺土と云ひ、出入の所々を見知り、これを注申せらるべし。交名に随ひ本所に触れ達し、その身を関東に召し下し、誡めの御沙汰あるべきの状、仰によつて執達件の如し。

承久の乱後山僧の武勇が禁止されていたのに、洛中・洛外を横行する僧兵が多くなったとある。この法令でおもしろいのは、武装した僧徒と直接対決して、彼らの「物の具」を奪おうとすれば「喧嘩」になるとして、裏から「本所」に手を回し、取り締まるために、関東に召し下すとあることである。武装した山僧を見たら、六波羅は近国の守護と協力して彼らが出入りする場所を確かめ、「在所注文」を作り、六波羅に注進し、それを関係のある本所の「神人交名」と照合した上で、「その身を関東に召し下し」させた。関東であらためて「誡めの沙汰」を行うという。

武装の理由の一つに「寄沙汰」があったのだから、これは次章で取り上げる四年前の寛喜三年の「宣旨事」を補強する法令となる。「召下其身於関東」は幕府の方針である。

武士の宿所で神宝を振る――追加法第一〇三条

延応元年（一二三九）四月十三日に鎌倉から六波羅に宛てた「御教書」は追加法の第一〇〇〜一〇五条である。第一〇〇条の「近年四一半徒党隆盛事」[18]と第一〇四条の「武士召取犯人住宅事」[19]では、六波羅側が捕らえた犯人を、京中では検非違使の「別当」「保官人」が、辺土では「本所」がそれぞれ沙汰せよと命じている。六波羅の任務は専ら犯人の身柄の取り押さえと、関東への護送とで、検断物の処理は検非違使や本所に任せるとある。六波羅と検非違使庁との間で、犯人の身柄は六波羅が、検断物は検非違使庁が、との分業体制を命じているのである。第一〇三条[20]には次のようにある。ここで「前武蔵守」は執権泰時、「修理権大夫」は連署の時房、「相模守」「越後守」は六波羅探題の重時、時盛である。

一　諸社神人等、付在京武士宿所、或振神宝、或致狼藉事、動有其聞、事実者尤不便也、於理訴者、縦雖不濫悪、何無其沙汰、至無道寄沙汰者、永為懲傍輩、可被召下張本於関東也、存此旨、可被申沙汰之状如件

延応元年四月十三日

前武蔵守　判
修理権大夫　判

相模守殿
越後守殿

読み下す。

一　諸社神人等、在京武士の宿所に付き、或ひは神宝を振り、或ひは狼藉を致す事、ややもすれば其の聞へ有り。事実たらば尤も不便なり。理訴に於ては、たとひ濫悪せざると雖も、何ぞ其の沙汰無からんや。無道の寄沙汰に至らば、永く傍輩を懲らしめんが為、張本を関東に召下さるべきなり。此の旨を存じ、沙汰を申さるべきの状件の如し。

この法令は「事実者尤不便也」のところで二分できる。前半部分は六波羅からの報告事項で、後半部分はそれへの幕府の判断である。前半部分では「神宝を振る」とあり、六波羅探題の北条重時や時盛の宿所は〈嗷訴〉の対象

だった。六波羅探題は加茂川の東にあり、その北側は延暦寺の末社・祇園神社の境内で、西側には興福寺の末寺・清水寺がある。それゆえ六波羅探題の敷地は南都・北嶺の寺社勢力に囲まれていたことになる。

後半では、たとえ神人たちの言い分に「理」があり「濫悪」がなくても、狼藉があったとして「何ぞ其の沙汰無からんや」で、〈裁許しない〉との「判決」を下すべきだとしている。これは笠松宏至[21]が「高野山文書之二」から発見した十四世紀初めの後宇多上皇院宣で、高野山衆徒の訴えに対し乾元二年(一三〇三)に示した回答の「たとひ理訴たりといへども、嗷々の沙汰を致さば、裁許あるべからざるの由、その法を定めらる」と同一の内容で、第8章で述べた「山階道理」〈理なくとも、嗷々の訴は裁許さるべし〉の反対物で、〈理あるとも、嗷々の訴は裁許せず〉となっているのである。注目すべきは、この場合の「嗷訴」が「理訴」と「無道の寄沙汰」の二つを含んでおり、鎌倉幕府当局者においても「寄沙汰」と「嗷訴」は整然と分離できず、両者は互いに重なり合っていたのである。

また「無道の寄沙汰」の場合には、「可被召下張本於関東也」とあり、懲らしめのため張本を捕らえて関東に送れとある。ここから、承久の乱が王朝国家と鎌倉幕府の対立を背景にしその対立が爆発したものだとしても、山僧・神人の濫行を取り締まろうとする両者の志向は共通しており、乱によって変化はなかったとなる。

三　山僧・神人の武家社会への浸透

以上のように、山僧・神人の寄沙汰は、大局的に見れば公家・武家の共通の取締まりの対象で、犯人の関東への連行は幕府の一貫した方針だった。「六波羅成敗法」の追加法第一〇一条[22]では、「大番衆」や「下向の人の便宜」により関東に下し進めよと命じている。御家人に召人として預けたと思われる。

第5章の身曳状で見てきたように、寄沙汰の犯人は御家人の〈誡め人〉となり、文筆の才が買われて〈地頭の手足〉となることもあったであろう。さらに一歩進めば〈地頭代官への抜擢〉となる。彼らが文筆業者・金融業者として市場在家を経営すると、『庭訓往来』の言う「市町の興行」の基礎を築くことになり、地方における市町の叢生や鎌倉期の流通経済の発展に貢献しただろう。このほか山僧・神人と御家人・武士との接触には、脇田晴子が想定した、武士の側の借金や、年貢取立の依頼などが考えられる。[23] こうして鎌倉幕府の内部に彼らの活動は浸透し、鎌倉後期の政治史を彩る要素となっていった。

佐藤進一が紹介した史料「平政連諫草」[24] はこの想定を裏付けるものである。鎌倉幕府の吏僚中原政連が鎌倉末期の徳治三年（一三〇八）に、先の執権・北条貞時に呈した諫状で、その第四条「固く過差を止めらるべき事」の中に「近年、然るべきの人々、なお過差、法に違い、家用足らず、或いは領所を売り、或いは料所を置く。料所と号するは、所帯を家人に給せず、富有の輩に預け与え、銭貨を宛て取る等の儀なり」とある。「料所と号するは……の儀なり」は「料所」の註＝説明にあたり、佐藤は「これは所領を自分の家人・郎従に恩給しないで、富有の人間に預け入れて預かり金を取る」こととなり、「鎌倉幕府の料所的な経営制度の根幹をなす所領給与法の根幹が……崩れかかっているのではないか」と説明している。ここから、鎌倉末期には幕府内部に「料所を富有の輩に預け与える」ことが生まれていたことが確かめられる。

次に取り上げる追加法の第一一六条、第一二〇条は、鎌倉幕府が六波羅探題に向けて発した御教書である。ここから逆に山僧・神人が鎌倉幕府権力内部へ浸透していったことを知ることができる。我々は第3章第三節で網野善彦の言う中世日本の交易民を紹介する際に、鎌倉末期の政治史を理解するキーワードとして、商業を重視する「重商主義」と、泰時以来の「農本主義」の対立を挙げてきた。「重商主義」とは山僧・神人の鎌倉幕府内部への浸透を容認する動向である。これらの御教書は「農本主義」の立場に立ち「重商主義」を取り締まる目的で出されたものとなる。

山僧を預所・地頭代官に――追加法第一一六条

追加法の第一一六条[25]は北条泰時の晩年、『貞永式目』制定から七年後の延応元年（一二三九）七月二十六日付で、六波羅探題に宛てた幕府御教書であり、事書は法令の最初の部分「以山僧補預所并地頭代事」である。前武蔵守は執権の泰時で、修理権大夫は連署の時房、相模守は六波羅探題の重時、越後守は時盛である。

一　以山僧補預所并地頭代事、相互喧嘩之基也、仍於補地頭代事者、一向可令停止之由、被下知畢、若令違犯者、随聞及可被注申也、補預所職事、同可被停止之旨、可被触申本所、但至山門領預所職者、不及子細歟、可被存其旨之状、依仰執達如件

延応元年七月廿六日　　前武蔵守　判

修理権大夫　判

相模守殿　　越後守殿

読み下す。

一　山僧を以て預所ならびに地頭代に補す事、相互に喧嘩の基也。仍て地頭代に補す事に於ては、一向停止せしむべきの由、下知せられおわんぬ。もし違犯せしめば、聞き及ぶに随ひ注し申さるべき也。預所の職に補すこと、同じく停止せられるべきの旨、本所に触れ申さるべし。但し山門領預所職に至っては、子細に及ばざるか。その旨存ぜられるべきの状、仰せによって執達件の如し。

笠松宏至が次の追加法第一二〇条の頭註[26]で言うように「山僧」とは〈比叡山延暦寺の僧〉である。ここから「山僧」が荘園の「預所」や「地頭代」に補せられていたことが分かる。本所側にも幕府側にも「重商主義」を採り入れる動きがあったのである。ここでの禁止の理由は、金融業者としての能力を持った〈「山僧」を「預所」や「地

頭代」に補すと「喧嘩の基」になるからだ〉とある。同じ荘園内部に「預所」と「地頭」とが棲み分けている事態を前提とすると、有能な「山僧」がこれまでのバランスを崩し、「預所」と「地頭」との間で「相互に喧嘩」となったのだろう。

なお、この「相互」を〈「荘民」と「預所・地頭代」との間で〉と考えるなら、年貢の徴収を現物納から銭納に変更することや、年貢未進の債務化が原因での農民との喧嘩となろう。とすると、この場合の「喧嘩」の場は「市場」である可能性が高い。ともあれこの法令は、六波羅から西国の守護・地頭に対する「下知」と、「本所」に対する命令の二つからできている。

山僧・商人・借上を地頭代官に——追加法第一二〇条

追加法第一一六条を発布して二カ月が過ぎたところで、幕府は再び六波羅に対して法令を出した。それが延応元年（一二三九）九月十七日付の六波羅探題宛て鎌倉幕府御教書で、追加法第一二〇条[27]である。笠松はこれを前述の追加法第一一六条の繰り返し立法だとした。事書には「諸国地頭等以山僧并商人借上輩補地頭代官事」とある。本来は漢文だが、ここでは笠松が「所務法」として取り上げた「追加法[28]」の読み下し文によった。

一　諸国の地頭等、山僧ならびに商人・借上の輩をもつて、地頭代官に補するの事

右、当時の利潤を貪らんがため、後日の煩費を顧みず、かくのごときの輩をもつて地頭代官に補する間、ひとへに公物の備へを忘れ、ただ私用の計らひを廻らす。ここによつて新儀の非法止まず、本所の訴訟絶ゆるなし。前々は代官咎あるの時、正員誡めを加へらる。しかれどもその代官等さらに見懲りざるか。自今以後に於ては、罪科の軽重に随ひ、その科に行はるべきなり。しかれば則ち、かくのごときの輩をもつて代官に補する事、一切停止に従ふべきの由、かねて下知を加へしめ給ふべきの状、仰せによつて執達件のごとし。

延応元年九月十七日

前武蔵守判

修理権大夫判

相模守殿　　越後守殿

笠松は裁判の場における「山僧」の活躍を念頭に置いて、頭註で「当時の利潤」を〈眼前の利益。山門のもつ政治的・経済的バックを利用した山僧の力を利用することによって、庄内および対本所関係において利を得ることを示す〉としたが、ここには「山僧」の外に「商人・借上」とある。「商人・借上」が「神人」の言い換えなら、この法は笠松の言う通り第一一六条の繰り返し立法だが、この場合はむしろ、脇田晴子が述べているように[29]、「山僧・商人・借上」から地頭が〈或いは所領年貢を抵当に借財をして、或いは彼らの年貢徴責の実力を頼んで、「地頭代官」に補任した〉のであろう。

ここにある「当時の利潤を貪り」「公物の備えを忘れ、私用の計らひを廻らす」とは飢饉のための備蓄を忘れ、利殖に耽っていることへの非難だろう。彼ら金融業者は、戦国期から近世初頭の「代官」と同様、徴税請負人として年貢徴収に長けていた。「新儀の非法が止まない」とあるのは、前条で「山僧を預所や地頭代に補す」と「相互の喧嘩の基」となるとあったことと対応した問題で、新たに補された地頭代官による年貢徴収の熾烈さを物語っていよう。こうした地頭代官の活躍により、網野善彦が「未進と身代」[30]で述べたように、年貢の未進が負債になり、代官が債権者になる在り方が築かれていった。

注目すべきは「本所の訴訟が絶えない」である。新たに補された地頭代官は地頭の荘園侵略の先兵となり「本所」と対立したのである。こうして「農本主義」を建前とする幕府の内部に「重商主義」が浸透し、幕府内部でも「農本主義」と「重商主義」が対立することになった。山僧を地頭代に補した実例として、正安四年（一三〇二）若狭国の太良荘の地頭・若狭忠兼が突如所領を没収され、太良荘は得宗領になり[31]、「得宗給主代」に小浜の借上・

石見房覚秀がなったこと、得宗御内人の安東蓮聖も、山僧の借上に所領を預けたこと[32]を網野は挙げている。またその具体的なあり方については第13章第二節で述べたい。

四　寄沙汰のさらなる拡大・変質

以上、「寄沙汰」の主体が「諸社神人」「諸寺悪僧」「権門勢家使」「諸社司」「西国住人等」と拡大したことを見てきた。ここではさらにその拡大を確認したい。

神人・拒捍使の寄沙汰——追加法第二三八条

鎌倉幕府が成立してからおおよそ半世紀が過ぎた寛元三年（一二四五）に、幕府は六波羅探題に宛てて次の御教書を出した。それが追加法の第二三八条[33]である。差出人の「武蔵守」は三代目の執権・北条経時で、受取人の「相模守」は北条重時である。事書は法令の最初の部分から「西国神人拒捍使等以平民甲乙人所従令補神人事」とある。

一　西国神人拒捍使等、或平民或以甲乙人之所従、令補神人、動好寄沙汰、太略令管領々家地頭之所務、致嗷々沙汰之由有其聞、事実者、所行之企甚濫吹也、本神人之外、於新神人者、触申本所、早可被停止之由、度々被仰下畢、所詮、為被相尋所存、可召下其身於関東之状、依仰執達如件

寛元三年正月九日　　武蔵守

謹上　相模守殿

読み下す。

西国の神人・拒捍使等、或ひは平民、或ひは甲乙人の所従を以て、神人に補せしめ、ややもすれば寄沙汰を好み、大略領家地頭の所務を管領せしめ、嗷々の沙汰を致すの由その聞へ有り。事実ならば、所行の企てはなはだ濫吹なり。本神人の外、新神人に於ては、本所に触れ申し、早く停止せらるべきの由、度々仰せ下されおわんぬ。所詮、所存を相尋ねらるるため、其の身を関東に召し下すべきの状、仰せによつて執達件の如し。

おおよその解釈は次の通りである。

西国の神人や拒捍使らが平民や甲乙人の所従を新神人に補している。彼らは「寄沙汰」を好み、「領家・地頭の所務」を管領し、「嗷々の沙汰」をしているとのことである。事実ならば、甚だけしからぬことである。本神人の他、新神人については本所に触れ申し、早く停止すべきである由を、度々仰せ下されている。それゆえ、西国の神人や拒捍使らの所存を尋ねるため、其の身は関東に召し下すべきである。

寄沙汰の拡大

山僧・神人の行う「寄沙汰」は「公家法」「武家法」では禁止されていたが、西国では広く多くの人々に共感を以て受け入れられ、慣習法として継続的に繰り返されていた。その担い手は「神人」のほか、「社司」=「社家」「新神人」「諸座神人」「拒捍使」「平民や甲乙人の所従」にまで広がり、「寄沙汰」の対象は担保となった土地の差押え、荘園年貢の差押え、「領家・地頭の所務管領」にまで拡大し、債権の取立てから年貢の徴収にまで拡大していた。多くの人々は権力側の禁止令を無視していた。それゆえ「寄沙汰」はむしろ〈社会制度[34]として確立していた〉と言えよう。

前述した「平政連諫草」からすれば、「領家・地頭の所務」を神人たちに管領させようとの動きがあったことが想定される。この法令は「事実者」で前後に分けられ、「所詮」以下は幕府の主張である。前者は六波羅が得た新事態についての情報で、後者はそれへの幕府の対策である。この場合、法令上では「本神人」や「新神人」[35]への対策は「本所」への「触申」とか「関東」への「召下」という、従来の枠組みで示されている。幕府は新神人の取締りは本所に任せても、張本人の「西国の神人・拒捍使等」は関東に召し下せと命じている。この〈身柄の召還〉は鎌倉幕府の不変の対処方針である。

これに対して新事態の方には「拒捍使・平民・甲乙の所従」が登場し、寄沙汰の主体は「神人」を中心に拡大している。犯罪行為の方も「領家・地頭の所務管領」「嗷々の沙汰」と拡大している。この法令の最大の問題は、前半で〈神人や拒捍使が平民や人の所従を「新神人」に補任していること〉である。これは「神人整理令」に対する敵対行為で、「寄沙汰」の主体は拡大していることになる。補任の主体は「西国の神人」「拒捍使」である。

山門・日吉社による神人・寄人の組織化

網野善彦は日吉神人と「拒捍使」が登場する若狭国の事例を明らかにした[36]。次に紹介したい。

1　賀茂社家は嘉禄元年（一二二五）六月の官宣旨で伝領をめぐる紛争を解決し、賀茂久子を預所職として体制を整え、賀茂社神人が他社神人を兼帯することを禁止した。

2　大谷村・矢代浦の海人たちはその命に背き、国中散在日吉神人もこれに与力同心し、宮河荘の荘内に乱入して、濫行する形勢になった。

3　同年三月十三日、賀茂社別当、社家の訴えに応じ、延暦寺政所は若狭国日吉散在神人に下文を発して、これを停止した。

4　散在日吉神人の統括者＝拒捍使と見られる山僧筑前房宗俊は、大谷村、矢代浦を割き取り、日吉神宝を立て、荘民の家内を追捕するとともに、海人たちに日吉神人とする任符＝補任状を与えた。

5　宗俊は親類の宗慶阿闍梨がこの荘の田畠を売得していることを根拠としていたが、天台座主＝貫首の御所での対決に敗れ、天福元年十月二十九日　延暦寺政所は再び下文を荘に下すとともに、座主の使いを派遣して神宝を抜き取り、追捕物を糺し返させた。

6　日吉神人拒捍使は矢代浦から身を引き、新たに日吉社神人である御賀尾の海人に対し、拒捍使代官山僧大和房が任符をその住宅に強引に「捨て置き」、これを日吉神人にしようと試みた。

4で宗俊が宮河荘内に「神宝を立てた」ことは、本章第二節にあった「神宝を振る」や、前章第四節で「榁を振り、榊を立てる」とあったことに対応しよう。ここでは日吉左方御供所の「拒捍使」が賀茂社の供御人を日吉神人に補任しており、網野は「拒捍使」を神人の統括者としているが、この追加法第二三八条についての考察はない。5の宗慶阿闍梨の売得は「寄沙汰」に当たる可能性がある。4・6から日吉散在神人が組織拡大を目指していたことは明らかで、北陸道日吉神人は廻船人の組織であろうと網野は想像している。この追加法との関係を考えれば、「新神人への補任」「領家の所務の管領」「嗷々の沙汰」には対応しているとしても、「寄沙汰」や「地頭の所務」には関わっていないことになる。

管見による限りこの追加法について先行研究はないと思う。この法令全体の解釈については、基本的には後の考えに俟ちたいが、次に幾つか私見を述べる。

寛元三年の御教書の背景

この追加法が出た寛元三年（一二四五）は京都・鎌倉を貫く政治的な緊張期だった。それより以前の仁治三年

（一二四二）正月には四条天皇が没し、後嵯峨天皇が即位した。六月には北条泰時が没し、孫の経時が執権になった。寛元二年には鎌倉幕府の将軍となった藤原頼経は将軍職を六歳の嫡子頼嗣に譲るよう迫られ、寛元四年には後嵯峨天皇が後深草天皇に譲位。頼経は京都に送り返され、関東申次が九条道家から西園寺実氏に変わった。

佐藤進一の『日本の中世国家』[37]によれば、この御教書の背後には将軍頼経と北条氏の得宗家との対立があったとなる。この対立は、北条氏内部では得宗家と名越家との対立、幕府内部では有力御家人の北条氏と三浦氏との対立という広がりを持っていた。この対立は寛元四年の名越光時の乱や、宝治元年（一二四七）の宝治合戦（三浦泰村の乱）で得宗経時側の勝利として決着が付くのだが、寛元三年はまだまだ緊張の時代であった。鎌倉では得宗家と九条道家の嫡子で鎌倉幕府の将軍となった頼経との対立だが、京都では後嵯峨天皇・西園寺公経と九条道家が対立していた。

承久の乱後二十年間にわたり九条・西園寺両家が連繫して政局を支配していたというが[38]、後半においては九条道家の支配が際だっていた。寛喜三年（一二三一）には道家の嫡子教実が関白となり、道家は関白を退いた後は「大殿」と呼ばれ、幕府にも禁中にも絶大な影響力を持っていた。一時期には叡山の座主、三井寺の長吏、山階寺の別当、仁和寺の御室すべてに己が子を配し、教界の影の主とさえ言われていたという。この九条道家が己の影響力を行使して得宗勢力に打撃を与えようとすれば、「神人」や検非違使の力を借りて武家の所領を攻撃することになったのではなかろうか。この法令を理解するための政治的な枠組みとしては、このように大がかりな対立の構造を念頭に置くべきだろう。

篝屋役の廃止

この法令の背景として言うべきことはもう一つある。泰時が暦仁元年（一二三八）に京都の治安維持・夜間警備のために篝屋を置いたが、この王朝へのサービスは御家人の負担であった。そこで寛元元年（一二四三）には、六波羅に勤務する在京御家人には大番役を免除した。寛元四年正月には大番御家人の篝屋勤務を止め、篝屋は在京御家人の役とした。その十月には篝屋そのものを廃止し、京都の治安警察を検非違使に戻して、六波羅探題は京都の治安警察から撤退することになった。それゆえこの追加法は篝屋の廃止直前の京都の治安の在り方の報告でもあり、篝屋役の廃止からは検非違使の権限拡大がうかがわれる。

ここには「神人」たちの狼藉についての風聞として「寄沙汰」→「領家・地頭の所務の管領」→「嗷々の沙汰」とあり、「所務の管領」が「嗷々の沙汰」にまで発展している。このことについては面白いものがある。

「嗷々の沙汰」

弘安六年（一二八七）成立の『宇都宮家式条』[39]には未進年貢の取立てについての条令があり、その第六八条には「力者以下下部」[40]が「未進」を理由に「郷々」に「入部」し、第六六条からは「酒肴」を、第六七条からは「飯酒」を要求して放飼の馬を「乱騎」し、終には「乗損う」等の「狼藉」をしていたとある。宇都宮氏は第六八条で、未進年貢の取立てを行う譴責の使者は一人ならいいが、入部の際に親類眷属などを引率することを問題とし、違反者は罪科に処すとしている。これを「力者以下下部」の「狼藉」とすれば、親類眷属などが郷々に押し入り飲食を強要したことが「嗷々の沙汰」の実例となる。

ここから「神人」や「拒捍使」が、与えられた権限を越えた越権行為としての「嗷々の沙汰」や「寄沙汰」を行っていたとすれば、彼らは宇都宮領内の「力者」「下部」と近い行動を行っていたとなる。荘民に対しては、親類眷属などを引率し、郷への入部に際しては飲食を強要するなどの厳しい「所務の管領」=年貢徴収をしたことが「嗷々の沙汰」と言われたとも考えられる。こうして西国では広く「本神人」や「新神人」による濫吹が広がっていた。ここでは「拒捍使」が「寄沙汰」や「領家・地頭の所務」の「管領」に関わり「嗷々の沙汰」をしたとある。

次に「拒捍使」を考えたい。「拒捍」には「地子拒捍未進」の用例があり「対捍」と近い意味である。「拒捍未進・対捍未進」とは、強い意志を持って〈どうしても支払わない〉とする「未進」であろう。「拒捍使」はこうした「拒捍」を行う者に対する公権力側の「使」で、公権力の発動である。「拒捍使」について現在学界では、「検非違使・在庁官人」とするA説と、神社の「神人」とするB説がある。「使」とあることから、A説の国家の役人が原型で、B説はその発展形態となろう。最初にB説から考察したい。

「拒捍使」=「神社の神人」説

西山克は伊勢神宮検非違使の中に「郷拒捍使」がいるとした[41]。伊藤清朗は石清水八幡宮では神人奉行の下に「拒捍使」が存在するとした[42]。これらは共に「拒捍使」=「神社の神人」説となる。寺社領では王朝国家・国衙領内の「拒捍使」の制度を取り入れていたことになる。この追加法の後半には「本神人」「新神人」が登場するので、前半の「拒捍使」は広義の「神人」となり、西山・伊藤説には好都合となる。ここからこの「神人・拒捍使」の背後には「諸社司」の存在が想定され、この追加法は本章第一節で取り上げた十六年前の寛喜元年の「公家法」第一四九号=西海道の寄沙汰禁止令の再令となろう。

となると「諸社司」が狼藉の主体となる。これは「神人・拒捍使」を先兵として行う「諸社司」の「領家・地頭の所領」への侵略で、「寄沙汰」の一例となる。前節で取り上げた延応元年（一二三九）の追加法第一一六条では「山僧」を「預所・地頭代に補す」とあった。比較すると「山僧」が「神人」に、「領家の所務」が「預所」に、「地頭の所務」が「地頭代」にそれぞれ入れ代わり、よく似た文章構成になってくる。ここには「寄沙汰」→「領家・地頭の所務の管領」→「嗷々の沙汰」となり、「所務の管領」が「嗷々の沙汰」にまで発展している。

その原因は、「諸社司」が従来と同じ形で荘園獲得に向けて暴力的な「寄沙汰」を展開し、他領の「領家・地頭の所領」へ侵略しているからとなる。彼らが神社の所領内部で行う未進年貢の取立ては通常業務で「濫吹」でないが、他の「領家・地頭」の所領内で「所務の管領」を口実にして未進年貢の取立てを行うことは「濫吹」である。この法令の背景には「領家・地頭」側から年貢取立ての要請があり、その原因には貸借関係が想定される。つまり、領家・地頭が所領の年貢を抵当にして借財をしたが返済できないので、「神人・拒捍使」が「領家・地頭の所務を管領」し〈年貢の取立て〉を行ったのだろう。

「拒捍使」＝「検非違使・在庁官人」説

中原俊章は「拒捍使は税を拒捍する者を催促する使いであり、地方の場合在庁官人等が補されることが多かった。しかし畿内では長禄二年（一〇〇三）検非違使が拒捍使に補されることが恒常化した[43]」とした。中原説は「拒捍使」＝「検非違使・在庁官人」説である。清田善樹もまた「検非違使が経済的な問題で出勤するには、拒捍使としての肩書を帯びることがよくある[44]」とした。清田は検非違使の活動範囲が必ずしも支配領域ではないことを問題とし、「使庁役」や造内裏料・造営米や、行幸・祭事などの臨時の行事のための料足催促に検非違使が関与した場合に「拒捍使」になるとした。清田説もまた「拒捍使」＝「検非違使」説である。ここでの「拒捍使」は、後に「一国平均役」と呼ばれ、国から免税特権を与えられた荘園に対して等しく課せられた催促使・譴責使に関与していた。それゆえ、「拒捍使」は本来の支配領域である国衙領を越えて、武家領や不入特権を主張する寺社領荘園の内部にまで踏み込んで「所務を管領」したのであろう。その際仕事を遂行するために〈平民や人の所従を「新神人」に補任〉したのである。この中原・清田説に立つと、王朝国家の警察権力を代表する検非違使が「所務管領」の外に、「寄沙汰」や「嗷々の沙汰」も行っていたとなる。

未進年貢が債務化する世界では年貢徴収者は債権徴収者に近づいていく。網野善彦が[45]述べたように、この当時、年貢未進には身代が対応していた。ここでは「寄沙汰」の主体は「拒捍使」や「平民や甲乙人の所従」に広がり、「寄沙汰」の対象も「年貢」にまで広がっていたことになる。こうした問題が発生する原因には、現物納から代銭納への変化、年貢徴収方法の変更があろう。「歟々の沙汰」とはそのことをめぐる徴収者と納入者の間での合戦・喧嘩を指し、喧嘩の舞台は市場であった。

税の強制徴収には「強制執行官」がいたはずである。島田次郎[46]は「公的差押え」としての「高質」の例として、寛元四年(一三〇六)の備後国大田庄の「郡司定使の呵責[47]」や、建武元年(一三三四)の太良庄の「公文・散使」の「催促・譴責[48]」を挙げた。ここに登場する「神人・拒捍使」はこうした「強制執行官」の「郡司・定使」「公文・散使」、「譴責使・催促使」と近い存在だろう。所務徴収を行う「拒捍使」が、債権徴収をする「譴責使」や「催促使」と近いとすれば、「拒捍使」が「寄沙汰」に関わるのは当然となろう。

西国において「領家・地頭の所務」を新たに「神人・拒捍使」が「管領」することは、統治権の在り方に関わっている。「神人」が自分の属す領家の所領内で「所務」の「管領」を行い、「拒捍使」が国衙領の「所務」の「管領」を行うことは通常業務で、当然のことである。ここで問題とするのは本来統治権の及ばない、他の権門勢家の所領や地頭の所領において「神人・拒捍使」が統治権を主張して、「寄沙汰」や「所務の管領」を行うことである。

佐藤進一は検非違使が寄沙汰に関わっていたことを次[49]のように述べている。

検非違使は王朝国家の治安・警察・裁判を司る中枢機関の職員であると同時に、京都市政区域の末端を分掌して、都市民の生活を直接に守る責任を負うのであり、特定業種の商工業者にとっては、使庁の職務の執行は同時にかれらの営業保護になるのである。……債権の取り立て、抵当物件の私的差し押え、没収が中世前期には広く認められて、山門の神人、祇園社の犬神人が山門支配下の金融業者のために、差し押え・取り立てを行なっている事実から考えれば、検非違使は職務の名をかりて、より公然とこの種の実力行使を行なうことによって、訴訟手続きによらない積極的な営業保護を金融業者に与ええたはずである。

つまり佐藤は検非違使が保護下に置いた金融業者のために、〈訴訟手続きによらない私的差押え・没収〉つまり

「寄沙汰」を行っていたとしたのである。ここでは「西国の神人や拒捍使らが平民や甲乙人の所従を新神人に補している」とされるが、「拒捍使」が補したのは、正確に言えば、彼らの保護下にあった商工業者で、「神人」と同じように「座」を形成していた「供御人」なのではあるまいか。彼らもまた商業の傍らで金融業も行っていたであろう。「所務の管領」は土地支配に繋がっていたので、神人の寄沙汰は荘園の拡大に繋がり、反対に「拒捍使」のそれは国衙領の拡大を導いただろう。

この法令の一つの解釈として、それまで「寄沙汰」を取り締まる側にいた検非違使たちが「寄沙汰」を行ったとするなら、検非違使が犯罪者の側に回ったことになり、秩序の解体・混乱、秩序の崩壊と言わざるを得ない。しかしながら、王朝国家・国衙在庁・検非違使などの側と権門勢家・神人・山僧の側とが互いの正義を振りかざし、互いに対立して、相手を侵略するために互いに「寄沙汰」を行っていたとすれば、検非違使・「拒捍使」たちの行動をこの法令のように客観視することも可能であろう。つまり、この法令で王朝国家側の「拒捍使」が登場し得たのは、この法令が幕府法だからであろう。

鎌倉幕府＝「武家」が「公家」と「寺社家」に対して互角に対応しようとしていることになる。権門体制でいう「公家」「武家」「寺社家」が互いに対立し、三つ巴となり、一つの秩序としての権門体制は崩壊したとなる。寛喜元年の「公家法」第一四九号では差押えの対象は〈田地〉だったが、ここでは〈未進年貢〉となり、差押えの対象は拡大したが、負人一人一人の負債規模は縮小し、寄沙汰の対象は〈広く浅く〉へと変化したことになる。「受領」による巨額の借財は影を潜めた。荘民の側は、こうした年貢徴収方式の変化に対応し、「嗷々の沙汰」を繰り返させないために年貢の「地下請」を追求し、郷村制の整備を進めたとなろう。

小　括

本郷和人は鎌倉時代の朝幕関係を概観して(50)次のように述べている。

泰時と道家の関係はこれ以降の朝幕関係の基調となった。強大な軍事力をもち、それを以て朝廷の支配権をも支えた幕府は、朝廷の人事に容喙し、より望ましい者を選んで朝廷の実権を譲渡した。その者こそが後嵯峨上皇であり、亀山上皇であり、その後の治天の君たちである。

泰時が死に（一二四二）、後嵯峨が院政を始める（一二四六）までの短い間、撫民と徳政を目指す公武両政権の協調関係は失われた。九条道家は「朝廷の致命的な欠陥[51]」といわれた軍事力・強制力の欠如を検非違使の力を以て埋めようとしたのではあるまいか。建長四年の二月に道家は没し（六十歳）、四月に頼嗣は京都に帰った。

第10章　公武の寄沙汰対策

承久の乱（一二二一）後、京都には「六波羅探題」が置かれた。その十年後の寛喜三年（一二三一）は飢饉の年で、京都でも餓死者が多かった。こうした時局に対応した法令に、寛喜三年十一月三日の公家新制四十二カ条の中の第三二カ条目、「公家法」第一八二号[1]がある。「可令追討海陸盗賊事」として次のようにある。

一　可仰諸国令追討海陸盗賊事

仰、如風聞者、海有白波、山有緑林、海陸之行、共不容易、運漕有煩、委輸難至、以之為業、好之結党之輩、其処之村民、定無隠歟、其中之渠師、又易知歟、仰諸国司并左近衛権中将藤原頼経朝臣郎従等、殊尋捜、宜令禁遏

読み下す。

一　諸国に仰せて海陸の盗賊を追討せしむべきの事

仰す、風聞のごとくんば、海に白波有り、山に緑林有り、海陸の行、共に容易ならず、運漕煩有り、委輸至るに難し。これを以て業と為し、これを好みて党を結ぶの輩、其の処の村民、定めて隠れなき歟。其の中の渠師、又知り易き歟。諸国司并左近衛権中将藤原頼経朝臣郎従等に仰せて、殊に尋ね捜し、宜しく禁遏せし

むべし。

ここにある「左近衛権中将藤原頼経朝臣」とは鎌倉幕府の四代将軍九条頼経である。朝廷は頼経に京中の治安維持を命じたのである。一方これとは別に、「公家法」第一五〇号[2]では、これまで通りの朝廷の方針を再確認して神人・悪僧の濫行取締令を発布した。これはそのまま「宣旨事」の名で鎌倉幕府法に取り入れられ、追加法第三三条[3]となった。鎌倉幕府は公家法の「宣旨」をそのまま自らの法として遵行したのである。北条泰時が執権になって間もない寛喜三年六月九日のことである。このときの関白は九条道家である。法令中には「事を面々の沙汰に寄せ」との「寄沙汰」文言がある。

前章で明らかにしたように「寄沙汰」は公権力の禁止にもかかわらず、むしろ拡大する方向にあった。これに対して公武両権力が「寄沙汰」にどう対応したのかを知るため、本章第二節ではこの法令を取り上げ、第三節ではこれを分析したい。しかしその前に鎌倉幕府による王朝国家の「公家法」の継受に触れておきたい。

一　鎌倉幕府の公家法継受

「公家法」と「鎌倉幕府法」

国家の統治権に敵対する神人の「濫妨」「狼藉」に対して、王朝国家は律令国家以来の合法的・合理的な支配を目指す立場から「神は非礼を享けず」「豈神慮に叶うや」と反発し、人倫五常の礼的秩序を重視して、「神威」を振りかざす神人たちの活動を「犯罪」だと断じて、取締りの対象とした。一方、鎌倉幕府は貞永元年（一二三二）八月に『御成敗式目』を制定した。その第一条には「神社を修理し、祭祀を専らにすべき事」「神は人の敬ひによつて威を増し、人は神の徳によつて運を添ふ」とある。これは〈神と人とは相互信頼的、互酬的な関係にある〉との宣言である。

この神は「罰する神」「祟る神」でなく、「人を助ける神」「優しい神」である。互酬的な神は「神は非礼を享けず」に対応した神なので、幕府は王朝国家と統治権を分け合い、合法的・合理的な支配を目指していたことになる。これが公家と武家とが共同して神人の活動を犯罪として取り締まる理論的根拠となった。上述のように、王朝国家が神人・悪僧の濫行を取り締まる「公家法」＝公家新制は鎌倉幕府に取り入れられた。その一つがこの章で取り上げる追加法第三三条である。このほか、幕府が「公家法」をそのまま取り入れて幕府法としたものがある。そうした事例として次の四つを挙げたい。

「公家法」第一三〇号＝追加法第九条

【事例の一】貞応二年（一二二三）六月十六日の「公家法」第一三〇号[4]は追加法第九条[5]である。第九条の事書には、我々が問題とする追加法第三三条と同様に「宣旨事」があり、「宣旨」がそのまま遵行されている。新補地頭の得分を定めたこの「宣旨」は、承久の乱の勝利者である鎌倉幕府が王朝国家から〈戦利品〉として獲得したもので、これを遵行するのは当然である。初めの部分には次のようにある。

一　宣旨事

左弁官下　　五畿内諸国七道

応令自今以後、庄公田畠地頭得分　十町別給免田一町、并一段別充加徴五升事

【事例の二】同年七月六日付、義時の時房宛て御教書は「新補地頭」についての「去去年兵乱以後所被補諸国庄園郷保地頭沙汰条々」五カ条で、前述した第九条の細則に当たるが、その最初の条文は追加法の第一〇条[6]である。

初めの部分には次のようにある。

一　得分事

右、如　宣旨状者

「公家法」第一三八〜一四〇号＝追加法第一五〜一七条

【事例の三】嘉禄元年（一二二五）の「下知状」三カ条は、追加法の第一五条・第一六条・第一七条で、執権・北条泰時と連署・北条時房が諸国御家人に宛てた下知状の中に「宣旨状」をそのまま納めている[7]。それゆえ、『中世法制史料集　第六巻　公家法・公家家法・寺社法』では、これを「公家法」第一三八号・第一三九号・第一四〇号としている[8]。三カ条の前には「下　諸国御家人等／可早守　宣旨状、令禁断条々事」とあって、第一条の事書の次には「右、嘉禄元年十月廿九日　宣旨状偁」とあり、第二条、第三条の事書の次にも「右、同状偁」とある。また三カ条の後には次のような遵行書きがある。

以前条々事、宣旨到来之即下知先畢、守状跡可令禁断焉、宣下之旨、其篇雖多、於件三カ条者、厳制殊重、若有違犯之輩者、不日可注進交名之状、依鎌倉殿仰下知如件

嘉禄二年正月廿六日

武蔵守平　判

相模守平　判

読み下す。

以前の条々の事、宣旨到来の即、下知先に畢んぬ。状跡を守り禁断せしむべし。宣下の旨、その篇多しとい

へども、件の三カ条におひては厳制ことに重し。もし違犯の輩あらば、不日交名を注進すべきの状、鎌倉殿の
仰せによつて下知件のごとし。

「嘉禄元年十月廿九日　宣旨」は翌年の嘉禄二年正月二十六日には鎌倉幕府に受け入れられて、「条々」三カ条の御教書となり、幕府の追加法になったのである。第一五条は「人を勾引・売買することの禁令」、第一六条は「博劇の禁令」、第一七条は「利倍法」である。この第一七条は次章第一節の「へ」で取り上げる。雑務沙汰を幕府が取り入れている点に注目すべきであろう。

建長五年七月十二日「宣旨」＝追加法第二七七〜二八一条

【事例の四】建長五年（一二五三）七月十二日の「宣旨」＝「公家法」の第二〇一〜二〇五号[9]は鎌倉に送られて遵行された。それが鎌倉幕府の法令集に加えられて、追加法の第二七七〜二八一条[10]となった。『吾妻鏡』建長五年九月十六日の条には「今日被定新制事、延応法之外被加十三カ条、関東御家人并鎌倉居住人々可停止過差条々也、是去七月十二日所被宣下也、（中略）依之守宣下之状可令遵行（中略）之旨被仰出云々[11]」とある。『吾妻鏡』には十三カ条とあるが、現在知られているのはそのうちの五カ条に過ぎず、「過差の停止令」のはずだが、五カ条にはそれは見えない。

なお、この中の「公家法」第二〇四号＝追加法第二八〇条は、「神人整理令」である。

二　寛喜三年六月九日・宣旨事

鎌倉幕府の追加法が整理・編集されて『新編追加』が生まれた際、この法には「一　宣旨事　寛喜三年六月九日」との事書が付けられた。しかし、ここにあるのは宣旨の内容のみで、宣旨の形式を厳格には写していない。後述する「口宣」「職事の仰詞」である可能性がある。この法を『中世法制史料集　第一巻　鎌倉幕府法』に収録する際、編者はこの法の事書を「山僧神人等称寄附神領、押妨甲乙庄園等事」とした。これから議論を進めるに当たり、これを「公家法第一五〇号＝追加法第三三条」などとは表記せず、『新編追加』が付けた事書の「宣旨事」で表記したい。

「公家法」第一五〇号＝追加法第三三条

ここで取り上げる「宣旨事」の中には「面々沙汰に寄せ」との言葉がある。この「寄沙汰」は、先に取り上げた「公家法」第九九号の「濫行」に、「振旅」は〈軍事行動〉の点で「公家法」第一〇八号の「僧徒の兵仗」にそれぞれ対応している。笠松宏至は『中世政治社会思想』上「追加法」の中の「神官僧侶規制法[12]」の最初にこれを収録した。

翻　刻

追加法の「宣旨事[13]」には次のようにある。翻刻については先学の業績があるが、ここでは漢文が〈対句構造を基本にしている〉と考え、対句の構造を探し求め、私の推定したものを本文として掲げた。変化したところには傍線を施した。

宣旨事　寛喜三年六月九日

近曾山僧神人等、寄事於面々沙汰、有振旅於所々風聞、其旨趣有由緒、経上奏、可随理非、而或称寄附神領、押妨甲乙之庄園、或号供用物、煩遠近之屋舎、殆有施恥辱者、又有及侘傺輩、為世為人、不可不禁、自今以後可令停止、若背鳳銜、猶致狼藉者、縦雖為神人・宮仕、争遁皇憲朝章、令解其職、仰有司并武家、速糺罪過則無禍、凡於在家乱責負累物者、処之緑林、於行路点定運上物者、准之白波、早任其愆可行其科者、断罪本主及得語人、宜下知本社本寺、守此厳制、莫失墜矣

「有振旅於所々風聞」について、佐藤進一校註の『中世法制史料集』[14]第一巻では「有振・於所々風聞」とあり、「・」の頭註に「振下恐有脱字」とある。笠松宏至校註の『中世政治社会思想』[15]上では「所々に於て□を振るの風聞あり」とあり、□に対する笠松の頭註には〈「神輿」あるいは「威猛」のごとき文字が入るべきか〉とある。また笠松は論文「中世の政治社会思想」[16]の中にもこの文書を引用しているが、その際には「威猛を振るい」とした。一方、笠松校註の『中世法制史料集』[17]第六巻では「有振於所々風聞」とあり、「振」の右に「マヽ」とある。

しかしこの場合は、各自勝手な訴訟にかこつけて行う寄沙汰が、大人数の武力を伴っていたので、その軍事行動の後に「軍をととのえて凱旋すること」を意味する「振旅」が適切だろう。

また「白波」を『中世法制史料集』第一巻、第六巻では「白状」とあり、笠松の校定した『中世政治社会思想』上では「白波」とある[18]。笠松は論文「中世の政治社会思想」でも「白波」とした。また『中世法制史料集』第六巻では底本の「新編追加尊経閣文庫本」には「白状」とあり、対校した「近衛家本追加」には「白波」とあると註記している。私は山賊・海賊を「緑林」「白波」とする対句だとして「白波」説を採った。

笠松宏至の訓み[19]を参考にした読み下し文は次のようになる。

読み下し文

宣旨の事

近ごろ山僧・神人等、事を面々の沙汰に寄せ、振旅は所々の風聞に有り。その旨趣由緒あらば、上奏を経て、理非に従ふべし。しかるに或ひは寄附の神領と称して甲乙の荘園を押妨し、或ひは供用の物と号して遠近の屋舎を煩はし、ほとんど恥辱を施す者あり。また佗傺に及ぶの輩あり。世のため人のため、禁ぜざるべからず。自今以後、停止せしむべし。もし鳳銜に背き、なお狼藉を致さば、たとひ神人・宮仕たりといへども、いかでか皇憲朝章を遁れんや。その職を解かしめ、有司ならびに武家に仰せて、すみやかに罪過を糺さば則ち禍なし。おほよそ在家に於て負累の物を乱責せば、これを緑林に処し、行路に於て運上物を点定せば、これを白波に准じ、早くその愆《あやまり》に任せてその科に行ふべし。てへり。本主ならびに語らひを得る人を断罪せよ。よろしく本社・本寺に下知し、この厳制を守り、失墜なかるべし。

笠松は「宣旨事」の「寄沙汰」を解釈するに当たり、①法廷での正規な行為と、②自力救済を挙げた上で「或いは……或いは……」が寄沙汰の実際の姿だとして、〈ここに描かれた寄沙汰の像は、明らかに自力救済代行＝「決断訴訟」に属する〉(20)として、この場合は②だとした。後に笠松の言う〈法廷内の寄沙汰〉と〈法廷外の寄沙汰〉との分類(21)に照らせば、この法令が問題としているのは〈法廷外の寄沙汰〉となる。

宣旨の構造

前述のように宣旨とは天皇の命令だが、天皇は内廷におり、太政官のいる外朝にまで命令・勅を伝達してから正式な文書として発令された。「蔵人所」「女官の内侍」「蔵人所の職事」「上卿」「外記局・弁官・内記局」についてては第7章第二節で既に述べた。内侍が職事に伝える場合には〈仮名書きの文書〉による場合があり、これを「内侍宣」といった。また職事が上卿に伝えるのは〈口頭〉が原則だったが、文書形式にすることがあり、これを「口宣」「職事の仰詞（オオセコトバ）」といった。以上の手続きを経て成立する宣旨には「応……事」（マサニ……スベキコト）という事書が文書の最初に置かれる。

上卿から弁官に伝えられた場合をⅠ、上卿から外記に伝えられた場合をⅡとすれば、その様式はそれぞれ次のようになる。

Ⅰ

応……事

右、某弁某伝宣、左（右）大臣宣、奉勅宣……者

年　月　日　　某史某奉

Ⅱ

応……事

左（右）大臣某（上卿の官位姓名）宣、奉勅宣……者

年　月　日　　某史某奉

「奉勅宣……者」は「勅ヲウケタマワルニ、ヨロシク……スベシテエリ」と読む[22]。この「宣旨事」では、最後近くに「可行其科者」（その科に行ふべし、てへり）があるので、最初の「近曾山僧神人等、寄事於面々沙汰」から「早任其愆可行其科」までが天皇の「勅」となる。「鳳銜」「皇憲朝章」の言葉もそれを証明している。しかしここでは上卿、「宣」「奉勅宣」の詞も省略されているので、これは職事が上卿に伝えた際の文書の「口宣」か「職事の仰詞」だろう。下された命令は「断罪本主及得語人」と「宜下知本社本寺、守此厳制、莫失墜矣」の二つで、本来「事書」となるべきものであった。

これは検非違使庁に直接宛てられたもので、命令の内容は〈「本主」と「語りを得た」人の「断罪」〉と、〈「本社本寺」への「下知」〉の二つである。「語りを得た」人については、室町幕府追加法第三三条[23]が参考になる。これは室町幕府が貞和二年（一三四六）に守護への禁止事項として交付した箇条書の「同守護人非法条々」全十一カ条の中にあり、「建武以来追加」の第三一〜四二条の第三条目である。ここでは「得論人当知行人語、下地遵行難渋事」とある。守護の職務は下地遵行だが、〈論人や当知行人の語らいを得て下地遵行を難渋してはならない〉がこの法の趣旨である。

この場合の「語らいを得た人」とは守護である。「宣旨事」の場合の「得語人」は「寄沙汰」を行う「山僧神人等」で、「本主」とは債権の取立てを頼んだ「寄沙汰」の依頼者である。債権者の多くは「山僧神人」の中にいただろう。「勅」の中には「仰有司并武家、速糺罪過則無禍」とあり「武家」への仰せは最初から計画されていた。「有司」を笠松は頭註で〈検非違使や国惣追捕使などの朝廷側の検断権者の総称か〉とした。「承久の乱」後、西国に対する治安維持を目的として「六波羅探題」が設置されたので、この「宣旨事」では、王朝国家は検非違使庁と六波羅探題の双方に遵行を命じたのである。

この「宣旨事」は「太政官→使庁・六波羅→本社・本寺→山僧・神人」という命令系統を前提として発布された。鎌倉幕府もまたこの「宣旨」を承けて、そのままの形で六波羅探題に宛てて追加法の「宣旨事」を出した。そこで六波羅探題と検非違使庁は共に「本主」や「得語人」を断罪する権限や、「本社本寺」に下知する権限を持つことになったので、両者の権限は競合した。第12章第三節で取り上げる六十年後の正応五年の「公家法」第四五七号にも「もし不慮の喧嘩あらば、兼ねて武家に仰せて、その身を召し取るべし」とあり、王朝の命令を武家が遵行することは六十年間続いたのである。

つまり、王朝国家や本所一円地の支配を行う荘園領主たちの手に余る「悪党」に対しては、この法に基づき幕府側が召し取ることになっていた。通常は当該係争地近くの御家人一人と当該国の守護が一組になって現地に出向き、「悪党」を召し取った。

宣旨の分析

天皇の詞は「近曾……有風聞」と、天皇が耳にした「風聞」を語ることから始めて、「有由緒、経上奏、可随理非」と、検非違使庁による正しい処理＝裁判を指示している。「山僧・神人」の「寄沙汰」は「神威」を借りて行われ、債権者側の一方的な主張に傾いていたのに対して、ここでは点定物の差押えを受けた被害者側が使庁に訴えて、裁判が開始された。使庁は債権者・債務者を訴人・論人として召し出し、一問一答方式により、双方の意見を公平に聴取して、「道理」に叶った裁判を行うことを目指した。ちなみに二問二答方式への移行は第12章で触れるように鎌倉後期のことである。

平安末期の伊勢国の星川市場(24)で、津料徴収をめぐり市場刀禰と伊勢社の神人との間で起こった争いの場合は、それぞれの本所を通じて最終的には明法道の学士の下で裁判となった。他方ここでの「寄沙汰」は、神人たちが検非違使などの裁判を待たず、迂回した手続きを省略した「自力救済」の〈即決裁判〉である。信用経済維持のために、①現地で、②「沙汰」を寄せられた当人が、③直接実力で、決着を付けたのである。山僧・神人は公式なルールを無視し、私的に負債を差し押えている。その結果、負債の額とそれに対する人宅の破壊・家屋の没収などとが見合っていない＝対応しないとの、追及の過剰性が非難された。

「公家法」の原則が「利は一倍を超えるべからず」であった以上、債権者側が公の裁判所に訴えても何のメリットもなかった。それゆえ「或は……と称して……、或は……と号して……」のように、暴力的な自力救済の「寄沙汰」となったのである。債務者に対して債権の強制取立てを行う現場では、債務者側の抵抗を排除するために「山僧・神人」の蜂起、軍事行動が必要だった。これに対して王朝国家は強い口調で「為世為人、不可不禁」とし〈公共の利益に敵対する国家的な犯罪〉の「緑林・白波」＝「山賊・海賊」だと断定した。公家法の「五箇大罪」、武家法では守護の関与する重罪「大犯三カ条」だと断じたのである。

　これは後の世の「錦の御旗」「治罰の綸旨」に繋がり、第8章で取り上げた「公家法」第一四九号の「追捕官符システム」や鎌倉後期の「悪党召し捕りの構造」に連続している。朝廷の法と幕府が遵行することは「悪党召し捕りの構造」の原型となろう。そこで、「有司ならびに武家に仰せて、すみやかに罪過を糺さば則ち禍なし」「早くその愆《あやまり》に任せて、その科に行ふべし」の命令となる。六波羅探題と検非違使庁には「寄沙汰」の現場への急行、犯罪の取締りが命じられた。「山僧・神人」の暴力的な「寄沙汰」を止めるには、軍事力や合戦の準備が必要で、現行犯逮捕、現場の鎮圧が必要だった。

　しかしここでは〈山賊・海賊に準じて処罰するぞ〉と威嚇し、検断権の対象だとしながら、実際に交付した命令は「本主ならびに語らひを得る人を断罪せよ」「よろしく本社・本寺に下知し、この厳制を守り、失墜なかるべし」だった。ここでは追及の的は、「山僧・神人」に沙汰を寄せる原因となった債権者＝「本主」や、寄沙汰の当人＝「得語人」に絞られ、〈「断罪」せよ〉とはあるが、問題を事件の原因に還元して、事後的な処置に限っているのである。これは現場での山僧たちの「武威」＝反撃を恐れての結果である。同様な法は三十年後の弘長三年（一二六三）の「公家法」第二五七号[25]にもある。

　一　甲乙緇素の寄沙汰・点定物を停止すべき事
　仰す、或ひは寄沙汰を好み、或ひは点定物を致す。理非の有無を論ぜず、一切停止せしめよ。なほ制旨に拘はらざれば、本主ならびに容納の仁、堅く厳刑に処すべし。

　辞書には「《緇》は黒衣で僧衣、《素》は白衣で俗人の着る衣服の意から、僧と俗人、僧俗」とある。「本主ならびに容納の仁」の頭註には「寄沙汰の依頼者及び依頼をうけて寄沙汰を実行するもの」とあるので、「容納の仁」＝「得語人」となる。「理非の有無を論ぜず、一切停止」と厳禁を命じているのに、この「宣旨事」では現行犯逮捕や現場の制圧にはなっていない。「宣旨事」では、「山僧・神人」の軍事行動に対して、六波羅の武士や検非違使たちが武力で立ち向かい、実力で犯行を制圧し犯人を〈現行犯逮捕せよ〉と命令しているように見えるが、法令は「紀さば則ち禍なし」と仮定法となっており、法の主眼は〈事後の対応〉である。

そこで、「もし鳳衛に背き、なお狼藉を致さば、たとひ神人・宮仕たりといへども、いかでか皇憲朝章を遁れんや。その職を解かしめ……」となってくる。被害者である債務者側を聴取すれば、誰が債権者かは分かり、ここから芋づる式に「得語人」に辿り着くはずである。今後も狼藉を続ける犯罪者が分かったなら、たとえ「神人・宮仕」であっても、解職・解雇処分にするとしているのである。

三　寄沙汰の軍事化

「振旅」の解釈

「振旅は所々の風聞に有り」からは、先に取り上げた「公家法」第二九号の「往反国中」や「横行京中」「発向諸国」と近い〈軍事的色彩〉が感じられ、「振旅」は衆を頼んでの〈街頭での示威行為〉だろう。神人たちの行為は人々に対して絶対的な服従を強いる「嗷訴」だった。大人数の武力を伴った〈街頭闘争〉の点では、平安時代・鎌倉時代の「嗷訴」や「寄沙汰」は室町時代の「徳政一揆」や「土一揆」と共通してはいるが、前者では山僧や金融業者が闘争の「主体」だったのに対し、後者ではむしろ要求を突きつけられる「客体」に変化しており、「主体」から「客体」へと攻守所を代えている。

笠松宏至は「その旨趣由緒あらば」を頭註で〈根拠あり謂れあるならば〉とした。その場合には「上奏を経、理非に従ふべし」と〈合法的な手続きを踏む〉よう命じたが、「山僧・神人等」は反対に暴力的な実力行使に走っており、むしろ「事を面々の沙汰に寄せて」抵当物件のある現場で、私的な〈即決裁判〉を強行したのである。法の執行だと称し、一方では、債権の差押えとして荘園年貢を取り上げる等の「荘園の押妨」をし、第三者にはそれを「神領」に「寄付」されたからだと説明した。他方では、〈運上物の倉庫〉である「遠近の屋舎」からの抵当物件を強制的に取り立てて「供用の物」だと正当化した。

「寄付の神領」「供用の物」は、裁判の場に用意された借状にある文言の拡大解釈で、債務者側の抗議は完全に否定されている。それゆえ、これは多くの人々に精神的・肉体的に「恥辱」を与え、経済的に損害を与えることになった。「甲乙の荘園」を「押妨する」は〈複数の荘園を実力で乗っ取る〉、荘園の「屋舎」を「煩わす」は〈荘園秩序の実力で破壊する〉となる。ここから〈大規模な武力行使〉が想定される。「神威」を体現した「山僧・神人等」は「罰する神」「祟る神」を体現し、聖なる暴力として神の怒りを代弁し、狼藉を働いた。それゆえ、「振旅は所々の風聞に有り」は第8章第一節で述べた笠松宏至の言う寄沙汰の分類の②〈自力救済〉であろう。

ここから宣旨の最初の部分は〈所々に於いて軍事行動を起こし、凱旋しているとの風聞がある〉の意となろう。神人・悪僧による大規模な軍事行動が記されているのである。これに対して王朝国家は「寄沙汰」を公共の利益に敵対する〈国家的な犯罪〉だと断定し、強い口調で「世のため人のため禁ぜざるべからず」「有司ならびに武家に仰せて、すみやかに罪過を糺さば則ち禍なし」とした。ただし「宣旨事」の前半部分「しかるに或は……i、或は……ii」のi「称寄附神領、押妨甲乙之庄園」とii「号供用物、煩遠近之屋舎」と、後半部分の「おほよそ、在家に於いて……、行路に於いて……」にある「乱責負累物」と「点定運上物」とは正確には対応していない。

しかし全体として荘園・屋舎・在家・行路において「山僧・神人」が行う債権取立ての諸形態の例示となっている。寺社が荘園を獲得する手段としての寄沙汰のほか、荘園の屋舎を煩わしての供用物の差押え、在家における負累物の乱責、行路における運上物の点定が記されていることになる。動産に対する差押え行為は「山賊・海賊」行為であるが、この背景には飢饉もあろう。不動産に対する差押えはこの時期に終焉を迎え、その終わりを確認する暴力行為の方に重心を移し、寄沙汰は「悪党」と呼ばれることになる。

「念押し」としてこの法令は出されたのであろう。この法令を契機として、寄沙汰は動産に対する差押えなどの暴力行為の方に重心を移し、寄沙汰は「悪党」と呼ばれることになる。

強制執行の具体像

「宣旨事」の後半部分にある「おほよそ在家に於て負累の物を乱責せば、これを緑林に処し、行路に於て運上物を点定せば、これを白波に准」ずは債権回収のための強制執行の具体例と、それに対する王朝国家側の対応を示したものである。この場合、強制執行を行う者は債務者への追及の一環として在家の中まで踏み込み「負累の物」を責め取っていた。また、「行路の点定」とは荘園年貢が担保となった場合であろう。

この法令は六十年後の「正応五年七月廿七日付　宣旨」[26]ではさらに詳しく規定される。この宣旨の多くは、第12章で詳述する如く「制符抜萃」Aや「壬生文書」の「左弁官下文」Bから復元される。広田社宛ての「左弁官下文」Bの「公家法」第四五七号「可停止洛中宅切狼藉事」や「公家法」第四五八号「可停止所々点定物事」は、Aの「公家法」第四四四号や第四四五号と同一物である。第四五七号には「号有罪科、称有負物……猥及自由之結構、破却人宅、追捕民烟」とあり、「罪科・負物」と言い掛かりをつけて「人宅を破却し、家屋を没収」したとなろう。第四五八号の「或於水上点定一葉、或於山中奪取八木」は、「点定」を「水上」の「船」と「山中」の「米」の二つの場合に分けて、「宣旨事」の「於行路点定運上物」をさらに具体的に表現したことになる。

ここから、交易民のもう一つの顔が〈山賊・海賊〉であったことが知られる。十三世紀になれば「高質」として合法化される質取り・債権の徴収が、ここでは山賊・海賊行為として犯罪視され、非難されているのである。債権者である山僧・神人は、場所を選ばない無制限な債権の差押えとして「甲乙の荘園を押妨し」「在家において負累の物を乱責し」「行路において運上物を点定」していたのである。繰り返すなら、神人たちの行為は、人々に対しては絶対的な服従を強いる一種の「嗷訴」で、〈聖なる暴力〉だったとなる。

処罰の在り方

次にこの「宣旨事」が対象とした取締りの場所を考察したい。ここでは軍事行動とおぼしき自力救済＝「寄沙汰」を厳しく禁じ、〈今後も狼藉を続ける神人・宮仕の職を解き〉〈有司・武家に対しては速やかに罪過を糺せ〉と命じている。しかし現場の鎮圧ではなく、重点は事後における犯人逮捕や、継続犯の取締りであろう。最終的な命令は「本主ならびに語らひを得る人を断罪せよ」であり、「よろしく本社・本寺に下知し、この厳制を守り、失墜なかるべし」である。「本主」とは寄沙汰の根本原因となった〈債権者本人〉であり、「得語人」とはその債権取立ての〈請負人〉である。

被害を受けた債務者側の申し出から債権者が誰かは特定できる。それが「本主」である。そこから「寄沙汰」を請け負った寄沙汰の主体＝「得語人」に辿り着こうとしているのである。第8章で我々は「公家法」第二九号の分析から、寄沙汰の展開過程には〈市場での「訴訟決断」から現場へ〉との道筋を考え、伊藤正敏の言う「境内都市」[27]ではなく、交通の要衝「市・泊・津」、中でも「市場」に注目すべきだとしてきた。しかしながらこの「宣旨事」が問題としているのは裁判の場＝「市場」近くの〈現場〉ではなく、「本主」や「得語人」と「山僧・神人」との会合の場であり、蜂起の場となった〈寺院内部〉である。

首謀者は発見されないように、会合の場では袈裟で頭や顔を覆って、全員覆面をした裹頭で集合していた。ここで「宣旨事」の法執行の場となったのは、下知の対象とした「本社・本寺」と関係の深い寺社のお膝元の「境内都市」であった。しかし寺社の持つ不入特権を考慮に入れると、この法令はほとんど実効性のないものとなろう。それゆえ、この法令は当時の政治課題の提示としては大きな意味があったが、単なる政治姿勢の表明に過ぎなかったと私は思う。しかしこのような政治姿勢が鎌倉後期に見られる公武両権力の協同による「悪党禁止」をもたらしたのであろう。

十三世紀後半に入ると、このような暴力的な差押えは債権者・債務者双方の合意による「高質」へと変わり、差押えの場所も「市・町・津・路地・辻・海上」など境界領域に限定され、差押えは一定のルールの下で行われるようになった（第12章第四節参照）。戦国期に至れば、寄沙汰の行使は「国質・所質」などの質取りとなり、市場がその舞台となる。

網野善彦の断言

『中世政治社会思想』上の鎌倉幕府法の「宣旨事」に対する頭註[28]では、笠松は「寄沙汰」を合法的な裁判の場における「面を替える」小さな逸脱行為としているが、我々は、後に笠松が論文「中世の政治社会思想」で主張したように、「寄沙汰」とは私的な裁判を強行して〈暴力的に自力救済を行うこと〉だと理解している。笠松が「宣旨事」の「寄沙汰」に下した解釈〈ここに描かれた寄沙汰の像は、明らかに自力救済代行＝「決断訴訟」に属する[29]〉を承けて、網野善彦は『悪党と海賊』の「終章[30]」で次のように述べている。

笠松宏至が『日本中世法史論』で鮮やかに指摘しているように、公権力の行う裁判とは全く違う場で、沙汰を請け取って決断し、神仏の権威を背景に沙汰を寄せた者の自力救済を代行する行為を実力で行い、負累を乱責し、運上物を点定する神人・山臥・悪僧（山僧）等の行動は、寛喜三年の新制によっても知られるように、荘園、屋舎、在家、行路の別なく展開され、それは公権力の側からすれば、まさしく緑林・白波―山賊・海賊そのものにほかならなかった。しかし神人・山臥・悪僧の立場に立てば、これは当然の金融、交易活動の実現、執行にほかならず、流通・交易を保証するその広域的な組織の正統な機能の発現だったのである。

我々が問題としてきた神人・悪僧の「寄沙汰」の場所について、網野は「公権力の行う裁判とは全く違う場所」とはしているが、〈そこは何処か〉を明言していない。しかし引用文の最後で「流通・交易を保証するその広域的な組織の正統な機能の発現だった」との断言から、そこは「金融・交易活動」の場＝「市場」となろう。網野が言うように王朝国家は「寄沙汰」を禁止したが、十二世紀には交易民である山僧・神人の内部で、彼らの慣習法になっていたのである。神人・悪僧は「公家・武家」からは「濫行」「狼藉」と非難されても、〈もう一つの国家〉権力を目指して「裁判」を強行していたとなる。

神人・悪僧が〈もう一つの国家〉を目指していたとすれば、なぜそれが実現しなかったのかが次に大きな課題となる。後醍醐天皇は政権を掌握した元亨二年(一三二二)に、すべての神人の供御人化を図った。網野が『異形の王権』で紹介したように、後醍醐天皇は自ら法服を着、密教法具を手にしていた。これらは「寺社勢力」を全体として建武の新政政府側に取り込む意図を示している。それゆえ我々の疑問は、なぜ後醍醐や南朝が敗退したのかと言い直すことができる。しかし網野は戦前の皇国史観に対する反発のためか、「異形」との指摘はあるが、〈もう一つの国家〉の可能性についての言及はない。

第1章第四節で、網野史学に対する再考を試みた際に、市場と「統治権」の問題を取り上げた。「山僧・神人」が「寄沙汰」と称して「雑務沙汰」を強行したとすれば、新たな「統治権」を目指したことは当然である。

権門体制

黒田俊雄は権門体制論で、「寺家」「社家」は「寺社勢力」として一つの権門をなし「公家」「武家」と対立しており、日本の中世社会はこの三者鼎立として捉えるべきだと主張した。[31] 中世日本を「権門体制」として捉える考え方は、天皇を頂点として、その下に公家・武家・寺社家の三者が鼎立して並存し、三者がそれぞれの分野で棲み分けをする一つの分業体制としてイメージされる。しかし「寄沙汰」を中心に眺めると、神人・悪僧は「神威」を借りて国家に叛逆していたことになる。彼らの金融業は寺家・社家が国衙領に攻撃を仕掛けるための武器であった。借金を理由にして土地や人民を奪ったのである。

またこの時代は「荘園・公領体制」と言われるが、両者の関係はシャム双生児のように体の一部は繋がっているが手足はそれぞれ独立し、蹴り合い殴り合いをしていたのである。そこに鎌倉幕府が成立し、三つ巴の関係になったが、公武は共同して寺社家と対立し、神人・悪僧を共通の敵としていた。鎌倉幕府が全国に守護・地頭を置いたことにより、受領が地方の富を収奪する体制は終わったであろう。「公家」側が「寺社勢力」を組織的に取り込もうとしたのが後醍醐天皇だったとすれば、次章第二節で述べる如く、これより早く「武家」側では事実上「寺社勢力」は「地頭代官」として政権内部に浸透していた。

四　東国における差押え

この章の最後に、寛喜三年頃の東国における債権の差押え・点定の実例を取り上げておきたい。

動垂弥太郎国光の場合

全国的に大飢饉に襲われた寛喜年間に動垂弥太郎国光は「下総国を罷り出で」「弥々世の中餓死極まり無き間、他国に牢籠仕り、親類の行方も知らず」という事態に陥った後に、隣国の下野国堀籠郷の住人になり、下総国を旅行中に、継父の負債を理由に、馬を質に取られた。石井進が『中世を読み解く』で紹介した紙背文書の中に、債権者=椎名氏の近くを通行中に馬を差し押えられたとして、その不当性を訴えた訴状(32)がある。動垂国光は路上で点定され、身柄を拘束され、市場に連行された上で、椎名氏のもとで叔父の借状の提示があり、訴訟決断となって、馬が差し押さえられたのであろう。

現場での判決への不満として守護へ上訴がなされた。債権者側は叔父の債務支払いを縁者に追及し、差押えをしたのだが、本人は死んだ叔父の債権・債務関係とは無関係で、遺産相続にも与っていないとして差押えの不当性を主張した。主張の中心は「たとひ国光其の謂れありといへども、当住の所に事の子細を触れられ候て、道理に任せて御裁許有るべきの処」「当世召質を御停止せらるるの旨、私曲の御成敗穏便ならざるものなり」である。前半部分は〈仮に国光がその負債に責任があったとしても、今住んでいる下野国堀籠郷に「事の子細」を連絡して、裁判所で道理の判断をしてもらいたい〉となる。

ここで想定される裁判所では、訴人と論人のそれぞれの言い分を聞いた上で「道理」に任せた裁許を下したはずなので、近所の住民を証人として申請するために「当住の所」に「触れる」手続きを要求したのである。椎名氏による馬の差押えを「私曲の御成敗」だとし、本来「召質」は幕府によって禁止されているとある。これが前章第二節で取り上げた追加法第五一条を指すなら、我々には都合がいいのだが、〈「召質」の禁止〉は慣習法だったのだろうか。「正直憲法の御代」「善政偏り無き御下知」とあって、鎌倉幕府の法体系に最大限の讃辞を捧げているのは「貞永式目」の制定を指していよう。

そう考えてよいのなら、この動垂弥太郎の出訴は「貞永式目」の制定された貞永元年（一二三二）以降となろう。先に我々は文書を作成する「筆師」の存在を考えたが、この讃辞は筆師の文飾だろう。この場合訴えを受けた裁判所がどう判断したのか分からないが、一般に個人と個人との債権・債務関係を縁者という血縁集団にまで広げることは、債権者側にとっては、追及を受けるべき真の関係者の捜査を被害者側に肩代わりさせる利点となった。動垂弥太郎の場合は縁者として路地で質取りに遭ったのだが、差押えが債務者と同じ同国人・同郷人にまで拡大すると、後の国質・郷質に発展することになろう。

この事例で注目されることは、問題が債権者と債務者の間で処理されており、第三者による「寄沙汰」ではないことである。東西の違いなのか、この場合は特例なのか。

負人死亡の場合──追加法第一八〇条

この動垂弥太郎の訴状を理解するためには、仁治三年（一二四二）正月十五日に豊後の守護大友氏の発布した「新御成敗状」二十九カ条の中の第九条目、追加法第一八〇条[33]の「出挙利分事」が参考になる。この「新御成敗状」は幕府法との継受関係が問題である。母法は追加法の第一七条で、この事書は「可禁断私出挙利過一倍并挙銭利過半倍事」で、本章第一節で取り上げたように「公家法」第一三八号の「宣旨」の利倍法をそのまま下知状として幕府法としたものである。しかしこの法令では母法と異なり、負人死亡の場合に重点を置いている。

一　出挙利分事
右、雖経多年、不可過一倍之由、且被下宣旨、且被成関東御教書、然則可停止非分之責矣、次負人死去之時、不知旨趣、責徴父母妻子所従等之条、可停止之、但署記顕然而証拠分明者、已令遺職相承之族、可令弁償矣、次負人逃脱之刻、不可煩口入人、而口入人若不令知取人、不取与証状者、難遁其責、死亡之時准之矣、

読み下す。

一　出挙利分の事
右、多年を経ると雖も、一倍を過ぐるべからずの由、且は宣旨を下され、且は関東御教書を成さる。然らば則ち非分の責めを停止すべし矣。次に負人死去の時、旨趣を知らず、父母妻子所従等を責め徴するの条、これを停止すべし。但し署記顕然にして証拠分明たらば、すでに遺職をあい承けしむるの族、弁償せしむべし矣。次に負人逃脱の刻み、口入人を煩わすべからず。しかれども口入人もし取人を知らしめず、証状を取り与えざれば、その責めを遁れ難し。死亡の時はこれに准ぜよ矣。

「出挙の利分」について「不可過一倍」とある。これを「利倍法」と言い、次章で取り上げる。「次」以降において、負人が死んだ時、その負債を問題とし、知らない時は家族や所従に責任はないとし、証文にはっきりと署名して遺領を相続した場合は弁済すべきだとある。二度目の「次」以降は、負人が逃げた場合には、口入人に連帯責任は掛からないとし、中に立った口入人が銭主を知らせず証文も負人に与えず口入人の手元にある場合には、口入人に責任があるとある。鎌倉幕府法に大きな影響を与えた『法曹至要抄』[34]中の第八七条、第八九条にはそれぞれ次のようにある。ここから追加法第一八〇号が『法曹至要抄』に準拠して作られたことは明らかである。

一　出挙利不過一倍事
　雑律云……
　案之、公私出挙者、雖経多年、其利不可過一倍也、一倍謂、挙十物徴廿物之類、但稲粟之類、官徴十五束之類也

一　負人死亡、不可責徴不知情妻子事
　天平七年五月廿三日格云……
　案之、出挙時不見知者、不可弁備、若亡人署記分明、亡人指質物見在者、可償、無質物者、雖有署記、不可償之、不知情父母亦同矣

ここにある「負人死去の時、旨趣を知らず、父母妻子所従等を責め徴するの条、これを停止すべし」は民間の法にもなっていたのであろう。

第11章　証文を破る利倍法

この章では永仁五年（一二九七）の「徳政令」を取り上げる。これは時間的には、弘長元年（一二六一）の「関東新制条々」、弘安七年（一二八四）の安達泰盛の改革、正応五年（一二九二）の「公家法」などを取り上げる次章の最後で扱うべきものだが、〈制定法と市場の文書とが対立する〉という第8章からの流れの中に置いて「徳政令」を考えたいと思い、敢えてここで論じることとした。永仁の徳政令については笠松宏至の重厚な研究があるが、ここでは永仁の徳政令の一部をなす〈貸借の破棄〉について〈「寄沙汰」の変化〉〈「利倍法」の進展〉という狭く限られた観点から、竹の管を通して見た世界を述べてみたい。

一　文書か法か

第7章で行った明法博士勘文の分析から、金融に関する王朝国家の原則・法は「利息は一倍を過ぐるべからず」であったとなる。これを「利倍法」という。井原今朝男はこれらの勅令から「法外な利子は返さなくてもよい」との法理を導き出したが、個々の法令の表層を詳細に分析すると、むしろ井原とは違う歴史の変化を抉り出すことができよう。既に我々は第8章で、山僧・神人が王朝国家と対決して、市場で独自に訴訟を即決判断していたことや〈土地差押えの作法〉を明らかにしてきた。王朝国家の「制定法」に対抗する「慣習法」の存在を明らかにしたのである。

つまり、王朝国家の「制定法」を破る「慣習法」が存在し、実力でその法の実現を図る勢力が王朝国家の外に存在していたのである。それが山僧・神人の「寄沙汰」であり、彼らが根拠としたものは「契約文書」であった。一方、王朝国家の側は「制定法」を発布して「契約文書」の効力を否定した。これから述べるように「利倍法」が何度も発布されたことは、この法が守られず、むしろ社会には「慣習法」が根強く貫徹しており、それは経済原理に違背するものではなかったという事実を示していよう。我々は第9章で、「寄沙汰」は拡大し一種の〈社会制度〉として確立したことを確認してきた。それにもかかわらず王朝国家や鎌倉幕府は「寄沙汰」を禁止し続けたのである。

これは社会と国家との矛盾であり、国家の「制定法」と社会の「慣習法」との対立である。前章では神人・悪僧が山賊・海賊にまがうように、大人数を率いて軍事力を振るい「寄沙汰」を行っていたことを見てきた。これは平安末から鎌倉期にかけての日本社会が、古い国家の崩壊と、新しい国家の未成立という、国家史上の過渡期であったことを示していよう。ここでは「利倍法」の実例を取り上げた後で、公権力が「利倍法」をテコとして「寄沙汰」を否定していったことを取り上げる。

制定法＝「利倍法」が慣習法＝「証文」を破る——利息は一倍を過ぐるべからず

「利倍法」は十二世紀後半から十三世紀にかけて「公家法」や鎌倉幕府の追加法の中に幾つも見出すことができる。それらを掲げると次のようになる。

イ　治承二年七月十八日の「宣旨」十二カ条の第七条目　　「公家法」第二六号(1)

ロ　建久二年三月二十八日の「宣旨」三十六カ条の第三一条目　「公家法」第八三号(2)
ハ　建久四年十二月二十九日の「宣旨」　「公家法」第九〇号(3)
ニ　建暦二年三月二十二日の「宣旨」二十一カ条の第一八条目　「公家法」第一〇九号(4)
ホ　嘉録元年十月二十九日「新制」三十六カ条中の現存法令の第五条目　「公家法」第一三五号(5)
ヘ　嘉禄二年正月二十六日「条々」三カ条の第三番目　「公家法」第一四〇号(6)＝追加法第一七条(7)
ト　寛喜三年十一月三日の「宣旨」四十一カ条の第四一条目　「公家法」第一九二号(8)
チ　仁治三年正月十五日「新御成敗状」二十九カ条の第九条目　追加法第一八〇条(9)

「イ」「ロ」については既に第8章で取り上げた。

「ハ」銭貨の出挙を米で弁済する——「公家法」第九〇号

これは『法曹至要抄』に収められたものである。同じ『法曹至要抄』所収の「公家法」第八九号＝建久四年（一一九三）七月四日の宣旨(10)では、市場の「和市」を維持するために「宋朝銭貨」の停止を命じている。一方、その数カ月後に発布されたこの法令の主要部分には「銭直法任去年八月六日宣旨状、一貫文別以来一斛為正物」とあり、銭と米の換算率が定められている。「銭貨」とあることから、「米」のほかに「銭」もまた貨幣として社会的に流通していたのである。この「利倍法」には「於利分者、依弘仁十年五月二日格、毎六十日取利、不得過八分之一、雖過四百八十日、不可過一倍歟者」とある。

暦仁二年（一二三九）の時房から泰時への御教書(11)では、陸奥国の郡郷において「年貢絹布」の品質保証のため宋銭の流通が禁じられた。網野善彦が明らかにしたように、中世前期にあっては、年貢として徴収されたものは同時に貨幣としても利用され、流通していたが、東日本と西日本では異なり、西の「米」に対して東は「絹布」であったという。これらは共に「貨幣商品」として、それ自体使用価値を持ち、「衣」「食」の中心でもあった。一方「銭」は日宋貿易を通じて日本社会にもたらされ、それ自身「食べたり」「着たり」できないが、計算可能性、支払いや持ち運びの便などから「貨幣」として機能した。

ともあれ、この法令からは「銭」が社会的に「貨幣」として認められ、流通し始めていたことが確認できよう。市場で流通する「貨幣」の違いは、東西における「市場法」の違いを反映していただろう。

「二」 利倍法――「公家法」第一〇九号

「建暦二年（一二一二）の公家新制」については既に第9章で取り上げたが、その第一八条は「公家法」第一〇九号である。次のようにある。

一 可停止私出挙利過一倍事
仰、出挙利息、本条区分、而建久以一倍之利分、為永年之定数以降、雖似有施行之実、猶非無違犯之聞、固守彼符、曾勿違越

読み下す。

一 私出挙の利一倍を過ぐるを停止すべき事
仰す。出挙の利息、本条区分、而建久一倍之利分を以て、永年の定数となして以降、施行の実有るに似たると雖も、なお違犯無きにあらずの聞あり、彼の符を固く守り、かつて違越するなかれ。

これは「利倍法」であるが、「本条区分、而」の所の意味がよく分からない。句点を替えて「本条区分而、建久

……」とし、〈本条区々の分なれども〉と読み、〈利倍法での利息分が区々であったけれども〉の意かもしれない。とすれば、国家の側が定める「定数」とは別の、民間にある利息の額を前提としているとなろう。今後の考えに俟ちたい。「建久」とあるのは「建久二年三月廿八日」の公家新制三十六カ条中の第三一条目にある「ロ」の「公家法」第八三号の「利倍法」を指している。それゆえこれは法令「ロ」の再令であろう。「慣習法」を根底的に否定する「彼の符」を固く守れとある。

「へ」　証文を破る法――追加法第一七条

「イ」の「治承二年の宣旨」から五十年後の嘉禄元年（一二二五）には「公家新制」三十六カ条が公布された。現存するものはその内の七カ条で「公家法」第一三一～一三七号である。「ホ」はその中の「公家法」第一三五号である。鎌倉幕府はこれを「嘉禄制符」として受け取り、そのうちの三カ条を下知状として諸国の御家人に宛てて公布した。これが追加法の第一七条「へ」で、これは公家法の第一四〇号でもある。次のようにある。原文は漢文だが、ここでは笠松宏至が校註した『中世政治社会思想』上の「追加法」(12)（売買貸借法）に収められているものによった。これは公家法の第一三五号・第一四〇号とも同じものである。

一　私出挙の利一倍を過ぎ、ならびに挙銭の利半倍を過ぐるを禁断すべき事

右、同状に偁《いわ》く、出挙の利、令格相存す。しかるに下民の輩、期を過ぐるに至れば、廻利を本とし、過責を先となす。いまだ幾歳を経ざるに、たちまち数倍に及ぶ。ほとんど王臣家を煩はし、ややもすれば諸庄園を妨ぐ。かくのごときの漸《いたり》、費は朝家にあり。且は京畿諸国等に仰せ、且は弘仁・建久の格に任せ、四百八十日を過ぐるといへども、一倍を過ぐるを得ざれ。挙銭に於ては、よろしく一年を限り、半倍の利を収むべし。たとひ年紀を積むといへども、加増せしむるなかれ。たとひ証文を出すといへども、叙用せしむるなか

れ。もしなほ違犯あらば、負人をして使庁に触れ訴へしめ、文書を糺し返し、その物を没官せよてへり。

令の規定では利子は元本の十割が限度だったが、ここでは「私出挙」と「挙銭」の「利」を問題としている。「迴利為本」とは複利[13]のことで、「下民の輩」が複利計算で高利の出挙を行っていることを問題としている。「ハ」にもあったように、出挙では六十日ごとに元本の八分の一の利を取っていたので、四百八十日が限度だった。「下民の輩」は国法を無視していたので、出挙の利息は数年を経て忽ち数倍に及んだ。「縦雖積年紀、莫令加増、縦雖出証文、莫令叙用」は「出挙」と「挙銭」の両方に関わり、法令の中心は「若猶有違犯者、令負人触訴使庁、糺返文書、没官其物者」である。

この「文書を糺し返し、その物を没官する」との文言は既に第8章の最後で「公家法」第八三号でも取り上げて分析した。また次節の追加法第三〇六条、第三九五条にも登場する。債務者の側は〈法に反している〉と主張し、債権者の側は〈契約状を守れ〉と主張し、互いに「喧嘩・口論」になり、争いは使庁に持ち込まれ、争いの原因となった「証文」は破棄され、支払った物は検断物として使庁が没収した。債権者は「若猶有違犯者」と犯罪者扱いである。この段階では「利倍法」の実現が現実的な課題となっている。本文中の「且任弘仁建久格」に対応するものは「ロ」の「公家法」第八三号である。

この法令では〈「証文」=「契約書」か〉〈制定「法」か〉という二項対立が前提になっている。短期の資金繰りが必要で金融業者との付き合いが大切な人々は、「慣習法」を大事にし、逆に返済が滞り利子が嵩んだ人々は王朝国家の裁判を望んだであろう。嘉禄元年(一二二五)の頃は、王朝国家の法(制定法)が及ぶ「東市」などの市場と、国家の保護の外に置かれた山僧・神人(慣習法)の支配する「市場」との、二つの市場、二つの統治権の併存する時代なのだろう。洛中・洛外の市場の一つ一つをめぐり、検非違使庁と山僧・神人とが取り合いを続けていたと想像される。

二つの市場・二つの統治権

制定法と慣習法の対立から二つの市場・二つの統治権を考えた。二つの市場の間には市場の監督官・支配者に違いがあり、検非違使・国司らが支配する市場と、神人・悪僧の支配する市場とが対立していた。古くは「小川市」における「市司」と「キツネ」の対立となる。利倍法を重視する検非違使・国司らは〈債務者の保護〉に傾き、流通経済の担い手の神人・悪僧は契約法の重視＝〈債権者の保護〉に傾いていたと想像される。二つの市場では債権・債務の取扱いが異なっていただろう。前者の例には、第12章で取り上げる「高質」の行われた「平方市場」や第13章で取り上げる名主が沙汰人となる「西大寺市場」がある。

他方、後者の市場は時間と共に抑圧され、鎌倉末期の悪党による暴力的な市場支配となった。しかしこの時代は第9章で取り上げた「拒捍使」の寄沙汰もあり、検非違使と神人・悪僧との間に本質的な違いはなく、第13章第二節で述べるように、この時代の市場では「迎買・押買」が頻発し、商人団相互間の暴力の応酬はどこでも見られた。しかしながら次章第五節で述べるように、こうした動きに対抗して、鎌倉末期には「正直」の倫理が登場し、富裕な商人が有徳人化するなどを通じて、取引の場から暴力を排除する動きが起きてくる。こうした流れの中で神人・供御人たちは「公界」を生んだのだろう。

「ト」「公家法」一九二号

本文中に「嘉禄之制」とあり、法令の最後が「若猶違犯者、令負人触訴使庁、糺返文書、慥没官其物」とあり「へ」の再令である。

「チ」追加法第一八〇条

これについては第10章第四節ですでに取り上げた。

二　追加法の寄沙汰禁止令

先に第8章では「土地差押えの作法」を論じた。そこでは〈「山僧・神人」の裁判＝「寄沙汰」か〉〈王朝国家側の裁判か〉を分ける決定的な違いは〈「文書」によるか〉〈制定「法」によるか〉にあったとしてきた。次に「寄沙汰」を禁止する幕府追加法の分析を通じて、この対立が時間の変化と共にどのように展開していくのかを見ていきたい。

宣旨の旨に任せよ――追加法第二一六条

〈文書か、制定法か〉を問う文書は寛元二年（一二四四）の幕府の第四代執権・経時から六波羅探題に宛てた御教書にもある。それがここで取り上げる追加法第二一六条[14]である。

一　挙銭利分事、不及私了見、任　宣旨之状、可令成敗給之状、依仰執達如件

寛元二年六月廿五日　　　　武蔵守　判

謹上　相模守殿

「挙銭」の「利」は「契約の自由」に基づき、あらかじめ当事者間で取り決められていた。それが「私の了見」である。一方「宣旨」とは「利倍法」で、ここでは「私の了見」と「宣旨」とが対立している。この法令では、「私了見」＝契約状ではなく〈「宣旨」を重視せよ〉〈「利倍法」を守れ〉と命じている。鎌倉幕府は、「契約の自由」に基づく市場法を否定する命令を〈宣旨遵行〉の形で命じたのである。これは第10章で取り上げた王朝側の寛喜三年（一二三一）の宣旨を幕府がそのまま「宣旨事」として遵行したことと軌を一にしており、六波羅が「利倍

法」により「寄沙汰」を取り締まるとの宣言である。

承久の乱後幕府は西国を征服し、王朝国家を通じて間接統治を行っていたので、王朝国家の法を追認することは当然であった。

幕府の寄沙汰・悪党対策——追加法第二六六～二六八条

建長二年（一二五〇）幕府は評定会議で〈寄沙汰を取締りの対象とする〉と決定した。それを示すものが、次に取り上げる追加法の第二六六～二六八条[15]である。幕府はこの結果を「六波羅」と王朝国家の側の「関東申次」に伝えた。『吾妻鏡』には「建長二年（一二五〇）三月五日辛未、今日評定、条々有被定仰事」とあって、次の三カ条の記録がある。この三カ条を王朝国家が自らの命令として関係諸部局に向けて発布するように、幕府は「六波羅」と「関東申次」とに働きかけることを決めたのである。この決定を承けて五代目の執権・時頼と連署・重時はこの三カ条の承認を王朝国家に求めるよう「六波羅」に伝えた。

前章で述べたように、鎌倉時代の初期は王朝国家の発した寄沙汰関連の宣旨を幕府は遵行する立場にあったが、ここでは立場が入れ替わり、幕府側が寄沙汰対策の主導権を握り、王朝側に命令の遵行・実施を迫っている。佐藤進一は『日本の中世国家[16]』において〈幕府は王朝国家との関係を、泰時以来の相互依存関係から改め、相互不関与・自立に切り替えるために寛元四年（一二四六）の十月には篝屋を廃止し、十一月には後嵯峨院に評定制の導入を勧告した〉とした。ここで取り上げる追加法はこうした歴史を踏まえたもので、次のようにある。

一　可停止寄沙汰事
　仮権門威、令致自由沙汰者、懸主人殊可被処重科

一　山門僧徒寄沙汰事

近年蜂起之間、為諸人之煩、可有誡御沙汰之由、内々可被申入富小路殿之旨、可被仰六波羅

一　大和国悪党等事

此事先日仰六波羅、雖申入一乗院・大乗院、不事行云々、於自今以後者、差遣武士、召取其身歟、至彼等跡者、可令注進、不被改補地頭者、向後狼藉不可断絶歟、以此趣可触申者、同可被仰六波羅

読み下す。

一　寄沙汰を停止すべきの事

権門の威を借り、自由の沙汰を致さしむれば、主人に懸け殊に重科に処せらるべし。

一　山門の僧徒寄沙汰の事

近年蜂起の間、諸人の煩を為し、誡の御沙汰有るべきの由、内々富小路殿に申し入れらるるの旨、六波羅に仰せらるるべし。

一　大和国の悪党等の事

この事先日六波羅に仰せて、一乗院・大乗院に申し入るると雖も、事行われずと云々。自今以後においては、武士を差し遣わし、その身を召し捕るか。彼等の跡に至っては、注進せしむべし。地頭を改め補されざれば、向後の狼藉断絶すべからざるか。この趣を以て触れ申すべし。てへれば同じく六波羅に仰せらるべし。

建長二年（一二五〇）の条々の第一条は、おそらく「新神人」であろうが、「権門の威を借り」て「自由沙汰」を致すと、それは「寄沙汰」になるので、主人を通じて「重科に処すべし」とある。これまでの「公家法」では「神威を仮る」とあったところを、ここでは「権門の威を借」ると変わっている。これは、第9章第四節で取り上

げた寛元三年（一二四五）の追加法第二三八条で、「或平民或以甲乙人之所従、令補神人、動好寄沙汰」を承けて、「奉仕の座」を形成する「本神人」から抑圧を受けていた「新神人」が、本所の保護下にあったからであろう。「権威」が宗教上の「神」から世俗の「権門」に変わっているのである。

その背景には「神威」そのものの衰退があろう。ここでは厳罰を以て「新神人」の「寄沙汰」を禁止している。新神人は商業ではなく、リスクの高い「寄沙汰」を行っていた。これまでの「寄沙汰」の担い手は本神人だったが、彼らが「奉仕の座」を形成し、市場での特権の担い手となり、社会的地位が上昇したので、散在神人として振り売りを行っていた新神人が新たに「寄沙汰」の担い手となり、「寄沙汰」の担い手は新陳代謝をしたことになる。第二条は、近年山門僧徒が「嗷訴」のように「蜂起」して起こした「寄沙汰」を問題とし、「誡めの御沙汰あるべし」として、山門が戒めの沙汰を行うよう王朝側に求めている。

第二条に登場する「富小路殿」を註では「西園寺実氏」とある。彼は幕府と朝廷とを結ぶ二代目の「関東申次」である。第二条では「内々」に「富小路殿」に「申し入れよ」と「六波羅」に命じている。ここから、第一条も六波羅から関東申次への伝達で、第三条で「触れ申す」相手もまた「富小路殿」だったとなる。第三条の「自今以後」から最後の「者」＝「てへり」までの部分は「富小路殿」に宛てた命令である。幕府は朝廷と連携して、第一条では「新神人」の寄沙汰を、第二条では山門の「寄沙汰」を、第三条ではこれまで幕府の力が及ばなかった大和国の「悪党」の禁止を、と申し入れた。

特にここでは大和国の「悪党」の跡地への地頭の「改補」を要求している。第二条と第三条から、幕府内部の認識では、南都・北嶺の僧徒の「寄沙汰」が「悪党」にまで発展していたことが知られる。悪党取締りを王朝国家へ申し入れたのは、この立法の背後には佐藤が言うように、鎌倉幕府もまた王朝国家と同様な統治権の持ち主だとの自覚が生まれたからだろう。先に我々は第1章第三節で笠松宏至の研究を紹介する中で、十三世紀後半の鎌倉幕府の安達泰盛と亀山院政による公武の連繋した「弘安の徳政」を取り上げたが、それより五十年前の建長二年（一二五〇）でも、既にこうした公武の連繫はあったのである。

「寄沙汰」を権門体制論に従い「公家」と「寺社家」との対立として捉えるとすると、ここに至って「武家」が対立する両者の間に割って入り、社会全体が「寄沙汰」を否定する方向に大きく舵を切ったことになる。

文書は糺し返せ――追加法第三〇六条[17]

この文書は〈建長七年（一二五五）のもの〉と編者は註で年次を推定している。[18] 五代目の執権時頼時代の終わり近くのものとなる。

一　私出挙々銭利分者、不可過一倍之条、前々令沙汰畢、縦雖積年紀、不可加増、雖出文書、不可叙用、若猶有違犯之輩者、就訴訟仰奉行人、可被糺返文書、縦雖出証文、勿令叙用矣

読み下す。

一　私出挙々銭利分は、一倍を過ぐるべからざるの条、前々沙汰せしめおわんぬ。たとひ年紀を積むと雖も、加増すべからず。文書を出すと雖も叙用すべからず。もしなお違犯の輩あらば、訴訟に就き奉行人に仰せて、文書を糺し返さるべし。たとひ証文を出すと雖も、叙用せしむるなかれ。

この法令の一つ前の法令が「鎌倉中挙銭事」なので、この法令も鎌倉市中が対象で、「奉行人」は「保之奉行人」であろう。前述の追加法第一七条にあった「令負人触訴使庁」が「就訴訟仰奉行人」に変わっている。〈「文書」を糺し返すべし〉〈「証文」を出すといえども〉と「文書」を二度重ねており、文書の否定、「利倍法」の貫徹を命じている。この「文書を糺し返さるべし」が重要で、金融業者＝銭主の手から借状を取り上げて〈負人に返せ〉との命令で、借金は破棄されたことになる。「公家法」では最後の手段であったものが、ここでは当然の処置に変わっ

ており、禁止よりも借金の破棄に重点が置かれている。

支払い分は没収——追加法第三九五条[19]

正元元年（一二五九）は京都も諸国も飢饉であった。翌年の文応元年に日蓮は『立正安国論』を第六代執権・北条長時に進めた。その翌年は辛酉の年なので「弘長」と改元された。それを機に幕府は弘長元年（一二六一）二月三十日に「関東新制条々」六十一カ条を発布した。[20] これは六波羅にも送られたが、後半は鎌倉市中法であり「保之奉行人」に対する命令で、ここに登場する「奉行人」は追加法第三〇六条と同様「保之奉行人」であろう。次章で取り上げるようにこの「関東新制条々」に対応して、朝廷の側も弘長三年十月十三日には新制四十一カ条を発布した。

この「関東新制条々」第五九条目が次の追加法第三九五条である。

一　私出挙并挙銭利分事
於出挙々銭利者、不過一倍之条、前々其沙汰畢、縦雖積年紀、不可令加増、縦雖出証文、不可令叙用、若猶有違犯之輩者、就訴訟仰奉行人、可被糺返文書、没収其物矣

この法令は部分的に追加法第一七条、第三〇六条と重なっているので、読み下しも説明も不要であろう。「文書を糺し返さるべし」が重要で、ここでも金融業者・銭主の手から借状を取り上げ、負人に返すことで、借金は破棄され、債務者は借金から解放された。これまでの繰り返し立法である。立法が繰り返されたことは、制定法が恒久法ではなく、出された時にのみ効力を持つ時限立法であったからである。第8章の最後で取り上げた十二世紀末の「建久二年の宣旨」の「公家法」第八三号と同様、鎌倉幕府の追加法においては十三世紀の中葉に至り、「文書」は負人へと「糺返」され、支払われた物は「没収」された。負人の側が支払ったものは負人に返されるのではな

く、官＝検非違使庁かまたは六波羅探題かが没収した。

以上の立法から少なくとも鎌倉では、「文書」を理由に寄沙汰を強行する事件は減少し、「慣習法」の影響力が狭められていったことが確認できよう。第9章で見てきた「公家法の寄沙汰禁止令」と本章で見た「追加法の寄沙汰禁止令」とを比較すると、時間の流れとも関係しているのであろうが、後者の方が神人・悪僧を押さえ込む点で徹底しており、鎌倉幕府が暴力装置としての権力の性格を強めたことが知られる。

三　秩序維持権力の一元化

寄沙汰の禁止においては、立法面における幕府の主導権の確立を見てきた。ここではそれを基礎づける暴力装置＝治安維持権力の問題として再確認したい。

地頭代宛ての撫民法——追加法第二八二〜二九四条

追加法第二八二〜二九四条[21]は建長五年（一二五三）十月一日付で、四代目の執権北条時頼と連署の重時が「下知」した「検断法規」全十三カ条である。ここには「諸国郡郷庄園地頭代、且令存知、且可致沙汰条々」との題目がある。現実の検断権行使者である「地頭代」に宛てて、検断面での苛政をチェックする「撫民法」として公布されたものである。笠松宏至は「従来の幕府法は、御家人相互、もしくは御家人と庄園領主の間の紛争を主な対象とした規範であった」が、これは「明らかに在地領主の〈土民〉への法的支配そのものを対象」としている[22]として「検断法」に分類した。

網野善彦はこの十三カ条を「将軍宗尊親王を迎え、〈政道〉に基づく〈撫民の計〉を徹底させようとする執権時頼の政権の施政方針をよく示す」[23]ものと評価した。ここではその十三カ条を「検断法規」と名付けて考察したい。事書を掲げると、次のようになる。

第一条「重犯〈山賊・海賊・夜討・強盗〉輩事」
第二条「殺害付刃傷人事」
第三条「竊盗事」
第四条「放火人事」
第五条「牛馬盗人々勾引等事」
第六条「取流土民身代事」
第七条「諍論事」
第八条「土民去留事」
第九条「博奕輩事」
第一〇条「奴婢相論事」
第一一条「密懐他人妻罪科事」
第一二条「可致撫民事」
第一三条「令書起請文間事」

第八条「土民去留事」＝追加法第二八九条にある「或は逃毀と称して、妻子資財を抑留し、或は負累ありと号して、強縁の沙汰をもつて、その身を取るの後、相伝のごとくに進退せしむる」という地頭代の在り方は、山僧・神人が地頭代に補任されたことで、彼らの〈寄沙汰の作法〉が地頭代の世界にまで浸透していたことを示していよう。少し後の時代になるが、次章第三節で取り上げる正応五年（一二九二）の「公家法」第四四四号[24]にある「号有罪科、称有負物、……猥及自由之結構、破却人宅、追捕民烟」がこれに対応しよう。

沙汰人

この第一条と「条々」十三カ条の結びの文には「沙汰人」が登場する。これを笠松は「名主沙汰人」とし「庄園組織の最末端に属する地下人」[25]としたが、むしろ第1章で取り上げた十四世紀の文和二年（一三五三）の小早川氏の沼田の市宛て禁制に言う「検断・雑務以下の沙汰」を取り扱った「沙汰人」、狂言「茶壺」の「検断殿」、『庭訓往来』の「検断・所務の沙汰人」などに対応し、国衙在庁のメンバーで御家人とならなかった「非御家人」の武士であろう。小早川氏の禁制における「市場裁判権」の「御前沙汰」化は、百年前のこの追加法の精神を受け継ぎ、具体化したものであろう。

現在の近代法の体制下では、犯人を逮捕する「警察官」と、起訴をする「検察官」と、犯罪を裁く「裁判官」の三者はそれぞれ分離・独立して互いに牽制しあう関係にあるが、江戸時代の南北町奉行などと同様、中世でもこの三者は一体化していた。「検断殿」「沙汰人」は裁判官であると同時に警察官であった。鎌倉幕府とはこの「検断権」の担い手＝「守護・地頭」を中心に組織された「武士の政権」である。ただし、主従制の原理を基に組織されたこの鎌倉武士の「地頭」「地頭代」と並び、在地の秩序維持者には、律令制の系譜をひく王朝国家側の「検断殿」「沙汰人」「目代」などもいたのである。

笠松が『中世政治思想』上で「追加法」「手続法」の第一に挙げた嘉禄三年（一二二七）閏三月十七日付の追加法第一八条の「諸国庄々地頭致非法濫妨事」[26]には「京都に於て、沙汰人預所と問注を遂ぐべきの旨」とある。この「沙汰人」は荘園領主側の人である。しかし笠松が「検断法」に分類した正安三年（一三〇一）三月二十七日付の追加法の第七〇二条「豊後国津々浦々船事」[27]には「有海賊之聞者、守護・地頭・沙汰人等、構早船、不廻時剋、可令追懸」とあり、国家的な犯罪である「海賊」に対しては、武家・公家が共同して対処するとあって、我々が問題とするケースに近い。
また正和二年（一三一三）正月九日に制定された『宗像氏事書』の第五条には「諸郷弁済使、公文名主以下沙汰人等、任雅意、不可仕百姓事[28]」とある。この場合の「沙汰人」は王朝国家の系譜をひく「諸郷弁済使・公文・名主以下」の総称である。

その第一条――追加法第二八二条

建長五年（一二五三）十月一日付「検断法規」十三カ条の第一条＝追加法第二八二条には次のようにある。本文は漢文体であるが、笠松の読み下し文によった。

一　重犯〈山賊・海賊・夜討・強盗〉の輩の事
右、かの輩は重科なり。禁ぜざるべからず。すべからく罪科に処すべし。ただし重犯は、贓物露顕せしめ、証拠分明の輩の事なり。嫌疑をもつて左右なくその身を搦め捕へ、拷訊に及び圧状を責め取り、白状と称して断罪せしむるの条、はなはだ然るべからず。もしこの儀に背き、理不尽の沙汰を致さば、地頭代といひ、沙汰人といひ、その職を改易せしむべきなり。

「致理不尽之沙汰者、云地頭代、云沙汰人、可令改易其職也」とあるように、検断権を幕府の下で一元化して、幕府は全国政権化を目指した。この時代、悪党の活躍が盛んになったことに対応して、幕府は王朝国家側の「沙汰人」への任免権を吸収して、在地における秩序維持権力の「公家」「武家」の二重性を改めようとした。これには先に取り上げた「宣旨事」＝追加法第二三条で「有司ならびに武家に仰せて、すみやかに罪過を糺さば、則ち禍なし」とあったことや、追加法第四〇八条で「子細を公家に言上し、その身を関東に召し下さるべきなり」とあったことの延長線上にある。

この「有司」を、笠松は頭註で〈検非違使や惣追捕使などの朝廷側の検断権者の総称か〉とした[29]。ここで言う「沙汰人」は、この「有司」の下にあった朝廷側の人々であろう。悪党が現れたなら「有司ならびに武家に仰せて、すみやかに罪過を糺」すとは、〈悪党に対して公家と武家が連携して対応する〉という、武家・公家の協力体制を謳っているのである。先に取り上げたように、鎌倉幕府が公家の「宣旨」を「宣旨事」として追加法の第三三条に加えたこと自体が、公家を中心とする武家・公家の協力体制を表していた。

遵行書き

この「検断法規」十三カ条の「条々」の終わりの遵行書きの部分[30]には次のようにある。

> 以前の条々、この旨を守り、且はその其沙汰を致し、且は存知すべし。一事といへどもこの旨に違背し、非法を致すに於ては、所職を改むべきなり。沙汰人等地頭代の非法を注進すべきなり。もし権威を憚り、地頭代を恐れ、見隠し聞き隠すに至つては、同罪たるべし。実正をもつて注申せしむるの輩は、勧賞あるべきなり。かねてまた大事の沙汰に於ては、傍郷の地頭代・沙汰人・名主等寄り合ひ、相互に談議を加へ、その沙汰を致すべきの状、下知件のごとし。

傍線の「権威」について笠松は「正員地頭を指すか」と註をした。幕府がこのように「沙汰人」への人事権を握っても、〈地頭―地頭代〉の系統に対する強い主従制的支配権と比べると、「沙汰人」の方は独立性が強かった。秩序維持権力者がこのように二重化していたからこそ「沙汰人」には「地頭代」の「非法」を「注申」することが期待されていたのである。注目すべきは「大事の沙汰」に関して「傍郷の地頭代・沙汰人・名主等」の「寄合」を命じたことである。この「寄合」を通じて〈地頭―地頭代〉の系統の下に「沙汰人・名主等」の組織化が目指されていた。

以上、我々は検断権が二重化している状況に対して、悪党対策として、地頭を軸にその一元化が図られていたことを見てきた。

四　寄沙汰の終焉

「関東御式条」＝悪党取締令

鎌倉幕府の第六代目の執権・長時と連署・政村は弘長二年（一二六二）五月二十三日付で六波羅探題・時茂に宛てて「関東御教書」全十カ条を示した。その中で現在復元されているのは八カ条であり、[31]その「関東御式条」八カ条は追加法の第四〇七～四一六条[32]である。その事書を掲げると次のようになる。

第四〇七条「自公家被召渡輩事」
第四〇八条「山僧請取寄沙汰事」
第四〇九条「武家不相交沙汰事」
第四一〇条「籠置悪党無沙汰所々事」
第四一一条「西国堺事」
第四一二条「好召仕悪党輩事」
第四一三条「悪党跡事」
第四一四条「召人逃失預人咎事」
第四一五条「洛中屋地并近国買地事」

第四一六条「悪党張本事」

このうち、第四一四条の事書には「召人」とあり、第四〇七条では法令内部に「召人」の言葉がある。また第四〇八条の「可被召下其身於関東」からは「召人」の存在が確かめられる。それゆえこの八カ条には捕まえられた犯人を示す「召人」文言を含むものが三カ条あるが、この他に「悪党」文言を含むものも四カ条存在している。ここから「関東御式条」を〈悪党の取締りと犯人の捕縛を中心にした法令集〉とすることが許されよう。そして第四〇九条には「一　武家不相交之沙汰、自公家被仰下、於狼藉之条者、随事躰可致其沙汰」とあり、武家と公家とは協力・連繋して悪党対策を進めているのである。

山僧請取沙汰事——追加法第四〇八条

ここで我々が取り上げるのは、「関東御式条」中の第二条目の法令で、追加法第四〇八条である。これは前章で述べた「宣旨事」＝追加法第三三条と同様、「山僧」と「寄沙汰」に関係する法令で、次章で取り上げる「弘安の徳政」の二十年ほど前のものである。次にそれを掲げる。これは本来漢文だが、ここでは「検断法」の一つとして笠松宏至が取り上げた「追加法」(33)の中にある「読み下し文」に従った。悪党取締令である「関東御式条」の中に「寄沙汰」が置かれていることから、幕府当局者は〈「寄沙汰」は「悪党の一つ」だ〉と見なしていたことになる。

一　山僧寄せ沙汰を請け取るの事

先途誡め仰せ下さるるの処、近年無沙汰の間、狼藉過法の由風聞すと云々。直に訴訟を経るといへども無沙汰か。しかるにかくのごときの濫吹、はなはだ然るべからず。然るがごときの時は、付け沙汰の輩といひ、これを請け取りて沙汰を致す山僧といひ、子細を公家に言上し、その身を関東に召し下さるべきなり。

脇田晴子はこの法令は「御家人・武士」と「山僧」との間の「寄沙汰」を問題としているものだとして、次のように説明した。(34)

御家人・武士のなかには山僧に強制取立てを依頼するものもあり、先度より戒められるところであるのに、近年その狼藉は過法であるといっている。そして依頼人も、それを請け取って沙汰をする山僧も、公家・武家の双方によって処罰する旨を令している。山僧は高利貸業務に必然的に付加せざるをえない強制執行力によって、武力を有する武士の取り立てまで代行するという場合も生じているのである。これはおそらく、武士が貸した銭貨などの取り立てを山僧に依頼するというものではないだろう。やはり武士が所領からの貢納物を抵当に銭貨を借り、その代償として、山僧に所領内の該当分に対する強制執行権を渡すということと考えられる。

脇田の解釈の前提には、明言はしていないが、武士と山僧との接触があり〈「無沙汰」の主体は武士だ〉がある。この法令には〈幕府が先度より戒めているのに無沙汰だ。直に訴訟をおこしても無沙汰であろう〉とある。「関東御式条」全体が武士を対象としていることから、脇田の解釈は魅力的である。しかし山僧の寄沙汰について幕府は、例えば寛喜三年の宣旨を追加法第三三条として遵行して公家に協力してきた。「先途」はそれを承けたもので〈近年は寄沙汰について六波羅での処置がないので、山僧の寄沙汰＝狼藉は度をすごしているとの風聞だ〉となり、最初の「無沙汰」は六波羅への叱責であろう。

とすれば、これは「山僧の寄沙汰」をめぐる鎌倉幕府の組織内部における連絡文書となる。二度目の「無沙汰」について笠松は「直に……」を〈山僧を統治すべき延暦寺の別当貫主に直接申し入れても、恐らく何の処置もとるまい〉とした。本来このような濫吹はけしからぬことだとして「山僧」の「寄沙汰」の取締りに念を押したのがこの法令の主旨となる。笠松の頭註によれば「山僧」とは〈延暦寺の僧〉で、〈同寺の傑出した宗教的権威や商業的特権を背景に、庄園の請負的代官として［追加法一二〇条のごとく］、あるいは本条のごとく公武の法廷において猛威を振った〉という。

笠松の解釈ではこの「寄沙汰」は、「公武の法廷で」の「面を替える」こととなるが、この場合も、債権取立ての沙汰を第三者が受け取り、代わりに実力で強制執行する〈自力救済〉が現実であろう。ここでは「山僧」の「寄沙汰」を「狼藉」「濫吹」としているが、この法令が「関東御式条」の中に含まれていることから、幕府側が〈「寄沙汰」は「悪党」だ〉と認識していたことが確認できよう。また「付け沙汰の輩といひ、これを請け取りて沙汰を致す山僧といひ」とあることから、「沙汰」とは〈山僧たちの間で遣り取りされたもの〉であり、「付け」たり「請け取っ」たりしていることが分かる。

脇田は〈沙汰を付けるのは武士〉で、〈請け取るのは山僧〉だとしているが、むしろ同じ社会層内部での遣り取りが主流だったと考えるべきであろう。この十三世紀後半の追加法第四〇八条法令で初めて「寄沙汰」の言葉に代わり、後の時代に主流になる「付沙汰」「請取沙汰」の言葉が登場していることに注目すべきであろう。第13章第四節で述べるように、十四世紀に至れば、貞和二年（一三四六）の室町幕府追加法では「寄沙汰」を「他人の借書を誘い取り、負人を呵責・譴責する」とあることから、「沙汰」の遣り取りとは「山僧」間での証拠の文書＝「借書」の遣り取りであったことが分かる。

前述したように「寄す」は宗教的な権威に関わり、神威を借りて債権の取立てを行うことへの〈尊敬の念〉から出た言葉だが、鎌倉幕府が代々「山僧・神人の寄沙汰」を禁止していたので、宗教的な権威は引き剝がされ、債権の取立ては即物化・脱宗教化し「請取沙汰」「付沙汰」と言い換えられた。ここにはかつての〈義賊〉の面影はない。室町期の「誘取」「譴責」に至れば「寄沙汰」は冷たく犯罪視されている。ここから「寄沙汰」という言葉が生きていたのは平安時代と鎌倉時代前期に限られ、十三世紀の後半に至るとその神通力は失われて、「請取沙汰」「付沙汰」に取って替えられたとなる。

以上からこの法令をもって〈寄沙汰の終焉〉が近づいたとしたい。しかしここでも「子細を公家に言上し、その身を関東に召し下さるべきなり」とあり、これまでと同様に〈公家・本所を通じての取締り〉と〈関東への身柄の送致〉を命じており、幕府は「寄沙汰」を自分に関わる問題として強硬方針を貫いているのである。寄沙汰の対象が地方の富の収奪者＝「受領」であったとすれば、「受領」が手にすべき富は、一方では山僧・神人の寄沙汰により、他方では鎌倉幕府の成立による守護・地頭の設置により奪われてしまい、「呪われた部分」が社会的に消滅したことも、寄沙汰終焉の原因であっただろう。

「寄沙汰」という言葉が終焉に近づくと、これまで「寄沙汰」を行っていた人々は「悪党」として社会から排除されていった。「利倍法」の進展が、これまで債権の取立てを行っていた人々を「悪党」の側に追いやった。鎌倉末期の社会を日蓮の言う「他国侵逼難」と「自界叛逆難」の言葉で表すことができるなら、「元寇」は前者に、「悪党」は後者に当てはめることができよう。「寄沙汰」を行う人々が「悪党」として社会から排除されても、貸借はなくならず、債務の差押えもなくならなかった。こうした動きは「叛逆」として存続し、「悪党」の活躍、南北朝の内乱へと繋がっていくのである。

五　永仁の徳政令＝追加法第六六三条

徳政令直前の評定会議

「永仁の徳政令」は有名なもので、具体的には、九代目の執権貞時が出した永仁五年（一二九七）三月六日の「質券売買地の事」と、同年七月二十二日の「越訴・質券売買地・利銭出挙の事」の三カ条からなる六波羅宛て御教書を言うのであるが、「利銭出挙の事」をめぐっては「徳政令」の発布に先立って、幕府評定所内部に意見の対立・混乱があったと思われる。それを示すものが追加法の第六六七条[35]と第六七三条[36]である。それぞれ次のようにある。

一　替銭事
　利分者、任証文可有其沙汰、永仁五　評定

一　替銭事　永仁五　内評伝　六　一
　可有尋沙汰、但可加利分之由、雖載証文、不足許容、以本物可弁償

「替銭」について、第六七三条の頭註で笠松宏至は〈AがBに支払うべき金銭の支払い人をCに指定する中世の沢済方法の一つ。庄園年貢など遠隔地からの送金に利用された〉とし、「証文」について〈AがBに与える借用状〉とした。[37] 第六六七条では、この替銭に利分が付くとして、利分は〈「証文」に任せよ〉とあり、三月の段階では金融業者側の主張に加担しているが、七月に入り、第六七三条では「利倍法」を否定し、「利分」は返さなくてよい〈「本物」だけを弁済せよ〉とある。前者では市場関係者の秩序・慣習法・公界の法を尊重せよと命じ、後者ではそれを否定しているのである。否定をしている点では公家法と共通している。

幕府の最終的な意志である「永仁の徳政令」の三カ条は次に取り上げるが、いずれにせよこれらの制定法では「証文」を問題としており、後者についてはこれまで見てきた「利倍法」の展開に形式的には連続している。また「永仁の徳政令」は蒙古合戦による御家人の疲弊を救うべく出されたものとされている。土地の売買に対しては、本の領主の下に土地を戻すことが命じられた。ここから債権に対しても破棄が命じられ、それが室町時代の徳政一揆と繋がると想像される。こうした〈徳政＝債権の破棄〉との理解は、先に述べた五味文彦の保延二年（一一三六）の明法博士勘文についての言及からも確かめられる。

しかし果たしてそれでよいのだろうか。直接条文に当たって検討していきたい。

貧乏人への貸し出し――追加法第六六三条

永仁五年（一二九七）七月二十二日に鎌倉幕府が六波羅探題に対して出した御教書「自関東被送六波羅御事書法」三カ条の中の二条目の法令、つまり追加法第六六三条[38]「利銭出挙の事」には次のようにある。

一　利銭出挙の事
右、甲乙の輩要用の時、煩費を顧みず、負累せしむるにより、富有の仁その利潤を専らにし、窮困の族いよいよ侘傺に及ぶか、自今以後成敗に及ばず、たとひ下知状を帯し、弁償せざるの由、訴へ申す事ありといへども、沙汰の限にあらず、
次に質物を庫倉に入るる事、禁制に能はず、

三カ条の第一・第三条が「御家人」を対象としていたのに対し、この法では「甲乙之輩」とあって、「御家人」よりもっと下の社会層で、経済規模の小さな「窮困の族」を対象としている。この法令について笠松は『徳政令』で二度にわたりその口語訳を挙げている。最初は史料の紹介の際[39]であり、次が本文中での引用である。それぞれ次のようにある。

金につまると前後の見さかいなく借金を重ねるのが世の通例であり、金持ちが利子でますます潤うのに反し、貧乏人はますます困窮していく。今後は、債権者からの債権取り立てについての訴訟は一切受理しない。たとえ債権安堵の下知状を副えて訴えても同じである。ただし質屋への質入れについてはこの法を適用しない。

目先のことだけしか考えずに借金をするから、金持ちはますます富み、貧乏人はますます貧しくなる。今後は、もし債権者が債権取り立てを訴えてきても、幕府としては一切これをとりあげない。債権確認の安堵状をもっていても同じだ。ただし、鍋釜着物といった零細な質物で金を貸す質屋は、この法令の対象としない。

債権取立ての訴えについては、幕府は取り上げないで、当事者たちの自力救済に任せるとしている。六波羅探題が検非違使庁と並んで山僧・神人の寄沙汰を禁止していたことはこれまで見てきたが、この法令では、債権者が山僧・神人への寄沙汰ではなく、債権の取立てを六波羅探題に訴えることが前提とされている。この法令によれば、六波羅は債権を確認するために「安堵状」まで出していたとなる。それゆえ「縦帯下知状」がこの法令の眼目である。しかしこの法令の中心は笠松の言う「不及成敗」「非沙汰之限」[40]で、平安末の明法博士勘文と同様、債権者を法の外に放置した。

もちろん御家人たちはこの法令から借金を踏み倒してもよいと判断したはずである。しかし法文を正確に理解すると、解釈は異なってくる。この点を笠松は〈「これからは金の貸借は禁止だ」とか「これまでの借金は棒引きだ、かえさなくてもいい」とはちっともいっていない[41]〉〈いっていることは「これからは、借金を返さないから怪しからん、と訴えてきても、幕府は知らない」としている〉ことだとした。「不及成敗」「非沙汰之限」を「訴訟を受理しない」「取り上げない」「知らない」と笠松は解釈したのである。債権者を法の外に放置することは、当然当事者の自力救済に任せることである。

この笠松の解釈と、永仁の徳政令から室町期の徳政一揆が導き出されるとすることとの間には大きな断層がある。

御家人への貸し出し

金融業者の債権者より借金をしていた御家人の方の力が強かったと考えるなら、この「縦帯下知状」は素直に理解できよう。山僧・神人側は武力では負けてしまうので、幕府から「下知状」を貰い「借状」を安堵してもらっていた。そこから幕府法廷への提訴が出てこよう。つまり、法令前半の「甲乙人の貧富の差の拡大」は前置きで、法令には明記されていないが、本論は御家人の借金の方にあったとなる。突如起こった蒙古合戦のために御家人たちが大口の借金をしたことが背景にある。それゆえ「不及成敗」「非沙汰之限」は即「破棄」を意味したであろう。

そうなると、これは後世の解釈と同じものとなる。

市場秩序の背後に統治権を想定できるとすれば、平安期・鎌倉初期の寄沙汰全盛期においては、日本の統治権は「公家」と「寺社家」に大きく分裂しており、「公家法」のテーマは寄沙汰の禁止にあった。それゆえ、鎌倉期を通じて国家の統治権は「公家」「武家」に二分しつつ、それとは別に「寺社家」の統治権があったとなる。「公家」「武家」は利倍法を守ろうとして市場法＝慣習法と対立していた。神人・悪僧は慣習法を貫徹するために「神威」を借り、後には「権門の威」を借りて自己主張をし、聖なる暴力を振るったが、彼らの寄沙汰は幕府の武力によって押さえ込まれていった。

この十三世紀末の永仁五年の徳政令に至り、蒙古合戦の非常時を背景に、幕府はこれらの統治権を統合し、単一の統治権者だと名乗り、幕府法が「文書」を破ると宣言したのである。ここでは金融業者・借上は「神」や「権門」の威ではなく、幕府の安堵状を求めた。しかし、金融業者・借上は「武家」の統治権下に入り保護を求めていたにもかかわらず「訴訟は取り上げない」と突き返される状態に至った。利倍法＝制定法が証文＝契約状を破る法発展の極限に、借状に安堵の下知状が付いても、借状の効力を否定するとなった。「文書を破る法」は永仁の徳政令で極限に達したことになるのである。

保延二年の明法博士勘文の場合には王朝国家の側に最終的な裁判権があったが、ここでは幕府・六波羅探題の側に最終的な判断権が移った。保延二年から百三十年、鎌倉幕府成立以来百年以上経った永仁五年のこの「徳政令」によって、幕府はこれまでの公家法遵行の立場を改め、雑務沙汰に対する最終的な判断権者であると宣言したのである。

第12章　弘安の徳政

一　後嵯峨院と北条長時の蜜月期

第9章で見てきたように、寛元三年（一二四五）の鎌倉幕府追加法第二三八条では「拒捍使」など「公家」側の勢力にも秩序外へと流れる動きが見られたが、建長四年（一二五二）に後嵯峨上皇の一宮・宗尊親王が鎌倉に下向して征夷大将軍になり、正元元年（一二五九）には三宮が亀山天皇になった。ここに後嵯峨院が公武両政権を統括する体制が築かれ、寄沙汰に対する協力体制が再建されたのである。これを踏まえて弘長元年（一二六一）二月二十日には「関東新制条々」六十一カ条（追加法第三三七～三九七条）[1]が、弘長三年（一二六三）八月十三日には「公家新制」四十一カ条（「公家法」第二三五～二七五号）[2]が相次いで出された。

また前章で取り上げた弘長二年五月二十三日の「関東御式条」第二条目の追加法第四〇八条では、悪党対策について公家・武家の連繫を謳っていた。以上の三者から、笠松宏至は『中世政治社会思想』下の「解説」で、この時期は公武両政権が共に「撫民」を目指した公武の蜜月期[3]であるとした。五代目の執権・北条長時と後嵯峨院の時期のことである。「公家新制」の第二六条目の「公家法」第二六〇号では「土民逃脱、田地荒廃」を嘆き、第二七条目の「公家法」第二六一号では「土民参官底」を勧めている。ここではその蜜月期の公武の法の中で寄沙汰禁止令と裁判制度の充実を目指した法令とを中心に取り上げたい。

「関東新制条々」

「関東新制条々」六十一カ条のうち、第三四九〜三五四条までの六カ条は〈公平な裁判〉を目指した立法である。事書を掲げると次のようになる。

第三四九条　可専守式目事
第三五〇条　可定置評定衆并引付衆及奉行人起請事
第三五一条　問注書下事
第三五二条　問注遅引事
第三五三条　京家問注記詮句事
第三五四条　五方引付事

第三四九条の事書には「弘長奉行問注所執事」との傍書があり、以下六カ条の担当奉行人が「問注所執事」であったことが分かる。第三五〇条では「評定衆・引付衆・奉行人」に対して起請文の提出を定め、「政道の源、無私を以て先と為し……故武蔵前司入道の時例に任せ、起請文を召さるべき也」とある。第三五二条では「問注」の遅引を誡め、「政道の源、只此の事に在り、執事と云い奉行人等と云い、殊に忠勤を存じ、沙汰をいたすべき也」とある。第三五一条の「問注書下事」と相俟って公平な裁判を目指していたといえよう。

幕府保護下の神社への命令——神人の濫行禁止令

「関東新制条々」の第一条目は「可如法勤行諸社神事等事」で、第二条目は「可令有封社司修造本社事」である。

これから取り上げる第三条目の傍書には「同年同人」とあり、この法令は幕府保護下の神社社司に対して命ぜられたものとなる。この第三条目の法令＝追加法第三三九条は神人の増加・濫行の停止令である。法文中の「忌　事」については「忌下恐有脱字」との註がある。「神事」「神役」に専念すべき神人が避けなければならないことなので、本章第三節で取り上げる「公家法」第四七一号にある「挙銭・借上」などを指すのだろう。それゆえ、傍線の如く「俗」を補い「俗事」とした。

一　可令停止神人加増濫行事
神人者常陪社頭、可従神役、而散在国々以好梟悪、充満所々以致狼藉、自由之企、甚背物宜、早於新加神人者、削其名以随停止、至本補神人者、忌俗事以可勤職掌

読み下す。

一　神人の加増・濫行を停止せしむべき事
神人は常に社頭に陪し、神役に従うべし。しかれども国々に散在し以て梟悪を好み、所々に充満し以て狼藉を致す。自由の企、甚だ物宜に背く。早く新加神人においては、其名を削り以て停止に随ひ、本補神人に至つては、[俗]事を忌みて以て職掌を勤むべし。

神人の本来の在り方を「常陪社頭」「可従神役」「可勤職掌」とし、そこから外れた行いを「濫行」「梟悪」「狼藉」と断じ、「新加神人」の除名を命じている。神人の本来の在り方を述べた点では、第9章第一節で取り上げた建暦の新制の「公家法」第九九号と似ている。

広田社を「公家法」に従わせる――五箇大犯への対応命令

我々が問題とする弘長三年（一二六三）の「公家新制」と同じ年の四月三十日に、神祇官は現西宮市にある広田社に宛てて「検断式条」の「下文」全十八カ条を下して、従うようにと命じた。その第一条目は「公家法」の第二一七号で、次のようにある。なお、欠損等の判読不明箇所については、校註者の読みに従い、［　］で示した。[4]

一　謀叛、殺害、強盜、海賊、山賊等事
已上五箇大犯者、聞慥説者、不廻時剋、可搦進其身、不可依所犯多少也、資材追捕、不可及異論、又不可嫌［神官］供僧、［若］其説為不実者、申出之仁、可処罪科、余事准之、凡就一方之訴訟、不可致理不尽沙汰、於政所、召問両方、勘判軽重、可令成敗、［已］下可守此式也

読み下す。

一　謀叛、殺害、強盗、海賊、山賊等事
已上の五箇の大犯は、慥かな説を聞かば、時剋を廻らさず、その身を搦め進すむべし。所犯の多少に依るべからざる也。資材の追捕は、異論に及ぶべからず。又［神官］供僧を嫌うべからず。［若し］その説不実たらば、申出の仁、罪科に処すべし。余事これに准ぜよ。凡そ一方之訴訟につき、理不尽の沙汰を致すべからず。政所において、両方を召し問い、軽重を勘判し、成敗せしむべし。［已］下この式を守るべき也。

この法令の前半では、鎌倉幕府の「大犯三カ条」に対応する公家法の「五箇の大犯」を掲げ、これらの重罪犯に対しては神官・供僧を嫌わず即刻逮捕せよと命じているが、後半では政所における公平な裁判を命じている。「資材」は「資財」のことであろう。ここで注目すべきは、笠松宏至が指摘するように[5]「凡そ一方の訴訟に就いて、理不尽の沙汰を致すべからず、政所において、両方を召し問い、軽重を勘判し、成敗せしむべし」とあることであ

る。これまでの公家の訴訟手続きでは〈訴陳〉や〈証拠の審理〉がなく、被害者側の「一方の訴訟」に基づく「理不尽」なものだったとの反省から、不実の訴訟を起こす人に対しては、罪科に処すようにと、広田社に新しい裁判の実行を求めている。

これまでの「法に任せての糺断」(「公家法」第九九号。第9章第一節参照)という有無を言わせない職権主義的な在り方を、ここでは鎌倉幕府に倣い訴陳の審理方式に変えようとしているのである。王朝国家は武家の訴訟制度が優れていることを認めて、遅れを取り戻すべく努力を開始したと理解してよいだろう。

寄沙汰禁止令——「公家法」第二五七号

我々が問題とする弘長三年の「公家新制」の第二三条目は「公家法」の第二五七号である。ここには「本主」と「容納の仁」との用語がある。既に第10章で「宣旨事」を分析する際に取り上げ「本主」を寄沙汰の依頼者、「容納の仁」を寄沙汰の実行者としたが、再び取り上げる。

一 甲乙緇素の寄沙汰・点定物を停止すべき事

仰す、或ひは寄沙汰を好み、或ひは点定物を致す、理非の有無を論ぜず、一切停止せしめよ、なほ制旨に拘はらざれば、本主ならびに容納の仁、堅く厳制に処すべし

ここには「寄沙汰」と「点定物」が並んで取り上げられていることからも、この「寄沙汰」は法廷外における「甲乙緇素」の人々による自力救済としての債権の差押えである。寛喜三年(一二三一)の「宣旨事」の段階では「本社・本寺に下知して厳制を守らせ」るとあり、本所の自治権を尊重した上での〈間接統治〉のやり方であったのに対し、三十年後のここでは王朝国家が直接に「理非の有無を論ぜず、一切停止」と強く禁止を命じており、犯人を「厳制に処す」とある。検非違使が寺社の不入特権を踏み越えて、犯人を直接追及する形に変わっており、禁

止の度合いが高まり、使庁の権限強化が確かめられる。

これは前章で述べたように、建長二年（一二五〇）の段階で幕府が王朝国家の側に「寄沙汰・悪党」対策を強く求めたことに対応したもので、寄沙汰の取締り強化令である。以上から、後嵯峨院と長時との蜜月期において、公武両政権が共に寄沙汰禁止に向けて努力していたことが確かめられよう。

二　亀山院と安達泰盛の〈徳政〉

次に公武の「徳政」を取り上げる。この場合の徳政とは寄沙汰を根絶するための〈裁判制度の充実〉を指している。

安達泰盛の改革

弘安七年（一二八四）に八代目の執権・北条時宗が死に、息子の貞時が九代目を継いだ。その後関東では、安達泰盛の主導する大規模な政治改革が進んだ。それに呼応して京都でも、亀山院政による徳政が意欲的に行われた。網野善彦の「弘安の〈徳政〉と安達泰盛の乱」[6]に従うと、安達泰盛の政治改革により、関東では次のような法の制定がなされたとある。『中世法制史料集』[7]からそれぞれに対応する追加法を加えると、次のようになる。

イ　弘安七年五月二十日　新御式目三十八カ条制定　追加法第四九一条〜第五二八条
ロ　弘安七年五月三日　一宮・国分寺興行令
ハ　弘安七年五月二日　関東御領興行令八カ条

ニ　弘安七年五月二十七日　悪党禁止令　追加法第五三二条〜第五三六条
ホ　弘安七年六月三日　河手・津料・沽酒・押買禁止令　追加法第五四〇条〜第五四三条
へ　弘安七年六月二十五日　鎮西神領興行回復令　追加法第五四四条
ト　弘安七年九月十日　鎮西名主職安堵令　追加法第五六二条・第五六九条(8)
チ　弘安七年八月三日　引付興行令　追加法第五四七条
リ　弘安七年十月二十二日　倹約令　追加法第五六三条〜第五六五条
ヌ　弘安八年二月二十日　田文調進令
ル　弘安八年十一月以前　所領無償回復令

亀山院の徳政

弘安八年十一月の「霜月騒動」により安達泰盛は滅亡し、泰盛の徳政は頓挫するが、この関東の争乱の最中に、亀山院は徳政を目指して二組の「弘安八年（一二八五）十一月十三日　宣旨」を発布した。一組目はA「一般法」の二十カ条(9)の「公家法」第三五〇〜三六九号で、他の一組はB「石清水神社宛て」の十七カ条(10)の「公家法」第三七〇〜三八六号である。さらに弘安十年（一二八七）には「弘安十年正月三十日　宣旨」（「公家法」第四三一号）（後述）を発布した。これらは安達泰盛の下で幕府が進めていた弘安の徳政と一対をなし、網野が言う〈東西の政権が共通の課題に対応していた〉ことを示している。

弘安八年の「宣旨」Aには「雑務沙汰」に関する法廷内部の細則＝裁判に対する〈手続き法〉がある。第一七条、第一八条、第一九条の事書はそれぞれ「可停止口入并寄沙汰事」「同停止中間狼藉事」「陳状日限事」である。笠松宏至は、第一四条の「謀書」の「棄捐」令を掲げた後で、「越訴」に関する第一五条も含めて、これら三カ条を〈公家法上初めて定立した手続き法(11)〉とした。しかし第一三条「証文不分明之時可仰聖断事」や、第一六条「可被定訴訟年記事」もまた〈手続き法〉であろう。王朝国家は山僧・神人の寄沙汰を抑圧するため〈雑訴の興行〉を試み、裁判制度の整備を進めていたのである。

笠松の言い方によれば、亀山院政の下で、これまでの「雑務沙汰」を疎外していた在り方を改めて、山僧・神人の訴訟決断による「寄沙汰」に対抗するために、本格的に雑務沙汰に乗り出したとなる。

石清水社の公家法遵行――路次点定・闘乱殺害

次にBの石清水神社宛ての「弘安八年十一月十三日 宣旨」、全十七カ条の中の第一二条目[12]は「公家法」第三八一号で、事書には「可停止神人狼藉事」とある。注目すべきは、これまで王朝国家に対して嗷訴や寄沙汰によって敵対的な姿勢を採っていた寺社に対して「公家法」の遵行を求めたことである。

一 同神人等、近年恣仮神威、動成諸国庄園之煩、或好路次点定、致闘乱殺害、或私事猶及狼藉、如此之類者、社家解其職、経 奏聞、云公家、云使庁、殊可被加懲粛事

読み下す。

一 同じく神人等、近年恣に神威を仮り、ややもすれば諸国庄園の煩を成す。或ひは路次の点定を好み、闘乱殺害を致し、或ひは私事でなお狼藉に及ぶ。かくのごとき類は、社家はその職を解き、奏聞を経て、公家と云い、使庁と云い、殊に懲粛を加へらるべき事。

この一つ前の法令＝「公家法」第三八〇号は「諸座神人の直訴禁止令」なので、この法令の「同神人」もこれと同様の「諸座神人」であろう。この当時石清水神社は多くの「座」の本所となり、幾種類もの商人「座」のメンバーを「神人」として抱えていた。ここには「仮神威」とあり、「座」のメンバーで行商人でもある石清水社の神

人たちが、「神威を借り」て、商業の傍らで「諸国庄園の煩」や「路次点定」を行い、「寄沙汰」を行っていたとなる。ここにある「路次点定」は「寄沙汰」としての「債権の強制取立」に関係していよう。

しかしここには従来の神人の濫行の枠から溢れ出し「悪党」化したものがある。ここでは新たに「闘乱殺害」が登場している。「闘乱殺害」は「私事」での「狼藉」であろう。金の貸借関係で債務者を殺してしまえば、請求する相手がいなくなり、元も子もなくなるので、「喧嘩」が原因で、ことの弾みで「殺害」にまで発展することはあっても、この場合は非和解的な敵対関係ではなかったはずである。それゆえこの「闘乱殺害」は行商人たちの「座」の特権、商人の商業圏、縄張りに関わった非和解的対立による「闘乱」で、後の「所質」に関係したものであろう。この場合の「諸国庄園の煩」は土地侵略を目指したものではなく、彼らが諸国の荘園内部に入り込んでいった「寄沙汰」や「闘乱殺害」の「煩い」だろう。

これらの罪は「殺害」と「強盗・山賊」行為に当たり、公家法で言う「五カ大犯」、前章第三節「検断法規」第一条で述べた武家法で言う「重犯」に当たっている。鎌倉幕府法で「路次狼藉」という言葉が成立し「検断沙汰」の対象となるのは、追加法の第七一四条[13]によれば、正和四年（一三一五）となるが、公家法では「検断沙汰」であるとの取扱いだったのだろう。ここから、石清水社の神人たちは社会の外に立つ犯罪者＝「悪党」と見なされていたとなる。これまで「寄沙汰」を正当化していた「慣習法」は否定され、石清水社は王朝国家の下した「制定法」に従うようになり、天皇の統治権の下に包摂されたのである。

石清水社は王朝国家の法を遵行し、神人の行動を取り締まる立場に立つことで、保元元年の宣旨とは正反対の立場に立ち、黒田俊男が想定した〈権門体制〉の姿に近づいてきている。王朝国家はこれまでは諸国の国衙や検非違使庁に対してのみ命令を下していたが、ここでは石清水社に対しても命令を下しているのである。王朝国家の神人の「寄沙汰」への認識は「悪党」へと収斂した。「社家」の神人に対する刑罰は「解職」で、「公家」や「使庁」の刑罰は「懲粛」だった。「懲粛」の言葉は建久二年三月二十三日の宣旨第一五条＝「公家法」第四六号の「諸国司任限之内可令終造作事」にもあり、この頭註には「然るべき刑罰[14]」とある。

笠松は著書『徳政令[15]』にこの「公家法」第三八一号を引用して「寄沙汰」の実例とし、その意味を次のように述べている。

近年石清水の神人らは、神威をふりかざして、諸国の庄園を煩わし、また公道を往来する者から荷物をとりあげ、抵抗すれば殺人さえも辞さない。かかる者は神人を罷免し、官に告発せよ。厳罰に処するであろう。

この法令で〈「寄沙汰」は「悪党」だ〉とする点は、前章第四節で取り上げた弘長二年の「関東御式条」の追加法第四〇八条と連続している。山僧・神人の「寄沙汰」は犯罪として禁止され、石清水社が犯人を捕らえ、検非違使庁が処罰したのだろう。その前提として「公家」や「検非違使庁」では雑務沙汰の裁判が行われるに至ったと考えたい。

弘安十年正月三十日　宣旨——弘安徳政の帰結

「弘安十年正月三十日　宣旨」=「公家法」第四三一号[16]の事書は「諸家并寺社等所領之内訴訟成敗事」である。笠松は論文「中世の政治社会思想」の中でこれを〈弘安徳政の一つの帰結〉として極めて高く評価して、紹介した[17]。この宣旨は単独法だが、「寄沙汰」を犯罪として禁止するためには、〈「公家法」に何が必要か〉についての原理的な問いに答えたもので、これまで長く雑訴を疎外してきたことを根本的に改めて、「寄沙汰」対策の転換を宣言したものである。

弘安十年正月卅日　宣旨

諸家所領、僧家門跡諸社諸寺領等、或管領人、或執務仁、殊究理非之淵奥、可仰成敗之道理、此者、動忘廉潔之直、間有奸濫之企、因茲、訴訟起自下、次第覃言上、万機之諮詢不遑、一揆之裁断有煩、論之政途、豈可然乎、蓋知道者、必達於理、達於理者、必明於権之故也、悔非於既往、慎過於将来、自今以後、猶有愆犯之聞、連綿而差積者、可有科罪、曾莫寛宥、兼又、社務寺務之輩者、宜立改官改職之制乎

笠松の訓み[18]に倣って、読み下す。

諸家の所領、僧家・門跡・諸社・諸寺の領等、或ひは管領の人、或ひは執務の仁、殊に理非の淵奥を究め、成敗の道理を仰ぐべし、このころ、ややもすれば廉潔の直を忘れ、まま奸濫の企あり。ここにより、訴訟下より起こり、次第の言上に覃ぶ。万機の諮詢にいとまあらず。一揆の裁断に煩あり。これを政途に論ぜば、豈に然るべけんや。蓋し道を知らば、必ず理に達す。理に達せば、必ず権を明らかにするの故なり。非を既往に悔い、過を将来に慎む。自今以後なお愆犯の聞こえあり、連綿して差積せば、科罪有りて、曾て寛宥なからん。かねてまた社務寺務の輩はよろしく改官改職の制を立つべきか。

笠松はこの宣旨の傍線部分の「論之政途」から「慎過於将来」までを「(中略)」とした上で、次のように要約した[19]。

則ち、真俗をいわず、国衙領以外のすべてを包括する政治的な領域において、当該所領の荘務権保持者に対し、理非の淵奥を究めた裁判と、道理に基づく成敗をなすことを命じ、この令に違うものを科罪し、とくに寺社領においては社務職・執務職の改善を立法すべしとする。

この宣旨によれば、訴訟は下から起こり、次第の言上に及ぶものであるのに、社寺の社務職・執務職のものが「廉潔の直」を忘れ、「奸濫の企」をするので、天下の政務は諮詢に追われ、軌を一にすべき裁断に煩いが出てきて

いる。それゆえ寺社の社務職・執務職のものは〈理非の淵奥を究めた裁判〉と〈道理に基づく成敗〉をなすべきである、と格調高く宣言している。この宣言に多くの人が従うことによって、これまでの「制定法」「利倍法」と「慣習法」「証文尊重主義」「文書主義」という二つの統治権の対立という在り方は改められ、すべての荘園は新たに、王朝国家法に基づいた裁判に取り組むことになった。

前章で暴力装置・秩序維持権力を鎌倉幕府が独占し、鎌倉幕府による全国支配が完成したと見てきた。しかしここに至って、強制力を持たない王朝が、統治の理念を掲げることを通じて、諸権門を領導する法制定の主体として登場したことになる。したがって緩い統治国家体制となった。ただし、笠松が「(中略)」とした部分には〈理非の淵奥を究めた裁判〉と〈道理に基づく成敗〉をなすことの根拠が述べられている。それは何かを次に問いたい。

道・理・権

中略部分は「これを政途に論ぜば、豈に然るべけんや。蓋し道を知らば、必ず理に達す。理に達せば、必ず権を明らかにするの故なり。非を既往に悔い、過を将来に慎む」とあり、議論の中核は「知道者、必達於理、達於理者、必明於権」である。これをさらに要約すると「道」→「理」→「権」となる。多義的なものは「道」と「権」である。それゆえ「道」「権」のそれぞれの言葉の意味そのものを、白川静の『字統』[20]から考えたい。

「道」とは本来〈「首」を携えて道を行く〉の意で、①〈除道の行為〉が初義である。「道を修祓しながら進み導くこと」から、②〈人が安んじて行くところ〉となり、③「人の行為」となり、儀礼の意からはさらに昇華して、④「存在の根源にある唯一者」となったとある。「道」の音読みは「ドウ」で、訓読みは「みち、みちびく、いう」である。「みち、みちびく」は②から来ているだろう。「いう」の用例には「報道」がある。『論語』の中から「道」の用例を拾うと、「里仁」八の「子曰、朝聞道、夕死可矣」は④の用例である。同二十の「子曰、三年無改於父之道、可謂孝矣」は③の用例である。裁判と関係深い「罪人を扱う官」である「士師」と関わり「道」が使われているものに「徴子」二の「柳下恵為士師、三黜、人曰、子未可以去乎、曰、直道而事人、焉往而不三黜、枉道而事人、何必去父母之邦」と、「子張」一九の「孟氏使陽膚為士師、問於曾子、曾子曰、上失其道、民散久矣、如得其情、則哀矜而勿喜」がある。どちらも③の用例で、ここでは「道」が「理」と関係付けられており、「道理」「道徳」の意である。ここから「知道者、必達於理」は〈具体的な人の行為を知ることの中に、根源的な唯一者を知る契機があるので、道を知れば必ず理に達するのだ〉との意味となろう。

「権」の音読みは「ケン」で、訓読みは「はかり、おもり、はかる」である。『字統』によれば、①「権」は「おもり」が原義で、重量によって「おもり」を取り替えることから、「臨機応変」の意となり、②「はかる」の意となり、さらに③権威・権勢・権謀などの意となったとある。しかし③に対する訓読みはなく、漢字がそのままの形で日本語の言語世界に取り入れられた。『論語』「子罕」三一は学問の段階を述べたもので「子曰、可与共学、未可与適道、可与適道、未可与立、可与立、未可与権」とあり、道徳よりも「権」を学ぶことの難しさが述べられている。「権」とは〈時宜に応じた融通性〉とある。

ここから「達於理者、必明於権」の「権」は、「権威」さらには「権力」などの意を含むものと思われるが、むしろ②の意味の根底にある「臨機応変」や「時宜に応じた融通性」の意味が重要であろう。この法令では〈国衙領以外のすべてを包括する政治的な領域のすべての荘務権保持者〉それぞれに対して、つまり「管領人・執務仁」に対して、自覚を求め「時宜に応じた融通性」を持ち「権威」が認められるよう求めているのである。権威を検非違使庁などの一つの機関や人物に集中させるのではなく、むしろ各自の自覚による分権主義が目指されていたことになる。次に取り上げる「公家法」第四四九号にある「有司」がこれに対応しよう。

第7章で明法博士勘文を取り上げたように、中世前期の朝廷訴訟においては律令を法源としていたが、承久の乱以後は「律令を法源とすることを放棄し」「律令を以て理非を弁別することを放棄した」。そこで登場したのが「道理の主張」であると本郷和人は述べている[21]。この「道理」について「いわば世の道理、訴訟に関与する人々が納得する、あるいは納得せざるを得ない道理ではなかったか[22]」と言い、「朝廷の訴訟は世のありようを吸収し、いわば追随することによって成り立っていた」としている。この本郷説はこれまでの「道・理・権」の分析とも一致していよう。

笠松が省略部分を自身の言葉で説明し直したと思われるものを論文の中から拾うと「理あるものが救済されるという期待[23]」とか「諸権門、庄園領主の裁判行為を、国家的司法制度の中にどのように位置づけるか、少なくともその理念的な解決なくしては、現実を直視した中世的司法制度を国家的次元において再構築しうるはずがない[24]」がそれに当たろう。つまり、諸権門・荘園領主の裁判の原理と王朝国家の裁判の原理との〈同調〉が目指されたのである。ここから、広田社や石清水社に宛てた王朝国家の法令が「公家法」として『中世法制史料集』第六巻に収録されることになったのであろう。

弘安十年の宣旨を踏まえて、権門勢家はそれぞれ法の制定を進めたと考えてよいだろう。第14章第一節で取り上げるように、元亀三年（一五七二）の摂津四天王寺や播磨書写山に対する領主側の定書・条々においても、寄沙汰を内容とする「請取沙汰」は禁止されており、寺家・社家が「寄沙汰」を禁止する建前は続いているのである。「神人・悪僧の寄沙汰」や「悪党の違勅狼藉」を共同して取り締まる調停者としての天皇を頂点として、その下に「公家」「武家」「寺社家」が並存する、黒田俊雄の説く権門体制が築かれていくのである。

三　正応五年、神社に「公家法」を遵行させる

正応五年（一二九二）七月二十七日付の「公家法」には「制符抜萃」から引かれた十三カ条Aと、「壬生文書」から引かれた「左弁官下広田社／雑事拾弐箇条[25]」Bがある。Aは「公家法」の第四三四〜四四六号で、Bは第四四

七〜四五八号である。両者に共通する条文は十カ条、前者Aだけのものは三カ条、後者Bだけのものは二カ条である。AとBそれぞれの条文のキーワードを表示・対照すると表8のようになる。神社に特有なものが「1・2」なのに対して、「10・11・15」は裁判の手続き法である。ここからBは広田社に宛てた「特別法」で、Aは裁判手続きを一般に公布した「一般法」となる。

表8　正応五年「公家法」

	A　制符抜萃	B　壬生文書	キーワード
1		第四四七号	幣物
2		第四四八号	奉幣使
3	第四三四号	第四四九号	公人・諸社被官の寄沙汰
4	第四三五号	第四五〇号	中間狼藉
5	第四三六号	第四五一号	陳状の日限
6	第四三七号	第四五二号	職事・弁官の緩怠
7	第四三八号	第四五三号	訴陳は二問二答
8	第四三九号	第四五四号	訴論人の奇謀
9	第四四〇号	第四五五号	奉公人の私曲
10	第四四一号		文書回覧の日限
11	第四四二号		正文の持参
12	第四四三号	第四五六号	相伝不分明の地等は没官
13	第四四四号	第四五七号	洛中宅切・狼藉
14	第四四五号	第四五八号	所々の点定物
15	第四四六号		対問時の酒・肴

「3・4・5」の「寄沙汰禁止令」「中間狼藉禁止令」「陳状の日限」に限れば、先の「亀山院の徳政」で取り上げた「弘安八年　宣旨」の第三六六号、第三六七号、第三六八号がこれに対応している。ここから正応五年の宣旨は、裁判手続法としては弘安八年の宣旨を一層充実させたものとなる。一方、第三六六号は「可停止権門并女房口入、寄沙汰事」で、「権門ならびに女房の口入れ、寄沙汰を停止すべき事」なので、ここで問題としているものは法廷外の実力による債権取立てとしての「寄沙汰」ではなく、法廷内における法廷戦術としての「寄沙汰」となる。ここから、第三六六号に対応する「3」の「公家法」第四三四号＝第四四九号の「寄沙汰」は何かが改めて問題となる。

寄沙汰狼藉禁止令――「公家法」第四三四号

正応五年（一二九二）七月二十七日付の「宣旨」Aの第一条目は「公家法」第四三四号で、事書には「公人并諸司被官輩寄沙汰禁制事」とある。これは「左弁官下広田社・雑事拾弐箇条」Bの中の第三条目＝「公家法」第四四九号と同じものである。[26]ここには「寄沙汰」文言が登場し、「公人・諸司被官」が「寄沙汰」を行っているとある。この「宣旨」は広田社でも遵行されたのであろう。次のようにある。

一　応誡公人并諸司被管輩寄沙汰・狼藉等事

右、同宣、奉勅、諸司諸衛被管之族、陣直、寓直、恪勤之仁、或誇聖朝之化、或憑公人之威、請取非拠之沙汰、令致過分之訴訟、濫悪之企、何事如之、為国為世、不可不誡、慥仰有司、令加懲粛者

読み下す。

一　まさに公人ならびに諸司の被管の輩の寄沙汰・狼藉等を誡めるべき事

右、同じく宣す、勅を奉るに、諸司諸衛の被管の族、陣直、寓直、恪勤の仁、或いは聖朝の化を誇り、或いは公人の威を憑み、非拠の沙汰を請取り、過分の訴訟を致さしむ。濫悪の企、何事かかくの如しや。国の為め世の為め、誡めざるべからず。慥に有司に仰せて、懲粛を加えしめよ。てへり。

笠松宏至は論文「中世の政治社会思想」の中で[27]この法令を次のように説明した。

正応五年の公家法によると、「非拠の沙汰を請取りて過分の訴訟」をなすのは「諸司諸衛被管の族」であった。「有司に仰せて懲粛を加えしむ」なる文言からみて、これは恐らく洛中の検断・雑務に関して使庁の権限と鋭く対立する寄沙汰であったと想像される。

「洛中の検断・雑務に関して使庁の権限と鋭く対立する寄沙汰」の言葉から、笠松は初めこの「寄沙汰」を法廷外での債権取立てのための「訴訟」=裁判と考えたが、後の「鎌倉後期の公家法について」[28]ではその考えを改め、この法令を「法定内寄沙汰」とした。「公人」は〈中央の大寺院の下級職員の外、朝廷の下級官人を指す〉とある。ここでは「非拠の沙汰」「過分の訴訟」と否定的な形容詞があり、寄沙汰行為全体を「狼藉」と断じている。「陣直」とは〈「陣の座」に「宿直」している〉の意で、裁判の正式なメンバーではないが、法廷近くの人が、そのコネクションを利用して面を替える「寄沙汰」であろう。

この段階で「神人・山僧」の自力救済としての寄沙汰は終わり、寄沙汰は王朝国家の法廷内部での特殊な関係を誇示するものへと変化した。「諸司諸衛の被管」が法定内で面を替えて寄沙汰を行う前提には、律令国家の八省の下級機関の変質がある。律令国家が王朝国家へと変化する中で、官職は売買され、八省の下級機関は特定氏族の世襲となり、下級貴族の請負運営となり、下級貴族の所領となった。具体的には太政官の書記官の大史の職は小槻氏が、京職の東市正は検非違使の中原氏が、陰陽寮の暦博士は賀茂氏が、天文博士は阿部氏の子孫の土御門氏が、主水司の長官の主水正は清原氏がそれぞれ独占し、運営した[29]。

そのような中で、四府駕輿丁は左近座・右近座・左兵衛座・右兵衛座の四座からなり、「下記方」と「官方」に分かれ、官方は小槻氏が支配した。この四府駕輿丁座には御服座・米座・銅座・古鉄座などが属し、小槻氏は座人に補任状を発給していた[30]。駕輿丁は陣座に畳を上納する義務を負っていたので、彼らが問題の「諸司諸衛の被管」である可能性が高い。「諸司諸衛」には「座」が付属していたと考えると、本章第二節で述べた「公家法」第三八一号の石清水八幡の神人の場合と同様、「被管の族」は「座」のメンバーで、彼らが商業活動に関連して「沙汰を請取り」「訴訟を致していた」となる。

「有司」を笠松は検非違使庁としたが、この法令の構造に注目すると、「諸司諸衛の被管」と「有司」とが対立しているので、「有司」は「諸司諸衛の官司」となる。問題は取締りの主体が検非違使庁か「諸司諸衛の官司」かである。この「有司」は、弘安十年正月の宣旨で「殊に理非の淵奥を究め、成敗の道理を仰ぐべし」と命じられた「管領の人」「執務の仁」や、「よろしく改官改職の制を立つべし」と期待された「社務寺務の輩」に対応しており、具体的には四府駕輿丁座の官方を支配した小槻氏などであろう。王朝国家は検非違使庁への権限集中ではなく、むしろ「諸司諸衛の官司」への権限分散による分権化を目指していたと思う。

広田社の場合は、広田社の神人が社の裁判に関与することを禁じたのであろう。

宅切の狼藉禁止令――「公家法」第四四四号

「正応五年（一二九二）七月二十七日　宣旨」の第一一条目は「公家法」第四四四号[32]で、「左弁官下広田社・雑事拾弐箇条」の第一一条目＝「公家法」第四五七号[33]でもある。次のようにある。

一　可被停止洛中宅切狼藉事

宅切之厳制者、載而在弘長苻、而近日号有罪科、称有負物、不経次第之沙汰、猥及自由之結構、破却人宅、追捕民烟、狼藉之至、不可勝計、若有不慮之喧嘩者、兼仰武家、可召取其身、縦雖為山臥・山僧、不可遁之、縦雖為神人・公人、不可免之、被定其法、盍拘禁遏

読み下す。

一　まさに洛中の宅切の狼藉を停止すべき事

宅切の厳制は、弘長の苻に載りて在り。しかれども近日罪科有りと号し、負物有りと称し、次第の沙汰を経ず、猥りに自由の結構に及び、人宅を破却し、民烟を追捕す。狼藉の至り、あげて計るべからず。もし不慮の喧嘩あらば、兼ねて武家に仰せて、その身を召し取るべし。たとえ山臥・山僧たりと雖も、これを遁るべからず。たとえ神人・公人たりと雖も、これを免るべからず。その法を定めらるれば、なんぞ禁遏に拘わらざらんや。

「罪科」「負物」を理由に「破却人宅」「追捕民烟」するとあることから、これはこれまで取り上げてきた神人・山僧の寄沙汰をテーマとした法令の一つと考えられる。しかし法令の後半では「縦雖為山臥・山僧」「縦雖為神人・公人」とあることから、神人・山僧の寄沙汰を原型としては含んでいるが、暴力的な債権取立ての実際は別の人の方に移っている。第9章第四節では寄沙汰の主体が「拒捍使」「平民」「甲乙之所従」にまで広がっていると見てきた。これはこうした社会の変化を踏まえた法令で、狼藉は広がっているのである。従来の在り方からの変化は「山臥」「公人」の登場からも確かめられる。

広田社の神人が「洛中」にまでやってきて、金貸しを行うこともあったのであろう。この法は悪僧や神人ではなく、「追加法」第一二〇条にあった「商人・借上」、第二三八号にあった「拒捍使」「平民」「甲乙之所従」等を含む

一般人を対象とした禁令である。ここでは「罪科有りと号し、負物有りと称し、次第の沙汰を経ず……人宅を破却し……」とあって、一般人が金を貸して、負債者が返済しないのは「罪だ」として、「債務の強制取立」を図り、「人宅を破却し、家屋を没収」していることを問題としているのである。既に述べた如く「負物」は「負い目」という観念を媒介として一般に「罪科」と見なされていた。

ここにある「次第の沙汰」とは国司や検非違使庁などによる公式の裁判である。この公式のルールを無視して、一般人が検非違使などの沙汰を排除するために、負債の私的差押えとしての「寄沙汰」を行っていることを問題としている。ここでは、負債の額に達していないとして、「負累」の担保物の没収から、さらに進んで人宅の破壊、家屋そのものの没収へと進んでいる。負債追及の過剰性が問題となっているのである。「不慮の喧嘩」があれば「武家に仰せ」て、現行犯逮捕をするとしている。その上でたとえ「山臥・山僧・神人・公人」たちであっても、このような犯罪に対しては容赦しないとしている。

ここにある「弘長の苻」とは本章の最初で取り上げた弘長三年（一二六三）の「公家新制」四十一カ条であり、対象の法は第三七条目の法で「公家法」第二七一号[34]である。次のようにある。

一　可停止称有犯科、無左右切住宅事
仰、如刃傷殺害、其罪科難遁者、可相触使庁、而直破却住宅、已相背政道、狼唳之至、梟悪不軽、於其仁者、可被禁獄、於其宅者、懸縁者、可造返也

読み下す。

一　犯科有りと称し、左右無く住宅を切るを停止すべき事
仰す。刃傷殺害の如く、其の罪科遁れ難きは、使庁に相触れ、直に住宅を破却すべし。已に政道に相背き、

狼唳の至、梟悪軽るからず。其の仁に於ては、禁獄せらるべし。其の宅に於ては、縁者に懸けて造り返すべきなり。

この法令の一つ前の第二七〇号は「博奕の禁止令」で「博奕」を「諸悪の源」とし、「犯を成すの輩、法に任せてその身を召し取り、その宅を破却し、所犯の居所に限らず、両方の隣家に懸くべし」とある。第二七一号はこれに続くもので、「犯科有りと称し、左右無く住宅を切る」とは〈どんな些細な犯罪でも、犯罪者の住宅を破却する〉ことで、これは民間の法だった。[35] 王朝国家はこの民間の法を否定し、犯罪を理由に人の住宅を「破却」できるのは検非違使庁だけで、犯罪は「罪科遁れ難き」「刃傷殺害」に限るべきだとし、一般人による住宅破却を禁止し、破却した人を禁獄し、破壊した家宅は造り返せと命じている。

勝俣鎮夫は「犯罪穢」を論じて「寄宿の咎」を説明している。[36] ここで禁止された内容は、建長五年（一二五三）の「検断法規」の追加法第二八九条「土民去留事」にある「地頭代官」の行う「逃毀」と対応していよう。正応五年の「公家法」第四四四号には「洛中宅切狼藉」とあって、禁止の対象が「洛中」に限られている。その前提には「洛外」は「山臥・山僧」「神人・公人」のテリトリーで、検非違使の力が及ばなかったことがあろう。「正応五年の宣旨」では「寄沙汰」禁止のみならず、「広田社」広くは権門勢家に対して法の制定を要請している。法を定めれば「必ず禁遏に拘わるべし」で、〈禁遏の状態に留まるだろう〉とある。

なお『建武式目』[37] 第四条には次のようにある。[38]

一　可被止私宅点定事

励厛弱之微力、構造之私宅、忽被点定、又被壊取之間、無所于隠身、即令浮浪、終失活計、尤不便之次第也読み下す。

一　私宅の点定を止められるべき事
尩弱の微力を励まし、構造の私宅、忽ち点定せらる。また壊し取らるの間、身を隠すに所無し、即ち浮浪せしめ、終に活計を失う、尤も不便の次第なり。

私宅の点定はいつまでも止むことがなかったとなろう。しかし『建武式目』では人々の生活は守るべきだとの撫民の思想が強く見られ、為政者の守るべき原則となっている。

所々点定物——「公家法」第四四五号

「正応五年（一二九二）七月二十七日　宣旨」の第一二条目は「公家法」第四四五号[39]で、「左弁官下広田社・雑事拾弐箇条」の第一二条目＝「公家法」第四五八号[40]でもある。次のようにある。

一　可被停止所々点定物事
或於水上点定一葉、或於山中奪取八木、代々厳制、度々稠重、如此之族、不経訴訟、及非分之企者、就負物、雖有其理、不可弁償、就庄務、雖有由緒、不可知行、早閣是非之沙汰、可設断罪之科条

読み下す。

一　所々の点定物を停止せらるべき事
或ひは水上において一葉を点定し、或ひは於山中において八木を奪取する。代々の厳制、度々の稠重。かくの如きの族、訴訟を経ず、非分の企に及ばば、負物に就き、其の理有りと雖も、弁償すべからず。庄務に就

き、由緒有りと雖も、知行すべからず。早く是非の沙汰を閣し、断罪の科条を設くべし。

「所々の点定物」を「水上では船の点定」「山中では米の奪取」と説明し直した上で、「訴訟を経ず」「非分の企てに及んだなら」「理があっても、負物の弁償は認めない」、「由緒があっても荘園の知行は認めない」としている。債務の取立てのためには「訴訟を経る」ことを要求しており、自力救済としての寄沙汰を全面的に禁止しているのである。「訴訟を経た」上での債務の差押えについては、人目のない「水上」や「山中」では禁止したが、逆に言えば人目のある「市場」での差押えが望まれたのであろう。「閣し」とは「擱しおく」の意で、「是非の沙汰をやめ、断罪の科条を設くべし」の意である。

寄沙汰の現行犯の方は当然、自分の行為を正当化するために「証文」を示して「理」や「由緒」を主張したはずだが、それについての「是非の沙汰」は行わず、現行犯を断罪する「科条」を調えるべきだとしている。「点定」を〈雑務沙汰〉ではなく、山賊・海賊に類した路次狼藉とし、〈検断沙汰〉として対処することに変更しているのである。水上での船の点定は海人である広田社の神人に対する法としては、いかにもふさわしい。この法もまた弘安十年の宣旨を踏まえたものだろう。前条では「法」を定めるとしたことを、ここでは「科条」の設置の要請とし、法による支配を目指しているのである。

以上、「寄沙汰」に関わる「公家法」第四三四号、第四四四号、第四四五号を取り上げてきた。これらはいずれも前章で取り上げた弘安十年正月三十日の宣旨を具体化したものである。寄沙汰を論じた笠松は〈正応五年七月法に総数一二条のうち三条をこれに充て〉ていることから〈その圧殺を試みている[41]〉とした。

挙銭・借上——「公家法」第四七一号

石清水八幡宮宛ての十三カ条からなる文書は、永仁三年（一二九五）四月二十二日に石清水八幡宮に対して発せられたもので、その最初には「石清水八幡宮／興行条々」とあって、文章の最後には「依　天気執達如件」とあるので、これは御教書形式による「綸旨」となる。問題の法令は最後の一三条目のもので「公家法」第四七一号[42]である。次のようにある。

一　同神人等号当宮神物、致挙銭、借上、可停止事
神人等、積厳重如在之懃厚、従恒例臨時神事之外者、不可有他営之処、近年好而致挙銭、借上、称当宮之神物、太以狼藉也、向後一切可停止

読み下す。

一　同じく神人等当宮神物と号し、挙銭、借上をいたす。停止すべき事
神人等、厳重如在の懃厚を積み、恒例臨時の神事に従うの外は、他営あるべからざるのところ、近年好んで挙銭、借上を致し、当宮の神物と称す。はなはだ以て狼藉なり。向後一切停止すべし。

保延二年（一一三六）の勘文にあったように、神人が高利貸しを行うときの言い分は〈「神物」を貸している〉であったが、ここではそのイデオロギー性が完全に暴かれている。神人はひたすら「恒例臨時の神事に従う」べきで、本業を離れて「挙銭、借上」を致すことは「狼藉」だとなっている。ここでは「寄沙汰」の根本に遡り、そもその原因が禁止されているのである。

以上、繰り返し発布された法令を通じて、山僧・神人の寄沙汰は狼藉として否定され、社会的に否定された、とまとめることができよう。前章では「寄沙汰の終焉」を論じたが、ここでは「公家法」の表層・法文上の言葉の中からもそれが確認できた。

すなわち、公家法・幕府追加法の法文の表層の変化の分析から、後嵯峨院・亀山院の時代に、黒田俊雄の言う

「権門体制」が成立し、天皇を頂点に「公家」「武家」「寺社家」が鼎立・連繋する中で、神人・悪僧の寄沙汰は封じ込められたことが確認できる。しかしながら神人・悪僧の寄沙汰としては把握されない新しいタイプの暴力的な差押えが社会的に頻発しており、この「権門体制」は新しい事態への対応が迫られていたのである。これらは日本歴史に通底する「王朝再建運動」の成果として捉えるべきであろうか。あるいは、前章で見た永仁の徳政令に表現される得宗権力が後嵯峨院・亀山院を操っていた結果であろうか。

四　寄沙汰から高質へ

前章で我々は弘長二年（一二六二）五月二十三日の「関東御式条」の追加法第四〇八条において、鎌倉幕府が「寄沙汰」を行う山僧・神人を「悪党」と見なしていたことを見てきた。こうした在り方が債権の差押えに変化をもたらし、犯罪としての「寄沙汰」の代わりに「高質」という〈新しい慣習法〉が生み出されたのである。

契約文書の変化

債権主と債務者との間に築かれた契約の世界に対して、公武の両権力は〈「利倍法」を守れ〉と経済外的な形で強制を加えていた。債務者に対する強制執行が荘園や年貢にまで及ぶと、王朝国家の側はこれを山賊・海賊だとして禁止した。「負累物」の責め取りが家屋の中にまで及び「人宅の破却」にまで至ると、検断沙汰の対象となった。「永仁の徳政令」においては、雑務沙汰に対して鎌倉幕府が最終的な発言権を持つと主張した。こうして流通世界の統治権が幾つにも分裂していた在り方は変化してきた。前節で詳細に見てきたように、鎌倉後期の「公家法」では山僧や神人たちの「寄沙汰」は厳しく禁止された。

こうした流通界を取り巻く世界の変化は、世界を構成する関係者の内部にまで影響が及び、契約状には「高質」という新しい言葉が登場し〈新しい慣習法〉が成立した。債権の強制執行に対しては、債務の担保はその人の妻や子供、下人などになり、「市・津・路地」などで「見合いの高質」を取る新ルールが成立し、逆に債務者自身は〈経営の主体〉として人身の自由が保障された。網野善彦は「未進と身代[43]」の中で十三世紀後期の「塩手米請文」や「麦手米請文」「銭手米請文」、十四世紀前期の「出挙米」の借状を挙げた。ここには〈「見合いの高質」をとられても異存はない〉との担保文言が記されていた。

権力側からの経済外的強制が、契約の世界＝市場を中心とする〈公界の世界〉に逆に影響を及ぼし、市場関係者たちの〈新しい慣習法〉として、契約状に「高質」文言を書き込むことが始まったのである。「高質」を取る場所は「市・津・路地」や「仏神領」となった。管見による限り、王朝国家の制定法である公家法の中にも、また幕府追加法の中にも、〈「高質」によるべし〉との立法を発見することはできない。これは民間の中で成立した〈慣習法〉である。少し時代は後になるが、十四世紀の琵琶湖・菅浦に関わる次の事件を「寄沙汰」から「高質」への実例として取り上げたい。

平方市庭での事件

琵琶湖の北方では「竹生島」に向かって北から半島が突き出ている。その先端の岬が「葛籠尾崎」で、その岬の西側の湾が「菅浦」である。「菅浦」や「葛籠尾崎」を含む半島の西側の付け根には「大浦」がある。どちらも山を背負った浦で、人々は漁業や海運業で生活をしていた。半島西側の「大浦」と「菅浦」の中間地帯には農耕可能な低地「日指・諸河」があり、この土地の支配をめぐってこの二つの浦は対立を続けていた。この対立は大浦の村民たちが大挙して菅浦を襲う実力行使を含みながら裁判闘争となり、その裁判費用のために必要な貨幣を菅浦は嘉元三年（一三〇五）に「日吉十禅師彼岸上分物」から借りた。

網野が「湖の民と惣の自治」[44]の最初で述べているように、建武元年(一三三四)十一月にある事件が起きた。年老いた菅浦の藤二郎が菅浦産の材木を自分の船に積み、菅浦から竹生島を右に見ながら、湖東の物資の集散地、今の長浜市にある「平方浦の市場」に船を進めた。供御人である彼らにとってこれは日常のことだった。ところが彼が船を浦に着けたとき、国の目代の代官・安食弥三郎を大将とする一団に取り囲まれ、船は材木もろとも取り押さえられた。〈湖国『共和国』〉としての菅浦を論じた蔵持重裕は平方浦の市場には「宿」があり、荷はその宿に運ばれたとした[45]。

ここで「国の目代」として国司の関係者が歴史の場面に登場しているのは、後醍醐天皇の新政により、国司と守護の並立制が宣言され、これまでの知行国制に代わり、国司が新たに国に置かれたことと関係している。その後一月ほどたって山門東塔南谷無動寺の児童孫一丸が菅浦を相手どって訴訟を起こした。訴訟の論点は二つあり、一つはおよそ三十年前に菅浦の村人が山門から借りた銭百五十貫に対する返却要求で、菅浦の主だった人々八人が連署した証文が添えられていた。もう一つは三年前の元徳三年(一三三一)に、孫一丸が派遣した借銭催促使を菅浦の百姓成願以下の人々が殺害したことである。訴状には殺害犯として三十五人の「交名」が書き上げられていた。孫一丸は一貫して債務の返還を迫っていたが、第一回目は催促使が殺されてしまったので、ここで国司制度の「目代」の代官が仲介する再度の要求となったのである。

鎌倉前期の寄沙汰においては、第9章で述べたように、神人と公権力を代表する「牧宰、守護・地頭」との間での争いであったが、ここに来て催促使との争いは債務者側の在地の住民に変わっている。この変化は「香取文書」においても確認できる。それゆえ「高質」文言とは公共の場での質取りに対しては抵抗・抗戦しないという債務者側の抗戦放棄、平和の約束でもあったのであろう。

「香取文書」の中には売券・借用状・利銭請文などの証書において、「高質」として差押えをしても良いとする担保文言の中で、兄弟や親類などの血族集団や、地頭・政所の沙汰人などの地縁集団が差押えに抗議・抵抗する場面を想定して次のようにある。

イ　応永四年（一三九七）十二月二十九日　八郎五郎請文[46]

「みあいのかうしちをめされ候ハんニ、しんるい・きやうてい・他人まて、其いろい（綺）一言もあるまし
く候」

ロ　応永十八年（一四一一）八月十四日付　案主乗あみ借状[47]

「見相のかうしちおめされ候ハんニ、其所の地頭政所以下のさた人しんるいた人、一言もいらん（違乱）さ
またけあるましく候」

ハ　文安三年（一四四六）二月二十三日　弥次郎借状[48]

「見あひニ高質をめされ候ハんに、たとへ其所の地頭政所親類他人いきあるましく候」

ニ　応仁二年（一四六八）十二月十六日付　田地本銭返売券[49]

「見合のかうしちをめされ候ハん其所の地頭政所御さた人いき一言も申ましく候」

平安期の寄沙汰の場合、債権を取り立る人たちの周りを取り巻き、見物し、手を叩いて賛同する人々が存在していた。こうした多くの人々の賛同が、山僧や神人の強引な取立てを支えていた。しかし香取文書の前提には、債権者と債務者との喧嘩や、債権者側の譴責使や催促使を債務者側が大勢で取り囲み、追い返し、殺害することなどが想定されている。債務者は共同体によって支えられていた。債務者が「高質」を否定して、債権者を〈犯罪者だ〉と呼ばわり、「出会え！　出会え！」などと叫べば、人々が債権者を取り囲み、差押え行為を妨害することは充分に想定できたので、このような文言が生まれたのだろう。

その証文の担保文言には〈もしもこの銭の返却が滞ったときは「権門勢家仏寺領内、市津路辻海上を嫌わず」どこでも何度でも菅浦の船と荷物を質物として差し押さえてよい[50]〉との「高質」文言が書かれていた。ところで、菅

浦の問題に戻れば、網野は「この証文をそえて訴訟をおこした孫一丸が本当にこの銭の銭主だったのかどうかわかりません。菅浦側ではそれを否定していますが、しかし藤二郎の船がおさえられたのは理由のないことではなかったのです。まもなく、同じ供御人の平四郎の船も片山浦で国司代春近伯耆房に差押えられます[51]」と述べている。第二回目の差押えも国司側からなされたのである。

それゆえ菅浦が廻船渡世を続けるためには借銭の返済が必要であった。孫一丸が銭主でなかったとすれば、孫一丸が銭主に代わって債権を取り立てる「山僧・神人」の「寄沙汰」であったとなる。こうした債権の取立てについては既に取り上げた。平方浦の市場に「宿」があり、そこがこの質取りの舞台であったとすれば、〈市場在家が支払いの場〉という第3章の私の主張が裏付けられたことになる。一度目の取立ての際には「高質」文言があるにもかかわらず、山門関係の催促使が殺されたので、二度目の時には「国目代の代官」や「国司の代官」が代わって質取りを行っており、債権取立ての主体は変化した。

これは市場に目代などの裁判官がいるとした第1章の『庭訓往来』の実例となる。神人や供御人たちからなる菅浦の人々が催促使を殺害したことは、後の菅浦の「惣」に結び付く彼らの団結が「山僧・神人」の「神威」を無視したことを示している。そこで「山僧・神人」の「寄沙汰」の代わりに「国目代の代官」や「国司の代官」が登場し、公権力による質取り＝高質による債権徴収が行われたのである。それゆえ平方市場での在り方は神人・悪僧の「寄沙汰」から「国目代の代官」などの「高質」への変化を示していよう。

島田次郎の「高質」説

島田次郎は論文「郷質と中世共同体――高質と郷質をめぐって[52]」において、十三世紀に債権取立て・差押えは「高質」として出現した、「国質・郷質」よりも「高質」が先行していたとした。これは大きな功績である。島田は私的差押えとしての「高質」の言葉は「売券」や「借状」などの担保文言に、「見合うほどの私的差押え」を意味する「見合いの高質」として現れ、十五世紀には高質を取ることは「世間の御法」[53]「御法」[54]となり、〈高質を取ってよい〉とされた場所は、アジールとしての「権門勢家」から始まり、「市・町・津・路地・辻・海上」などの〈公共の場〉「境界領域」だとした。

「高質」成立は前節で述べた「弘安の徳政」とほぼ同時期の出来事である。公権力が裁判制度を整備して、雑務沙汰に公式に関与を始めたこと、「寄沙汰」への制限が始まったこと、「人宅破却の禁止」を含む「高質」概念が成立したことはすべて互いに関係していよう。後述するように戦国時代の「国質・郷質」の場合の債権取立ての場所が〈市場〉だったとすれば、十三世紀の「高質」の場合はもっと広い〈公共の場〉だったとなる。さらに遡って、平安期の山僧・神人の寄沙汰の場合には「人宅の破却」が行われ、差押えの場所は「無制限」であった。時の流れと共に差押えの場所は狭まり、限定化していったのである。

しかし島田は差押えの場所を「無制約」と総括した。それは島田が「高質」には年貢・公事の未進に対する質取行為の「公的差押え」があるとしたことと関係している。若狭国太良荘の場合、公的差押えには荘園領主側の「公文」や「定使」が執行人となり、百姓の家の中にまで入り込んで行われた。この質取りは、先例にない東寺供僧の「上洛用途」の賦課を認めるか否かという、供僧と百姓との間の交渉が目的だった。この場合でも、債務者は交渉の相手として、最低限〈人身の自由〉は保障されていたはずである。まして私的差押えの場合は私人間の交渉事なのだから、個人の家屋内部への立入りはあり得なかったと私は思う。それゆえ「高質」の私的差押えの場所には家屋は含まれていないので「無制約」とは言えず、むしろ「境界領域」とか、網野の言う「無縁の場」とすべきだと私は思う。

島田によれば、十三世紀中頃に登場する「高質」文言は、十五世紀中頃には消滅し、代わりに「国質・所質・郷質」文言が現れるという[55]。差押えを意味する「質」としては共通しながら、差押えに関係する言語としては〈債務者側の誓約の言葉〉から〈債権者側の権利の言葉〉へと、使い手と共に言葉は変化している。しかしながら神仏の権威を笠に着て行った「寄沙汰」とは違い、脱宗教化・世俗化している点で、両者は共通している。

島田が公的差押えの事実を明らかにしたことは大きな功績だが、島田論文の主要な意図は「国質・郷質」についての現在の定説＝勝俣鎮夫の「国質・郷質についての考察[56]」への批判にあった。島田は、解明した公的差押えの事実を以て、「郷質の本質を債務不履行に対する動産の差押え行為にのみ還元解釈している点に、初歩的なミスがある」として〈集団主義〉を説く勝俣説を否定し、公的差押えの事例から「国質」の「国」の意味を強調した上で、「国質」について勝俣説とは異なる新解釈を示した。しかし、第16章で述べる「金森楽市令」の場合から明らかなように、この島田説は成立しないと私は思う。

差押えの合理化＝「高質」の成立

理念的に言えば、神人＝公界の民は宗教的な師檀関係に基づき、祭祀圏内の〈すべての地域〉において、強制的に出挙を行い、貸し付けを行っていた。債務不履行者に対しては「神威を借りて」有無を言わせない差押え＝「寄沙汰」を行っていた。金を貸す側の山僧・神人たちはすべての氏子に対して支配者として臨んでいた。祭祀という共同体の行為であることを理由として、神と氏子との信頼関係を前提にしていると宣言し、〈対内道徳〉に基づいていることを標榜しながら、実際には〈対外道徳〉的な行為である「譴責」や「狼藉」を行っていた。これに対する公武両権力からの非難は「神は非礼を享けず」だった。

公武両権力は「撫民」のために「礼」という信頼関係を重視していた。鎌倉幕府は王朝国家の「山僧・神人の寄沙汰」禁止令をそのまま引き継いでいた。前述した「宣旨事」＝追加法第三三条から三十年以上たった十三世紀には、債権者側の自力救済としての「寄沙汰」に対抗して、債務者側の差し出す借用状などには「高質」文言が登場し、「見合いの高質」という観念が慣習法の世界に成立した。「高質」の原義は「債務額を超える差押え物[57]」で、本来は差押え者への非難を含んでいたと思われるが、抵抗放棄の見返りに合理的な差押えを求める債務者側の要求が

「見合いの高質」という観念を生んだのであろう。

この背後には信頼関係の再構築要求があると私は思う。神人は御師・先達として商品も取り扱い、貸付をも行っていたが、それは〈市売り〉と比較される〈里売り〉で、戸別訪問販売であった。神人・公界の民が宗教色を脱し、座の商人となり〈市売り〉が主流となると、神人＝公界の民は定住民の「座」の商人へと成長し、活躍の場が里売りから市売りへと変化した。債権の取立てとしての質取りの場所も〈すべての地域〉から〈公共の場〉へ、さらには〈市場〉へと狭まり、「神は非礼を享けず」は差押えの合理化をもたらしただろう。その先に「市場」のみが差押えの場所となる次の在り方が待っていた。

村岡幹生は高質文言から、〈高質を取る行為は債権者から債務者個人に向けて行われる行為である〉ことを確認した。(58) 中田薫が「私的差押え」(59)で指摘したように、たとえ借金をする側が借状に記す担保文言に〈家の中に踏み込んでもよい〉とあっても、「見合いの高質」とは島田次郎が言う(60)「釣合いのとれた差押え」で、王朝国家・鎌倉幕府側の禁止に対応した〈合理化された差押え〉である。「見合いの高質」を取ってよいとされた場所は〈公共の場〉で、山賊・海賊と区別するため、人々の眼のある「市・町・路地」だった。「寄沙汰」の場合、裁判の場所は市場だが、債権の取立てはもっと広い範囲で行われた。

それゆえ悪党の活躍とされた債権者側の用語「寄沙汰」に対して、島田が明らかにしたように、債務者側の用語「高質」が対抗的に成立し、債権取立ての環境は変化した。「家屋」内での「罪科・負物」の追及は「非礼」として禁止された。家屋内での債務不履行者に対する差押えは禁止され、人々の〈人身の自由〉は保障されていったと思う。「神は非礼を享けず」を逆に言えば、「礼」に適ってさえいれば「罪科・負物」を追及してよいとなる。そこで生まれたのが「見合いの高質」だと言えよう。債務者側も「公家法」を盾にして、強引な取立てに対して抵抗を繰り返していたのだろう。

したがって、両者の折り合いが「高質」として定着したと私は考えたい。その結果、債権者は予め現地に断りを入れてから差押えに向かうという手続きが想像される。ここから『結城氏新法度』第三六条にある「洞中」への「披露」が出てくる。これは郷村制などの地域集団の成立と関係しており、菅浦の場合のように、債権・債務関係が個人から集団へと変化する流れが前提となっていよう。

五　「正直」倫理の登場

心だに　誠の道にかないなば　祈らずとても　神や守らん　伝　菅原道真作

第3章第三節で撰銭を取り上げた際に見てきたように、支配者側は交易民が仲間を裏切ることをむしろ奨励していた。それは彼らが、第2章で取り上げたような「裏切りの世界」に生きていたからであろう。支配者側は「農本主義」の立場から一般に商人を卑賤視していた。しかし交易民の側はこのような周囲の卑賤視に対抗して、成功した「有徳人」「大福長者」となるだけでなく、〈正直者〉として社会的な信用をも勝ち得ていった。「悪党」の登場する鎌倉後期の社会は、同時に「有徳人」の登場する世界でもあった。山僧・神人の「寄沙汰」が悪党にまで発展する時代に、寄沙汰への反省もまた現れたのである。

ここでは鎌倉後期に「有徳人」が登場した背後に「正直」という内面的な倫理が成立していたことを考えたい。「神は非礼を享けず」の観点から、公家法は寄沙汰に対して初めから批判的であったが、公家法に見られる寄沙汰の世界は「神の威」を借りる形を取りつつ、外部道徳に基づく〈あこぎな取立て〉であり、〈狼藉〉であった。これに対抗して内部道徳を取り戻す試みが、前述した「高質」文言の成立であり、また「正直」の倫理の成立であろう。M・ウェーバーの「世俗内禁欲」という言葉がある。資本主義を生み出した経済倫理として知られている。

「禁欲」はキリスト教徒としての「徳」の追求を言う。それゆえ大事なのは「世俗内」の方である。ここで言う「正直」もまた世俗内での倫理であり、宗教行事の中の在り方を言うものではない。

『徒然草』第二一七段の大福長者

兼好法師は好奇心から「ある大福長者」にインタビューした。それが『徒然草』第二一七段[61]の「ある大福長者の言はく[62]」である。有徳人の大福長者は「銭」を「君の如く、神の如く恐れ尊み」るようにと主張している。日宋貿易によりもたらされた「銭」が貨幣として流通する時代が背景となっているのであろう。この「大福長者」は金融業で成功して有徳人になったのだろう。彼は心遣い・大事な訓戒として、次の五つを挙げている。

第一は無情を観ずるな。「人間常住の思いに住すべし」。第二は欲・所願は身を滅ぼすので「万事用を叶うべからず」。第三が前述した「銭」のことで、「奴の如く使い用いるな」とも言っている。

第四が「恥に臨むといふとも、いかり恨むることなかれ」である。金融に携わる大福長者の日常は「恥に臨むこと」や「怒り・恨み」と密接であった。彼らの生活の場である市場は「裏切りの場」であった。一方「恥」「いかり」「恨み」は社会的な制裁としての〈公開の場での恥辱〉や〈公衆の面前でのあざけり〉によっていよう。笠松宏至は「契約の世界[63]」において、「中世の契約を実効あらしめる力の源は、第一に冥罰の恐れ……、第二に『恥』の圧力……、第三に自力救済の暴力」を挙げている。だから交易民は信用や名誉を大事にしていたのである。

第五が「正直にして約を固くすべし」である。鎌倉後期に「正直」を旨とする「大福長者」が現れてくる背景には、菅野覚明[64]の言う伊勢神道の成立が関わっていよう。この鎌倉後期の大福長者は正直者の「公界人」の先駆的な存在で、戦国期の真宗門徒の「マトウド」や、正直を旨とする近世の近江商人、正直を称揚する「万民徳用[65]」を著した近世初頭の思想家・鈴木正三などへと連続している。「正直」とは具体的な人間関係において〈信頼関係を大事にする〉ことで、対外道徳の反対物である。金融業者が「正直」を願えば、法外な利息はあり得なかっただろうし、情け容赦のない取立てとも無縁だっただろう。

明治の木版画家吉田博の作品の中に「根津正直八百屋」[66]があるように、近世から近代にかけて「正直」を屋号とする小売商は多かった。このことは真宗門徒や近江商人のモットーである「売って良し、買って良し、世間に良し」の「三方良し」の精神が広く日本の商人社会に根付いていたことを示している。また中田薫は「栄誉の質入れ」[67]において、近世初頭の契約状の担保文言に「人中において御笑ひなされ候」ても差支えないとあることを紹介し、栄誉が社会的存在の基礎として大切にされていたことを論じている。大福長者の考えは、近世に至り、社会的支持を得たのである。

心ある「山僧・神人」はこれまでの「寄沙汰」をやめ、債権取立ての在り方に変化が起きたのだろう。例えば永仁の徳政令においては、御家人から腕力ずくで踏み倒される前に、後の有徳税の如く、積極的に破棄することが起こったのではあるまいか。ここからやや先走って結論を述べると、中世の交易民の内部で起こった思想・心性上の転換とは「神仏」の外的な権威から「正直」という内面的な倫理への転換であり、〈外面的な神の威を借る神人・悪僧・悪党から内的倫理を持った正直者・有徳人へ〉が、日本の交易民が中世を通じて歩んだ道なのだとまとめることが許されよう。これが債権の取立てにも影響を与えただろう。

網野は晩年において「無縁」という言葉を封印して「資本主義」と言い換えているが[68]、網野の用語を借りることが許されるとすれば、「正直」の倫理が〈日本型の資本主義〉を用意したと言えよう。[69]

伊勢神道の成立

伊勢神社の神人の濫行を王朝国家は取締りの対象としていた。一方、大津の日吉神人のネットワークは瀬戸内―淀川―琵琶湖―北陸と張りめぐらされていた。このネットワークは密教の曼荼羅思想を背景にして、日吉神社の山王権現の権威を中心に形成されていただろう。これに対して鎌倉後期には伊勢神宮の外宮の神職たちが「神道五部書」という書物を作り、「伊勢神道」を樹立した。それまでの日本の神社では、神が仏に救いを求める形で「神仏習合」が進み、密教教理を基にして「本地垂迹説」として神と仏の関係が説明されていた。天台密教と真言密教に対応してそれぞれ「山王一実神道」と「両部神道」があった。

これに対して「伊勢神道」では日本の神・天照大神を中心とした「逆本地垂迹説」を採った。三教枝葉果実説により、インド→中国→日本という仏教の流れに対して、逆に日本中心説を打ち立てたのである。これは未曾有の対外危機・元寇の際、伊勢の神風が蒙古・高麗の船を吹き返したことや「日本は神国」とする鎌倉後期の思想界の在り方とも関わっている。伊勢神道の場合、天照大神の権威もありながら、人々に普遍的に共有できる「正直」を説き、神々の対立を乗り越える普遍性を持っていた。この「神道五部書」の中には、神からのお告げとして「神垂は祈禱を以て先とし、冥加は正直を以て本とす」と記されている。

これは神と関わり、神と共にある伊勢神宮の神主部・物忌ら司祭者に告げられた神の言葉ではあるが、神の恵みを期待して祈り、願う御師を通じて一般民衆にまで向けられていたので、〈神の加護にあずかるには正直が何よりも大切だ〉とのこの「正直の託宣」は〈伊勢の神職→御師→一般民衆〉という形で広がった。御師は一般に荘園を失った各神社の新たな経済的基盤として、祈禱師と宿屋業を主な業務としていた。伊勢の御師の場合も、人々の伊勢参詣に関わっていた。網野の言う「神人・供御人」を交易民に数えることができるとして、注目すべきは彼らが「正直」を旨とし「公界人」を称したことである。

南北朝の対立と伊勢神宮

南北朝の対立に際して伊勢神宮は南朝側に与した。その中心になったのは外宮の祢宜度会家行である。延元元年(一三三六)に北畠親房が息子の顕家と共に伊勢に下ってきた際には、彼は内宮の権祢宜荒木田興時と共にこれを迎え、兵を募った。興国四年(一三四三)、家行は、常陸の戦いで敗れた親房が吉野に帰るのを助けた。貞和三年

（一三四八）には河内の楠正行と共に北朝方への大攻勢を計画し、北朝方の祭主大中臣親忠を京都へ追放した。貞和四年には春日侍従中納言を指揮官にして、祠官や山田一揆衆を率いて宮川河口の大湊から船出し、知多半島先端の宮崎に上陸して北朝軍と戦った。これが伊勢南朝の軍事的なピークであるが、この戦いに敗北し、これにより神宮における南朝の勢力は衰えた[70]。

伊勢神宮が南北朝の政治・軍事に関わったことから、伊勢神道は一時衰えたが、「正直」の倫理の方は南朝方の軍事的な敗北にもかかわらず民衆内部に浸透していった。

第III部　債権取立てに見る市場と国家（二）——国質・所質・郷質考

神人・悪僧の「寄沙汰」が公武の権力によって禁止されたことにより、鎌倉幕府の滅亡と共に「寄沙汰」の言葉は使われなくなり、替わりに「付沙汰・請取沙汰」という言葉が登場し、それを担う人物として「譴責使・催促使」が登場してくる。「私人」としての神人・悪僧ではなく、公権力の担い手が「使」として債権の取立てに関与してくるのである。さらに室町時代から戦国時代にかけての債権の取立てでは、「付沙汰・請取沙汰」のみならず「国質・所質・郷質」という新しい仕組みが現れてくる。公権力の承認の下で債権の取立てがなされている点が「寄沙汰」と大きく異なっているのである。

第II部の終わり、第12章では公武両政権の徳政と、それに対応した「高質」の成立、「正直」の倫理の登場を見てきた。公界の民は、社会的真空地帯の住民として〈人が人に狼〉という平和喪失の在り方ではなく、一定の信頼関係、連帯の下に置かれ、「国・所・郷」などの組織に組み込まれたのである。この第III部では、そうした変化を政権側の法令の中に探っていきたい。なお、この時代の撰銭令や、「公界」文言のある戦国家法の分析は既に第I部で行ったので繰り返さない。

第13章　日本史上の大断層――寄沙汰から付沙汰・請取沙汰へ

これまで我々は、山僧・神人の「寄沙汰」は国家の「統治権」に敵対するもう一つの「統治権」で、王朝国家からも鎌倉幕府からも〈禁止の対象〉になってはいたが、市場にはルールが必要なことから、むしろ社会的な制度として〈人々に受け入れられていた〉としてきた。こうした社会と国家の矛盾・齟齬はどのように解決されたのだろうか。民間の慣習法の世界では、契約状に変化が生まれ「高質」文言が現れて、成功した富裕な商人の間には「正直」の徳が成立した。既に触れたが、あらかじめ結論を述べると、この社会と国家との齟齬は「二つの統治権の衝突」の形を取り、一方の統治権の消滅という形で解決された。

より具体的に歴史的な出来事を挙げると、鎌倉後期の〈悪党の活躍〉であり、〈南北朝の動乱〉であり、〈南朝・悪党の消滅〉である（悪党と南朝の繋がりを象徴する事柄としては、黒田の悪党が禁裏供御人となり、後醍醐天皇と結んだことを挙げることができる）。つまり、債権の取立てに現れる社会の変化が、南北朝の動乱という内乱を通じて政治権力を選択したのである。ところで、中世のある時期に日本史上の大きな画期があると主張する学説には、内藤湖南や勝俣鎮夫の「応仁の乱（十五世記後半）画期説」[1]や、松本新八郎[2]や網野善彦の「南北朝（十四世紀）画期説」[3]がある。今ここで取り上げる佐々木銀弥の学説は、この両説に対しては折衷的な関係に立っている。

一　経済の停滞期・転換期

佐々木銀弥の説

日本史の教科書によれば〈十三世紀後半の日本社会は宋銭の流通、定期市や代銭納の発達などで流通経済の発達が目覚ましかった〉とある。また〈十六世紀は城下町や寺内町、宿場や港町の発達が見られ、商品流通が盛んであった〉ともある。その中間はどうだったのか。佐々木銀弥は論文「中世市場法の変遷と特質」(4)で、円滑な商取引の確保や市場秩序の維持を目的として領主層が発布した「市場法」と、それに類似した内容を持つ「社寺保護法」の動向を整理すると表9のようになるとした。「社寺保護法」が「市場法」を含んでいるのは、社寺の門前に市場が立ち、社寺が交易民の保護者であったからである。

表9　市場法・社寺保護法の動向

I期	十三世紀後半〜十四世紀前半	増加
II期	十四世紀後半〜十五世紀前半	沈黙＝空白期
III期	十五世紀後半〜十六世紀初頭	増加
IV期	十六世紀中葉以降	激増

この表から、経済が発展した二つの時代、第I期と第III期の中間に当たる十四世紀後半から十五世紀前半の第II期は、領主の公布する「市場法」や「社寺保護法」の〈空白期〉となる。佐々木はそこに〈経済の停滞期〉や〈転換期〉があったと主張した。佐々木の議論で注目すべきことは、十四世紀前半以前の「市場法」の中心が〈「押買」「迎買」の禁止〉であったのに対して、十五世紀後半以降の「市場法」では「国質・郷質」が新たに加わっている

とした点である。佐々木はこの十四世紀後半から十五世紀前半の「法令の空白期」＝第II期の社会を「荘園制から大名領国制へ」の転換期だとした。

それでは第II期のこの「空白期」とは、実際にはどのような時代であったのだろうか。「押買」「迎買」は「悪党」に関わっていたのだろうか。一三五〇年は観応元年に当たり、南北朝の二大勢力の対立の上に、さらに足利尊氏と直義兄弟の対立が加わり、天下三分して戦う「観応の擾乱」の始まった年である。一四〇八年は足利義満の没年で、一四三四年は足利義教が南朝後胤の撲滅を宣言した年である。それゆえ第II期とは南北朝の動乱と言われる内乱が一層深化した時代であった。ともかく停滞期の次に再び発展期が来ているので、理論的には〈停滞期＝転換期〉となり、その原因が何であったかが問題となってくる。当然そこには新システムの成立・誕生が想定される。

網野善彦の説

人民闘争史観に立ち人民の成長や闘争を明らかにしようとした戦後の歴史学は、山僧・神人の闘争を人民闘争の一つと位置づけたが、彼ら山僧・神人の中から成立した悪党が、鎌倉期に公武の権力から〈犯罪者〉と断罪されたことを、悪党の〈退廃〉を表していると評価した。戦後歴史学は戦後の現実の国民的な平和闘争・民主化闘争と、日本の中世史とを重ね合わせて理解し、歴史の教訓がそのまま現実政治に反映できるとの信念を持っていた。こうした悪党の評価に異を唱えたのが網野善彦である。網野は原始共産制を根拠に置き、悪党の中に原始以来の自由を見出し、悪党に繋がる人々の歴史的な裾野を広く明らかにした。

網野は鎌倉末期・十三世紀の日本社会を解明することを研究の中心的なテーマとしており、著書『悪党と海賊』[5]の中では、十三世紀後半以降を〈悪党・海賊が活躍した時代〉だとし、『一遍上人絵伝』の詞書から「一遍に帰依した美濃・尾張の悪党たちが札を立て、一遍の布教・遊行に対する妨げを禁止した結果、三年間、一遍は山賊・海賊の妨害を受けることなく平和に伝道を行うことができたとあるように、悪党たちは交通路の平和・安全を自らの実力で保ち得るほどの組織を持つにいたっていた[6]」とした。歴史を叙述する中で悪党を断罪するのではなく、むしろその肯定的な実態を明らかにしようとしたのである。

網野善彦の関心は、日本の交易民[7]が原始・未開以来の「自由」の担い手であることの主張にあり、交易民が交易拠点を中心とした国家＝〈交易拠点帝国[8]〉を目指していたことには関心を寄せていない。交易民は「統治権」に関わりを持つことから、〈統治権者の保護下にはいるか〉、それがだめなら〈自ら統治権者になるか[9]〉選択肢は二つしかなかったはずである。網野は後醍醐天皇を「異形の王権[10]」とし、その〈異形性〉を強調したことから、かえって彼らが国家を目指していた可能性を視野の外に追い払い、彼らの歴史的な存在形態やその変遷の過程を確定する方向に研究を進めないで終わってしまった。

ともあれ、以上から〈停滞期〉〈転換期〉と南朝の敗北との間には深い関わりがありそうだと言える。

近年の説

その後、佐々木説に倣い、十四世紀後半から十五世紀前半を〈日本中世社会の転換点〉とし、文献史料の空白の意味を考古学的な遺物・遺跡の分析から乗り越えようとする研究が現れた。管見の限りでも、小島道裕は「流通の変動に関わる諸現象[11]」で、この時期に集落史上の画期があるとした。また大田由紀夫は「渡来銭と中世の経済[12]」で、十四世紀後半は元から明への交代期であり、〈渡来銭の輸入は途絶〉し、これが経済の停滞と関連していると した。元から明への交代が日本史上の大転換をもたらしたとしたのである。さらに大田は、草戸千軒遺跡では商業活動のピークが十四世紀前半と十五世記後半の二つにあると指摘した。小島は両者のこの中間の十四世紀後半から十五世紀前半は「集落の衰退期」であり、鈴木康之の研究[13]を挙げて、ここに商業・金融活動の停滞があったとした。

小島・大田の議論は共に、佐々木の議論を考古学の成果を踏まえて、さらに発展させたもので、両者共に鋤柄俊夫の「中世陶磁器出土比率の変遷」[14]を引用している。これらは皆大きく見れば「在地領主制論」の影響下にある議論となるだろう。こうした「大名領国制」への転換が「公界」という言葉を日本社会に定着させ、こうした動きに対応して、「神人」たちは公共事業への喜捨などを通じて地域の名望家へと上昇し、定住化・「有徳人」化したとなる。

二　第Ⅰ期の市場と市場法

これまで第1章で取り上げた狂言の世界も、小早川氏の禁制も、『庭訓往来』の世界も、すべてこの転換期を背景にして成立したことになる。それゆえ、小早川氏の禁制が「大名領国制」を先取りしたものだとしても、残りの二者は〈停滞期＝転換期〉以前の古い世界を強く反映したものだと言えよう。以下、第Ⅰ期から順に市場法の在り方を見ていくことにする。十三世紀から第Ⅰ期が始まるとすれば、一二五〇年は建長二年であるから、第11章第二節で取り上げた追加法第二六六～二六八条以降が第Ⅰ期となる。当然第12章で取り上げた諸問題は第Ⅰ期のものとなる。ここでは「市場」と「市場法」に注目したい。

迎買と押買

先に我々は八世紀前半の「聖武天皇」の御世に、美濃国の「小川市」に「三野狐」がいて、「往還の商人」を淩轢していたことを見た。律令国家が崩壊し「市の司」がいなくなった世界では、暴力による市場支配が復活した。神人・山僧の行う「寄沙汰」は公武両権力の統治下では禁止されても、各地の市場ではむしろ社会的に制度化され、佐々木銀弥が言う[15]、荘官・商人・悪党等の行う「押買」「抑買」となった。これは暴力的な市場支配である。第12章第一節で取り上げた弘長元年（一二六一）の「関東新制条々」六十一カ条中の第五四条目の追加法第三九〇条[16]には次のようにある。これは鎌倉という都市に宛てた法令である。

一　可停止鎌倉中迎買事
　仰奉行人等、固可令加制止矣、

読み下す。

一　鎌倉中迎え買いを停止すべき事
　奉行人等に仰す、固く制止を加えしむべし矣。

高野山領の場合

また、文永八年（一二七一）六月十七日付で、紀伊国や紀ノ川の支流・貴志川上流に位置した高野山領猿川・真国・神野の三カ荘の荘官等が補任される際に、荘園領主の高野山に荘内問題についての十五カ条の起請文を提出したが、その第一一条と第一四条[17]にはそれぞれ次のようにある。

一　寄沙汰事
右、号有他人之譲与、称有親子之契約、就田畠負物等、不糺是非、不待裁断、振権威擬押取之条、所行之企、頗奇怪也、又刈田之条、狼藉無極、若他庄之輩所行者、庄官可抑之、無沙汰者、可行罪科、若自庄之輩所為者、可追放其身、但、不限山下、寺僧苅田太不公平、同可有科怠

一　市抑買事
右、商沽之輩、利潤為望、而募権威抑買之条、頗不便事也。庄官堅可禁遏、猶不拘制禁者、可注進交名

読み下す。

一　寄沙汰の事

右、他人の譲与有りと号し、親子の契約有りと称し、田畠負物等に就き、是非を糺さず、裁断を待たず、権威を振るい押し取らんと擬するの条、所行の企、頗る奇怪なり。又刈田の条、狼藉極り無し。若し他庄の輩の所行たらば、庄官之を抑えるべし。無沙汰たらば、罪科に行わるべし。若し自庄の輩の所為たらば、その身を追放すべし。但し、山下に限らず、寺僧の苅田はなはだ公平ならず、同じく科怠有るべし。

一　市抑買の事

右、商沽の輩、利潤を望まんがため、しかしながら権威を募り抑え買いの条、頗る不便の事なり。庄官堅く禁遏すべし。なお制禁に拘わらざれば、交名を注進すべし。

第一一条では「他人からの譲与」「親子の契約」を理由に「田畑負物」を押し取る行為を「寄沙汰」としている。差押えの行為者が、沙汰を寄せられたことを根本原因としているのではなく、「他人事」を理由にして「田畑負物」に介入し、実力行使に入っているのである。「苅田」の場合も、他人の田畠に対して権利があるとして行う実力行使である。他荘の輩の所行に対して「無沙汰」であれば、荘官を罪科に処すとしている。ここでは「寺僧の苅田」も問題としている。騒然とした事態を前提としており、荘園内部の平和を確保することが荘官に強く求められていたことが知られる。

第一四条には市場の定住商人が「権威」を募って往還の商人から「抑買」を行っているとある。「商沽の輩」とあるので、定住商人の中には酒屋が含まれていたかも知れない。そうであれば、債権・債務関係に関わっていた可能性もある。「権威」を募ってとあるので、自らをどこかの権門に連なる「神人」だと主張して、荘園のルールを無視して、「往還の商人」に対して暴力的な「抑買」を行ったのだろう。これは「山僧・神人の寄沙汰」が社会的に一般化して制度化した結果で、定住商人が暴力を行使して不正を行っており、正当な取引が困難になっているのである。

こうした在り方に対して「往還の商人」の側もまた、定住商人の非法に対抗するために、同一商品を取り扱う商人同士が結合し、自力救済を目的として団結し、「権威」を募り「座」を形成していっただろう。当然「座」の商人たちは武装して隊商を組んで行動していただろう。[18]

『宇都宮家式条』の場合

弘安六年（一二八三）に制定された二荒山神社の神官・検校で鎌倉御家人でもある宇都宮氏の家法『宇都宮家式条』の第五九条、第六〇条[19]には「迎買」「押買」について次のようにある。

一　領内市々迎買事
右、為制止、結番被付奉行人畢、猶於違犯之族者、奉行人定申交名歟、就其可被行罪科也
一　市々押買事
右、於押買之輩者、商人等尤可存知之間、不可見隠聞隠之由、召起請文畢、加之、就一門方々、所令相触也、此上於背制之輩者、可被処罪科、若為下輩之族者、搦取其身、可被曝于市

読み下す。

一　領内市々迎え買いの事
右、制止のため、結番を奉行人に付けられ畢。なお違犯の族においては、奉行人交名を定め申す歟。それに

就き罪科に行わるべき也。

一　市々押し買いの事

右、押し買いの輩においては、商人等尤も存知すべきの間、見隠し聞隠しすべからずの由、起請文を召し畢。加之、一門方々に就き、相触れしむる所なり。此上制に背くの輩においては、罪科に処せらるべし。若し下輩の族たらば、其の身を搦め取り、市に曝さるべし。

第五九条について、佐々木は往還の商人が宇都宮領内に入る際に、「持参した荷駄を領内商人が買い取ってしまう迎買行為を禁止したもの」としている。一方、市場には監督官＝「奉行人」がいる。第六〇条は「押買」の禁止令だが、これを行うのは「一門方々」で、領主側が権力を背景にして強引に買い取りをしているのである。これを禁止するため宇都宮氏は領内商人に対して「起請文」を書かせ、犯人摘発を命じている。ここから「迎買」とは往還の外来商人が領内に入る際に、領内商人が「迎えに行って」買うことで、「押買」は「一門方々」が権力を背景にして強引に行うものとなる。いずれも市場への暴力的な介入である。[20]

以上挙げてきた「商人」「荘官」たちの「押買」の実例はどれも自力救済・実力行使として共通している。こうして人々が行動する際の慣習法的な社会のルールと、秩序を維持する権力側の論理との間には、齟齬・対立が生じた。その結果、権力側は秩序を維持する力を失い、「寄沙汰禁止令」が何度出されても実行されず、有名無実化していた。流通に関わる多くの人々の世界では、自力救済の方がむしろ一般化し、交易民は様々な権門の下で「神人」や「供御人」となり、互いに武装化を進め、互いに対立を深めていっただろう。こうして商人の世界には自衛武装組織のための「座」が作られていった。

当時の日本社会に広く見られた「座」の成立、「本座」と「新座」の対立という事態は、こうした交易民の世界の中に自力救済の原理が貫徹していったことによるのであろう。こうした世間の動向に対して、荘官もまた、「権威」に屈服せず、市場において「押買」「抑買」を取り締まるとの誓約をすることが荘官補任の条件となった。弘安九年（一二八六）十月三日付の荒川荘の荘官・源為時が高野山に出した十二カ条の起請文には「於市津并路地不可致押買事」とあり、荘官自らが「市」「津」「路地」では「押買」を行わないと誓約しているが、逆に荘官の源為時は荘園の市場を支配して、有名な「悪党」になった。

なお、第六〇条の〈市場での処刑〉についてはすでに第1章第二節で取り上げた。

諸勢力の悪党化

村井章介は鎌倉時代の末期、十四世紀前半の社会情勢として「諸勢力の悪党化」を挙げ[21]、「御家人も荘官も、雑掌も守護代も、（弓削島や兵庫島に）乱入する側も防戦する側も、悪党と呼ぶ側も呼ばれる側も、その行動は悪党的であり、銭が象徴する富への欲望に駆り立てられていた」と述べて、次のような例を挙げている。

一　正和四年（一三一五）ころ、伊予国弓削島雑掌承誉は、讃岐から攻め入った数百騎の悪党を数百の手勢でけちらしたが、彼自身、百姓に対して、牛の押し取りや銭六〇貫の責取り、逃散者の妻子資財の奪取、私宅での労働強制といった所業に及び、領主東寺から二度も罷免されるような人物で、そのつど多額の任料を払って舞い戻った。

二　同年（一三一五）、摂津の兵庫島では、諸関の狼藉調査にやってきた守護使を約百人の悪党が襲撃した。

三　元応元年（一三一九）、備後の尾道浦では、守護代の軍勢が悪党追捕と号して乱入、民家一千余云々焼いた。――守護代の真のねらいは尾道に蓄積された富にあり、その獲得のためには「西国名誉海賊」との結託もいとわなかった。

四　嘉暦三年（一三二八）、播磨の福泊関の雑掌が悪党を語らって兵庫島に乱入した。――福泊関が有徳の得宗被官安東蓮聖が巨富を投じて築いた港だったことから考えて、同所の雑掌も得宗被官に違いない。

ここにある弓削島・兵庫島・尾道浦・福泊関はいずれも網野の用語で「都市的な場」と言われるところで、こうした場所で悪党は活動していたのである。鎌倉幕府の悪党禁圧策の強化にもかかわらず、以上から、先に述べた「抑買」「迎買」「押買」の例を含めて、第Ⅰ期の特徴として社会の悪党化を挙げるべきだろう。

西大寺市場――名主の沙汰する市場

鎌倉末期の元亨二（一三二二）、三年頃に成立した「備前西大寺市公事定書[22]」から西大寺市場の在り方を知ることができる。西大寺は吉井川が児島湾に注ぐ河口手前の右岸にあり、吉井川の上流には『一遍上人絵伝』で有名な福岡市があった。瀬戸内海沿岸には幾つも港があり、そこには幾つもの市が立っていたはずだが、悪党の活躍もあってか、流通経済は停滞し、その制度的な在り方を示す史料はあまり残っていない。そのような中で、当時の西大寺は「律宗」の寺院で、悪党を取り締まる鎌倉幕府の側に立ち、さらに西大寺市場は名主・沙汰人が支配していたからであろうか、史料が残っている。

まず文書を取り上げる。行ごとに番号を振った。

①定西大寺市公事国方地頭方事
②酒屋御公事一年一家別百文宛
③市日ハ一家別酒二升宛地頭方出
④魚座ハ一年三百文　船艤別百文宛
⑤餅屋公事一家別一年百文宛
⑥莚座一年百文宛

⑦鋳物座一年ニ百文宛
⑧其外皆一座一年百文宛
⑨売買ハ百文之内十文勝可有
⑩其外諸名主ニハ御公事ニハ売買なし
⑪右、以此旨可有沙汰者也
⑫但、彼市之成敗ハ地頭方与国方是をすへし

最後の⑫の但し書の「国方」は擦り消され、「別当」が上書きされている。このことは「国方」の言葉が死語となり、市場支配者が「別当」に代わっても、この定書が長いこと意味を持ち続けていたことを示している。「国方」は佐々木銀弥[23]が言う現地の「預所」や「雑掌」からなる「荘官」であろう。また「別当」は西大寺の関係者であろう。解釈上難しいのは⑨と⑩であるが、⑨は両売りに対する定めで、「百文」に付き一割の「十文」を手附として出したものを「勝」とするとの市場法であろう。⑩の「諸名主ニハ御公事ニハ売買なし」は、「諸名主ニハ売買なし」と「御公事ニハ売買なし」の圧縮だろう。

この市場は、参道を挟み並行する見世棚によって形成され、その一つ一つが「魚座」「莚座」「鋳物座」などの巡回商人のための「市座」の座席で、またそれとは別に数軒の酒屋と餅屋などが「市場在家」として存在していたと想像される。常設店舗と市場との複合体なので、豊田武はここを「門前町[24]」、佐々木は月三度の「定期市[25]」とした。私も旧稿[26]では、これは定期市から常設市への過渡期の市場と想定したが、ⓐ第3章で紹介した佐々木の研究[27]によれば、南北朝期の国衙市でさえ三度市か六度市であり、それよりもここは規模が小さいと思われること、ⓑ第1章で取り上げた『結城氏新法度』の「高橋の祭り」の「祭礼市町」や、本章第五節で取り上げる志度寺の市町が「歳市」であることから、年に一度、多くて春秋二度の「歳市」だとの仮説を提示したい。「歳市」となれば取り扱

う商品や全国流通に占める位置などに違いが出てくる。今後の研究に俟ちたい。

④に「魚座」とあることから、そこで取り扱う商品には「鮮魚」「生魚」が連想されるが、むしろ長期保存の利く海産物＝塩・乾物・干物・相物・海草類等の保存食品を取り扱っていたのだろう。[28]⑦の「鋳物座」の取り扱う商品の鍋・釜・鋤・鍬・鎌等々も、日常品というよりもむしろ長期間利用できる耐久商品で、買い換えがあるとしても、一年単位であっただろう。④と⑥〜⑧までは「市座」の「公事」の定めで、取扱商品によって違いがあるが、⑧に「一座一年百文宛」とあるように、この市場の公事は「一年百文」が原則である。このようにⓒ一年が単位であることからも、「歳市」であったと想像される。⑥には「筵座」がある。この「筵」はこの地域の特産物で、この「歳市」に集荷して、全国に向けて出荷していたと考えたい。⑦の「鋳物座」もこの地方の特産品の「鉄」の全国向け出荷市場を意味しているのかもしれない。

②と⑤から「酒屋」と「餅屋」の「公事」は「一年一家別百文宛」とある。これらの常設店舗は参詣者のために毎日営業をしていたのだろう。③には「市日ハ一家別酒二升宛地頭方出」とある。「市日ハ」という言い方は市の日が度々訪れることを前提としている。これは西大寺の祭日が数日に及び、「歳市」が数日に及んでいたからであろう。「酒二升宛地頭方出」とあるのは、市立ての祭の市祭りの酒を地頭が管理していたことからきているのであろう。④には「船艤別百文宛」とあるが、この「艤」とは「船出の準備をする」の意味で、西大寺市場の近くの吉井川河口に金岡津があり、市のために入港した船が出港する際に「百文」を課税したの意味で、これもまた「歳市」の間に何度も船出をしたことを踏まえていよう。「船艤別百文宛」が徴税の原則だったと思われる。

「座」については、それが〈団体・組〉か〈市における座席〉かについての〈座論争〉があり、戦前では平泉澄や小野晃嗣の座席説が有力だったが、戦後は豊田武・佐々木銀弥の団体説が有力で、彼らは商工業者の組織・団体としての「座」が市場に販売座席を保有し、メンバーは優先的に販売できたとした。[29]佐々木の理解に従えば、たとえば⑥の「筵座一年百文宛」とは「筵座」の組織全体で「一年百文」の「公事」を支払えば「筵座」商人が何人いても、商人たちは皆市場で営業できたとなる。逆に「市座」だとすれば、一人の商人が「百文」を納めれば、彼には「歳市」の座席の権利が保障されたとなる。備中新見荘の市場と比較すると、この定書では「公事」の低額が特徴となる。そこで佐々木は⑨を一〇パーセントの売上税と解釈して、つじつまを合わせようとした。[30]しかしこれは、前述したように両売りに関する定めであろう。

この市場定書の特徴は、「三野狐」や文永八年（一二七一）の高野山領猿川・真国・神野の三カ荘の荘官起請文にあるような、市場定住商人による往還の商人に対する「押買」を問題としていないことである。外来商人相互間の債務をめぐる問題、後に「国質・所質」と呼ばれる問題もここには登場していない。ここでは交易民が「市座」で販売するとあるが、彼らが自衛的な「座」を組織し、団結していたことは問題となっていない。ここの「座」は商人一人ずつを対象にした〈市における座席〉で、「公事」は商人一人ずつに課せられている。この市場税＝「公事」を現地で徴収し、市場の裁判を取り仕切っていたのは⑩の「諸名主」で、「市公事」や検断物は「地頭方」と「国方」とに配分された。第II部でこれまで見てきた〈悪党を取り締まるための公武の協力体制〉が、ここでは「諸名主」を⑪の「沙汰」に対応する「市場沙汰人」とすることで形成されているのである。

前述のように、この当時瀬戸内海の各港においては悪党の活躍が盛んであった。自衛武装が制度化され、悪党が活躍する世界の中で、西大寺の市場は「平和な島」として周囲から隔絶していたのだろう。それを支えるシステムが「市場沙汰人」で、現地の自治組織の自検断が悪党に対抗して秩序維持に当たっていたことになる。⑩は「諸名主」が市場の沙汰人としての活動を保証するために、「諸名主ニハ売買なし」として市場の売買の場から排除されている。名主たちは市場統治者・監督者への純化のために、取引からは忌避されていた。また「御公事ニハ売買なし」とは②と③に関わり、地頭に差し出された「御公事」としての「酒」を地頭は市場に商品として売りに出してはいけないとする定めであろう。

商人の暴力化・不正の蔓延、悪党の猖獗があったとすれば、取引は不活発になったであろう。市場の秩序を再建するためには、商人に対しては〈暴力と不正の排除〉が求められ、市場監督者に対しては〈取引のタブー〉〈忌避〉が迫られた。[31] 以上から、この備前西大寺市場においては、律令時代の「市の司」や、王朝国家時代以降の市場の「目代」や「検断殿」「検断・所務・雑務の沙汰人」などの市場の支配者・監督者に代わり、地下の「諸名主」が市場の秩序維持者＝「沙汰人」として登場したとなる。⑫には「彼市之成敗ハ地頭方与国方是をすへし」とあり、「地頭」と「国方」が「成敗」をするとあるので、下級裁判は「沙汰人」が、上級裁判は「地頭」「国方」が取り扱ったのであろう。

ここから、備前西大寺市場の沙汰人の在り方は平安後期の星川市場の市場刀禰の在り方に近づいてくる。これは、第4章第三節で笠松宏至が挙げた史料上での「地下の沙汰」の登場よりも時期は早いが、「公方の沙汰」と対比される「地下の沙汰」の一つとなろう。法令上には登場していないが、「名主沙汰人」は市場での「喧嘩・口論」や「債権の取立てをめぐる争い」に対して発言権を持ち、「悪党」の不当な支配に対して抵抗しただろう。山僧・神人・悪党の活躍する〈暴力的な海〉の中に浮かぶ〈平和な島〉として「律宗」が支配する西大寺市場が存在していたと考えたいのだが、如何であろうか。西大寺市場が〈平和な島〉との想定が許されるならば、この発展形態が第16章で取り上げる〈楽市〉となろう。

三　『建武式目』と『太平記』

社会経済史的な観点からは第Ⅰ期・第Ⅱ期という時代区分に意味があるとしても、政治史上の変化はこれとはまた別である。次に、第Ⅰ期の後半に当たる、「『太平記』の時代」「南北朝の時代」と言われ、かつては「建武の中興」と言われた時代を取り上げたい。この時代は同じ年に二つの年号が並存しているので、便宜のため年号は南朝側のものを採用し、カッコで西暦を記すことにする。

自由狼藉の世界

この時代を示すエピソードとして「自由狼藉」や、バサラ大名を取り上げることが歴史学の定番である[32]。しかしこうした「自由狼藉」の風潮に対して、足利直義を中心とする識者たちが作成した『建武式目』第一条には「倹約を行わるべき事」とあり、「婆娑羅と号して専ら過差を好む」ことは「頗る物狂と謂うべきか」と禁止されていた。『建武式目』の第二条は「群飲佚遊を制せらるべき事」で享楽主義は取締りの対象だった。「群飲佚遊」などの刹那主義的享楽の具体例として、「好女之色に耽る」こと、「博奕之業に及ぶ」こと、「茶寄合と号し、連歌の会と称して莫大の賭に及ぶこと」を事実書きでは挙げている。

村井章介はバサラ大名として土岐頼遠・高師直・佐々木導誉の三人を挙げ、彼らの行った既存秩序の破壊・権威の否定・自由狼藉の様子を具体的に述べている[33]。彼らを突き動かした刹那主義・享楽主義、中でも特に「博奕之業に及ぶ」点で、彼らは「悪党」と近かった。鎌倉の御家人や足利氏の被官出身である彼らの日々は、武士として当然ではあるが、戦いに強く曝されていた。戦場での緊張から解き放たれた世界での在り方がバサラなのである。戦いの場での命の遣り取りの代わりが「賭け事」であり、戦いの場で名誉を懸けての立ち回りの代わりが、派手な衣装をまとっての人目を驚かすことであった。

一方こうした「自由狼藉」・刹那的な享楽主義を否定するために、『建武式目』では前述した「倹約の励行」「群飲佚遊の禁止」の他に、第一三条・第一四条[34]では次のように「礼節」や「名誉」を高く掲げている。儒教的な理想主義・禁欲主義が取り上げられているのである。

一　可専礼節事

理国之要、無過好於礼、君可有君礼、臣可有臣礼、凡上下各守分際、言行必可専礼儀乎、
一　有廉義名誉者、殊可被優賞事
　是進善人退悪人之道也、尤可有褒貶之御沙汰乎

こうした「礼節」や「名誉」に連続するものが、次に取り上げる神田千里が『宣教師と「太平記」』の中で言う『太平記』の哲学[35]である。

『太平記』の序文

ここでは対句の構造に注目したいので、序文を敢えて漢文[36]のままの形で引用したい。

蒙窃、採古今之変化、察安危之来由、
覆而無外天之徳也、名君体之保国家、
載而無棄地之道也、良臣則之守社稷、
若夫徳欠則雖有位不持、…A…、其道違則雖有威不久、…B…、

Aには「所謂夏桀走南巣、殷紂敗牧野」とある。桀は夏王朝最後の王であり、紂は殷王朝最後の王である。南巣や牧野はいずれも彼らが滅んだ場所で、共に「徳」がないので「国家」を保つことができなかった＝滅んだと説明されている。それゆえ第一行目の「古今之変化」とは夏・殷・周の王朝の変化を指し、「徳」を体する「名君」のみが「国家」を保てるのだと主張されている。これは元弘三年（一三三三）鎌倉幕府の滅亡、同年後醍醐天皇による建武政府の発足、延元三年（一三三八）足利尊氏が征夷大将軍に任ぜられる等々、日本国家のめまぐるしい変化を目の当たりにして、中国の故事が意識された結果である。

ここで第二行目・第三行目の「外無し」「棄てる無し」の二重否定は強調を意味し、中国の儒教の教えに則り「徳」や「道」が大事だとしているのである。「天之徳」に対して「地之道」が対応し、この「天・地」に対して「覆う」「載せる」の文字が導かれている。この場合の「徳」とは「天命」を受けた君主が「天子」として持つべきものである。一方「道」とは〈人が進むべき道〉の意味で、人臣が執り行う〈儀礼〉を指していよう。だからこそ「社稷」を守るとなるのである。それゆえ「道」には「人倫五常」の徳目が含まれていよう。ともあれ「徳」と「道」は君臣が重視すべき徳目となる。

Bには「曾聴趙高刑咸陽、禄山亡鳳翔」とある。趙高は秦の始皇帝の宦官で、始皇帝の死後、跡継ぎの決定に介入して権力を握ったが、「咸陽に刑す」とは自分が立てた二代皇帝によって処刑されたことを指している。また安禄山は唐の玄宗皇帝の時代に、三節度使を兼ね、安史の乱を起こして一時期権勢を誇った人物で、「鳳翔に亡ぶ」とは息子に殺されたことを指している。共に「道」に違えていたので、「威」があっても長く栄えることはできないとの事例である。こうした「安危之来由」からは、乱世を生き抜くためには「道」に違えず「社稷」を守ることが重要だとの主張が導かれてくる。

延元元年(一三三六)に後醍醐天皇の吉野潜幸により南北朝時代が始まり、正平四年(一三五〇)には足利尊氏と弟の直義が相戦う観応擾乱が始まって、天下は三つ巴の戦いとなる。世界は先の見えない「乱世」となった。元弘三年(一三三三)に北条高時が鎌倉で自殺し、建武二年(一三三五)に護良親王が幽閉先の鎌倉で誅殺された。延元元年に楠木正成が湊川で戦死。延元三年(一三三八)に北畠顕家・新田義貞が戦死した。王権が分裂してしまえば、誰が逆臣となるのか、動乱に参加した武将たちを正当化する根拠は失われた。「道」を違えないことが自明ではなくなっていた。

こうした眼前に起こっている人々の死を、「道」に違えたか否かを基準にして判断・説明することは難しかろう。むしろ「勝敗は時の運」であっただろう。ここから「今」「ここ」という「生」の現実に基づき、「生」の充実に全力を注ぐことになるとすれば、バサラ大名のように刹那主義・享楽主義に陥ることになる。そうした中で『建武式目』では「礼節」や「名誉」を高く掲げていることに注目すべきであろう。これは、神田千里が言う『太平記』の哲学として、儒教の徳目である「五常」を守ることや「名を残す」ことの重視と繫がっていよう。

外面の五常・内面の信心

神田は『太平記』の「北野通夜物語事付青砥左衛門事」における遁世者・公家・僧侶の鼎談から「因果のなせる乱世」を導き出し、ここから「外面の五常・内面の信心」を説明している。ただし『太平記』にある「因果業報の時至る故なり」を引用しているにもかかわらず、「因果」の説明にはヨーロッパ哲学や科学で言う「因果律」を当てている。これは読者へのサービスからきているのかも知れないが、仏教用語として理解すべきであり、「因果応報」とは「仏語。善悪の因縁に応じて吉凶禍福の果報を受けること。善因には富楽などの善果を受け、悪因には貧苦などの悪果をうけること」である。「因果を含める」の用例から、因果には〈諦めて受け入れる〉の意味もあるが、本来の釈尊の仏教においては、〈善果を得るために善根を積む〉という積極的・意識的な努力主義的な生き方を含んでおり、このような理想主義は禅僧を通じて一般に普及していたと思われる。

ここから現実社会では儒教道徳に基づいて行動し、内面で仏教に帰依する在り方を理想とする生き方が『太平記』の哲学として成立したと神田は述べたのである。神田はこれと同様な思考様式は、十四世紀前半の肥後南朝方の武士である菊池氏の起請文、十五世紀後半の蓮如の『御文』、遠江国に曹洞宗の伝導した松堂高盛の語録、慶長十八年の禁教令にも見られるとし、日本社会に広く定着していたとしている。

『太平記』の影響

「南北朝〜室町期の武士の生き様を描いた『太平記』は、戦国時代最大のベストセラーであり、数々の武将たちに愛好されていた。だからこそ宣教師もこの作品を〈日本を知るための最高の教科書〉とみなして、必死に読み解こうとしたのである」。これはキリシタン版『太平記抜書』が何故作られたのか、その謎を探ることを糸口にして作られた神田の『宣教師と「太平記」』の帯文に記されているものである。当時の人々にとっては『太平記』は百科事典でもあったという。

先に我々は第12章で『徒然草』を取り上げ「正直」の倫理の登場を述べた。大福長者の言うことの第一は、「徳をつかむと思はば、すべからく、先其心づかひを修行すべし。其心と云は、他の事にあらず、人間常住の思に住して、仮にも無常を観ずる事なかれ。是、第一の用心也」である。平安時代の、浄土教が風靡している時代のように、ひたすら彼岸に思いをはせるのではなく、此岸に思いを集中せよとしている。この此岸主義が、儒学の普及を背景にして、現実の人間世界を律する人倫五常の「仁・義・礼・智・信」の重視に発展しているのである。これは前述したウェーバーの言う「世俗内禁欲」の日本版なのである。それゆえ、先に大福長者が「正直にして、約を堅くすべし」を内面的な倫理としたのは、あくまで、契約状を盾に取って「神威」を募り神の暴力を執行しようとする「寄沙汰」との対比の中で述べられたものである。一方、『太平記』の哲学では、内面化された信心が述べられており、鎌倉新仏教の普及が感じられる。

J・ジェイコブズ『市場の倫理　統治の倫理』

日本史上の転換点が「大名領国制」への転換を意味し、第II期が「荘園制から大名領国制へ」の転換期であるとして、この転換をもっと大きな視野で捉え直すために、ジェイン・ジェイコブズの『市場の倫理　統治の倫理』(37)を取り上げたい。ジェイコブズは動物行動学の立場から「暮らしを立てるには〈取る〉か〈取引する〉かしかない」とし、「取引をする商人の倫理」と「領土、縄張りを保護し、獲得し、利用し、管理し、支配する」「領土型道徳」とを挙げ、この二つを「生きていくためのシステム」「実存的道徳」だとし、さらに考察を進めて、これを「市場の倫理」と「統治の倫理」と言い換えている。

これはソ連の崩壊によって、自由主義か社会主義かの対立が終わり、世界は先進国と後進国の対立を軸とするように変化した事態を承けての議論である。議論はこの二つの倫理の峻別という方向で進んでいく。ソ連が崩壊したのは統治者が商業に携わったからであるとして、「市場の倫理」には「暴力を締め出せ」が、「統治の倫理」には「取引をさけよ」があるとしている。[38] 日本中世においては、市場や道路に対する商人団＝「座」に優先権があり、縄張りを保護するために商人団には武力が許されていた。「迎買」には取引に暴力や脅迫が含まれていた。「押買」は統治者が商業に乗り出すケースである。先走って結論を述べると、日本の中世では商人は寺社の保護下にあり、武装していた。

第I期の市場は暴力に満ちており、「領土型道徳」を持つべき統治権者は「取引をさけ」ようとはしていなかった。しかし中世とは商人の武装を禁止する武家の力が強まっていく永い過渡期に当たっている。一方では比叡山の焼き討ち、石山合戦により、他方では城下町政策の進展により、兵農分離と並行して兵商分離が進み、商人たちは武装を放棄し、平和な町人に変わり、近世を迎えたのである。

四　第II期――室町幕府追加法の中の譴責・催促

次に、転換期となった第II期の市場法の在り方を見ていこう。第1章で取り上げた十四世紀後半の「沼田市場宛の法令」はこの時期に当たっている。ここでは市場の秩序維持者が国の〈目代〉から〈守護〉へと変化したことになる。

室町幕府の政所

足利尊氏が〈幕府を京都に置く〉と決定したことにより、当然京都に、鎌倉市内で「雑務沙汰」を取り扱っていた鎌倉幕府の「政所」に対応する組織が置かれることになった。このことから、六波羅探題の組織と検非違使の組織、さらには比叡山や興福寺の末寺である祇園社や清水寺の持つ検断権を、室町幕府の「政所」が吸収する方向性が決まった。佐藤進一は「室町幕府論」で「近世の京都所司代の配下にあって警固・追捕・法廷や刑場の整理・市中の取締に当たった〈四座の雑色〉が、室町時代の侍所の雑色・小舎人や、祇園社の犬神人などの系譜を引くことは、雑色諸家の所伝がある」[39]と述べている。

室町幕府追加法の第一八条[40]と、貞和二年（一三四六）十二月十三日に発布された「諸国狼藉条々」五カ条に並んで同時に発布された「同守護人非法条々」全十二条中の第九条目である室町幕府追加法の第三九条[41]とには、「他人の借書を誘い取る」として守護人の非法をそれぞれ次のように記している。

一　諸人借書事
　無理之輩、誘取他人之借書、令譴責負人之条、非無其煩、早為政所方沙汰、可被加炳誡歟

一　誘取他人借書、令呵責負人事

読み下す。

一　諸人借書の事
　無理の輩、他人の借書を誘い取り、負人を譴責せしむるの条、其の煩い無きにあらず、早く政所方の沙汰として、炳誡を加えらるべき歟。

一　他人の借書を誘い取り、負人を呵責せしむる事

鎌倉時代の法では「山僧神人の寄沙汰」と表現されていたものが、この二法では「無理の輩、他人の借書を誘い取り、負人を譴責せしむ」となっており、債権の取立てには「理が無い」と断定されている。これまで「山僧・神人」の行った「寄沙汰」は、銭主から「借書」を請け取り、銭主に代わって取立てを行うことだったが、ここではそれが「誘取」「譴責」「呵責」という言葉で表現され、犯罪視されている。〈他人の借書を誘い取り、負人を譴責・呵責する〉ことは、室町幕府追加法の第一八条では一般的な形で、第三九条では特殊的な形で守護の非法の一例として禁止されている。

「寄沙汰」を犯罪と断じ、犯人を幕府の「政所」が取り締まるとあるが、取り立てるべき債権自身の取扱いに関しては曖昧である。「負人」に対しては「政所」が職権として取立てを行うべきだとの判断があるのだろうか。ここでは少なくとも、債権の取立てが神の権威の下で行う「聖なる行為」ではなく、世俗的な暴力行為＝犯罪とされている。ここから「山僧・神人の寄沙汰」は、少なくとも京都においては禁止され、京都内部での雑務沙汰は「政所」の管轄となっていたと考えられよう。

室町幕府追加法第一〇五条

また、室町幕府追加法の第一〇五条[42]の事書は「山門公人悪行事」であるが、これは応安三年（一三七〇）十二月十六日付の「仰詞」として次のようにある。

仰詞

山門公人号負物譴責、成洛中所々之煩、剰不憚　禁裏仙洞咫尺、乱入卿相雲客住宅、致種々悪行之間、被申座主宮、厳密可有誡沙汰、曾不能叙用、弥以狼藉、違　勅之咎難遁歟、於向後者、為武家召捕彼輩等、可被処罪

科乎

読み下す。

山門の公人負物の譴責と号し、洛中所々の煩いをなし、剰さへ禁裏仙洞の咫尺を憚らず、卿相雲客の住宅に乱入して、種々の悪行を致すの間、座主宮に申され、厳密に誡めの沙汰有るべし。かつて叙用あたわず。いよいよ狼藉を以て、勅に違うの咎遁れがたきか、向後においては、武家として彼の輩を召し捕へ、罪科に処せらるべきか。

応安三年（一三七〇）のこの追加法は、院が仰せ詞（口勅）を幕府に与えたものであるが、それがそのまま室町幕府追加法になっており、「山門公人」の悪行を挙げて座主宮に「厳密」な「誡沙汰」を要求したが何の対策もしていないので、今後は武家が犯人を召し捕り罪科に処すよう幕府に要求する、とある。佐藤進一[43]は、「煩いと悪行」を行う犯人を検挙する検断権を王朝は幕府に与えたので、幕府の洛中警察権はこれで完結したであろうとした。しかし同時に、この段階では、山門の持つ雑務裁判権に対しては、室町幕府は手を触れることができず、「負物の譴責」は幕府の権限には含まれていないとした。

この「仰詞」の背景には、応安元年の「半済令」や「南禅寺事件」がある。南都北嶺の寺社勢力と幕府が厳しく対立する中で、北朝は緩衝装置となっていた。「半済令」とは、武家が横領した旧仏教側の荘園を、半分は返すとの法令なので、旧仏教側は歓迎したが、禅宗は別だとしたことで、旧仏教と禅宗との間に対立関係が生まれた。そうした中で、南禅寺が楼門を作るため関所を設けて関銭を徴収した。園城寺の児童が関銭を払わなかったことから、関守との間で喧嘩になり殺される事件が起きた。比叡山も興福寺も園城寺を支援して立ち上がった。これに対して南禅寺の僧定山祖禅が『続正法論』を著して他宗を謗った。〈延暦寺の僧は人間の形をした獼猴（猿）〉であり、〈園城寺の悪党は畜類にも劣る蝦蟇（ガマ蛙）〉だと罵倒した。これに対して比叡山は激昂して、南禅寺の破却、祖禅と妙葩の流罪を北朝に訴え、八月二十九日に日吉の御輿を奉じて入京した。十一月祖禅は流罪に処せられたが、延暦寺は収まらず、応安二年四月に再度入京して内裏に迫り、市中に放火した。内裏からの命により幕府は屈服して南禅寺楼門を破壊した。「仰詞」にあった「禁裏（天皇）仙洞（上皇）の咫尺を憚らず、卿相（公卿）雲客（殿上人）の住宅に乱入して、種々の悪行を致す」とは、この応安元年や二年の嗷訴を指しており、その際同時に「負物の譴責」が行われたのであろう。

つまり北朝は、幕府に南禅寺の破壊を命じたことに対して、「負物の譴責」を行う「山門公人」の逮捕権を武家に与えることで、バランスを取ったのである。

室町幕府追加法第一四五条

至徳三年（一三八六）の幕府法令[44]には次のようにある。

山門并諸社神人等事

山門并諸社神人等、就諸事称催促、率数多及乱入狼藉事、先々定置其法、有停止之処、近年猥違乱云々、不可不誡、或忽罩当座之恥辱之間、不慮喧嘩出来、或為塞後代之瑕瑾、不顧所当罪科乎、政道之違乱、諸人之煩費、職而由斯、縦雖為洛民之住所、可有禁遏、況於其仁哉、所詮不経次第之訴訟、有如然之企者、於本訴者、雖帯理運、永可被棄捐、至神人者、任先例仰侍所、召捕其身、可有接楼矣

読み下す。

山門ならびに諸社神人等の事

山門ならびに諸社神人等、諸事につき催促と称し、数多を率いて乱入狼藉に及ぶ事、先々其の法を定め置き、停止有るの処、近年猥に違乱すと云々。誡めざるべからず。或ひは当座の恥辱に忽覃するの間、不慮の喧嘩出来し、或ひは後代の瑕瑾を塞がんが為、所当の罪科を顧みざらん乎。政道の違乱、諸人の煩費、もととして斯に由る。縦え洛民の住所たりと雖も、禁遏有るべし。況んや其仁においておや。所詮次第の訴訟を経ず、然る如きの企あらば、本訴においては、理運を帯びると雖も、永く棄捐せらるべし。神人に至らば、先例に任せ侍所に仰せ、其の身を召し捕え、接楼有るべし矣。

「沙汰」=「訴訟」と考えると、「次第の沙汰」という言葉は前章第三節の「公家法」第四四四号にあった。あの場合は「公家法」の秩序の中での正しい裁判手続きを指していたが、この場合の「次第の訴訟」とは室町幕府法の秩序の中での正しい裁判手続きを言い、「政所」による雑務沙汰を指している。それに由らないものは理運があっても破棄するとし、取り扱った神人は「侍所」に命じて身柄を拘束するとしている。それゆえこれは、佐藤進一が言うように「山門・諸社の神人」が「諸事について催促と称して」、「政所」の裁判によらず、たとえ山門のお膝元である京都市民の家屋敷や身柄であっても、差押えや没収をすることを禁じたものである。

佐藤はこの「次第の訴訟」を〈幕府の裁判〉であるとし、これによって〈幕府の雑務沙汰裁判権は完成した〉とした。債権者側が訴訟を決断する「寄沙汰」ではなく、第三者の室町幕府側がすべての雑務沙汰を取り仕切っており、そのため公正な裁判になったのである。第II期が転換期であるとは、こうした債権取立ての仕組みの変化を言い、この法令を転換点として山僧・神人の寄沙汰は終わり、代わりに鎌倉期の使庁や六波羅探題の後を襲った「政所」による「雑務沙汰」が始まったのである。この後幕府は、金融業者でもあった土倉や酒屋に対する統制令を出して、京都の金融業者を自己の統制下に置いた。

第3章で撰銭令を取り上げた際の、金融業者と大名との親和関係の原型はこの時成立したとなる。この法令の出た至徳三年（一三八六）に義満は南都に凱旋旅行を行い、「雑務沙汰」を寺社勢力から奪ったことを誇示した。この時以来「寄沙汰」の言葉は廃語となり、「付沙汰、請受取沙汰」「譴責、催促」などに言葉を換え、「質取り」という言葉が次に登場してくるのである。

「高梨一族置目」――付沙汰禁止令の登場

応仁の乱を間近に控えた、宝徳元年（一四四九）八月十五日付で、信濃川が越後に入る直前の北信濃の地域、現在の中野市近辺を根拠地にして、信濃川の両岸に広く勢力を拡大していた有力な国人領主の高梨氏の一族十五人が連署した一揆契状に「高梨一族置目」十カ条がある。この法令は一九七二年に石井進が「一揆契状」の一つとして、『中世政治社会思想』上に採り上げた[45]ものであるが、一九九八年に佐藤進一・百瀬今朝雄が『中世法制史料集第四巻　武家家法II[46]』に改めて収録している。信濃は強力な守護権力が確立しなかった所である。石井進の「解題[47]」には、「領内の農民支配、とくに百姓の負物・土地売買・逃散等に関する一族間の相論を避けようとする規定が豊富である点に注目」とある。その第四条と第五条には次のような「雑務沙汰」に関連する「定」がある。これを市場に関わるものとして取り上げたい。第四条の後半部分を石井が「後何方出来候共」としたところを、佐藤・百瀬は「従何方出来候共」と直した所が大きな変化である。また石井は「自今以後、不書買主其名借状」のところの買主を〈「売主の誤写。上文の「売主」に同じ〉と頭註をしている。

佐藤・百瀬に従い法令を掲げたい。

一　利銭出挙、地下之沽却状ニ売主之名字書事者、常之法意也、自今以後不書買主其名借状、従何方出来候共、不可立用候

一　致毎度付沙汰事不可然

読み下す。

一　利銭・出挙・地下の沽却状に、売主の名字を書く事は、常の法意なり。自今以後買主を書かざる、その名の借状、何方より出で来り候とも、立用すべからず候。

一　毎度付け沙汰致す事、然るべからず。

第四条は売券・沽却状に対する法令として注目すべきものである。売券・沽却状に対する裁判の基準を一族一揆が定めており、これまで「私」とされてきた「一族一揆」が正当性を主張して、古沢直人の言う(48)「時の公方」にまで発展しているのである。第五条は「付け沙汰」の禁令で、債権取立ての仕事を国人領主たちが金融業者たちの手から奪い、〈当事者の実力行使〉を否定して、〈国人領主側の裁判〉で取り扱うとしている。次節で取り上げる細川政元の禁令より五十年ほど前のもので、「付沙汰」禁止令としては早いものであろう。これと同様の法令は戦国家法にも現れるが、「一族一揆法」に登場している点に注目すべきであろう。

第四条の法文上には「利銭・出挙」「沽却状・借状」「売主・買主」とあり、ここでは〈質入れ〉と〈売買〉とは明確に区別されていないと考えるべきであろう。「地下之沽却状ニ、売主之名字書事者、常之法意也」の部分は意味明解である。「沽却状」=「売券」とは、土地の支配権者が金銭を対価として、その土地の支配権を放棄するとの約束を記したもので、土地の買得者にとっては権利の保障のためにこの沽却状を保持することは大切で、売主の名前があるのも当然である。しかし「利銭・出挙」と「地下之沽却状」が併記されていることから「利銭・出挙の沽却状に、売主の名字を書く事」となるが、これは何だろうか。借金の「利銭・出挙」の場合も土地を担保に質入れをしていたのであろう。このように考えれば、この「沽却状」は「本銭返し」や「年紀売り」を指し、「売主」=借手、「買主」=銭主で、「沽却状・売券」=「借状」となる。その次が「自今以後買主を書かざる、その名の借状、何方より出で来り候とも、立用すべからず候」である。

金銭と土地の支配権との交換があり、その際「借状」や「沽却状」が取り交わされたが、「借状後に何方より出で来るとも、立用すべからず」とは何だろうか。考えられる状況は、「本銭」は既に完済され、「年期」が開け、無効となったはずの「借状」が流通し、第三者が債権の取立てを主張して、市場の法廷や一族一揆の法廷に提訴したことであろう。当然そこでは契約状の真偽が問題となり、契約状の信憑性が問題となる。もう一つ考えられることは謀書である。勝手にでっち上げられた文書を以て、土地の取立てに掛かっているのである。債権の取立てを主張する側は債権状＝「借状」を盾に取り、債務者に要求したことは当然である。

しかし「売主」の立場に立てば、「売った」「金を借りた」記憶はあっても、「借状」が遠いところから出てきたとして追及されても、追及している人と買主＝銭主の関係が不明で、その「借状」に「買主」の名前がないのならば、その「借状」は謀書であり、偽書であると主張して、債権者と争うことになる。争いは高梨一族が開催する市場関係の裁判所に持ち込まれただろう。そこで〈契約状に「買主」の名前がない場合は取り上げげない〉と一族一揆の名において事案の取り扱いを命じたのである。法令の中心は契約状の構成要件の指摘であり、不備の物は謀書・偽書とするとの裁判基準を記したものと理解したい。

「高梨一族置目」の第四条をこのように解釈してよいのなら、「不可立用候」からは高梨一族が開催する市場関係の裁判所において、権利書・契約状の真偽を審査していたことが想定される。これは肥後相良氏の支配下の「公界」と同じものであろう。「一揆法」というものが地域の平和を目指し、領主相互間の内部には平和や平等を掲げていても、百姓や商人・金融業者などの外部に対しては専制的であり、その点においては戦国大名権力の先駆形態をなしていた。「公界」との共存関係を脱し、むしろ「公界」を取り込み、領主権力が「公儀」としての普遍性を主張し、「公界」を統制しているのである。

五　第III期——歳市の法と細川政元の法

次に、第III期の法の中で、次章で取り上げる「付沙汰」「請取沙汰」に関連するものとして、阿波段銭条書、志度寺宛て「禁制」と細川政元の「定書」を見ていきたい。

阿波段銭条書

鎌倉時代の守護の権限は大犯三カ条と言われるが、室町時代になって守護の権限は拡大した。一国平均の役と言われる段銭の徴収権はその代表であろう。文正元年（一四六六）六月十一日に阿波の守護細川成之(49)は段銭徴収に関連した十カ条の「条々」を出した。次のもの(50)がその「写」として「阿波国徴古雑抄」に収録されている。各条を特定するため番号を振った。

条々

①一　阿州段銭、近年号河成并訴訟無沙汰、太無謂、所詮、先々免除支証等不分明在所者、任本目録、堅可致催促事

②一　公物色々運上之時、船水手并人夫、伝馬、海上警固、上乗等、用次第可申付事

③一　於論所并闕所分者、任田数、懸百姓可催促事

④一　替銭、国中并他国諸商人等、専器用可申付事

⑤一　此間段銭催促之輩、如先々可申付事

⑥一　於段銭無沙汰在所者、可遣譴責使事

⑦一　東条若狭入道知行料所段銭無沙汰無謂、堅可致催促、別当令難渋者、可注進事
⑧一　故三好入道知行分同前
⑨一　片穂常陸入道、逸見豊後入道知行分同前
⑩一　中郡大経事、如先々領主可申付事候

段銭は一国平均の役で、国衙領・本所領・地頭領の違いを超えて一律に徴収された。この「阿波段銭条書」の第三条には「論所」や「闕所分」であっても「田数」に任せて「百姓に懸け催促すべし」とある。第六条には「段銭無沙汰の在所においては譴責使を遣わすべし」とあり、一国平均の役に対しては例外を認めないとしている。これに対して、領主たちはいろいろな口実を設けて「無沙汰」を試みていた。その具体例として第七条からは「東条若狭入道」、第八条からは「故三好入道」、第九条からは「片穂常陸入道、逸見豊後入道」が知られる。

国衙領・本所領などの百姓・在所の側は、第一条にあるように「河成」や「訴訟」を理由に、また「先々免除支証」があるとして段銭の「無沙汰」を試みたことが知られる。第一条・第三条・第五条・第七条には「催促」の言葉があり、第六条には「譴責使」の言葉がある。守護の細川氏は、領主や百姓・在所の抵抗を抑えて段銭を徴収するために「催促使」「譴責使」を派遣したのである。ここから、「請取沙汰」「付沙汰」として他人の債権を徴収するために権力側が派遣する「催促使」「譴責使」は、本来は「段銭」徴収のための守護高権の担い手であったことが知られる。

第二条では段銭徴収に関わり、運送・交通に関わる配下の「船水手并人夫、伝馬、海上警固、上乗等」に対して細川氏は「公物運上」を命じている。これらの人々は「公界」のメンバーでもあろう。銭は重いので船や伝馬を利用したのであろう。第四条には「国中并他国諸商人等」が登場している。「替銭」のため、彼らの中でも「器用」の者を重用するとある。段銭徴収のためには、貨幣商品である「米」「反物」などを「銭」に交換する必要があっ

たのだろう。室町幕府の政所に「納銭方一衆」があったのと同様、阿波の守護所にも「国中并他国諸商人等」を選択的に重用するシステムがあり、守護権力と運送業者や商人からなる「公界」との友好関係が知られる。

志度寺宛て禁制

文明五年（一四七三）に細川政国が讃州志度寺に宛てた禁制[51]には次のようにあり、第六条には「付沙汰事」がある。

禁制　讃州志度寺
一　甲乙人乱入狼藉事
一　於寺中殺生事
一　諸人押買事
一　伐採竹木事
一　博奕事
一　付沙汰事
一　於院内伯楽市事
右条々、堅令停止之訖、若有違犯之輩者、可処厳科、仍下知如件
文明五年八月十一日　　右馬頭（花押）

佐々木銀弥は「寺社保護法」が「市場法」を含んでいるとしたが、この志度寺宛て禁制はその実例である。第一条・第二条、第四条から、この禁制が志度寺に対する保護令であることは明らかである。また第三条、第五条、第

七条から、志度寺の境内には年に数度の遍歴商人を中心とした歳市が立ち、この禁制はこの歳市に対する〈市場法〉でもあったとなる。第一条・第二条、第三条、第五条は〈市場の平和〉を命じたものである。この市はヨーロッパ中世のシャンパーニュなどの大市 nundinae などに対応しており、祝祭とともに開催され、伯楽市も立ち、見せ物などの呼び物もあったと想像される。

第五条の博奕禁止令は、志度寺が賭場を開帳し「寺銭」を徴収していた過去を示しているのかもしれない。第六条の「付沙汰事」は「寄沙汰」と考えられるので、ここからは、これまでの志度寺の歳市には債権の取立て＝沙汰を他人へ委託することが行われ、債権回収の請負人がおり、〈歳市の場は「付沙汰」の場〉でもあったとなる。この「付沙汰禁止」はピレンヌがヨーロッパにおける大市の最大の特権とした「解除権」[52] franchises に対応し、〈市の平和〉を命じたものである。ピレンヌは次のように説明している。

大市に参加する商人が大市の外で犯した違法や彼らが負った債務に対する報復権を禁止し、彼らが財産没収を請求されることを免れさせ、大市の続く限りそれらの訴訟や強制執行は停止させられたのである。

細川政元の定書

次に、細川政元が文亀元年（一五〇一）に公布した「細川政元の定書」[53]五カ条を取り上げる。政元は「下剋上」の時代を代表する人物で、明応二年（一四九三）、京都でクーデタを断行し、十代将軍足利義稙を追放し、代わりに義澄を新将軍に擁立した。その後の京都は細川政権・三好政権の時代となるので、政元は実質的に室町幕府体制を崩壊させた人物となる。

この定書は「喧嘩事・盗人事・請取沙汰事・強入部事・新関事」の五カ条からなり、第一条の「喧嘩の事」には「与力、親類、被官、従類の境界をいハす」とあり、「たとひ御被官なにかしにハよるへからす」ともある。また第四条の「強入部事」には「或号守護代、郡代、或号由緒」とある。以上からこの五カ条全体は、政元が家中の様々な人々を対象として発布した〈家中統制法〉となり、ここから、第三条の「請取沙汰事」の対象も細川氏の身内となる。[54]この法令の第一条には二度、第二条にも一度「大法」の言葉が登場しており、ここから政元は「大法」＝民間の慣習法を取り込んでこの「定書」を作ったことが知られる。

問題は第三条である。ここにある「請取沙汰」とは〈「沙汰」を受け取る〉もので、「沙汰」を寄せる・付ける「寄沙汰」「付沙汰」と対応している。「請取沙汰」については、第11章第四節で取り上げた二百四十年前の「弘長二年（一二六二）五月二十三日付六波羅宛て関東御教書十カ条」の第二条は追加法第四〇八条であるが、ここには「寄沙汰・付沙汰・請取沙汰」の言葉があった。

国質・所質

この定書は検断関係を中心としているが、第三条には次のようにある。注目すべきは新しく「国質・所質」の文言が使用されていることである。

一　請取沙汰事

或人をころし、或国しち、所質とかうし荷物をとゝめ、又ハ以不知行之地他人にけいやくし、令物忩、其外口舌以下、与力、被官たりといふとも、一切に被停止畢、若不承知輩ハ、准先条可有御成敗事

ここでは「請取沙汰」を、「人を殺す事」「国質・所質と号して荷物を留める事」「不知行の地を他人に契約し物忩させる事」「口舌」の四つに分けて説明している。この「口舌」を峰岸純夫は〈訴訟などにおける弁論活動〉[55]の意味とし、本来「寄沙汰」がこれの中心だとしたが、この場合は松岡幹生が言う「口先だけの弁舌」から発展した〈詐欺行為〉[56]だろう。「不知行の地を他人に契約する」のも詐欺行為だが、前述したように〈市場が契約の場〉なの

で、この犯罪の起こった場所も「口舌」の場合と同様に市場となる。また「国質・所質と号しての荷留」の現場となった場所は津や関所と考えられるが、市場もあっただろう。さらに「殺害」は大犯三カ条の一つで、本来守護の管轄すべきものであったが、ここでは検断の沙汰を受け取ったと称して市場などで犯人を捕まえる行為を指していよう。それゆえこの法令の対象は市場だとしてよいだろう。

「国質・所質」については第15章で詳述するが、債務者が支払いを行わない場合、債務者と同国人であることや同じ職業のメンバーであることを理由に、直接関わり合いのない人物や財物を質取りすることで、債権・債務問題を集団内部の問題に転化する仕掛けである。これにより債権の回収は容易になり、このルールを守ることにより債権・債務関係は平和的に解決したはずである。

「国質・所質」という慣習法的な言葉を、幕府の要人である政元が初めて使用したことに、この「定書」の歴史的な意味がある。なおここで、「沙汰を請け取る」者とは村岡の言う〈用心棒的請負業者〉[57]で、「与力・被官たりと云共、一切被停止了」とあるのを村岡は「領国内の実力者達の行為を念頭に置いている」としたが、「与力・被官」よりも下層の「足軽」を念頭の中心に置いたものだろう。

小　括

以上明らかにしたことに、次章以降で解明する第Ⅳ期のことも多少加えて一旦整理すると表10のようになる。

表10　各時代の特徴

第Ⅰ期	十三世紀後半〜十四世紀前半	悪党・有徳人・寄沙汰。二つの統治権の衝突
第Ⅱ期	十四世紀後半〜十五世紀前半	南朝・悪党の解体。高質は「世間の御法」
第Ⅲ期	十五世紀後半〜十六世紀前半	武家が統治権を掌握。国質・所質の登場
第Ⅳ期	十六世紀中葉以降	市場法の増加。武家・足軽による請取沙汰

第14章　付沙汰・請取沙汰

十五世紀後半になると「寄沙汰」の言葉は消え、代わりに「付沙汰・請取沙汰」の言葉が登場した。「付沙汰・請取沙汰」は第Ⅱ部で取り上げた「寄沙汰」を引き継ぐものであった。この章では第Ⅳ期における「付沙汰・請取沙汰」の展開を見ていきたい。

一　寺領内での請取沙汰

前章第五節で十五世紀後半の「歳市」において「歳市の平和」のために「付沙汰」が禁止されていたことを見た。十六世紀になっても、同じように寺院の境内ではあるが、「市」が毎日立つ所での「付沙汰」の禁止令がある。寺領内で行われる付沙汰・請取沙汰を問題とした武家家法を次に取り上げたい。

天王寺の場合

摂津の「四天王寺文書」には、元亀三年（一五七二）に「天王寺地下中」に対してほぼ同じ内容の二通の文書がある。恐らく領主の変化に対応して、「天王寺地下中」の側が同じ項目の特権の安堵を要求した結果であろう。これらの文書から、四天王寺の境内は人々が雑踏する繁華街で、様々な犯罪が起こる場所でもあったことが知られる。「多羅尾綱知天王寺地下中掟書」[1]には次のようにある。

掟　　　天王寺地下中

一　号馬頼母子、具足頼支、祝言等、相懸臨時之課役段、停止事
一　請取沙汰不可在之事
一　催促料事なにかしハ、八木弐升宛　ちゅうけんハ、八木壱升宛
一　盗賊・海賊等為地下けいこせしめ、可令成敗事
一　博奕長行のやからにおゐては可有成敗事
右条々、堅可停止者也、仍如件
元亀三年八月日　　常陸介（花押）

「三好氏奉行人連署天王寺地下中定書」[2]には次のようにある。

定　　　天王寺地下中

一　号馬憑母子、具足憑母子、祝言、臨時之課役等申懸之事
一　請取沙汰、付沙汰事
一　催促料事なにかしハ、八木二升宛　中間者、八木一升宛

一　海賊、盗賊事
一　博奕事
右条々、堅相守之、可停止者也、仍如件、
元亀三年十二月十六日
右衛門尉（花押）
右衛門尉（花押）

馬や具足は高額なので資金は「頼母子」＝「頼支」によったのであろう。第一条では「馬頼母子、具足頼支、祝言等」を理由とする「臨時之課役」を禁止している。臨時の課役を懸けるのは領主の多羅尾氏や三好氏の側で、これは領主側が境内に恣意的な支配を及ぼすことへの否定である。第二条は「請取沙汰、付沙汰」の禁止令である。天王寺境内の平和が目的であろう。ここで沙汰を受け取るのは領主側の人物である可能性もある。第三条は、地下中が認めた債務の追及に関する手数料「催促料」の定めで、武士の場合を「なにがし」として米二升ずつ、「中間」の場合は半分の一升ずつとしている。天王寺の境内には金融のセンターがあり、それとの関係で第二条・第三条があるのだろう。

第四条は地下検断権を定めたもので、「盗賊・海賊」については『貞永式目』では守護の権限とあったが、天王寺に市が立ち、そこから荷物を船に乗せて送り出すことが行われており、その船の「警固」は天王寺側が行い、盗賊・海賊の犯人に対する検断権＝成敗も天王寺に認めている。つまり、天王寺の境内から運ばれたものに対しても、地下中の「警固」を認め、寺家の検断権は境内から拡大している。天王寺は独立国家として、寺家の「自検断」を主張しているのである。第五条は「博奕」の取締権に関わり、「博奕長行（＝張行）の輩」に対する「成敗」権を認めている。

武家の側は「請取沙汰、付沙汰」を禁止しているが、天王寺の輸送業者の武装は認めている。全体を通じて天王寺地下中の既得権を再確認しているのであろう。

書写山の場合

書写山は西国三十三霊場の中で最大規模の寺院で、西の叡山といわれ、天台宗の円教寺がある。「赤松満政書写山条規案」(3)は元亀四年（一五七三）の正月に出されているが、この年がどんな年であったかが問題である。元亀元年には姉川の戦いがあり、信長は浅井・朝倉と戦った。続いて石山本願寺が蜂起し、石山合戦が始まった。元亀二年には比叡山が焼き討ちとなった。元亀四年は改元して天正元年となるが、この年浅井・朝倉両氏は滅亡した。ここに出された次の文書から、書写山は比叡山と同様、流通経済の中心であったことが知られる。

書写山衆徒中寺領内条々

一　請取他人所持古文書、号有負物致譴責事
於負物者、被定年限之処、致自由契約及譴責狼藉条、太濫吹也、云一族、云被官、於請取仁者、永可令向背、至契約輩、可追放国中矣、

一　検断事
任先規可為寺家沙汰、或恐権門、或憚強縁、不可閣之、若背寺命有違犯之輩者、就交名註進、可処罪科、次於闕所者、一円進止之上者、可停止其沙汰焉、

一　土蔵事
毎年預置国方年貢之間、有商売云々、太不可然、向後固可停止、将又号供物、私致違乱輩出来者、罪科同前矣、

一　津料事
号馬足、成商人并諸人煩云々、向後於当所、不可致自由沙汰矣、
一　郡使事
或莅[4]市町致狼藉、或入民屋成違乱云々、所詮、自今以降、於郡使等者、永可止当所経廻、若令違犯者、固可処罪科焉、
一　一族并家風輩、乍令所持当山寺田畠等、寄事於左右、講役、本年貢以下令無沙汰仁事、太不可然、向後有難渋者、可沙汰付下地一円寺家矣、
一　寺領内山河殺生事、堅所禁制也、於不承引族者、可押置所職等、無所帯者、可有殊沙汰焉、
右此条々、任前々成敗訖、若有違犯之訖輩者、就註進、可処罪科矣
元亀四年正月十一日
満政在判

第一条にある「他人が所持している古文書を請け取り、負物があると号して、譴責を行うこと」とは「付沙汰・請取沙汰」を指していよう。笠松宏至[5]によれば、中世の「古文書」とは「あらゆる罵倒の対象となる文書」で、「故なく尋ね取られたいかがわしき文書」や「〈重科人〉〈罪科人〉の発給に関わる文書」「文書の保存状態から〈汚損〉となった文書」等を指すという。この場合は時効となったいかがわしい文書であろう。事書の次の説明文には「負物については年限を定めているのに〈自由契約〉をした」とあり、他人所持の古文書を受け取る際に勝手な契約をし、それを基にして「譴責・狼藉に及ぶことははなはだけしからぬ」とある。「云一族、云被官」とあることから、「付沙汰・請取沙汰」の主体は「衆徒中」の関係者で、この「条規」は「衆徒中」の内部規律で、赤松氏がそれをさらに保証したものとなろう。こうした「請取沙汰」を行う者が「衆徒中」の一族であっても被官であって

も、永く付き合いを止め、根本の契約に関わる人は国から追放するとしている。

第二条は「検断」についての命令である。〈寺領内の検断は円教寺の沙汰である〉が前々からの決まりであったが、最近は外の勢力が寺領内に及び、「恐権門、憚強縁」という事態になっているとある。「寺家の沙汰」という原則が揺らいでいるのは「衆徒中」の中に一向一揆の影響を受ける者が出て来ているからであろう。書写山の近くを流れる夢前川の河口には英賀御堂[6]と呼ばれた播州門徒の本拠があった。これらに対して、「寺家の沙汰」をさしおいてはならないと赤松氏は命じている。寺命に背き違背する輩があれば、犯人のリストを注進させ、それに就き、赤松氏が罪科に処すとある。しかし赤松氏が「闕所」にしたところについては、赤松氏の「一円進止」だから寺家の沙汰は停止すべきだともある。中央の政治的な激変が播磨にも及んできているのであろう。赤松氏は書写山の検断権の維持に努力している。

一方、書写山は交通の要衝にあり、第三条・第四条・第五条からは寺領内に「土蔵」「津」「市町」があることが分かる。第三条では「土蔵」に毎年「国方年貢」を預け置き、それを基に商売をすることを「太不可然」として禁止し、「向後固可停止」と命じている。「寺領年貢」は、「衆徒中」の影響下にある「問」や「蔵」が預かり、衆徒がそれを元手にして商売をするのは当然であった。ここでは、守護赤松氏が支配する国衙領に関わる「国方年貢」を問題としている。「国方」と「寺領」を峻別し、国方への浸食を禁じているのである。次の「供物」と号して「違乱」を致すとあるのは、中世前期の神人・山僧の寄沙汰を彷彿させる。

寺領内には夢前川が流れ、河口には英賀の津があった。この当時の港町はまだ一向宗の本徳寺の寺内町にはなっておらず、書写山と守護の支配下にあったのであろう。第四条は、陸揚げした荷物を馬に積むに際して「馬足」と号して行う「津料」徴収を問題としている。衆徒中がこれまで持っていた津料徴収権を「商人并諸人の煩いを成す」「自由の沙汰」として禁止しており、これは「これからは津料の徴収は守護赤松氏が行う」との宣言であろう。第五条の「郡使」とは「守護郡使[7]」であろう。「市町」で「狼藉」をし、「民屋」で「違乱」を行うとあるのは、

「寺領」が「守護不入」であることを前提としているからであろう。

第六条の「家風」がよく分からないが、「家礼」が「朝廷の公事、故実などを習うために、摂関家などに出入りする者」の意味であるとすると、「家風」も同じような礼的な秩序を意識した用例で、第一条にあった「一族」「被官」の、特に後者に対応していよう。一族・被官の者が寺家の田畠を所持しながら「講役・本年貢」を無沙汰し、今後も難渋するならば、下地は一円寺家に沙汰付けすべきだとしている。衆徒の土地支配は、本寺に対しては弱い立場にあったことになる。第七条は寺領内の「山河」における「殺生」を禁じたもので、「所職」のあるものと「所帯」のないものに分けて処罰を決めている。

第一条からは、衆徒たちが中世前期の神人・悪僧の寄沙汰と類似する付沙汰・請取沙汰の主体になっていることが知られる。第二条・第三条・第四条は書写山の既得権の制限であるが、寺家の武力が見え隠れしている。第五条では逆に守護の権限の自己規制も明記している。総じて、比叡山焼き討ちや石山合戦を通じて寺家の武力を打ち砕いた織豊政権とは対立する旧来の寺社の在り方、中世前期における山僧・神人による寄沙汰とよく似た在り方を赤松氏が指向していることが知られる。

二　西国市場での付沙汰・請取沙汰

次に「国質・所質」が「請取沙汰」と連続して現れる例を挙げたい。いずれも〈市場の平和〉と関わったものである。

前章で見た細川政元定書に続く西国の市場法では、「国質・所質」項目がいずれも「請取沙汰」「付沙汰」項目と連続して登場している。信長もこの地域を支配すると、この在り方を踏襲した。

浜田村宛て禁制

天文十一年（一五四二）の三好長慶の播磨浜田村宛て禁制[8]には次のようにある。

禁制　［　　　］　浜田村

一　□質・所質事

一　請取沙汰、雇催促事

一　催促時、雑子銭立科事者、可□御薗次事

右条々、堅令停止訖、若於違犯族者、可処厳科者也、仍如件

天文拾一年九月日　孫次郎（花押）

第一条の「□質」が「国質」である可能性は高いが、断定はできない。第二条の「雇催促」については、私人としての「催促」を雇うのか、公人としての「催促使」を雇うのか、公権力と金銭貸借との関係として大切な点である。いずれにせよ、この「請取沙汰、雇催促事」には古い時代の「山僧・神人」の「寄沙汰」が含まれていると思われ、「請取沙汰」から「催促使」の派遣となっている。第三条は未詳。浜田村に市場があり、その〈市場の平和〉を守るために出された禁制であろう。

革嶋庄宛て禁制

天文十九年（一五五〇）の三好長慶の山城革嶋庄宛て禁制の五カ条[9]は次のようにある。

禁制　　革嶋庄

一　国質所質事

一　請取沙汰事

一　押買事

一　喧嘩口論事

一　市立庭相論事

右条々、堅令停止訖、若於違犯之族者、速可処厳科者也、仍下知如件

天文十九年七月日

筑前守（花押）

ここにある第一条、第三条、第四条の項目は、次章で取り上げる『武家名目抄』の項目と重なるものが多いので、これは市場の平和を命じた〈市場法〉となる。第五条の「立庭」について村岡幹生[10]は〈「営業活動を展開しあう場所（営業活動の範囲）」さらには「このようにして獲得された個々の営業実権」を意味する語と解される〉と説明している。革嶋庄の内部で、どこに市を立てるのかや、市場の「市座」をめぐって相論があったからであろう。三好長慶の革嶋庄に対する支配権は、公共の場である市場を通じてしか及ぼせず、それだけ革嶋庄は自治の力が強かったことを示していよう。

摂津本興寺の門前市宛て禁制二つ

天文十八年（一五四九）の摂津本興寺宛て伊丹親興の禁制[11]には次のようにある。

禁制　　　　　　　　　　本興寺并門前

一　当手軍勢甲乙人乱妨狼藉事

一　陣取事　付、剪採竹木事

一　相懸矢銭、兵糧米事

一　諸役、課役事

一　国質・所質并請取沙汰事

一　殺生事

一　徳政事

右条々、堅令停止訖、若於違犯族者、忽可加成敗者也、仍如件

伊丹大和守

天文十八年卯月六日　　　　親興（花押）

弘治二年（一五五六）に同じ本興寺に宛てた三好長慶の禁制[12]には次のようにある。

禁制

本興寺門前寺内貴布祢屋敷

一　当手軍勢甲乙人乱入狼藉事

一　剪採竹木事付、陣取并殺生事

一　相懸箭銭、兵糧米、諸課役事

一　徳政・同国質・所質・請取沙汰事付、対寺家、不及案内催促事

一　当津衆家立事

右条々、堅令停止訖、若於違犯之族者、速可処厳科者也、仍下知如件

弘治弐年三月日

筑前守（花押）

これらは共に「当手軍勢」からの寺院保護を謳った禁制で、本興寺側の要求項目に権力側が応えたものである。本興寺の門前には「貴布祢屋敷」などの門前町が展開して、常設市場が開かれていた。これらはその〈市場の平和〉を守るために制定された〈市場法〉となる。

前者の第五条や後者の第四条には共に「国質所質并請取沙汰事」とある。これらは本興寺が金融業を営んでいたことを示している可能性もあり、貸付けの前提には「合銭」という借入れもあったからであろう。前章で見た「解除権」に対応している。また後者の第四条の「付」には「対寺家、不及案内催促事」とあり、「請取沙汰」が「催促」と関わっていたことを示している。この場合の「催促」は三好側の人物を指し、請取沙汰が三好権力と関わっていることが前提とされ、本興寺に対する保護を示している。

摂津長遠寺宛て信長定書

織田信長が畿内に出した「質取り」禁止令として、元亀三年（一五七二）の摂津長遠寺建立定書[13]には次のようにある。

摂州尼崎内市場巽長遠寺法花寺建立付条々

一　陣執并対兵具出入停止之事

一　矢銭、兵糧米不可申懸之事

一　国質、所質并付沙汰除之事

一　徳政免許之事
一　敵方不可撰之事
一　棟別并臨時之課役免除之事
一　不可伐採竹木之事

右、任御下知之旨、不可有相違者也、仍執達如件

元亀参年三月　日　　　　　　　弾正忠（朱印）

この第一条の「陣執并対兵具出入停止之事」は先に取り上げた摂津の本興寺宛て禁制の第一条「当手軍勢甲乙人乱入狼藉事」に対応しよう。第二条、第五条、第六条、第七条から、この定書は「当手軍勢」からの「寺社保護法」であり、本興寺宛て禁制と重なる項目が多い。その第三条には「国質・所質并付沙汰除之事」とあり、この「付沙汰」文言は「細川政元の定書」以来の畿内の慣習に従っており、「尼崎内市場」の平和を命じた法令となる。ここからこの定書は〈市場法〉でもあったとなる。

以上、細川政元定書に続く西国の市場法では、いずれも「国質・所質」は「請取沙汰」「付沙汰」と連続していることを見てきた。(14) 逆に言えば、信長が尾張や美濃で出した制定法や東国大名の制定法には「寄沙汰」「付沙汰」「請取沙汰」の言葉は登場していないのである。その担い手となった「山僧・神人」の欠如という東西の社会の違いを示しているのであろうが、その理由については後の研究に俟ちたい。

三　足軽による請取沙汰

「足軽」による「請取沙汰」の事例として、仁木宏が紹介した『京都町触集成』には次のような天文十九年（一五五〇）の「田布施家久書状」[15]がある。

急度以折紙申候、就此方近陣、拙者手者洛中可致徘徊候、自然無故乱妨・請取沙汰已下之於狼藉者、不能御届可被討留候、従前々堅雖申付候、種々恣致申曖之由、其聞候之間、為御案内令啓候、此旨宜預御披露候、恐々謹言

（天文十九年）
後五月廿四日　田布施与一
家久（花押）

上京
月行事御中

読み下す。

急度折紙を以て申し候。此方近陣に就き、拙者手の者洛中徘徊を致すべく候。自然故なく乱妨・請取沙汰已下の狼藉においては、御届能わず討ち留めらるるべく候。前々より堅く申し付け候と雖も、種々恣に申曖を致すの由、其聞候の間、御案内のため啓せしめ候。此旨宜しく預御披露に預かるべく候。恐々謹言。

田布施の手の者が洛中を徘徊し、「乱妨」や「請取沙汰」などの「狼藉」をした場合は「届」に及ばずその場で「討ち留める」よう上京の「月行事中」に頼んでいる。藤木久志が言うように戦場は足軽たちの稼ぎ場であったか

ら、このようなことが起きたのであろう。前章で見た細川政元定書においても、注目すべきは「沙汰を請取る者」が〈山僧・神人〉ではなく、「与力・被官」であることである。中世前期の「寄沙汰」の主体は「山僧・神人」だったが、室町幕府が京都に作られて以来、「山僧・神人」などは武装を解除して「寄沙汰」の場から退場し、代わりに武家権力の末端の〈足軽〉などが登場したのであろう。

「寄沙汰」「請取沙汰」は、その当座は債権の取立てが成功しても、長期的には武装勢力の対立抗争を招き、流通界は破壊され、経済に停滞をもたらしただろう。それが歴史的には悪党の活躍した時代となる。それゆえ、南北朝の動乱期を経る中で交易民は武装のリスクを避け、市場などの境界領域で武力を振るうことを止め、公権力の保護を求めるに至った。そして南北朝の動乱を鎮めた室町幕府は京都の流通界を支配した。こうして「請取沙汰」の主体＝〈用心棒的請負業者〉は経済の転換期を経る中で、神仏に関わる「山僧・神人」から俗人の「足軽」など武家政権側の人物に代わったと考えられる。

以上から「寄沙汰」「付沙汰」「請取沙汰」などの形で行われる債権の差押えの担い手が、十三世紀には神・仏に関わる「山僧・神人」であったものが、十六世紀に入ると俗人の「武家」へと変わり、差押え行為の名称も、神・仏などの「聖」なる者への尊敬の意を内在させていた「寄沙汰」から、即物的な「付沙汰」「請取沙汰」へと変わり、債権・債務という経済活動が宗教から自立して世俗化したことが確認できる。以上から「寄沙汰」と「付沙汰」「請取沙汰」を比較すると表11のようになる。

表11　中世前期と後期との間の寄沙汰と付沙汰・請取沙汰の対比

	平安時代・鎌倉時代	戦国時代
債権取立・差押えの名称	寄沙汰	付沙汰・請取沙汰
その担い手	山僧・神人	武家・足軽

四　絹屋後家の一件

仁木宏は著書『空間・公・共同体』(16)の中で、本願寺の証如上人の日記である『天文日記』の天文六年（一五三七）二月十三日の項にある「絹屋後家の一件」を取り上げて、解釈をしている。仁木は「堺」の者と、頼まれた「木澤の被官」との関係を典型的な「付沙汰」であるとしている。しかし債権取立ての場が市場ではないことから、これは「付沙汰」ではなく、「譴責使の入部」ではあるまいか。この当時、市場における「寄沙汰」「付沙汰」「請取沙汰」は禁止の方向にあり、領主の承認・領主側の役人の同行によって「譴責使」が現地に入ることができたと思われる。

それゆえこの場合、「木澤の被官」は譴責使として自分の判断で勝手に大坂の寺内町に入り込んだのではなく、領主の本願寺の証如に断りを入れその承認を得てから入り込んだと思われる。この当時の債権の取立ての実例として検討してみたい。

『天文日記』には「絹屋後家の一件」について次のようにある。欠字がいくつかあり、解読困難な点もあるが、仁木が試みた解読を頼りに分析を進めたい。文の終わりとなる「候」の文字に注目して、文章をA～Gに七分割し、欠字の読みについては、□のあるところにa～eまでの符号を振った。

A寺内新屋敷の絹屋後家、就借金之儀、堺より木澤のものを頼、寺内へ譴責ニ入候。B様体相尋候へハ、此借銭四十貫にて候を、絹屋へ堺の者名失念、むすめをやり候時、婿引出物ニａ心安とくにとて、絹屋ニ四十貫入ヲ免候。C雖然借状は未返候か、堺ニ在之歟、無歟ハ不知候。D絹屋よめをもよびとり候。Eまた絹屋、ｂいゑも□のもしの内へ入候とて候間、借状不返候て、堺にｃ□□、無証跡事に候間、絹屋出候べき事ニ候。F

依而百匹・二百匹の事などにて候ハヾ可出候。G過分之儀者中々出間敷由候条、左様代物をも不出候ハヾ、又d□□とて、人数可来候間、所詮、後家e寺内□出候ハでハ、不可休候間と申候て、寺内を出候へ、と申付候。

a　仁木は「と」に「ママ」を付けているので、「心安くにとて」と読むことにした。

b　翻刻の際「いゑ」には「家」、「□のもし」の「□」に「たヵ」との註があり、仁木は「頼母子」としている。これに倣うことにした。

c　この「□□」を仁木もそのままとしているが、「頼候」と私は考えたい。

d　翻刻の際の註には、この「□□」を「譴責ヵ」とある。

e　翻刻の際の註には、この「□」には「をヵ」とある。

現代語訳は以下の通りである。

A寺内新屋敷の絹屋後家に関する事柄です。借金の儀に就いて、堺より木澤のものを頼み、寺内へ譴責に入りました。B様体を相い尋ねましたところ、此の借銭は四十貫でございますが、絹屋へ堺の者（名は失念しました）、むすめを嫁にやった時、婿引出物として心安くにということで、絹屋には四十貫の借入を免除しました。Cそうはいっても借状は未だ返さないままなのか、堺にあるのか、ないのかは知りません。D絹屋は嫁をも呼び取りました。Eまた絹屋は家も頼母子の内へ入れましたということで、借状を返さないで、堺に頼んでおります。証跡のない事でございますので、絹屋は追放すべき事でございます。Fよって百匹・二百匹の事などでしたら返済すべきでしょう。G過分之儀は中々支払うことができない由ですので、左様の代物をも支払わないでおりますならば、又譴責とて、大勢の人が来ることになるでしょうから、所詮、後家は寺内を退出しないことには、休むことがないだろうと申しまして、寺内を出候へ、と申し付けました。

Aはこの記事の主題を述べた部分である。「寺内新屋敷の絹（糸）屋後家」が問題の人物で、「借金之儀に就き、堺より木澤のものを頼み、寺内へ譴責ニ入候」が問題の発生の説明である。領主・証如は役人を介して事態の掌握に努め、この日記に記録を残した。Bで「様体相尋候へハ」は証如の言葉であり、ここでは銭主からの委託を受けた「木澤の被官」と、借手の「絹屋後家」に対し、証如側の役人が両者の言い分を聞き、最終的にGで証如が絹屋に対して「寺内を出候へ」との判決を言い渡している。

これに対して仁木は本願寺の弱腰を次のように非難している。「この場合、本願寺は譴責使を追い返すどころか、迷惑がかかるとして絹屋後家を寺内から追放してしまった。借銭を返却できない絹屋であっても、それを保護するのが、都市領主の義務ではなかったか」。しかしこの判断でよいのだろうか。問題の中心は大坂寺内町の一つ「新屋敷」町に住む「絹屋後家」と「堺」の銭主との関係である。二人の間には金の貸借りと共に婚姻関係もあるので、互いに近い間柄の者同士の事件となる。「堺」は古くからの織物の町なので、「堺」の銭主は京都の西陣とも並ぶ織屋で、「絹屋後家」はその原料となる糸を商っていたのだろう。両者は仕事関係で知り合った仲間同士で、互いに助け合うべき親しい間柄にあった。その関係を背景として「四十貫」の借金が行われ、さらにEのb、cの部分では、絹屋は〈家を頼母子に入れたのでまた堺に頼もうとした〉のだろう。Bの「此借銭四十貫にて候」は譴責使側の言い分である。これに対して「絹屋へ堺の者名失念、むすめをやり候時、婿引出物ニ心安くにとて、絹屋ニ四十貫入ヲ免候」は絹屋後家の言い分で、「名失念」は仲介した役人の言葉であろう。つまり絹屋は「婿引出物」だから、借りた銭は「免」になったとして、絹屋側には返済の義務はないと主張しているのである。

「入りヲ免じ候」とあるから、借金を無効としたなら、「借状」は返すのが決まりのはずだが、Cでは銭主側が返したのか否かは分からないとする。「然りと雖も借状は未だ返さず候か、堺にこれ在るか、無きかハ知らず候」は本願寺側の役人の判断である。事件の全体像が読み取りにくいのは、「付沙汰」の中心が「四十貫」の「借銭」の取立てにあったのなら、取立ての証拠になる「借状」を持たずに大坂に乗り込んできたことが不思議である。このことは、「絹屋後家」が寺内町から追放になって、なぜ一件落着となるのか、その解決の仕方とも関わっている。

Bには堺の者が娘を「やり候時」とあるので、仁木が言う通り、この場合は「嫁入婚」で、「婿への引出物として借金を帳消しにする」との約束だったことになる。しかし当時は〈借金の担保として人質を入れる〉ことが一般であった。それゆえ息子は〈人質〉としての「婿入婚」になるはずであった。堺側の言い分では「婿取婚」だとしていたので「婿引出」として「心安くに」とて「絹屋に対しては四十貫の返金を免除した」のだろう。「借金」の免除と「婿」の労働力の確保が釣り合っていたことになり、若い「嫁」「婿」の生活の場が大坂か堺かが問題の中心であったとなる。

しかしこの場合、「絹屋」の側が「嫁をも呼び取」ってしまった。この「やり候」は絹屋の言い分である。「招婿婚」=「婿取婚」のはずが「嫁入婚」になり、絹屋は借金があるのに「嫁入婚」としたのである。「借銭の儀」に就きとは言っても、新婚の場が寺内か堺かが譴責使の解決すべき問題の中心だった。一方、仁木は「絹屋よめをもよびとり候」を「絹屋は別人を嫁に呼び取った」とし、さらに「絹屋はその娘を離縁したのであろうか」と記録にない事実を想定している。そこで堺の者は絹屋側の不実を責めて「堺某は借銭の支払いを強要し始め」「譴責使を大坂に送り込み」「事件となった」としている。

しかしDの「絹屋嫁をも呼び取り候」とEの「また絹屋、家も頼母子の内へ入候とて候間、借状を返さず候て、堺に頼み候」は譴責使側の言い分である。「借状を返さず候」の「借状」は「四十貫」の「借状」である。これは当然銭主の手元にあるが、借手側にも同じ「借状」があったと考えたい。これを返さずにDではまた新たな借金を、親戚である「堺」に頼んだとある。〈親戚同士は助けあうべきである〉との社会通念が背後にあったのかもしれない。「絹屋後家」は経済的に破綻した人物で、「堺」の新たな親戚に対して、際限のない無心をしていることになる。

これがその後の「証跡無き事に候」に繋がっている。この場合の「証跡」とは「借金を返済するという証拠」の意であろう。だから「絹屋出候べき事ニ候」として寺内町からの追放要求が木澤の被官から出されることになった。次のFの初めの「依って」は「家も頼母子の内へ入候とて候間、借状不返候て、堺に頼み候」を承けている。Fの「百匹・二百匹の事などにて候ハヾ出すべく候」と次の「過分の儀はなかなか出すまじき由候」は絹屋の言い分で、「百匹＝一貫文」「二百匹」なら何とかなるが、大金は出せないとしている。金額の桁が違うので、返す意志はないと述べたと見るべきだろう。

Gの「左様代物をも出さず候ハヾ、又譴責とて、人数来るべく候間、所詮、後家寺内を出候ハでハ、休むべからず候」は役人の判断で、最後の「寺内を出候へ、と申付候」は証如の判決となる。絹屋後家が寺内から追放になれば、若い夫婦は堺に住むことになり、一件落着なのである。領主証如の判定により、譴責使の木澤の被官は満足して引き揚げた。

第15章　国質・郷質・所質

前章で見たように十六世紀以降の第Ⅳ期は「付沙汰・請取沙汰」の時代であるが、また「国質・郷質・所質」の時代でもある。史料的には最初「国質・所質」として登場するので、本章第一節ではそのことを論じたい。第二節では「所質」を、第3節では「国質・郷質」を論じる。債権の取立てが大名権力の承認、同行の形で行われるようになったことを示していく。

一　質取りの成立

法的保護の原始的形態

債権・債務のトラブルは商業にとって不可避のものであった。暴力的な取立ては禁止されたとして、ほかにどのような解決策があったのだろうか。M・ウェーバーは商人への法的保護の原始的な形態として「復仇」を挙げ[1]、次のように説明している。

例えばジェノヴァあるいはピサの商人がフローレンスまたはフランスにおいて支払ができないか、または支払を欲しない場合には、彼の同国人が拘留されるという制度。

〈集団主義〉の点では、勝俣鎮夫の言う「国質・郷質」がこれに対応している。ウェーバーはこれを「法的保護の原始的な形態」としたが、この場合の「保護」を保障する権力は未成立で、日欧共に交易民相互間の接点で〈慣習法〉として成立したものである。「質取り」は武力による自力救済の側面を持つが、全面的な私闘には至らず、藤木久志が明らかにした山争いの「鎌取」(2)と同様、武力行使や紛争は社会的に抑制されていた。島田次郎によれば十五世紀になると、見つけ次第に差押えを行う「高質」の言葉は消滅し、代わりに「国質」「所質」などの言葉が登場するという(3)。

集団主義的な「国質」は、在地の慣習法である債務者個人に向けられた「高質」を、否定的に包摂して成立したことになる。「国質」の初見史料とされる明応三年(一四九四)の伊勢国小倭衆一揆連判状(4)には次のようにある。

一　雖有可取当質事、就国質、無謂方不可取之、本主不然者、可取其在所事

これを読み下せば「当質を取るべきこと有と雖も、国質については、謂われ無き方を取るべからず、本主然らざれば、その在所を取るべし」となり、〈質取りをする必要がある場合に、国質として無関係の人を取る可能性があるので、国質は禁止する。高質として当然本人を取るべきではあるが、本人がいない場合には本人の在所から取るべきである〉の意味であろう。この場合には「無謂方」と「其在所」とが対立し、「国質」は謂われ無き方を人質に取ることとされている。この場合は「本人の在所」から取るべきだとあり、「法的保護の原始的な形態」が既に在地の慣行として始まっていたことが確認できる。「小倭衆一揆」はこれを認めず、連帯責任の範囲を本人の「在所」に限ったのである。

ではなぜ債権・債務関係が集団化するのかを次に考えてみたい。第12章第四節では、「香取文書」中の売券・借

用状・利銭請文などの「高質」文言の中には、兄弟や親類などの血族集団や、地頭・政所の沙汰人などの地縁集団が差押えに抗議し、抵抗する場面を想定しているものがあるとしてきた。個人に向けられた質取り行為が集団化する契機が認められたのである。

債権者側の都合

鎌倉期の「質取り」の事例に第10章第四節で取り上げた動垂弥太郎[5]の場合がある。債権者の近くを馬で通行中に馬を差し押えられ、本人は、死んだ叔父の債権・債務関係とは無関係であるとの旨を訴えた。債権者側は叔父の債務の支払いを縁者に追及したのだが、弥太郎は遺産相続にも与っていないとして差押えの不当性を主張したのである。この場合、訴えを受けた裁判所がどう判断したのか分からないが、一般に個人と個人との債権・債務関係を縁者・血縁集団などに広げることは、債権者側にとっては、債権回収のために好都合だった。債権者側が債務者本人を追及する仕事を、差し押えられた被害者側に肩代わりさせることができたからである。

動垂弥太郎の場合は縁者として道路・路次で質取りに遭ったのだが、差押えは債務者と同じ同国人・同郷人に対しても拡大していっただろう。

高質から国質・郷質へ

十五世紀後半に登場する「国質・郷質」と十三世紀の「高質」とは〈質取り〉としては共通しているが、幾つもの相違点がある。「高質」は債務者の〈担保文言〉の中に現れ、債権者も差押えの対象者も共に〈当事者〉で、差押えの対象は債務者本人や彼の家族であったのに対し、「国質」「郷質」は多くの場合〈差押えを禁止・制約する〉として、第三者権力が当事者の行為を〈禁止する禁制・判物・定書・分国法〉などの制定法の中に現れ[6]、差押えの対象は〈同国人・同郷人〉であり、本人とは地縁・血縁で関係する場合もあるが、債権・債務関係とは直接関係のない第三者で、差押えの対象は〈個人から集団へ〉と変化している。

島田次郎の論文「郷質と中世共同体――高質と郷質をめぐって」[7]によれば、「国質・郷質・所質」の中では、時間的には「国質・所質」が先行しており、「郷質」は天文二十一年（一五五二）の信長判物が最初だという。

「国質・所質」の登場

第13章で取り上げたように、文亀元年（一五〇一）に細川政元は五カ条の「定書」で、「国質・所質と号」して「請取沙汰」を行うことを禁止した。「請取沙汰」が古くからの言葉であるのに対して、〈債権の取立ては「国質・所質」によるべし〉とする民間の慣習は十五世紀後半に成立し、文献史料上に登場してきており、細川政元が初めて「国質・所質」を禁止の対象としたのである。政元定書が出てすぐに『武家名目抄』ができ、「国質・所質」は十六世紀の京都周辺で正式な法律用語となった。下剋上の時代を先駆けた細川政元の用例が京都から全国に向けて拡散し、「国質・所質」の言葉は全国化した。

『武家名目抄』

武家の職掌・制度・衣服などの武家故実を説明した『武家名目抄』五、「文書部」には、次の永正七年（一五一〇）の若狭守以下連署の「掟」が掲げられて、「在々所々市町之掟大概如此、条数之段者可相替」との説明が付けられている。[8] つまりこの「掟」は、市場に対する禁令の雛型とされたのである。

掟

一　押買・狼藉之事

一　国質・所質之事

一　喧嘩・口論之事

右条々堅令停止訖、諸商人守此等之旨、於当市可致売買、若至違犯之輩者、可加成敗者也、所定置如件

永正七年二月廿日　　左衛門尉在判

近江守　同

若狭守　同

前述したように売買は本源的に「裏切り」を伴っていた。売買の行われる市場は「外部道徳」の世界であった。それゆえ市場での喧嘩は日常茶飯事であった。〈市場の平和〉を維持するためには「喧嘩・口論」「押買・狼藉」の取締りが必要で、「検断の沙汰人」をはじめとする「市場の監督者」が必要であった。「喧嘩・口論」「押買・狼藉」の取締りは市場に対する禁令として、中世に市場が現れて以来、市場法の基本となっていた。また市場では支払いや債権の取立ても行われた。しかしこれに対して「国質・所質」などの債権取立ての禁止令は遅く、十六世紀になって初めて市場法に登場したのである。

「山僧・神人」の後継者である金融業者たちの債権取立てに対し、幕府や大名などの武家権力は禁止令を出した。「喧嘩・口論」「押買・狼藉」「国質・所質」の三者は戦国期市場法の定番となった。[9] 田中克行[10]によれば「国質」は全国的に分布するが、「郷質」は東に、「所質」は西に分布し、郷質と所質との間には東西の対比が見られ、信長の領国を含む三河・尾張・美濃・近江がその混在地帯だという。しかし後述する如く、「郷質」と「所質」は地域差に限らず、性格においても大きな違いがあると思う。

二　所　質

村岡幹生の定義

先に我々は〈「寄沙汰」は王朝国家からは禁止されていたが、交易民である山僧・神人の内部では、十二世紀には彼らの慣習法となっていた。神人・悪僧は「公家・武家」からは「濫行」「狼藉」と非難されても、もう一つの国家権力の樹立をめざして「裁判」を執行していた〉としてきた。一方、村岡幹生は「〈所質〉〈国質〉考異説」[11]で、文明年間に大山崎油座商人が「通路」「構中并所々」「所々関々」などで起こる特権の否定に対して〈「所質」と号して〉抗議したことから「所質」とは、債権・債務関係に起因するのではなく、むしろ〈商業上の特権・縄張りに基づき発生した差押え〉だとした。

私も「所質」は座の特権維持から起きていると考えるので、村岡説を支持したい。「寄沙汰」は他者の訴訟を問題としているが、「所質」は自分たちの権利に関わる問題についての自力救済なのである。「所質」は自力救済が制度化された慣習法に基づいており、自分たちの〈集団の権利を強く主張する〉ところに特徴がある。「所質」を主張する人々は集団をなし、権利を主張するために武装していた。

「所質」の原初形態――水野太郎左衛門宛て信長判物[12]

信長は永禄五年（一五六二）二月の折紙で上野の鋳物師・水野太郎左衛門に宛てて次のように述べている。これは「所質」の原初形態を示している。

　前々任筋目、国中鐘・塔九輪・鰐口可鋳之、次於熱田鉄屋立棄籥事可停止、然者自他国鍋釜入事、可申付

之、諸役・門次・所質等令免許之、無相違者也、仍如件

ここで信長は上野の鋳物師＝水野太郎左衛門の特権、村岡の言うプライオリティを認めて、熱田の鉄屋の活動を禁止し、他国の鋳物師が鍋釜を売るために尾張の国に入ってくることについては、太郎左衛門にその取扱い・諸役・門次・所質等についての許認可を委ねた。この当時は、尾張一国内でも、犬山の鋳物師は信長や太郎左衛門の支配下になかった。近世になれば、津島祭りの際に近江の辻村鋳物師が活躍したが、信長は水野太郎左衛門に、こうした他国から来る鋳物師たちに対して「諸役」の徴収や「里売り」としての戸別販売を意味する「門次」や「所質」の取扱いを許可することで、尾張国内における鋳物師集団に対する太郎左衛門の支配権・優先権を認めたのである。

この鋳物師は、次に取り上げる「知多郡篠島諸商人」や瀬戸の「諸口商人」＝土器商人と同様、上野の鍋屋村を拠点とする交易民である。「知多郡篠島諸商人」や瀬戸の土器商人たちに宛てた定書では、信長は彼らに対する質取りを禁止して、人身の自由を保障したが、鋳物師に対しては違っていた。鋳物師は鉄製品を「市売り」としても販売をしていたが、同時に古鉄の回収業も行っていたので「里売り」が中心であった。太郎左衛門は、他国の鋳物師が村落内部を家ごとに戸別訪問して鍋釜を販売することについての許認可権を持っていたのである。それが、「諸役」の徴収権と並ぶ「門次」の免許である。

ここで他国の鋳物師に対し「所質」を許可しているが、これは大名権力が禁止する以前の「所質」の原初形態である。交易民の原型である御師・先達の活動の場が檀那場であったのと同様、鋳物師の縄張りは公共の場所を越え、「里売り」を主体とし、村落内部の家々にまで及んでいた。信長の尾張統一に合わせて水野太郎左衛門もまた尾張一国の商業圏の確立を目指していたのである。こうした大名と鋳物師との共存関係は、織田氏が越前を征服した際、大野郡の三分の二を支配した金森長近と、三分の一を支配した原政重が共に、大野郡の鍛冶座中に対して安

堵状[13]を発給したことからも確かめられる。

彼らに許された「所質」の及ぶ範囲は〈市場〉や〈公共の場〉に限らず民家の庭にまで及び、高質の公的差押えのように家屋の内部にまでは踏み込めないとしても〈すべての支配地域〉に及んでいた。太郎左衛門に認められた「所質」の領域は、島田次郎が明らかにした「高質」の領域とほぼ一致しただろう。この場合の「所質」は「高質」と同様、権力から禁止されたものへの名称ではなく、特権・縄張りを守るための自力の差押えであった。「所質」は自力救済という制度化された慣習法に基づいていた。

鋳物師など縄張りをもとに活躍する商工業者たちは、商人であるとともに武装化していた。こうした武力が他の商人団にも差し向けられると「国質・郷質」となった。

三　国質・郷質

勝俣鎮夫の説

質取りの中の「国質・郷質」については、勝俣鎮夫の言うように「国質とは、債権・債務関係において、債務者が債権者の負債返還要求に応じなかった際、債権者がその損害賠償を求めて、債権者の同国人又は同国人の動産を私的に差し押さえる行為で、郷質とは同じく債務者の同郷の者又は同郷の者の動産を私的に差し押さえる行為[14]」であるのが現在の通説である。裁判制度が不備の中で、勝俣の言う集団主義的な「質取り」が交易民の世界＝〈公界〉においては、新たな問題解決のルールとなり、債権の取立ての単位は〈個人から集団へ〉と変化した。

こうした集団化の背景には村落共同体・郷村制の成立があるだろう。前述した「香取文書」の場合、債権取立てに対して血縁集団や地縁集団が集団で抗議している事態が前提とされているが、その背後には債務者が集団によって保護される事態が想定できる。第12章第四節で取り上げた「平方市場」での事件の背後には、菅浦が惣結合を形成し、裁判費用のために村全体で借金をしていたという事態があろう。そして一旦「国質・郷質」という慣習法が成立すれば、債務者の同国人・同郷人を見つけて差押えをするための場には〈公共の場〉である〈市場〉が適していた。

そこで〈市場が差押えの場〉となった。しかし同じ国だ、同じ郷だ等の理由で、突然自由を拘束され、人質として拘束・差押えに遭う被害者の側に立てば、差押えは不当であり、質取りから「喧嘩・口論」への発展は不可避だった。「国質・郷質」を原因とする市場での喧嘩は避けられなかった。このような慣習法に基づく行為が継続的に実行されることに対して、流通界を支配下に置いた大名権力側は、〈市場の平和〉を守るために「国質・郷質」を〈市場法〉として禁止した。しかし勝俣は戦国時代の精緻な研究の結果を一気に未開社会にまで拡大したので、質取りの生成・発展・消滅の歴史が曖昧になってしまった。

大名の保護と承認、同行

「国質・郷質」は当事者以外の第三者を巻き込んだ差押え行為＝「質取り」であった。それゆえ債権者本人や取立請負人が自力救済として市場などで行う「質取り」は、〈市場の平和〉を乱すものとして「喧嘩・口論」「押買・狼藉」と同様、禁止の対象となった。しかしこの質取り禁止令は、債権者に泣き寝入りを強いたのではなく、権力が債権者本人に代わって債務者から債権を回収する手続きを前提としており、債権者は権力に訴えたのである。債権者からすれば問題を平和的に解決できるようになった。それゆえ、続く統一権力の成立により、「質取り」は「裁判」に取って替えられ、市場での暴力は根絶されただろう。人々が統一政権による平和を求めた理由の一つはここにあった。こうした民間の金銭貸借と公権力との関係が、さらにまた変化するのは江戸時代中期の「相対済令」からであろう。

統一政権成立以前にも、東国の戦国家法の中には「国質・郷質」などの質取りにおいて、権力が債権者に承認を与えていたことを示すものがある。天文五年（一五三六）制定の『塵芥集』[15]第一二七条、第一二八条、第一二九条では「地頭・主人」への「談合」や、「守護職」への「披露」が命じられている。また、大永六年（一五六二）に制定された『今川仮名目録』[16]第二五条で今川氏は「当職」「当奉行」に断ってから「国質」を取るように命じている。同様に、弘治二年（一五五六）制定の『結城氏新法度』[17]第三五条は「当地の神事祭礼、市町の日」が、第三六条は「披露」がテーマである。この二カ条には共に「質取不可然候」「取候はば、其沙汰破るべく候」とあり、前者からは「質取り」が「市場」で起きたことが分かる。後者には「洞中又何方へも不致披露して、質取不可然候」とあり、勝俣が説くように「質取り」が「洞中」という債務者を含む集団の承認の下に行われたことが分かる。さらに安土楽市令の第一一条で「譴責使」や「討入」に際して届け出を指名された「福富平左衛門尉・木村次郎左衛門尉」は、今川氏の「当職」「当奉行」に対応していよう。

以上から債権者が自力救済を行うには権力の承認が必要で、「質取り」は大名の保護と承認の下に行われ、大名関係者が質取りの現場に同行していたとなる。

四　信長禁令の中の「国質・郷質・所質」

前述のように、「高質」という言葉は質券などで「高質を取られても文句を言わない」という債務者本人の言葉＝担保文言として現れる。これに対して「国質・郷質・所質」という言葉は第三者として当事者たちを取り締まる権力側の禁令の中に現れる。それゆえ、信長は当事者たちの用語「高質」を権力側の用語「国質・郷質・所質」に言い直して、質取り行為自身を禁止したことになる。信長は「質取り」禁止令を市場に公布した。その宛先を挙げると、元亀二年（一五七一）の〈尾張府中符宮の市場[18]〉、元亀三年の摂津長遠寺建立定書[19]にある〈摂津尼崎内市場〉、同年楽市令[20]を発布した〈近江金森〉、天正五年（一五七七）楽市令[21]の〈安土〉などがある。

知多郡篠島諸商人宛て自由往反令

信長は市場以外でも「質取り」を禁止していた。天文二十一年（一五五二）十月十二日に信長は大森平右衛門尉に宛てて次の折紙[22]を交付している。

知多郡篠島諸商人当所守山往反事、国質・郷質・所質并前々或喧嘩、或如何様之雖有宿意之儀、不可有違乱候、然者不可致敵味方者也、仍状如件

天文廿壱

十月十二日　　信長（花押）

大森平右衛門尉殿

「知多郡篠島諸商人当所守山往反事」については「国質・郷質・所質并前々或喧嘩、或如何様之雖有宿意之儀、不可有違乱候」とあり、信長は知多郡篠島諸商人に「往反の自由」を保証していた。「当所守山」とは信長の居所である「当所」＝那古野と「守山」との間の矢田川と庄内川の乱流域からなる水郷地帯で、知多郡篠島の諸商人は、この〈公共の場所〉を船で往反し、ここを縄張り・営業の場としていた。「守山」の東南、今東名高速道路が矢田川を跨ぐあたりに「大森」があり、水郷地帯の東の外れに当たっていた。大森平右衛門尉は「大森」の豪族で、瀬戸街道上には宿を、矢田川には河岸＝荷揚場を持った〈船宿〉であった。

塩・四十物（＝相物）などを商う交易民である知多郡篠島の諸商人に対しては、大森氏は商人頭のような保護者の立場にあった。信長はこの法令で「知多郡篠島諸商人」に対して、公共の場で人質に取られたり、商品を差し押えられたりしないように「人身の自由」を保証し、「敵味方を致すべからず」と命じた。当時知多郡は信長と今川

の両属関係にあり、政治的な係争地であったので、信長は彼らを味方につけるべく、大森氏を通じて保護を与えていたのである。島田次郎はこの文書に対して「従来市・津・路・辻・海上等の公共の場では高質とりは自由であったが、ここでは制限された[23]」としたが、卓見である。

当時の信長が支配下に置いていた尾張下四郡の中の、塩や魚の商業圏には、庄内川を境に、東に熱田魚市を中心とする愛知郡が、西に津島神社を中心とする東西の両海部郡があった。知多郡篠島の商人たちは、この二つの商業圏の境目の川を遡り、自己の営業圏を縄張りとして確保していた。だから庄内川を遡る際などには、熱田や津島の商人たちから、自分たちの特権を侵すものとして「所質」に遭う危険に曝されていた。さらに信長の支配領域を越えると矢田川上流には松平・今川の勢力圏があり、庄内川の上流は岩倉を中心とする上四郡の守護代の勢力圏だった。信長の保護下を離れると、彼らには外来商人として厳しい状況が待っていた。つまり、「国質・郷質」として質取りに遭う危険があったのである。

こうした営業圏・政治圏の対立を思えば、「国質・郷質・所質」が「喧嘩」や「宿意」と並んでいることがよく理解できよう。塩・魚・あい物などをめぐる縄張り・営業圏の対立からは「所質」が、政治圏の対立からは「国質・郷質」が説明されよう。島田はこの文書を「郷質」の初見史料だとした。

瀬戸宛て制札

信長は永禄六年（一五六三）の十二月に瀬戸に宛てて判物を出して、質取りを禁止した。その瀬戸宛て制札[24]の三カ条を挙げると次のようになる。

一　瀬戸物之事、諸口商人国中往反不可有違乱之事

一　当郷出会之白俵物并あい物以下、出入不可有違乱、次当日横道商馬停止之事

一　新儀諸役・郷質・所質不可取之事

この制札は永禄五年の清州同盟で織田氏と徳川氏の間で国境が確定された後に発布されたもので、瀬戸が信長の支配領域として確定したことに対応している。第一条は、新たに信長の支配下に入った、瀬戸物を取り扱う「諸口商人」に対する自由通行令、人身の自由令である。「諸口商人」は隊商を組み、瀬戸から京・信州・三河・美濃などに向かって販売に出かけていただろう。第二条には「当日」とあり、この法令が「瀬戸物大市」を対象にしていたことが分かる。この大市を目掛けて「白俵物并あい物以下」を取り扱う外来商人が隊商を組み馬を連ね瀬戸に詰めかけ、「当郷で出会う」ことが法令の対象である。この外来商人はもともと信長の保護下にあった津島や熱田から来た商人たちである。彼らの「出入」に「違乱」があってはならないとし、市場以外の「横道」での商いも禁止している。

ところで「あい物商人が取り扱っていた商品」について応永十一年（一四〇四）の大内氏奉行人連署奉書[25]には次のようにある。

あい物商人方之売物事
一　魚塩事
一　足鍋事
一　大小斗升はかり物事
一　あを物事
一　色々海之売物事
一　竹さいく売物事
其他色々あい物方売物進退事、弥五郎大夫重守か所へ、背此旨輩ハ、上より可致罪科也、仍執達如件

応永十一年八月一日

弾正忠
沙弥
伯耆守

これは江戸時代の享保年間に写されたもので、偽文書の可能性もあるが、兄部氏が長く伝えてきたものなので、「あい物商人」が取り扱ってきた売物リストとしては意味があるだろう。最初の「魚・塩」は当然である。「色々海之売物」も海藻や塩辛などの類だろうか。ここに「青物」が登場していることが衝撃的である。生産地は陸の畠となる。「大小斗舛はかり物」とは「斗舛」などで量る「豆」などを指すのだろうか。以上は食料品である。「足鍋」とは「鼎」の小さいもので、「竹さいく」とは「笊・籠」など台所用具となろう。全体として現在のスーパーマーケットが取り扱っている食料品・日用品・台所用品となる。

朝鮮の市場商人について鄭勝謨(26)は次のように述べている。「朝鮮時代の郷市、すなわち定期市場を中心に行商しながら生産地と消費者の間で経済的な交換を媒介した専門的な市場商人」を「褓負商」と言うが、これは「褓商」と「負商」を合わせたものである。前者が主に「小間物」を取り扱うのに対して、後者は「魚・塩・土器・木器・水鉄器（鋳鉄器）」の五種を取り扱ったという。大内領の「あい物商人」は「負商」と似ていることになる。西日本の大内氏の領国で「あい物商人」が取り扱っていた商品と同じ商品を尾張の国の「あい物商人」が取り扱っていたかの判断は難しいが、似たようなものであった可能性は高い。

瀬戸の陶器市では瀬戸物＝陶磁器を全国商品として売りに出すのに対して、「あい物商人」は瀬戸の住人に対して食料品を中心に必要な日常品を輸送・販売していた。彼らはここで瀬戸物を仕入れて奥地の信州にも売りに行きたかったと想像される。しかしそれは、伝統的に瀬戸物を一手に引き受けて販売していた「諸口商人」の特権と抵触し、「所質」の対象となった。「白俵物并あい物以下」を取り扱う外来商人が瀬戸物の仕入れを行うとすれば、

「諸口商人」の特権を侵すことになり、彼らの出入りをめぐって「違乱」が起こり、「新儀諸役」や「所質」の対象となったと思われる。

それゆえ第三条は外来商人に対する保護政策で、「新儀諸役・郷質・所質」の取立てを禁止したのである。つまり、この第三条は市場宛ての質取り禁止令と同じもので、外来商人が瀬戸で差押えに遭うことを禁止した外来商人への保護令なのである。「諸口商人」にとって、失った「瀬戸物の取り扱いに関する特権」と、新たに得た「国中往反の自由」とが見合っていたのであろうか。ともあれ、第一条は〈土器取扱を専門とする交易民〉に宛てた保護法で、第二・第三条は外来の〈あいもの商人〉に宛てた保護法となり、この瀬戸宛て制札は〈市場法〉となる。

符中府宮宛て定書

信長と石山本願寺との軍事対決が進む元亀二年（一五七一）に、尾張の国の地理的中心地である中島郡の旧国府と、中世に守護所の置かれた下津の中間にある国府宮＝「符中府宮」に宛てて、信長は「天下布武」の朱印状三カ条[27]を下した。次のようにある。

定　　符中府宮

一　当市場諸役免許之事

一　郷質・所質不可執之、押買・狼藉すへからさる事

一　俵子・しほあひもの可出入事

右条々、違背之輩あらは、速可処厳科者也、仍所定如件

元亀弐年九月日　（信長朱印）

信長はこの定書で符中府宮の門前に「市場」の創設を試み、対長島一揆戦との関連で、濃尾平野に広がる一向宗

徒の商業圏への殴り込みを図ったと私は思う。これまで当地の市は廃れていたが、古い時代の符中府宮の市場の復活を目指したのであろう。第一条では「諸役の免許」を命じ、第二条では「郷質・所質」と「押買・狼藉」を禁じ〈市場の平和〉を命じた。第三条は「俵子・塩四十物」に対する市場強制で、「俵子・塩四十物」を取り扱う商人は必ずこの市場に出入りすべきだとした。ここから第一条は、符中府宮が諸商人に対して営業を許可する札の配布と、それに対する諸役徴収の許可を与えたものとなる。

符中府宮の市場の出現自身が既存の商業圏に対する挑戦であったから、市場に集う商人たちには特権を侵すものとして「所質」の対象になる危険性は十分にあった。それゆえ第二条の「郷質・所質」の禁止と第三条の「出入」の命令とは対応していた。長島一揆と信長との死闘は有名だが、軍事的な対立と並んで濃尾平野の商業圏をめぐる経済戦争も同時に存在していたのである。

洛中五条馬市場宛て定書

天正五年（一五七七）九月に洛中五条馬市場宛てに出された信長の定書[28]には次のようにある。差出人の藤原朝臣は京都所司代の村井貞勝である。

定　　　　　　洛中五条馬市場

一　馬の乗ちかへ雖在之、穏便に其ことハりを可申事　付、博奕停止事

一　喧嘩口論仕出ともからは、理非によらす、両方共以可有御成敗事

一　馬の代、或借銭・借米、或うりかけ・かいかけ雖在之、於此市、国しち・所しちとかう（号）し、違乱煩なすへからす、并出入の馬に非分族不可申懸事

右条々、被定置訖、若有違犯之輩者、速可被処厳科之由候也、仍如件、

天正五年九月

長門守藤原朝臣（花押）

第一条の背景には馬市での博奕が盛んだったことがあるのだろうか。第二条は喧嘩両成敗法である。第三条は、「国質・所質」と号して馬に対して差押えを行うことを禁じたものである。馬市場には〈売手〉と〈買手〉と仲介業者の〈伯楽〉がいた。ここで「馬の代金」「借銭・借米」「売掛・買掛」を理由に「国質」「所質」だと言って差押えを行ったのは〈博労〉である。彼らが売手と買手の双方から質取りを行ったことも考えられるが、売り物としての「馬」は売手→伯楽→買手と渡り、博労は売手から「馬」の販売を委託されていたはずで、「馬」を押えた博労が売手に対して質取り行為に及ぶことが一番ありそうである。これが馬市における債権・債務に関わる「国質」である。

これに対して、売手が博労を介さずに直接市場で取引しようとすれば、それは〈伯楽〉の特権を侵したことになり、「所質」の対象となる。「馬の代金」「借銭・借米」「売掛・買掛」を理由にした「所質」は考えられないので、こうしたことを理由にして馬の差押えを図る〈伯楽〉に対する売手の反発が、「所質」という言葉の背景にあると考えたい。ともあれ、第三条は第二条と共通して〈馬市場の平和〉を命じたものである。

五　町共同体による「所質」の代行

室町幕府奉行人連署奉書

信長影響下の室町幕府が永禄十一年（一五六八）十一月二十九日に出した奉行人奉書[29]には次のようにある。

左衛門府領洛中洛外塩商売事、不相交新儀非法、為根本業処、近日或号過書馬、或非衆輩、猥令売買条、太不可然、所詮、於非分商買物等、随見合可打、其段重而被成奉書訖、為六人百性、如先々進止不可有相違之条、可令存知之由、所（被）仰出之状如件

永禄十一
十一月廿九日
親隆在判
俊郷在判
上下京地下人中

読み下す。

左衛門府領洛中洛外塩商売の事、新義非法に相交はらず、根本の業たる処、近日或は過所の馬と号し、或は衆輩に非ず、猥りに売買せしむる条、はなはだ然るべからず、所詮、非分の商買物等においては、見合に随ひ打つべし、其の段重ねて奉書をなされ訖、六人百性として、先々の如く進止相違あるべからざるの条、存知せしむべきの由、仰せ出（さるる）所の状件の如し、

ここには「所詮、非分の商買物等においては、見合に随い打つべし」とあるが、これは本来「左衛門府領洛中洛

外塩商売事」に権利を持っている「六人百姓」の行うべき自力救済としての「所質」であった。この法令が「饅頭屋町文書」として残されていることから、この法令は「上下京地下人中」→「下京中」→「饅頭屋町」と伝えられたことになり、地下人中＝都市共同体が「六人百姓」の「所質」を支援するよう求められていたことになる。もちろんこの前提には都市共同体の発展があり、信長はそれを前提として京都の支配を考えていたのである。仁木宏の言う「近世的支配の幕開け」[30]である。

「精撰追加条々」第六条

この論理の延長線上にあるのが、第3章で取り上げた信長の撰銭令の永禄十二年（一五六九）三月十六日『精撰追加条々』の第六条である。これは流通に関する法令で、厳密には撰銭に関したものではない。次のようにある。

一　大小に不寄、荷物、諸商売之物、背法度族有之ハ、為役人申届可相究、若不能信用ハ、荷物悉役人可被投之事

読み下す。

一　大小に寄らず、荷物、諸商売の物、法度に背く族これ有らば、役人として申し届け相ひ究むべし、若し信用能はざれば、荷物は悉く役人に投ぜらるべきの事、

ここでは特権を持つ「座」が自力救済として「所質」を取るのではなく、「座」の特権に背く者たちを「法度に背く族」＝犯罪者とし、町から「役人」へ届けた上で、「役人」が荷物を没収するとある。売買の秩序を当事者の自力で守るのではなく、町が管理する在り方に変わっている。第3章で取り上げた撰銭令と比較すると、大内氏等では「公界人」「市場在家」が報償と処罰の対象だったのに対して、ここでは「公界人」「市場在家」は秩序を維持

する町共同体のメンバーとなり、その役割を替えているのである。撰銭をめぐる交争においては、売り手を町共同体が守っている。

外来商人・往還の商人を町が管理する点で、西大寺市場の秩序に戻ったと言える。しかし制度化されていた「所質」という慣習法に変更が加えられたことに注目すべきであろう。

小　括

以上検討してきた「所質」のうち、信長の法令を中心にまとめると表12のようになる。

表12　信長法令中の所質

	所質の原初形態	定書の中の所質	所質文言の消滅
信長の法令	水野太郎左衛門宛折紙	知多郡篠島商人宛自由往反令 瀬戸宛定書 五条馬市場宛定書	撰銭追加の条々
法令の中身	座の自力救済の承認	座の容認と自力の制限	債権取立を町共同体が代行

第16章　楽市令

最後にこの章では石寺新市、富士大宮、金森、安土、小山新市の各市場や都市に宛てられた楽市令を取り上げる。そこでは「見相に荷物の押し置き」「非分」「国質・郷質・所質」などが禁止され、〈市場や都市の平和〉が命じられている。大名権力は債権取立てに立ち会うことになっていた。

一　石寺新市楽市令

天文十八年（一五四九）に六角定頼奉行人の出した奉書[1]は、楽市令の最も早いものとして有名である。六角氏は「石寺新市」において楽市を命じたが、その他の地域においては枝村紙座の特権＝縄張りを認めたので、座外の商人に対する見合いの所質を認め、六角氏の下への「披露」を命じていた。それは次のようにある。分析の都合上A・Bの符号を付けた。

A紙商売事、石寺新市儀者為楽市条、不可及是非、B濃州并当国中儀、座人外於令商買者、見相仁荷物押置可致注進、一段可被仰付候由也、仍執達如件

天文十八年十二月十一日　忠行在判

高雄在判

枝村

惣中

読み下す。

A紙商売の事、石寺新市の儀は楽市たるの条、是非に及ぶべからず。B濃州ならびに当国の儀、座人の外商買せしむるにおいては、見相に荷物押置き注進を致すべし。一段仰付らるべく候由也。仍て執達件の如し。

所質との対立

佐々木銀弥[2]が言うように、これは近江枝村の紙座の商人からの訴えに対して、六角氏が出した裁許状であるが、Aの部分は六角氏側の主張であり、Bの部分は枝村商人の主張を六角氏が認めたもので、この奉書は両者の主張の妥協点を示している。

Bの主旨は「濃州并当国」に対する枝村商人の持つ専売権の保障・安堵である。「座人外」の人が商売をしているのを見かけたら「見合いに荷物を押し置く」とは「所質」としての質取り行為である。六角氏は石寺新市以外の「濃州并当国」における「紙商売事」については、どこであれ見つけ次第に「所質」を取ることを認め、枝村の紙座商人たちの縄張りに対する自力救済を安堵するだけでなく、さらに六角氏の下への「注進」を命じ、「一段仰せ付けらるべく候」として、六角氏側での処罰を約束している。ここで六角氏は、紙座商人の私的な質取りを安堵し、自力救済という慣習法的な実力行使を合法化しているのである。

それゆえAの部分は枝村商人にとっては余計な規定となる。しかし、六角氏は観音寺城の城下町・石寺新市を

「楽市」とし、「是非に及ばず」として、強権的に「所質」の禁止された場所だと宣言した。ここでは「楽市」と「見合いの荷物の押し置き」=「所質」が原理的に対立している。「不可及是非」とは座の特権があるとして訴える者がいても、その「是非」については判断しないとして、座の特権を六角氏は否定しているのである。

座の特権が及ばない自由な市場としての「楽市」は画期的なものであった。東山道を東に西に、この楽市は広がっていくことになる。次に今川氏の富士大宮宛て楽市令[3]を取り上げたい。

二 富士大宮楽市令

（「如律令」朱印）

富士大宮毎月六度市之事、押買狼藉非分等有之旨申条、自今已後之儀者、一円停止諸役、為楽市可申付之、并神田橋関之事、為新役之間、是又可令停止其役、若於違背之輩者、急度注進之上、可加下知者也、仍如件、

永禄九年

四月三日

富士兵部少輔殿

この文書[4]に示されているものを、Ⅰ富士氏側の提示したテーマ、Ⅱ具体的な問題点、Ⅲそれへの今川氏の回答=法令、として解析図[5]を示すと次のようになる。

Ⅰ　テーマ　　富士大宮毎月六度市之事

問題点　　押買狼藉非分等有之旨申条

法令　自今已後之儀者、一円停止諸役、為楽市可申付之

Ⅱ　テーマ　神田橋関之事

問題点　為新役之間

法令　是又可令停止其役

Ⅲ　若於違背之輩者、急度注進之上、可加下知者也、仍如件

この文書は今川氏の当主・今川氏真が富士大宮司で国人領主の兵部少輔に宛てたもので、Ⅰの「……之旨申条」にある「申す」の主体も、Ⅰ・Ⅱの「問題点」の指摘も富士氏である。しかし「法令」は今川氏のものである。Ⅲは結びの言葉で、ここにある「注進」は富士氏で、「下知を加える」のは今川氏である。この朱印状は富士氏と今川氏の対話に基づき、今川側の勢力がⅠの「富士大宮毎月六度市」で「押買狼藉非分等」を行い、Ⅱの「神田橋関」でも「新役」を課していた。これに対して富士氏はⅠの「諸役」、Ⅱの「其役」の二つの「停止」を迫り、今川氏は富士氏の要求を入れて「停止」を約束したとなる。

Ⅰの「押買」は今川氏の関係者が権力を笠に着て暴力的に買取りを行うことで、本来〈市場の平和〉を維持するために活動すべき人々が取引に手を出しているのである。「狼藉・非法」の背景には、市場監督官が朝鮮の「客主・旅閣・酒幕」の主人の場合と同様、有力商人から任命されていることがあるのだろう。[6]「諸役」は朝鮮の「場税」と同様、主要行事執行のために臨時に、任意に取り立てられたのであろう。[7]総じて楽市令発布直前の富士大宮の六度市は朝鮮の市場と似た状態にあったであろう。ここでは市場秩序の再建を「諸役」が「一円停止」された「楽市」に求めている。

豊田武の説

豊田武[8]は富士大宮の楽市令について次のように述べている。

永禄九年、今川氏が楽市令を出したこの大宮は、紛れもなく浅間神社の門前町であり、この意味からいえば、城下町でないが、この地には武田氏に対する備えとして大宮城が築かれている。……しかしまたこの地が駿甲の国境に近い街道の要地にあたることを思えば、その地に楽市が施行され、同時にこの町の入口神田橋の関所が撤廃されたのは、甲州領内の商人を自領に呼び寄せ、以て領内の富強をはからんとする武田氏との対抗上の意味もあったのではなかろうか。

豊田の富士大宮の楽市令への説明は、今川氏真が武田信玄に対して行った永禄十年・十一年（一五六七・六八）の「塩止め」[9]の経済封鎖からの類推だと思われる。しかし、かつては富士大宮の門前町は神田橋を境として、西は富士氏が、東は葛山氏が支配していたが、永禄四年に葛山氏が追放され、富士氏が門前町の東西を共に支配下に置く体制になって、神田橋の関所は富士氏にとって両国経営の妨げになっていた。また今川氏の関係者が神田市場に対して「諸役」の徴収権を持っており、そのことがもとで市場において「押買狼藉非分等」があることの二つが、この法令の前提となっている。

浅間神社の右には富士の伏流水が湧き出す湧玉池があり、神田川となって流れ出すが、この神田川を駿州中道往還が跨ぐところに神田橋が架かり、この神田橋は浅間神社の鳥居の直前に当たっている。関所の撤廃は豊田の言う通り、駿州中道往還の交通の便を図ったものであった。神社の門前町は神田川で二分され、東は「雑色町」、西は「社人町」であった。大宮城の築かれた場所は「雑色町」側の神田市場の奥で、局地的には城下町と見ることもできるが、宗教の中心地＝浅間神社はむしろ武田氏の勢力に近く、大宮城が武田氏に対抗して浅間神社を守るために作られたとすることはできない[10]。

豊田の議論は現地を見ずに、〈楽市令は城下町興隆のため〉〈富強のため〉との予断に合わせて組み立てられ、軍事的緊張にのみ注目した軍事中心の観念論である。小和田哲男[11]によれば、駿州中道往還に沿って北の甲斐側から順に「根原関、上野関、神田橋関、厚原関」があるという。つまり、武田氏の領国とこの神田橋との間には二つの関所があり、富士大宮は武田氏の勢力と接してはいなかった。豊田説では、今川氏が武田氏との軍事的緊張に対して、対抗策として城下町の振興のために楽市令を出したとするが、むしろ富士氏や神田市場の勢力からの要求に今川氏が屈伏して公布したものとなる。

ここから、豊田が前提としている〈敵の勢力と近い国境地帯の軍事的な緊張地帯に、相手側の経済を削ぐために城下町の繁栄策として楽市令が出された〉は、富士大宮の場合には成り立たないのである。この問題は、第五節の小山新市のところで再度取り上げる。

三　金森楽市令

元亀三年（一五七二）に信長は金森一揆を壊滅させ、代わりに楽市令[12]を発布した。

定　条々　金森

一　楽市楽座たる上ハ、諸役令免許畢、并国質・郷質不可押□　付、理不尽之催促使停止之事

一　往還之荷物、当町江可着之事

一　年貢之古未進、并旧借米銭已下、不可納所之事

右、於違背之輩、可処罪科之状如件

元亀三年九月　日（天下布武）（重郭朱印）

この史料を分析するために、尾張二の宮宛て定書と符中府宮宛て定書とを取り上げ、比較を行いたい。

尾張二の宮宛て定書

永禄六年（一五六三）十月の尾張二の宮・野田社家百姓中宛ての次の「定書」は、信長ではなく彼と対立していた犬山の織田信清[13]のものだと私は思う。三カ条には次のようにある。

定　　二の宮　野田社家百姓中

一　新儀諸役・門並令免許事

一　借銭・借米不可返弁事

一　郷質不可取之、理不尽使不可入事

右条々、相違犯之輩者、可処厳科者也、仍下知如件

永禄七年十月　日

第一条は野田村に対する保護令で、「新儀諸役・門並」を免許させるとしている。「門並」とあることから、二の宮には門前町的な家々の連なった景観が想定される。第二条は徳政令で、「借銭・借米」を返済しなくてよいとしている。第三条では「郷質」と「理不尽使」の入部を共に禁止している。その点では、〈市場の平和〉を命じた市場令と似たものとなっている。全体を通じてこの定書では、制定者は尾張二の宮・野田社家百姓中に対して多くの特権を認めているが、これは信長と信清との厳しい対立の中で、彼らを味方に繋ぎ止めようとする信清の努力の現れであろう。

符中府宮宛て定書(14)

一方、次の定書は元亀二年(一五七一)に尾張中島郡の旧国衙近くの符中府宮に宛てて、市場振興を目指して出されたもので、長島一揆に対抗するために出されたものだと私は思う。

定　　符中府宮

一　当市場諸役免許之事

一　郷質・所質不可執之、押買・狼藉すへからさる事

一　俵子・しほあひもの可出入事

右条々、違背之輩あらは、速可処厳科者也、仍所定如件

元亀弐年九月日　　(信長朱印)

時間的に金森楽市令に連続しているばかりか、一向宗対策としてこの法令は金森楽市令とも通底している。第三条は市場強制であり、金森令の第二条の道路強制と対応している。

比較分析

各法令の第一条を1、第二条を2、第三条を3と表記し、市場法の内容を「諸役免許令」「道路・市場強制令」「質取り禁止令」「不入権」「徳政令」とすると、それぞれの対応は表13のようになる。信長は金森に対しても多くの特権を与えていたと結論してよいと思う。

表13　市場法の中身と三つの法令の比較

	永禄六年の二の宮令	元亀二年の符中府宮令	元亀三年の金森令
諸役免許令	1　新儀諸役免許	1　当市場諸役免許	1　諸役免許
道路・市場強制令		3　市場強制	2　道路強制
質取り禁止令	3　郷質	2　郷質・所質	1　国質・郷質
不入権	3　理不尽之使		1　理不尽之催促使
徳政令	2　借銭借米		3　借銭米

島田次郎・村岡幹生の「国質」説批判

島田次郎は「国質」を公的差押えに引き付けて「国質とは……〈国方〉とされた守護職・守護大名方の、年貢・公事・反銭賦課に対する未進引きあての質物と考える」[15]とした。そうだとすれば「国質を免除する」のように使われるべきであるのに、そのような事例を見出すことはできない。「国質」は禁制・定書などでは禁止の対象となっているのだから、〈未進引き当ての質物は取らない〉となるはずである。しかし金森令の第一条には「……国質・郷質不可押（取）……」とあり、第三条には「年貢之古未進、并旧借米銭已下、不可納所之事」とある。

島田説に立つ限り、第三条こそが「国質」に相応しいとなり、第一条は宙に浮いてしまう。それゆえ第一条の「国質」の解釈は勝俣鎮夫説によるべきであろう。すなわち、勝俣は国質を集団主義的な質取りとしたのだった。

なお、金森楽市令第三条の「年貢之古未進、并旧借米銭已下、不可納所之事」と同じ内容を持つものに、前記の尾張二の宮宛て定書第二条の「借銭・借米不可返弁事」、上加納楽市令[16]第一条の「借銭・借米・地子・諸役令免許訖」がある。この信長の法令による限り〈未進引き当ての質物は取らない〉ということを、「国質」とは別の言葉を使って表現していることは紛れもない事実であり、このことからも島田説は成立しないとなる。

一方、村岡幹生は島田説の影響下に「国質とは〈国方〉と称される地侍・国人がその取立に関与する所質[17]」とした。大名から独立性を強めている地侍や国人が質取りをすることは理解できる。しかし彼らが「国方」を名乗っている以上、国質を禁じる大名権力と対立関係にあったと考えることはできないであろう。これまで取り上げてきた信長の禁令においても、村岡説で説明できるものはない。国質文言を含む個別法令の検討がないことが村岡説の弱点であろう。

四　安土楽市令

天正五年（一五七七）六月に安土山下町中に宛てて出された楽市令[18]の第一条・第八条・第一〇条・第一一条にはそれぞれ次のようにある。

一　当所中為楽市被仰付之上者、諸座・諸役・諸公事等、悉免許事

一　分国中徳政雖行之、当所中免除事

一　喧嘩、口論、并国質、所質、押買、押売、宿之押借以下、一切停止

一　至町中譴責使、同打入等之儀、福富平左衛門尉、木村次郎左衛門尉両人仁相届之、以糺明之上、可申付事

これらの法令を理解するために、富田林道場宛ての定書を取り上げたい。

富田林道場宛て定書

永禄三年（一五六〇）に安見宗房は寺内町・富田林道場宛てに定書[19]を出した。これは〈大坂並体制〉を示すものとして有名である。

定　　富田林道場

一　諸公事免許之事

一　徳政不可行事

一　諸商人座公之事

一　国質、所質并ニ付沙汰之事

一　寺中之儀何も可為大坂並事

右之条々、堅被定置畢、若背此旨、於違犯之輩者、忽可被処厳科者也、仍下知如件

永禄三年三月日　　美作守在判

第一条はこの五カ条の眼目で、この「公事」は裁判を指し、治外法権の守護不入権を獲得したことを示している。第二条は安土令の第八条に対応した徳政禁止令で、都市住人を徳政から保護している。第三条を通説にならい「諸商人座公事之事」だとすると、これは、安土令の第一条に、第四条は安土令の第一〇条・第一一条にそれぞれ対応することになる。「付沙汰」が安土令では「譴責使」に変わっているのである。以上から、安土楽市令は、石山合戦を踏まえ、寺内町特権＝大坂並体制を吸収して成立したものと言うことができよう。

安土楽市令の第一条は、信長が「安土山下町中」に対して〈当所を「楽市」にする〉と命じたので、「諸座の諸役」や「諸座の諸公事」を悉く「当所中」に「免許する」としている。このことにより、本座の持っていた「諸

役」徴収権や裁判権は、安土に限って「安土山下町中」が掌握することになった。これは、前章第五節で述べた京都の町において都市共同体の力を借りて売買の秩序を図ろうとした在り方と平仄が合っている。市場在家からなる都市定住民の共同体の育成と、彼らによる振り売り商人・外来商人の統制という新秩序が成立し、金融業者・有徳人たちは都市秩序の形成者として社会的に認知されてきているのである。

第八条の規定は金森楽市令の第三条などにあった臨時の弓矢徳政令と対立するもので、恒常的な住人の保護策である。第一〇条の規定は『武家名目抄』とほぼ同じ平和令だが、注目すべきは「所質」である。安土の町の中では、町売り・市売りに、多くの「座」の商人が活動していたので、町に入る際に第一条の原則が示されても、「座」の特権主張はあり得た。そこで、あらためて「所質」禁止が謳われたのであろう。

第一一条の「打入」を仁木宏[20]は「武士が敵方同意の者、敵方預物の家を検断すること」「地子銭徴収等の名目で公家邸や町人の家へ攻め入ること」と定義している。ここでは「譴責使」と「打入」が同等に取り扱われ、町奉行の「福富平左衛門尉・木村次郎左衛門尉」両人への届け出が義務づけられている。

譴責使

天文十八年(一五四八)の熱田宛て信長制札[21]では、「使」入部を三日以前に通知し、熱田八カ村で解決するよう命じ、それでもダメな場合は「譴責使」を入れるとある。この場合の「使」とは、債権者に代わって債権を取り立てる公権力からの派遣官で、隣国の大名や国内の有力者から派遣された使節であろう。永禄十年(一五六七)加納の楽市令[22]では「質取」に関わる言葉はないが、「理不尽の使」の入部禁止があり、元亀三年(一五七二)の信長の金森宛て楽市令の第一条[23]には「楽市楽座たる上ハ、諸役令免許畢、并国質、郷質不可押□　付、理不尽之催促使停止之事」とある。

それゆえ、「使」の入部禁止には、島田の言う〈公的差押え〉との連続性が認められ、「質取」禁止と同じ意味があった。以上から、私的差押えは集団化して「国質・郷質」となり、公的差押えは「譴責使」の派遣へと代わったとまとめられよう。

五　小山新市楽市令

徳川家康が永禄十三年（一五七〇）に小山新市に宛てて出した楽市令には、「国質・郷質」の文言がある。最後にこの楽市令を取り上げたい。

三河か遠江か

家康が「小山新市」に楽市令を出したことは有名だが、この小山新市の場所が〈三河か〉〈遠江か〉について議論がある。正確に言えば、これまで三河国碧海郡説が通説であったのに、新行紀一が『刈谷市史』編纂の際や二〇〇二年の『戦国史研究』[24]で遠江説を主張して以来、三河説は捨てられた。新行は、榛原郡吉田町にあった小山城に注目して、ここが武田氏と徳川氏との取り合いの場であったことから、ここに楽市令が出されたとした。この新行説の前提には富士大宮の楽市令についての豊田武説がある。

この小山を三河とすると、中村孝也の説明によれば「三河小山は今小山村といひ、碧海郡に属し、刈屋町の北、知多郡大府の東、堺川の東岸に在り」という。これに対して新行は、当時の小山は刈谷を根拠とする水野信元の支配下にあり、家康がこのような新市建立を命ずることはできなかったとした。しかし、当時尾張と三河を結ぶ主要な街道は〈岡崎—刈谷—鳴海—熱田〉を通って[25]おり、「境川」が三河の国と尾張の国の国境の川であることから、小山はこの街道上にあり、徳川氏と織田氏と水野氏の三氏の勢力の接する地点に近く、三つの領国を結び付ける要の地だったとなる。

永禄十年に岐阜の上加納に出した楽市令や天正五年に安土に出された楽市令は、共に信長の領国の首都に対して出されたものであり、元亀三年の金森楽市令は城下町とは無関係で、一向宗に対する対策として交通の要衝に出されたものである。富士大宮の楽市令についての豊田武説についての批判は既に行った。以上から新行は、間違った前提に立って議論をしていることになる。次に問題の小山新市宛ての朱印状[26]を見ていきたい。

（朱印）　小山新市之事
一　為楽市申付之条、一切不可有諸役事
一　公方人令押買者、其仁相改可注進事
一　於彼市国質・郷質之儀、不可有之事
右条々、如件
永禄十三季
十二月日

永禄五年に清州同盟が、水野氏の仲介で織田氏と徳川氏との間で結ばれ、信長は西に向かい、家康は東に向かって活動を開始した。この軍事同盟の効果は元亀元年（一五七〇）の姉川の戦いや、天正三年（一五七五）の長篠の戦いの際に発揮された。信長は尾張を統一して、伊勢や美濃に兵を進め、永禄九年（一五六六）には岐阜の城下町に楽市令を発布し、永禄十二年には京都に撰銭令を出した。他方、家康の方は一向一揆との戦いを経て、三河を統一し、遠州に兵を進めた。第二条では「公方人」の「押買」を禁止し、第三条では「国質・郷質」を禁止した。この場合の「国質」は明らかに隣国の信長領国を意識したものである。

永禄十二年に家康が国境の地に楽市場を築いたのは、織田・徳川両氏の領国の経済的な結び付きを強化し、経済的な統合を進める狙いがあったからだろう。新行のように軍事的な緊張関係があるからこの「楽市令」が出されたとするのは当てはまらないのではあるまいか。この「楽市令」の中の「国質・郷質」の禁止は、領域内で個々の商人集団がそれぞれ縄張りの維持を主張して行う自力救済を禁止し、領域を一つの「平和団体」としようとするもので、「国質・郷質」の禁止は合戦の場にはふさわしくない。むしろ敵方の人間を積極的に人質に取ることにより、敵側との政治交渉を有利に導くことの方が合理的であったとなろう。

勝俣鎮夫が言うように質取りには集団主義的な考えが前提とされていたが、「国質・郷質」の禁止は平和な秩序を前提としていたと考えるべきで、新行の遠江説は成り立たないのである。「国質・所質・郷質の禁止」を謳うことで世界は平和に近づいていったことを結論としてこの章を終えたい。

結　語

本書で私が一番主張したかったことは、「公界」の新定義であり、網野善彦の「公界」説への批判である。また第Ⅱ部・第Ⅲ部では債務の取立てに関わる「寄沙汰」「付沙汰」「請取沙汰」、「高質」、「所質」「国質」「郷質」の分析を通じて「公界」と公権力との関係の変化を明らかにした。

平安時代に王朝国家は、売買・貸借に関わる裁判である「雑務沙汰」を事実上放棄していたことから、債権取立てを委託されていた神人・悪僧たちは国家の統治権から離れて「山僧・神人の寄沙汰」として当事者による〈雑務沙汰〉を行っていた。これが「公界」の発生である。「公界」は本来、広域的な流通の世界と関係を持っていることから、「統治権」と深い関係にあった。「公界」は史料的には「山僧・神人の寄沙汰」の場に現れるが、公権力とは無縁な私的な裁判として王朝国家の側も、鎌倉幕府の側も、これを禁止の対象とした。

しかしながら、流通経済の発展と共に売買・貸借もまた発展していくことから、寄沙汰はむしろ拡大し、「公界」の統治権と公武両権力とは共存・交争関係にあった。鎌倉後期に至り、安達泰盛と亀山院政による弘安の徳政以降、公武権力側の「雑務沙汰」の整備は進み、幕府は治安維持権力の一元化を推進して、「公界」を追い詰めていった。「公界」の主張する統治権と国家側の統治権とが衝突する時期が南北朝の動乱期である。この時代は「公界」の一番発展していた時代であろう。〈南北朝の動乱とは、この二つの「統治権」の衝突によるものである〉が私の主張となろう。悪党・南朝は交易民が一つの国家を目指していたことによっているのである。一般に日本中世・近世の歴史は「鎌倉幕府」「室町幕府」「江戸幕府」の三つの幕府の時代として理解されるが、もう一つ別の可能性があり、それは流産したのである。この時代は政治的・軍事的動乱の時代でもあり、経済の停滞期に当たっている。

一方、寄沙汰から悪党への流れが抑えられる中で、民間では新たな慣習法が形成され、契約状に「高質」文言が登場し、不当な取立ての禁止、取立ての場の限定、質取りに際しての抵抗の放棄が約束された。債権取立ては公権力の側が催促使・譴責使を派遣する形で行われ、これまでの、神威を募り聖なる暴力として行われていた神人・悪僧の取立ては禁止された。こうして貸借関係は平和化した。足利義満による動乱の鎮定以降、交易民は幕府や守護大名の保護下に入り、「寄沙汰」が「請取沙汰」に変化すると、「公界」のメンバーは、「悪党」としての活動をやめ、公権力の保護下に入り、平和的な「有徳人」へと変身した。こうして「公界」の自立性は抑圧された。こうした、悪党から有徳人への変化の背景には、日本中世における思想史・宗教史上の変化がある。交易の民の内面に、鎌倉仏教や伊勢神道の説く「正直」の倫理が浸透したのである。

戦国期になると、市場における「付沙汰・請取沙汰」「国質・所質・郷質」は禁止の対象となった。『相良氏法度』第一八条が示しているのは「公界」と公権力の共存関係であり、また戦国の諸大名が交付した「撰銭令」が示しているのは「公界」と公権力との共存・交争関係である。大名は「公界」の存在を前提としながら、彼らの中の裏切りを期待し、密告と報償により法令の貫徹を図っていた。しかし、信長政権の成立によって、「公界」は都市の共同体に吸収され、死滅した。

以上のような形で「公界」はその発生、成長、発展、死滅の歴史を閉じた。

註

第1章

（1）白川静『字統』平凡社、一九九四年、三六二頁。
（2）西嶋定生『中国古代の社会と経済』（東京大学出版会、一九八一年）の口絵9には、四川省広漢県出土画像磚に描かれた「後漢時代の市と市楼」が掲げられている。垣根に囲まれた市の中央には二階建ての市楼・旗亭楼があり、二階には太鼓・屋上には旗がある。
（3）出雲路修校註『日本霊異記』（新日本古典文学大系30）岩波書店、一九九六年、六四頁。
（4）栄原永遠男「おがわのいち」『大百科事典』第二巻、平凡社、一九八四年、九四八頁。
（5）小峯和明校註『今昔物語集』四（新日本古典文学大系36）岩波書店、一九九四年、三五七頁。
（6）員弁郡益田荘には「市場集会有司刀禰」が存在しているとある。『角川日本地名大辞典24　三重県』一九八三年、九六四頁。網野善彦『日本中世都市の世界』筑摩書房、一九九六年、一八六頁参照。
（7）佐藤進一『南北朝の動乱』（日本の歴史9）中央公論社、一九六五年、八四〜八七頁。
（8）橋本朝生・土井洋一校註『狂言記』（新日本古典文学大系58）岩波書店、一九九六年、七二頁。
（9）同右、一五八頁。
（10）同右、二七一頁。
（11）同右、四三八頁。
（12）同右、一八九頁。
（13）同右、一四九頁。
（14）石川松太郎校註『庭訓往来』平凡社東洋文庫、一九七三年。石川は往来した書簡を「四月往状」「四月返状」のごとく、「往状」「返状」と命名しているが、後註(17)で取り上げる山田俊雄は「四月五日状　往信」「四月十一日状　返信」のごとく「往信」「返信」と名付けている。ここでは石川に従うこととした。
（15）佐藤進一は「守護制度史上の信濃」同『日本中世史論集』岩波書店、一九九〇年、一七四頁において、南北朝末期から室町時代にかけて、守護が半済や兵糧料所の給与権を与えられたことをテコに、幕府—王朝を通じて知行国主に圧力をかけ、知行国主の権限を侵略し、国衙領の年貢の半分を獲得し、さらに土地そのものの半分を折半したとした。

(16) 石川松太郎「解説」同校註『庭訓往来』三三四頁。
(17) 山田俊雄校註「庭訓往来」山田俊雄・入矢義高・早苗憲生校註『庭訓往来・句双紙』(新日本古典文学大系52)岩波書店、一九九六年、三三頁、註一八。
(18) 佐藤泰弘「『庭訓経来』三百年の誤読」『日本史研究』五三〇、二〇〇六年、五八〜六二頁。
(19) 『新版　角川日本史辞典』一九九七年、「しょうさい」の項。
(20) 佐藤進一・百瀬今朝雄編『中世法制史料集　第四巻　武家家法II』岩波書店、一九九八年、五七頁。
(21) 佐々木銀弥「中世市場法の展開過程」同『日本中世の流通と対外関係』吉川弘文館、一九九四年、三五頁。
(22) 石井進『中世武士団』(日本の歴史12)小学館、一九七四年、二九一頁。
(23) 同右、二八七頁。藤田裕嗣は「安芸国沼田荘の市場と瀬戸内流通網」『歴史地理学』一三六号、一九八七年で、短冊型地割に注目する歴史地理学の立場から、沼田市場の現地比定・復現を行い、安食郷の大宮「本市」で、紡錘形をなす現在の小字「市浦」がそれであるとした。この点では石井説と共通しているのだが、短冊地割に注目するあまり、市場はそれが連続する街村だとし、沼田神社・祇園社の門前を東西に走る紡錘の南側の道に沿った街村部だろうとしている。沼田市と沼田川とを切り離してしまうと、沼田市場と瀬戸内流通網との接点が見失なわれてしまうので、紡錘形の北側にも注目すべきであろう。「古川」という小字名や、そこを通る水路などに注目すべきであろう。
(24) 同右、二九〇頁。
(25) 同右、二六四頁。
(26) 佐々木銀弥「安芸国沼田小早川氏市場禁制の歴史的位置」同『日本中世の流通と対外関係』一二八頁。
(27) 石井『中世武士団』二九一頁。
(28) 美川修一は「漢代の市籍について」『古代学』一五―三、一九六九年において、「一般に市人と呼ばれる市の住民」は「商・工・医・卜相・巫・方技」などの賤業民のほか、戸籍離脱者＝姦人である「游侠・亡命・流民・刑人」などが含まれており、市は姦人の流入する特殊な場所であったとしている。「周礼」には市が朝廷の直接支配下に置かれていたとあるが、漢代においても、市籍の民は国家財政と区別された帝室財政に組み込まれており、市の秩序維持は民を治める皇帝にとって最重要事項であったと思われる。ここに市での処刑＝棄市を必要とする中国史上の特殊事情が生まれたのであろう。
(29) 佐藤進一・池内義資・百瀬今朝雄編『中世法制史料集　第三巻　武家家法I』岩波書店、一九六五年、一七頁。
(30) 『一遍上人絵伝』中央公論社、一九八八年、九八〜九九頁。
(31) 石井進・石母田正・笠松宏至・勝俣鎮夫・佐藤進一校註『中世政治社会思想』上(日本思想大系21)岩波書店、一九七二年、二四九頁。

（32）同右、二三九頁。勝俣鎮夫校註による。事書形式に改めた。管見による限り、こちらの「やりこ」についても、研究はないようである。
（33）同右、二六七頁。
（34）同右、二五一頁。
（35）佐藤進一・池内義資編『中世法制史料集　第二巻　室町幕府法』岩波書店、一九五七年、三五六〜三五七頁。
（36）羽下徳彦「雑務沙汰」『大百科事典』平凡社、一九八五年。
（37）仁井田陞は『増訂版　中国法制史』（岩波全書、一九六三年、三〇六頁）において、中国旧社会の取引には、証書「契・券」を必要とするものと必要としないものの二種類あり、普通動産の売買は、物と代価とが直接交換される即時売買であるが、移動性のない土地家屋や奴隷・牛馬・駱駝などの主要動産の場合は、証書が必要で、官司に届け出て、税契を受くべき手続きを要したとした。即時売買でない質・掛・貸借などの場合も証書を必要とした、という。
（38）笠松宏至「中世の政治社会思想」同『日本中世法史論』東京大学出版会、一九七九年。
（39）同右、一六四頁。
（40）佐藤進一・百瀬今朝雄・笠松宏至編『中世法制史料集　第六巻　公家法・公家家法・寺社法』岩波書店、二〇〇五年、一七九頁。
（41）笠松「中世の政治社会思想」一七八頁。
（42）佐々木「安芸国沼田小早川氏市場禁制の歴史的位置」一二八頁。
（43）網野善彦「市と宿」同『無縁・公界・楽——日本中世の自由と平和』平凡社選書、一九七八年。
（44）安野眞幸「金森楽市令」同『楽市論——初期信長の流通政策』法政大学出版局、二〇〇九年、二〇三頁、二〇五頁。
（45）大山喬平「庄園制」『岩波講座日本歴史7　中世1』一九九三年、一七二〜一七四頁。
（46）網野善彦『増補　無縁・公界・楽——日本中世の自由と平和』平凡社選書、一九八七年、三五四〜三五九頁。
（47）柄谷行人『世界共和国へ——資本＝ネーション＝国家を超えて』岩波新書、二〇〇六年、六六〜六七頁。
（48）これについては、安野眞幸「宇都宮式条の世界——非市場社会のケース・スタディとして」『弘前大学教養部　文化紀要』二五、一九八七年、三九〜七九頁。

第2章

（1）『国語大辞典』小学館、一九八一年。
（2）勝俣鎮夫「売買・質入れと所有観念」山口啓二他『負担と贈与』（日本の社会史4）岩波書店、一九八六年。
（3）笠松宏至『徳政令——中世の法と慣習』岩波新書、一九八三年。

(4) 白川静『字訓』平凡社、一九九五年、一六六～一六七頁。
(5) 水島司他編『アジア経済史研究入門』名古屋大学出版会、二〇一五年、九六頁。
(6) フィリップ・カーティン『異文化間交易の世界史』田村愛理・中堂幸政・山影進訳、NTT出版、二〇〇二年、三四頁。
(7) 佐藤進一・池内義資・百瀬今朝雄編『中世法制史料集　第三巻　武家家法Ⅰ』岩波書店、一九六五年、一六六頁。
(8) 大塚久雄は『共同体の基礎理論』(岩波書店、一九五五年) の四〇～四二頁において、〈「共同体」の構造的二重性〉を論じている。(1)「共同体」の内部過程 (=「共同体」内部における成員諸個人の生活) は、共同態的「平等」を基本的な原理としている。(2)「共同体」は外部に対しては「封鎖」される。「共同体」の「規制」と「保護」の外部におかれた「他所者」は、場合によっては潜在的な「敵」と化す。(3)こうして、諸「共同体」相互の中間に、社会的真空地帯が形づくられる。そこへは「共同体」の規制力は及ばず、「共同体」の保護の外におかれる。「共同体」の成員が「追放」をうけたとすれば、社会的真空のただ中へ、孤立無援のまま投げだされたことになる。そこでは「人は人に狼」homo homini lupus という状態が形づくられる。このような社会的真空地帯が前期的資本 (商業資本及び高利貸資本) の成長と活躍にとって本来の地盤を形づくってきたのだと大塚は主張した。『日葡辞書』では当時の諺「屏風と商人とは直ぐになれば身が立たぬ」を紹介している。平安後期の世相を記した『新猿楽記』には「商人ノ首領」として「八郎ノ真人」が登場する。彼は「言ヲ以テ他ノ心ヲ誑惑シ、謀ヲモッテ人ノ目ヲ抜ク一物ナリ」とされている。
(9) 安野眞幸「〈買免〉とはなにか――売買考」(『弘前大学教養部　文化紀要』四四、一九九六年、七五～一〇四頁) では「買う」「売る」などについて考察した。
(10) 古代中国では司馬遷が『史記』「貨殖列伝」で大商人の活躍を取り上げているが、漢代に至り、儒教が国教となり、礼的秩序が重視されるに及び、商人は「市籍」に編入され、「七科の謫」として罪人に見なされた (西嶋定生『中国古代の社会と経済』東京大学出版会、一九八一年、一四五頁)。
(11)「ヘルメス神」は畑や牧場の境や路傍に豊穣を祈って建てられた四角の石柱で、神の胸像を戴き、中央部には勃起した陽物=ファロスのある道標・境界標の「ヘルマイ」=ヘルメス柱に由来している。
(12) カーティン『異文化間交易の世界史』三〇頁、三五頁。
(13) 山田俊雄校註「庭訓往来」山田俊雄・入矢義高・早苗憲生校註『庭訓往来・句双紙』(新日本古典文学大系52) 岩波書店、一九九六年、四月往状、二七頁。
(14)『一遍上人絵伝』中央公論社、九八～九九頁。
(15) 保立道久「中世民衆経済の展開」『講座日本歴史3　中世1』東京大学出版会、一九八四年、一九二頁。
(16) マルクスは「商品」を分析する際に「相対的価値形態」と「等価形態」を〈対〉として取り上げている。「相対的価値形態」とは〈相手に欲しがらせる〉ことである。「見せびらかす・ひけらかす」を示す言葉に「衒う」があり、「人を惑わせてものを巧に売りつける」ことを「衒売」という。現在の資本主義体制は〈欲望の体系〉としてできている以上、多くの人を欲しがらせて「売る」必要がある。「売れ」なければ商品としての価値がないからである。こうした「衒う」に対応するものとして、「売る」には「男を売る」「名を売る」など〈有名にさせる〉〈人々に知れ渡らせる〉の意味がある。

(17) 本郷恵子『蕩尽する中世』新潮選書、二〇一二年、一二二頁。

(18) ピレンヌは「商人の起源」を述べる際に「海賊が海上貿易の先導者であった。ホメロス時代のギリシャ人航海者の場合にも、ノルマン人のヴァイキングの場合と同じように、海賊と海上貿易とは、ながい間、あい携えて発達した」(アンリ・ピレンヌ『中世都市』佐々木克巳訳、創文社、一九七〇年、九一頁)と述べている。ヴァイキングはイスラーム世界ではルース人として知られ、ロシアの川に沿って進んだが、彼らの交易品は毛皮と奴隷が中心で、スラブ人との戦争で奴隷狩りをしていた。奴隷狩りも狩猟に含めることができるとすれば、狩猟の結果としての毛皮も含めて、長距離遠征の狩猟を遠隔地交易へと発展させて、交易民になったことになる。しかし奴隷狩りの被害者の側から見れば、彼らは水辺の賊＝海賊であり、盗賊であった。

彼らは川の中の島に天幕による宿営地を作り、イスラーム世界に向かって南下した。彼らがイスラーム銀貨を獲得していたことは有名である。ルース人としてのヴァイキングが武装交易民であるとしてきたが、彼らは武装遠征民としてキエフ公国、シチリア王国、ノルマンディー公国などを建設した。

(19) 伊藤正義「市場の空間」国立歴史民俗博物館編『中世商人の世界——市をめぐる伝説と実像』日本エディタースクール出版部、一九九八年、一二五頁。

(20) 橋本朝生・土井洋一校註『狂言記』(新日本古典文学大系58)岩波書店、一九九六年、八二頁。

(21) 同右、一二三頁。

(22) 同右、七二頁。

(23) 同右、一八九頁。

(24) 同右、四五四頁。

(25) 同右、一一三頁。

(26) 同右、四一九頁。

(27) 同右、二九八頁。

(28) 同右、四五七頁。

(29) 藤木久志「預け物」同『城と隠物の戦国誌』朝日選書、二〇〇九年。

(30) 橋本・土井校註『狂言記』七五頁。

(31) 鄭勝謨(チョン・スンモ)の『市場の社会史』(林史樹訳、法政大学出版局、二〇〇二年)によれば、「客商」の中でも行商人である「褓負商」は、王朝の危機の際に軍事的に立ち上がったとの記録がある。列記すれば次のようになる。①李成桂が威化島回軍の際、八百余人の「褓負商」が軍糧の米を運搬した。②文禄・慶長の役（壬辰倭乱）の際、戦争に参加。③丙子胡乱の時にも戦争に参加。④一八六六年フランス艦隊襲撃事件（丙寅洋擾）の際、江華島に軍糧を補給した。⑤東学党の乱（東学農民戦争）の際、官軍の側に立って東学軍と正面対峙した。これらの前提には「褓負商」が武装組織であったことがあろう。ピレンヌは『中世ヨーロッパ経済史』（増田四朗他訳、一條書店、一九五六年、一一六頁）で中世ヨーロッパの遍歴商人の「ギルドとハンザ」を論ずる中で、次のように述べている。「十世紀及び十一世紀以降西ヨーロッパにおいて往来した多数の商人団の様相を、資料からかなり判然と描き出すことができる。弓や剣をもって武装した彼等は、袋・梱・箱・樽等を積んだ駄馬や荷馬車をとり囲む。先頭には旗手が歩む。一人の指揮者が、誠実の宣誓によって結ばれた仲間からなる一団の指揮をとる。緊密な協同連帯の精神が全員の気力を旺盛にする。おそらく売買は共同で行われ、利益は各人の持ち分に応じて配分される。価格が主として輸入品の希少性に基づき、この希少性が距離が遠くなるほど増すような時代にあっては、旅程が長ければそれだけ利益の見込みは大きくなった。従って遠方に赴いて求めた特産物を、品薄のため高値を呼んでいる地域で売却するという方法が最も有利な商売を保証した。利益獲得の魅力が、偶然に左右される遍歴生活の疲労と危険とを償うほど強烈なものであったことは言を俟たない。……彼等がイギリスにおいて泥足という面目躍如たる名称を得たのも至当のことであった」。この遍歴商人はイスラームの影響下にあったユダヤ人やルース人と取引のあったフリーセン人やアングロ・サクソンの商人たちであろう。

(32) 今野達校註『今昔物語集』五（新日本古典文学大系37）岩波書店、一九九六年、巻二十九第三十六話「於鈴鹿山蜂螫盗人語」。

(33) 中村修也「不思議な力の商人たち」「蜂使いの水銀商」同『今昔物語集の人々』思文閣出版、二〇〇四年、四一頁。

(34) 三浦圭一「戦国期の交易と交通」同『日本中世の地域と社会』思文閣出版、一九九三年、二四七頁。

(35)『一遍上人絵伝』中央公論社、一二八頁、一六四頁、二〇一頁。

(36) 齋木一馬・岡山泰四・相良亨校註『三河物語・葉隠』（日本思想大系26）岩波書店、一九七四年、一九〜二〇頁。引用に際しては適宜変更した。

第3章

(1) 伊藤正義「市場の空間」国立歴史民俗博物館編『中世商人の世界——市をめぐる伝説と実像』日本エディタースクール出版部、一九九八年、一二五頁。

(2) 橋本朝生・土井洋一校註『狂言記』（新日本古典文学大系58）岩波書店、一九九六年、八二頁。なおこの部分は、小山弘志校註『狂言集』上（日本古典文学大系42、岩波書店、一九六〇年）の大蔵流では省略されている。

(3) 桜井英治「割符に関する考察」同『日本中世の経済構造』岩波書店、一九九六年。

(4)杉山博「庄園における商業」『日本歴史講座3　中世編(一)』河出書房、一九五一年。
(5)土井洋一「『狂言記』のことばに関する覚え書き」橋本・土井校註『狂言記』六二八〜六三一頁。
(6)豊田武『増訂　中世日本商業史の研究』岩波書店、一九五二年、二五七頁。
(7)同右、二五二頁。
(8)藤原良章「中世の都市とみちをめぐって」藤原良章・飯村均編『中世の宿と町』高志書院、二〇〇七年。
(9)広島県編『広島県史　古代中世資料編Ⅲ』広島県、一九七八年。
(10)『鎌倉遺文』第八巻〇五九八八号文書、仁治三年(一二四二)二月二十五日、安芸厳島文書。
(11)安野眞幸「備前西大寺市公事定書」『聖徳大学研究紀要　児童学部・人文学部・音楽学部』二一、二〇一一年、一三一〜一三八頁。
(12)『一遍上人絵伝』一一〇〜一一一頁。
(13)井原今朝男「中世東国商業史の一考察」中世東国史研究会編『中世東国史の研究』東京大学出版会、一九八八年。
(14)安野眞幸「熱田八ヵ村宛て制札」同『楽市論――初期信長の流通政策』法政大学出版局、二〇〇九年、二〜二四頁。
(15)安野眞幸「富士大宮楽市令」同『楽市論』一一三〜一三四頁。
(16)安野眞幸「上加納楽市会」同『楽市論』一三五〜一六三頁。
(17)山田俊雄・入矢義高・早苗憲生校註『庭訓往来・句双紙』(新日本古典文学大系52)岩波書店、一九九六年。
(18)佐々木銀弥「鎌倉・南北朝時代の国衙と商業」同『中世商品流通史の研究』法政大学出版局、一九七二年。
(19)桜井英治『日本中世の経済構造』岩波書店、一九九六年。
(20)網野善彦・横井清『都市と職能民の活動』(日本の中世6)中央公論新社、二〇〇三年、六五頁。
(21)アンリ・ピレンヌ『中世都市――社会経済史的試論』佐々木克巳訳、創文社、一九七〇年、一二二頁。
(22)A・フルヒュルスト『中世都市の形成――北西ヨーロッパ』森本芳樹・藤本太美子・森貴子訳、岩波書店、二〇〇一年。
(23)丹下栄『中世初期の所領経済と市場』(創文社、二〇〇二年)では「週市」である「在地市場」に註目している。山田雅彦『中世フランドル都市の生成――在地社会と商品流通』(ミネルヴァ書房、二〇〇一年)では「農村市場(週市)」に註目している。
(24)網野善彦「都市的な場と都市――渡市津泊宿」網野・横井『都市と職能民の活動』一五六〜一五七頁に「中世の淀川流域と津」の地図が掲げられている。
(25)佐藤進一・池内義資・百瀬今朝雄編『中世法制史料集　第三巻　武家家法Ⅰ』岩波書店、一九六五年、一〇五〜一〇六頁。
(26)佐藤進一・池内義資編『中世法制史料集　第一巻　鎌倉幕府法』岩波書店、一九五五年、一二一頁。
(27)普通「経済外的強制」とは領主が農民から封建地代を収取するために、恩恵と奉仕に基づく人格的な支配力を強制力として行使したことをいうが、商品交換の経済法則ではない経済外的な力として、ここではこの言葉を用いている。
(28) 佐藤進一・百瀬今朝雄編『中世法制史料集　第五巻　武家家法III』岩波書店、二〇〇一年、八七〜八八頁、六二八号。
(29) 同右、八一頁。
(30) 同右、九一〜九二頁。
(31) 仁木宏『京都の都市共同体と権力』思文閣出版、二〇一〇年、一一〇頁。
(32) 同右、六六頁。
(33) 佐藤進一・網野善彦・笠松宏至『日本中世史を見直す』悠思社、一九九四年。
(34) 同右、九七頁で笠松は「慣習法的サンクション（制裁）」を、九九頁では網野が「慣習法」「大法」を述べている。
(35) 佐藤・網野・笠松『日本中世史を見直す』一〇五頁。
(36) 佐藤・百瀬編『武家家法III』一一七〜一一九頁、六八五〜六八七号。
(37) 同右、「補註二九八」三五五〜三五六頁。
(38) 同右、一三〇〜一三一頁、七一一号。
(39) 仁木『京都の都市共同体と権力』一五七頁。
(40) 同右、一五九頁。
(41) 奥野高廣『織田信長文書の研究』上、吉川弘文館、一九六九年、二六一頁。
(42) 仁木『京都の都市共同体と権力』一五七頁。
(43) 佐藤・百瀬編『武家家法III』「補註」二九八、三五五〜三五六頁。
(44) 網野善彦『日本社会再考——海民と列島文化』小学館、一九九四年、二五三頁。初版は『海と列島文化　第八巻　伊勢と熊野の海』小学館、一九九二年。
(45) 小西瑞恵『中世都市共同体の研究』思文閣出版、二〇〇〇年。
(46) 小島道裕『城と城下——近江戦国誌』新人物往来社、一九九七年、一二七頁。
(47) 安野眞幸「永禄八年賀嶋勘右衛門宛て信長判物」『聖徳大学言語文化研究所　論叢』一七、二〇〇九年、六九〜九四頁。

第4章

(1) 清水廣一郎『中世イタリア商人の世界』平凡社、一九八一年、一五〇頁。
(2) 古代中国では、土地・家屋・奴婢の売買には「公券」が必要であったが、牛馬等の売買には「私券」でよいとされていた。
(3) 大曾根章介校註『新猿楽記』山岸徳平他校註『古代政治社会思想』（日本思想大系8）岩波書店、一九七三年。

（4）今野達校註『今昔物語集』五（新日本古典文学大系37）岩波書店、一九九六年、巻二十八第二十七話「伊豆守小野五友目代語」二四一〜二四三頁。
（5）醍醐寺文書『鎌倉遺文』六二〇四号文書。
（6）五味文彦『武士と文士の中世史』東京大学出版会、一九九二年。
（7）笠松宏至校註『御成敗式目』石井進・石母田正・笠松宏至・勝俣鎮夫・佐藤進一校註『中世政治社会思想』上、岩波書店、一九七二年、一六頁。
（8）勝俣鎮夫校註『塵芥集』石井他校註『中世政治社会思想』上、二三三頁。
（9）菅野文夫「執筆・請人・口入人——十一・十二世紀の土地証文から」『国史談話会雑誌』三七、一九九七年、四二〜五八頁。
（10）山田俊雄・入矢義高・早苗憲生校註『庭訓往来・句双紙』（新日本古典文学大系52）岩波書店、一九九六年、三〇頁。
（11）中井信彦『町人』（日本の歴史21）小学館、一九七五年、二四〜二五頁。
（12）石川松太郎校註『庭訓往来』平凡社東洋文庫、一九七三年、三三四頁。
（13）佐藤進一・池内義資編『中世法制史料集　第一巻　鎌倉幕府法』岩波書店、一九五五年、三二〇頁。
（14）白川静『字統』平凡社、一九九四年、六三二頁。
（15）佐竹昭広・久保田淳校註『方丈記・徒然草』（新日本古典文学大系39）岩波書店、一九八九年、一八九頁。
（16）棚橋光男『王朝の社会』（大系日本の歴史4）小学館ライブラリー版、一九九二年、一〇七〜一〇九頁。
（17）同右、一一一〜一一二頁。
（18）中田薫「売買雑考」（同『法制史論集』第三巻、上、岩波書店、一九四三年、五〇頁）では「文契を以て土地所有権移転の最も最大な証拠と看たのみならず、売券の形式を以て売買約を締結し、売券の受授に依て目的物所有権を移転することが、一般慣習となったことも亦疑ない所である」と述べている。
（19）山田・入矢・早苗校註『庭訓往来・句双紙』三〇頁。
（20）佐藤進一・池内義資・百瀬今朝雄編『中世法制史料集　第三巻　武家家法Ⅰ』岩波書店、一九六五年、一六五頁。
（21）石井他校註『中世政治社会思想』上、二二七頁。
（22）高橋慎一朗「鎌倉期京都の地縁社会」同『中世都市の力——京・鎌倉と寺社』高志書院、二〇一〇年。
（23）笠松宏至「中世在地裁判権の一考察」同『日本中世法史論』東京大学出版会、一九七九年。
（24）東京大学史料編纂所編『大徳寺文書』第三巻（大日本古文書　家わけ17）東京大学出版会、一九七一年。
（25）鄭勝謨『市場の社会史』林史樹訳、法政大学出版局、二〇〇二年、九九頁。
（26）菅野「執筆・請人・口入人」の「むすび」五五頁。

(27) 今、不動産の広告はインターネットによるところが大である。
(28) 山田・入矢・早苗校註『庭訓往来・句双紙』四一三頁。
(29) 保立道久「酒と徳政――中世の禁欲主義」『月刊百科』三〇〇号、一九八七年。
(30)『一遍上人絵伝』中央公論社、九八～九九頁。
(31) 中村直勝『日本古文書学』中、角川書店、一九七四年、七〇二頁。
(32)「古老」については第6章第二節で取り上げる蔵持重裕「庄園古老法」を参照。荘園の政所に詰めている名主沙汰人と呼ばれる存在である。
(33) 佐藤・池内・百瀬編『武家家法I』一六二頁。
(34) 笠松宏至「中世在地裁判権の一考察」宝月圭吾先生還暦記念会編『日本社会経済史研究』中世編、吉川弘文館、一九六七年。
(35) 本書七二頁の(へ)「『公界』の慣習法」参照。
(36) 古澤直人『鎌倉幕府と中世国家』校倉書房、一九九一年、三六九頁。
(37) 同右、三六七頁。
(38) 同右、四〇一頁。
(39) 石井他校註『中世政治社会思想』上、一八八頁。
(40) 村井章介「〝公界〟は一揆か、公権力か」同『中世史料との対話』吉川弘文館、二〇一四年。
(41) 中田薫「栄誉の質入」同『法制史論集』第三巻、上、岩波書店、一九四三年がある。西鶴は『日本永代蔵』巻一「波風静かに神通丸」において、大坂北浜の米市の商人が「扶桑第一の大商人」で「心も大腹中」であるとして、契約文書ではなく、手を打つという形で千石・万石の米を売買していたことを、次のように述べている。米市の仲間内では「名誉」が大切にされていたのである。「惣じて北浜の米市は、日本第一の津なればこそ、一刻の間に五百貫目のたてり商いもある事なり。その米は蔵々に山をかさね、夕べの嵐、朝の雨、日和を見合わせ、雲の立ち所を考え、夜のうちの思ひ入れにて、売る人あり、買う人あり。一分二分をあらそひ、人の山をなし、互いに面を見知りたる人には、千石・万石の米を売買せしに、両人手を打ちて後は、少しもこれに相違なかりき。世情に金銀の取りやりには、預かり手形に請判慥かに、「何時なりとも御用次第」と相定めし事さへ、その約束をのばし出入りになる事なりしに、空定めなき約束をたがへず、その日切りに損得をかまはず売買せしは、……」。

第5章

(1)『青方文書』第七七巻四〇六号文書、長崎県立長崎図書館所蔵。
(2) 石井進「『那摩孫三郎戒状』をめぐって」『信濃』三三巻一二号、一九八一年、五四～六三頁。石井進「身曳きと〝いましめ〟」網野善彦・石井進・笠松宏至・勝俣鎮夫『中世の罪と罰』東京大学出版会、一九八三年。石井進「罪過による身分の転落」同『中世を読み解く──古文書入門』東京大学出版会、一九九〇年。ここでは現物の文書の写真を掲げている。
(3) 近藤成一「悪党召し捕りの構造」永原慶二編『中世の発見』吉川弘文館、一九九三年。
(4) 西田友広『悪党召し捕りの中世──鎌倉幕府の治安維持』吉川弘文館、二〇一七年。
(5) 神田千里『戦国乱世を生きる力』(日本の中世11)中央公論新社、二〇〇二年、七二頁、一二六頁。
(6) 氏家幹人『江戸藩邸物語──戦場から街角へ』中公新書、一九八八年、一六六〜一七三頁。
(7) 佐藤進一・百瀬今朝雄編『中世法制史料集　第四巻　武家家法II』岩波書店、一九九八年、「第二部　参考資料」五号、二八七頁。編者の傍註に従った。
(8) 近世村落史研究会編『土佐国地方史料』日本学術振興会、一九五六年、四二頁、七五〜七六頁。
(9) 神田『戦国乱世を生きる力』七三頁。
(10) 佐藤進一・池内義資・百瀬今朝雄編『中世法制史料集　第三巻　武家家法I』岩波書店、一九六五年、一五四頁。
(11) 『「天台肝要文」紙背文書』中尾堯編『中山法華経寺史料』吉川弘文館、一九六八年、一四三〜一四四頁。
(12) 石井『中世を読み解く』六六頁以下。
(13) 網野善彦「未進と身代」網野・石井・笠松・勝俣『中世の罪と罰』。
(14) 湯浅治久「〈御家人経済〉の展開と地域経済圏の成立──千葉氏を事例として」五味文彦編『交流・物流・越境』(中世都市研究11)新人物往来社、二〇〇五年。
(15) 本郷恵子『蕩尽する中世』新潮選書、二〇一二年、一三六頁。
(16) 佐藤進一・池内義資編『中世法制史料集　第一巻　鎌倉幕府法』岩波書店、一九五五年、一七三頁。
(17) 『日向古文書集成』大光寺文書七四号、『大日本史料』六編之二十。
(18) 同右、大光寺文書七五号。
(19) 石井進・石母田正・笠松宏至・勝俣鎮夫・佐藤進一校註『中世政治社会思想』上(日本思想体系21)岩波書店、一九七二年、四四頁。
(20) 網野・石井・笠松・勝俣『中世の罪と罰』所収の「討論」(一九一頁以降)では、権力者に対する犯罪である〈謀叛の罪〉について『御成敗式目』では説明がなされていないと指摘されているが、前九年の役で逆賊とされた安倍貞任・宗任の伝承では義家の従者になったとある。
(21) 追加法四八七号、佐藤・池内編『鎌倉幕府法』二四八〜二四九頁。

第6章

（1）村井章介「〈公界〉は一揆か、公権力か――『相良氏法度』第十八条の解釈をめぐって」同『中世史料との対話』吉川弘文館、二〇一四年。

（2）佐藤進一・池内義資編『中世法制史料集　第一巻　鎌倉幕府法』岩波書店、一九五五年、一～二頁。

（3）佐藤進一・池内義資・百瀬今朝雄編『中世法制史料集　第三巻　武家家法Ⅰ』岩波書店、一九六五年、二三四頁。清水克行『戦国大名と分国法』（岩波新書、二〇一八年）では、『結城氏新法度』を第一章で取り上げてはいるが、〈家臣団統制法〉という伝統的な枠組みから一歩も踏み出していないので、「公界」についての言及はない。

（4）石井進・石母田正・笠松宏至・勝俣鎮夫・佐藤進一校註『中世政治社会思想』上（日本思想大系21）岩波書店、一九七二年、二七二頁の頭註。

（5）同右、二五四頁。

（6）小西瑞恵『中世都市共同体の研究』思文閣、二〇〇〇年。

（7）村井章介は原文に近い佐藤・池内・百瀬編『武家家法Ⅰ』を引いているが、ここでは漢字を増やすなどして理解しやすくなっている石井他校註『中世政治社会思想』上、二五八頁を引用した。

（8）石井他校註『中世政治社会思想』上、「補註」四六三頁。

（9）網野善彦「倉庫、金融と聖」同『増補　無縁・公界・楽――日本中世の自由と平和』平凡社選書、一九八七年、一七七頁。

（10）安良城盛昭『天皇・天皇制・百姓・沖縄――社会構成史研究よりみた社会史研究批判』吉川弘文館、一九八九年、三八頁、二九五頁。

（11）峰岸純夫「網野善彦氏『無縁・公界・楽』を読む」同『中世災害・戦乱の社会史』吉川弘文館、二〇〇一年、一一九頁。

（12）村井「〈公界〉は一揆か、公権力か」一六〇頁。

（13）豊田武『増訂　中世日本商業史の研究』岩波書店、一九五二年、二〇二～二〇四頁。

（14）結城市史編さん委員会編『結城市史　第四巻　古代中世通史編』（結城市、一九八〇年、六七八頁）では「忠信のものの子孫には負債の三分の一を免除する」としているが、これではBは三分の二を支払わねばならず、私の解釈とは異なっている。

（15）石井他校註『中世政治社会思想』上、二五八頁。

（16）結城市史編さん委員会編『結城市史』の「結城氏新法度現代語訳」では第四四条については「一致して」、第八二条では「意見をまとめて」としている。

（17）石井他校註『中世政治社会思想』上、二六八頁。

（18）桜井英治「職人・商人の組織」『岩波講座日本通史10　中世4』一九九四年、一五〇～一五二頁。桜井の議論は、蔵方の座法を前提とする前述の私の議論と対立するが、今後の課題としたい。
(19) 同右、一五七頁。
(20) 佐藤・池内・百瀬編『武家家法Ⅰ』二四九頁。
(21) 石井他校註『中世政治社会思想』上、四六四頁。
(22) このように「公界」を見るならば、『結城氏新法度』には「家中法」の外に「領国法」の存在も認められよう。
(23) 蔵持重裕「荘園古老法——紛争解決の習俗」同『日本中世村落社会史の研究』校倉書房、一九九六年。
(24) 藤木久志『戦国社会史論——日本中世国家の解体』東京大学出版会、一九七四年。
(25) 村井「〈公界〉は一揆か、公権力か」一五五頁。
(26) 井原今朝男「幕府・鎌倉府の流通経済政策と年貢輸送」永原慶二編『中世の発見』吉川弘文館、一九九三年。
(27) 雲頂庵文書、「神奈川県史資料編」六三三九号。
(28) 小西『中世都市共同体の研究』。
(29) 網野善彦『蒙古襲来』(日本の歴史10)小学館、一九七四年。
(30) 網野『増補　無縁・公界・楽』。
(31) 網野善彦「〈公界〉と公界寺」同『日本中世都市の世界』筑摩書房、一九九六年、四六頁。
(32) 網野善彦・横井清『都市と職能民の活動』(日本の中世6)中央公論新社、二〇〇三年。
(33) 同右、三〇頁。
(34) 同右、一七三頁。
(35) フィリップ・カーティン『異文化間交易の世界史』田村愛理・中堂幸政・山影進訳、NTT出版、二〇〇二年。
(36) 網野・横井『都市と職能民の活動』一三二頁。
(37) これについては、市場制度の比較研究としていろいろ考えたが、別の機会に譲ることとした。

第7章

(1) 出雲路修校註『日本霊異記』(新日本古典文学大系30)岩波書店、一九九六年、一三四～一三六頁。
(2) 池上洵一校註『今昔物語集』三(新日本古典文学大系35)岩波書店、一九九三年、三五二～三五四頁。
(3) 赤坂憲雄「銭を貸す聖たち——仏教と市・金融の関わりをめぐって」『季刊　仏教』二、一九八八年、八六頁。
(4) 「消費貸借」については伊藤高義「消費貸借」『大百科事典』第七巻、平凡社、一九八五年、五二三頁による。
(5) 「自然債務」については石田喜久夫「自然債務」『大百科事典』第六巻、平凡社、一九八五年、八六八頁による。

(6)「共同寄託」については柄谷行人『世界史の講造』岩波書店、二〇一〇年、五二頁による。
(7)K・ポランニー『人間の経済』I、玉野井芳郎・栗本慎一郎訳、岩波現代選書、一九八〇年。
(8)出雲路校註『日本霊異記』九七〜九九頁。
(9)同右、一〇四〜一〇六頁。
(10)赤坂「銭を貸す聖たち」。
(11)時代は下り、平安時代のものではあるが、『法曹至要抄』の「出挙条」の第八六条には「私稲出挙可禁制事」(佐藤進一・百瀬今朝雄・笠松宏至編『中世法制史料集　第六巻　公家法・公家家法・寺社法』岩波書店、二〇〇五年、三〇五頁)とあり、法令の最後には「物即没官、国郡官人即解見任」とあり、私出挙の主体が「国郡官人」であったことが知られる。同じく「出挙条」の第八七条には「出挙利不過一倍事」(三〇六頁)、第九〇条には「銭貨出挙利不可過半倍事」、第九一条には「銭貨出挙以米弁時、一倍利事」(三〇七頁)とある。
(12)赤坂「銭を貸す聖たち」八七頁。
(13)新井孝重『中世悪党の研究』吉川弘文館、一九九〇年、第二章「寺院社会と悪僧」。
(14)「公家法」第一三号、佐藤・百瀬・笠松編『公家法・公家家法・寺社法』九頁。なお、第8章参照。
(15)「公家法」第二六号、第八三号、第九〇号。
(16)追加法第一八〇号、第三九五号。
(17)増補史料大成刊行会編『中右記』(増補史料大成9〜15)臨川書店、一九六五年。
(18)安田元久『院政と平氏』(日本の歴史7)小学館、一九七四年、九七頁。
(19)伊藤正敏『無縁所の中世』ちくま新書、二〇一〇年、二五〜二七頁。
(20)森安孝夫『シルクロードと唐帝国』講談社、二〇〇七年。
(21)加藤博『文明としてのイスラム——多元的社会叙述の試み』東京大学出版会、一九九五年。後藤明は『メッカ——イスラームの都市社会』(中公新書、一九九一年、二七〜二八頁)で、「放牧という生産形態の特徴」は「家畜の所有とその管理が一人の人物で完結せず、複数の人物が関与する」ことにあり、「牧民社会の実態」は「契約にもとづく」「複数の人物間の関係」からなるとしている。牧民社会では、契約関係が幅広く設定されていることから、人と神との関係も契約であるとの神観念が生まれ、個人間の契約を重視する社会となった。一方、農民社会である中国では、共同体的規制としての礼的秩序が重視され、王権による契約の保証が重視された。
(22)伊藤正敏は網野善彦・石井進両氏の対談を本にした『米・百姓・天皇——日本史の虚像のゆくえ』(ちくま学芸文庫、二〇一一年)の「解説　歴史ロマンと実証が出逢うとき」「四　仏教は商工業親和的、儒教は農本主義」(二七五頁)の中で「中国でも日本でも商業が盛んに行われたのは寺院である。一方、儒教は商工業、特に商業を毛嫌いする」と述べている。『三国志演義』には、魏の曹操が糧食が尽きそうになった時、補給担当の五屋が報告したにもかかわらず、彼が盗んだからだとして首をはね、兵士たちの不満を抑えたという逸話が載っている。古代中国においては、商人は罪人と見なされ、使い捨てにされる身分であった。

(23) 佐藤泰弘「借上の予備的考察」『甲南大学紀要　文学編』一二四、二〇〇一年、一二一頁。

(24) 佐藤泰弘説によれば、院の命令で督促されるので、元本も利息も返済される可能性があったのに、大津神人たちは「自余の人」のことばかりを問題としたのだろうか。院の判断を予想していたので「院宣にあらずば」と言い、最初から踏み倒すつもりであったのであろう。

(25) 森正人校註『今昔物語』五（新日本古典文学大系37）岩波書店、一九九六年、二七〇～二七三頁。

(26) 本郷恵子『蕩尽する中世』新潮選書、二〇一二年、一五頁。

(27) 棚橋光男『中世成立期の法と国家』塙書房、一九八三年。

(28) 佐藤「借上の予備的考察」一一六～一三三頁。

(29) 五味文彦「保元の乱の歴史的位置」同『院政期社会の研究』山川出版、一九八四年、二九五頁。

(30) 佐藤進一『古文書学入門』法政大学出版局、一九七一年、七七頁以下。

(31) 戸田芳実「王朝都市と荘園体制」同『初期中世社会史の研究』東京大学出版会、一九九一年、二〇七頁。

(32) 同右、二〇七～二〇九頁。

(33) ここでは「四月往状」「四月返状」としているが、テキストには「卯月五日」「卯月十一日」とある。

(34) 山岸徳平・竹内理三・家永三郎・大曾根章介校註『古代政治社会思想』（日本思想大系8）岩波書店、一九七九年、一八一頁。

(35) 戸田『初期中世社会史の研究』一九四～一九六頁。

(36) 網野善彦は戸田の議論を自家薬籠中の物として〈日吉大津神人のネットワーク〉像に取り入れ、北条氏の守護職の分布から日宋貿易港と鎌倉とを結ぶ流通経済路を想定し、北条氏・得宗による「都鄙間交通」の掌握にまで議論は及んでいる。網野氏の視野の広さと史料の博捜には脱帽するばかりである。

(37) 『徒然草』第六十段には芋頭を好む自由人の盛親僧都のこととして、「三万疋を芋頭のあしと定めて、京なる人に預けて置きて、十貫づゝ取寄せて、芋頭ともしからず召しける」とある。

(38) 桜井英治「金融ネットワーク」同『破産者たちの中世』山川出版社（日本史リブレット）、二〇〇五年、五七頁、五八頁、六七頁。

(39) 五味「保元の乱の歴史的位置」二九五頁。

(40) 佐藤「借上の予備的考察」一二三頁。

(41) 井原今朝夫『中世の借金事情』吉川弘文館、二〇〇九年、一二一頁。
(42) 同右、一二二頁。
(43) 五味「保元の乱の歴史的位置」二九五頁。
(44) 棚橋『中世成立期の法と国家』。
(45) 本郷恵子「道理と合議」同『京・鎌倉ふたつの王権』(日本の歴史6) 小学館、二〇〇八年、一七九頁。
(46) 棚橋『中世成立期の法と国家』一三八頁。
(47) 笠松宏至『日本中世法史論』東京大学出版会、一九七九年、一七八頁、三〇一頁。
(48) 同右、一五二頁。
(49) 棚橋『中世成立期の法と国家』一三八～一三九頁。
(50) 同右、一三八頁。
(51) 同右。
(52) 五味「保元の乱の歴史的位置」二九四～二九六頁。
(53) 寛喜三年(一二三一)の飢饉に際して執権の北条泰時は飢饉を救うため出挙米を施すよう伊豆・駿河に命令を下している。
(54) 本郷恵子「公家の撫民・武家の撫民」同『京・鎌倉ふたつの王権』一七三頁。
(55) 戸田「王朝都市と荘園体制」二〇八頁。
(56) 佐藤泰弘「借上の予備的考察」一二六頁。
(57) 網野善彦『日本中世都市の世界』筑摩書房、一九九六年、二七八頁。
(58) 佐藤進一『古文書学入門』法政大学出版局、一九七一年、一〇一頁。
(59) 本郷『京・鎌倉ふたつの王権』一九三頁。
(60) 同右。
(61) 井原今朝男『中世の借金事情』吉川弘文館、二〇〇九年。
(62) 島津忠夫校註『宗長日記』岩波文庫、一九七五年、六〇頁。
(63) 材木として役立たない、切れ端や削りくず。
(64) 島津校註『宗長日記』七一頁。
(65) 網野善彦・石井進・笠松宏至・勝俣鎮夫『中世の罪と罰』東京大学出版会、一九八三年、一六八頁。
(66) 山本幸司「中世の法と裁判」『岩波講座日本通史8　中世2』一九九四年。
(67) 新井孝重『中世悪党の研究』一一一頁。

第8章

（1）笠松宏至「中世在地裁判権の一考察」同『日本中世法史論』東京大学出版会、一九七九年、一五二頁。
（2）佐藤進一・百瀬今朝雄・笠松宏至編『中世法制史料集　第六巻　公家法・公家家法・寺社法』岩波書店、二〇〇五年。
（3）笠松宏至「鎌倉後期の公家法について」笠松宏至・佐藤進一・百瀬今朝雄校註『中世政治社会思想』下（日本思想大系22）岩波書店、一九八一年、四一六頁。
（4）大石直正「荘園公領制の展開」『講座日本歴史3　中世1』東京大学出版会、一九八四年、一三五頁。
（5）佐藤進一「室町幕府論」『岩波講座日本歴史7　中世3』岩波書店、一九六三年。佐藤進一『日本中世史論集』岩波書店、一九九〇年再録。
（6）佐藤『日本中世史論集』一四四頁。
（7）棚橋光男「中世国家の成立」『講座日本歴史3　中世1』。棚橋光男『後白河法皇』講談社選書メチエ、一九九五年再録。
（8）棚橋『後白河法皇』一九〇頁。
（9）同右、一九四頁。
（10）同右、一九六頁。
（11）法令の表面を見る限り、神人・悪僧の出挙は確認できないが、第八六条からは「国郡官人」が出挙の主体であったことが知られる。ここから神人・悪僧の出挙を類推してもよいだろう。
（12）棚橋光男「新しい法を担う人々」『王朝の社会』（大系日本の歴史4）小学館ライブラリー、一九九二年、二九四〜二九七頁。
（13）保元元年令は、佐藤・百瀬・笠松編『公家法・公家家法・寺社法』三〜六頁。
（14）棚橋光男『中世成立期の法と国家』塙書房、一九八三年、二四三頁。
（15）同右、二四八頁。
（16）棚橋「中世国家の成立」同『後白河法皇』一九九頁。
（17）佐藤・百瀬・笠松編『公家法・公家家法・寺社法』四頁。
（18）同右、八〜九頁。
（19）同右、六頁。
（20）衣川仁『僧兵＝祈りと暴力の力』講談社選書メチエ、二〇一〇年、二〇三〜二〇四頁。
（21）網野善彦「中世都市論」同『日本中世都市の世界』筑摩書房、一九九六年、一〇三頁。
（22）網野善彦「職能民と神人・供御人制」網野善彦・横井清『都市と職能民の活動』（日本の中世6）中央公論新社、二〇〇三年、一二七頁。

(23) 網野善彦「造酒司酒麹役の成立」同『悪党と海賊――日本中世の社会と政治』法政大学出版局、一九九五年、二七八頁。
(24) 日本歴史学会編『概説　古文書学』古代・中世編、吉川弘文館、一九八三年、「第九」二一七頁。
(25) 西田友広『悪党召し捕りの中世――鎌倉幕府の治安維持』吉川弘文館、二〇一七年、一一二頁。
(26) 近藤成一『鎌倉幕府と朝廷』岩波新書、二〇一六年、二二二頁。
(27) 戸田芳実「王朝都市と荘園体制」同『初期中世社会史の研究』東京大学出版会、一九九一年、一九八頁。
(28) 山本幸司「相互扶助としての貸借」「中世の法と裁判」『岩波講座日本通史8　中世2』一九九四年、八三頁。
(29) 佐藤・百瀬・笠松編『公家法・公家家法・寺社法』二〇頁。
(30) 同右、二五頁。
(31) 追加法第六七条、本書第9章第二節参照。
(32) 棚橋『中世成立期の法と国家』保元元年令と建久Ⅰ令、二三九頁。
(33) 佐藤・百瀬・笠松編『公家法・公家家法・寺社法』一八頁。
(34) 笠松・佐藤・百瀬校註『中世政治社会思想』下、一三頁。
(35) 衣川『僧兵＝祈りと暴力の力』二〇三～二〇四頁。
(36) 笠松・佐藤・百瀬校註『中世政治社会思想』下、一二頁。
(37) 衣川『僧兵＝祈りと暴力の力』二〇三～二〇四頁。
(38) 佐藤・百瀬・笠松編『公家法・公家家法・寺社法』一六頁。
(39) 同右、一七頁。
(40) 同右。
(41) 石井進「身曳きと〝いましめ〟」網野善彦・石井進・笠松宏至・勝俣鎮夫『中世の罪と罰』東京大学出版会、一九八三年、一六八頁。
(42) 正応五年七月二十七日付の広田社宛て「雑事拾弐箇条」の第四五七号、第四五八号。本書第12章で取り上げる。
(43) 笠松宏至「中世の政治社会思想」同『日本中世法史論』一六八頁。
(44) 網野善彦「中世の商業と金融」同『日本中世に何が起きたか――都市と宗教と「資本主義」』日本エディタースクール出版部、一九九七年、四八～四九頁。
(45) 公権力から離れて、神人・悪僧が独自に裁判権を行使していたのとよく似た即決裁判の事例を、中世ヨーロッパに求めると「泥足裁判所」となる。神人・悪僧が「国中を往反し」「京中を横行し」「諸国に発向」していたのに対して、ヨーロッパでは行商人が遍歴をしていた。彼ら行商人たちは必要に迫られて、自分たちだけで裁判を執り行っていた。その「泥足裁判所」にふれておきたい。

コルネリウス・ウォルフォードの『市の社会史――ヨーロッパ商業史の一断章』(そしえて、一九八四年)において、訳者中村勝は「泥足裁判所 Pie Powder Courts」に次のような註(二〇頁)を付している。「中世ヨーロッパの市において商事にかんする裁定を商人本位に行った独立の慣習的法廷、行商人裁判所、またその名に由来して埃足(泥足)裁判所とも訳される」。著者ウォルフォードは「パイ・パウダー・コート(市場裁判所)」について「どのように生成したのかを示してくれるいかなる記録も規則も存在しない」「それらは、市の発達とともに生成し、市の商業活動としての衰退とともに消滅したのである」として考古学の文献を挙げ、次に法学者の文献などを挙げている。中世ヨーロッパの遍歴商人たちが必要に迫られて作り出した裁判所で、遍歴商人の足が「泥足」だったからとも、泥足の泥を素早く払い落とすのと同様に〈即決で裁判を行うから〉とも言われており、簡易・応急的なもので、「訴訟はすべて即座に審決された」。また「その場に居合わせた交易者から構成される陪審員のまえで審理された」ともある。

アンリ・ピレンヌは『中世ヨーロッパ経済史』(増田四郎他訳、一条書店、一九五六年)で「泥足裁判所」について次のように述べている。「遅くとも十一世紀初頭以来、自然の成行で、商人法 jus mercatorum、即ち初期の商法が作り出された。それは経験から生まれた慣例の集成であり、商人が取引に際して自分達の間で実行していた一種の国際的慣習法である。法律として認められていないから、既存の法廷でそれを主張することは不可能である。そこで、商人は彼等の係争を理解し裁定するのに必要な能力を持っている判決者を彼等の中から選ぶことに同意した。疑いもなくここにイギリス法が商人裁判所 courts of piepowders、即ち『泥足の裁判所』courts des pieds piudreux――急速な裁判を仰ぐためにそこに訴願した商人の足がまだ道路の塵に塗れていたから――という絵画的な表現で呼称する裁判所の起源を求めるべきである」。またピレンヌは『中世都市』では、「即決裁判」は諸国の商人が定期的に参集する「大市」で開かれ、調琢されたとした。ここには「法律として認められていないから、既存の法廷で主張することは不可能である」とあるが、伝統的な法律や裁判所については次のように述べている。「伝統的な法律は、窮屈に形式に拘泥する訴訟手続きを伴い、神明裁判や、決闘裁判が行われ、裁判官は農村人口中から選ばれ、しかも土地の耕作か所有かによって生活する人々の関係を規制するために漸次作り上げられた慣習法以外の他の慣習法を容認しないのであるから、商業と工業とに基づいて生計を営んでいる人々には不適当なものである」。ここには、「土地の耕作か所有かによって生活する人々」と「商業と工業とに基づいて生計を営んでいる人々」との間には法律も裁判所も異なっているとある。これは日本中世の場合の「所務沙汰」と「雑務沙汰」との違いに対応しよう。日本の「寄沙汰」の際の裁判と泥足裁判とは〈即決〉の点で共通していよう。

(46) 安田元久『院政と平氏』(日本の歴史7)小学館、一九七四年、九七頁。

(47) 新井孝重『中世悪党の研究』吉川弘文館、一九九〇年、一〇八頁。

(48) 笠松「中世の政治社会思想」同『日本中世法史論』。

(49) 追加法第二六七条。本書第11章第二節参照。

(50)追加法第二三八条。本書第9章第四節参照。
(51)室町幕府追加法第一四五条。佐藤進一・池内義資編『中世法制史料集　第二巻　室町幕府法』岩波書店、一九五七年、五九頁。本書第13章第四節参照。
(52)衣川『僧兵＝祈りと暴力の力』一八六頁。
(53)同右、一九二頁。
(54)同右、二〇八頁。
(55)白川静「よす〔寄・依・縁・因〕」『字訓』平凡社、一九九五年、七八八〜七八九頁。
(56)祇園社の神は牛頭天王で蘇民将来の話と密接な関係にある。神に背く人々を皆殺しにする「罰する神」であるが、逆に神に従う人々を保護するとの神の二面性が攻撃的な金融業と並行的な関係にあろう。
(57)「公家法」第二一七号、弘長三年四月三十日付「神祇官下　広田社／定置　社内住人　検断式条」佐藤・百瀬・笠松編『公家法・公家家法・寺社法』一〇八頁。
(58)西田『悪党召し捕りの中世』二一〜二二頁。
(59)大石「荘園公領制の展開」。
(60)佐藤・百瀬・笠松編『公家法・公家家法・寺社法』二一二頁。
(61)西田『悪党召し捕りの中世』三二〜三三頁。
(62)佐藤・百瀬・笠松編『公家法・公家家法・寺社法』二〇頁。
(63)同右。
(64)この文書を取り上げたものに、下坂守「衆徒の金融と神人の金融」同『中世寺院社会と民衆——衆徒と馬借・神人・河原者』思文閣出版、二〇一四年がある。
(65)笠松・佐藤・百瀬校註『中世政治社会思想』下、一五〜一六頁。
(66)中村吉治「神話に見える土地関係」「アマツミに関する諸説」の「クシザシ」同『日本封建制の源流』上、刀水書房、一九八四年、一四八頁。
(67)佐藤・百瀬・笠松編『公家法・公家家法・寺社法』三〇九頁。
(68)同右、三〇五頁。
(69)同右、四四頁。

第9章

（1）鎌倉幕府追加法。以下追加法と略記する。なお、室町幕府の追加法の場合は「室町幕府追加法」と表記する。
（2）佐藤進一・百瀬今朝雄・笠松宏至編『中世法制史料集　第六巻　公家法・公家家法・寺社法』岩波書店、一九五五年、四九～五七頁。
（3）西田友広『悪党召し捕りの中世――鎌倉幕府の治安維持』吉川弘文館、二〇一七年、一〇四～一〇七頁。
（4）佐藤・百瀬・笠松編『公家法・公家家法・寺社法』一二八頁。
（5）同右、一六二頁。
（6）佐藤進一・池内義資編『中世法制史料集　第一巻　鎌倉幕府法』岩波書店、一九五五年、九二～九三頁。
（7）佐藤・百瀬・笠松編『公家法・公家家法・寺社法』六四～六九頁。
（8）西田友広「朝廷と追補官符システム」同『悪党召し捕りの中世』二一～二二頁。
（9）佐藤・池内編『鎌倉幕府法』「補註」三八四頁。
（10）同右、八三頁。
（11）「公家法」第二一七号、神祇官下　広田社　検断式条　第一条、佐藤・百瀬・笠松編『公家法・公家家法・寺社法』一〇八頁。
（12）同右。
（13）頭註には「付下恐当有出」とある。
（14）佐藤・池内編『鎌倉幕府法』九〇頁。
（15）西田友広「守護と守護所」同『悪党召し捕りの中世』六六～七九頁。
（16）石井進「鎌倉幕府と国衙との関係の研究」同『日本中世国家史の研究』岩波書店、一九七〇年。
（17）佐藤・池内編『鎌倉幕府法』九二～九三頁。
（18）同右、一〇七頁。
（19）同右、一〇九頁。
（20）同右、一〇八～一〇九頁。
（21）笠松宏至「中世の政治社会思想」同『日本中世法史論』東京大学出版会、一九七九年、一七六～一七七頁。
（22）佐藤・池内編『鎌倉幕府法』一〇七頁。
（23）脇田晴子「商工業者の成長」林家辰三郎編『京都の歴史2　中世の明暗』学芸書林、一九七一年、四六〇頁。
（24）佐藤進一・網野善彦・笠松宏至『日本中世史を見直す』悠思社、一九九四年、参考史料、二二〇頁。なおこの部分についての説明は本論の二二一頁。

(25)佐藤・池内編『鎌倉幕府法』一一三～一一四頁。
(26)笠松宏至校註「追加法」石井進・石母田正・笠松宏至・勝俣鎮夫・佐藤進一校註『中世政治社会思想』上（日本思想大系21）岩波書店、一九七二年、一〇三頁。
(27)佐藤・池内編『鎌倉幕府法』一一六頁。
(28)石井他校註『中世政治社会思想』上、一〇三頁。
(29)脇田「商工業者の成長」四六〇頁。
(30)網野善彦「未進と身代」網野善彦・石井進・笠松宏至・勝俣鎮夫『中世の罪と罰』東京大学出版会、一九八三年。
(31)佐藤・網野・笠松『日本中世史を見直す』二二頁、三五頁。
(32)同右、二二頁。
(33)佐藤・池内編『鎌倉幕府法』一五五頁。網野善彦は『日本中世の百姓と職能民』平凡社選書、一九九八年、二〇頁でこの文書を取り上げているが、「平民」と「神人」とが対立的に取り上げられていることにのみ注目し、この法令の内容については関心を示していない。
(34)青木昌彦『比較制度分析序説――経済システムの進化と多元性』講談社学術文庫、二〇〇八年、二七二頁。
(35)脇田晴子『日本中世商業発達史の研究』（御茶の水書房、一九六九年、二七二頁）には、本座側から新座は〝彼輩者皆本座神人之下人候〟（『八坂神社記録』上、康永二年一月八日条）と言われていたとある。なお脇田「商工業者の成長」四五六頁も参照。
(36)網野善彦『海の国の中世』平凡社ライブラリー、一九九七年、一二二頁。
(37)佐藤進一『日本の中世国家』岩波書店、一九八三年。
(38)同右、一六四頁。
(39)佐藤進一・池内義資・百瀬今朝雄編『中世法制史料集　第三巻　武家家法Ⅰ』岩波書店、一九六五年。
(40)安野眞幸「宇都宮式条の世界――非市場社会のケース・スタディとして」『弘前大学教養部　文化紀要』二五、一九八七年。
(41)西山克「南北朝期の権力と惣郷――伊勢神宮検非違使の消滅をめぐって」日本史研究会史料研究部会編『中世日本の歴史像』創元社、一九七八年。
(42)伊藤清郎「中世前期における石清水八幡宮の権力と機構」『文化』四〇（一・二）、一九七六年、六四～八一頁。
(43)中原俊章『中世公家と地下官人』吉川弘文館、一九八七年、一二六頁。
(44)清田善樹「検非違使の支配領域と裁判管轄」『年報中世史研究』創刊号、一九七六年、五〇頁。
(45)網野「未進と身代」。
(46)島田次郎「郷質と中世共同体――高質と郷質をめぐって」『経済学論纂（中央大学）』三一（一・二）、一九九〇年、七一～九四頁。

（47）高野山文書之一、一五〇号。

（48）東寺百合文書ヌ-46。

（49）佐藤「室町幕府論」同『日本中世史論集』岩波書店、一九九〇年、一四四頁。

（50）本郷和人「鎌倉時代朝廷訴訟の一側面」笠松宏至編『中世を考える　法と訴訟』吉川弘文館、一九九二年、一四二頁。

（51）同右、一四一頁。

第10章

（1）佐藤進一・百瀬今朝雄・笠松宏至編『中世法制史料集　第六巻　公家法・公家家法・寺社法』岩波書店、二〇〇五年、九五頁。

（2）同右、六九頁。

（3）佐藤進一・池内義資編『中世法制史料集　第一巻　鎌倉幕府法』岩波書店、一九九五年、七八頁。

（4）佐藤・百瀬・笠松編『公家法・公家家法・寺社法』五九～六〇頁。

（5）佐藤・池内編『鎌倉幕府法』六四頁。

（6）同右、六五頁。

（7）佐藤・池内編『鎌倉幕府法』六七～六八頁。

（8）佐藤・百瀬・笠松編『公家法・公家家法・寺社法』六二～六四頁。

（9）同右、一〇二～一〇三頁。

（10）佐藤・池内編『鎌倉幕府法』一七〇～一七一頁、「補註三四」三八九頁。

（11）同右、「補註三四」三八九頁。

（12）石井進他校註『中世政治社会思想』上（日本思想大系21）岩波書店、一九七二年、一三八頁。

（13）鎌倉幕府追加法第三三条として、佐藤・池内編『鎌倉幕府法』七八頁に収録されて後、笠松宏至校註「追加法」「神官僧侶規定法」として石井他校註『中世政治社会思想』上、一三八頁に収録され、「公家法」第一部「法規」一五〇として佐藤・百瀬・笠松編『公家法・公家家法・寺社法』六九頁に再録されている。その際の異同については後述。

（14）佐藤・池内編『鎌倉幕府法』七八頁。

（15）石井他校註『中世政治社会思想』上、一三八頁。

（16）笠松宏至「中世の政治社会思想」同『日本中世法史論』東京大学出版会、一九七九年、一六九～一七〇頁。

（17）佐藤・百瀬・笠松編『公家法・公家家法・寺社法』六九頁。

(18)『中世政治社会思想』上の一九七五年の二刷では「白状」、一九八六年の九刷では「白波」となっている。犯罪の確定には客観的証拠ではなく、主観的な本人の自供が必要とされる社会では、裁判手続きに拷問―自白という過程が必要となってくる。裁判の過程で自白＝白状を目撃した人が、この法令の記録に携わっていたのではあるまいか。
(19)石井他校註『中世政治社会思想』上、一三八頁。
(20)笠松宏至「中世の政治社会思想」一七〇頁。
(21)笠松宏至「鎌倉後期の公家法について」笠松宏至・佐藤進一・百瀬今朝雄校註『中世政治社会思想』下（日本思想大系22）岩波書店、一九八一年、四一六頁。
(22)佐藤進一『古文書学入門』法政大学出版局、一九七一年、七七頁以降。
(23)佐藤・池内編『中世法制史料集　第二巻　室町幕府法』岩波書店、一九五七年、二三頁。
(24)これについては、網野善彦『日本中世都市の世界』岩波書店、一九八四年、一八六頁参照。
(25)佐藤・百瀬・笠松編『公家法・公家家法・寺社法』一一九頁。これは笠松・佐藤・百瀬校註『中世政治社会思想』下、四二頁にも収録されている。ここでは後者の読み下し文に従った。
(26)佐藤・百瀬・笠松編『公家法・公家家法・寺社法』一七九～一八五頁。なおこれについては、本書第9章参照。
(27)伊藤正敏『中世の寺社勢力と境内都市』吉川弘文館、一九九九年。
(28)石井他校註『中世政治社会思想』上、一三八頁では七八頁の頭註を参照としている。
(29)笠松「中世の政治社会思想」一七〇頁。
(30)網野善彦『悪党と海賊――日本中世の社会と政治』法政大学出版局、一九九五年、三六四頁。
(31)黒田俊雄「中世の国家と天皇」『岩波講座日本歴史　中世2』一九六三年。
(32)石井進「質に取られた馬――とうたり弥太郎申状」同『中世を読み解く――古文書入門』東京大学出版会、一九九〇年、五一頁以降。
(33)笠松宏至「幕府法と守護の法」『岩波講座日本通史8　中世2』一九九四年。
(34)佐藤・百瀬・笠松編『公家法・公家家法・寺社法』三〇六頁。

第11章

(1)佐藤進一・百瀬今朝雄・笠松宏至編『中世法制史料集　第六巻　公家法・公家家法・寺社法』岩波書店、二〇〇五年、一六頁。
(2)同右、四四頁。
(3)同右、四八頁。

(4) 同右、五七頁。
(5) 同右、六一頁。
(6) 同右、六三〜六四頁。
(7) 佐藤進一・池内義資編『中世法制史料集　第一巻　鎌倉幕府法』岩波書店、一九五五年、六七〜六八頁。
(8) 佐藤・百瀬・笠松編『公家法・公家家法・寺社法』九七頁。
(9) 佐藤・池内編『鎌倉幕府法』一三五頁。
(10) 佐藤・百瀬・笠松編『公家法・公家家法・寺社法』、四七頁。
(11)「追加法」第九九条、佐藤・池内編『鎌倉幕府法』一〇六頁。
(12) 石井進他校註『中世政治社会思想』上（日本思想大系21）岩波書店、一九七二年、一〇九頁。
(13) 佐藤進一『新版　古文書学入門』法政大学出版局、一九九七年、二七五頁。
(14) 佐藤・池内編『鎌倉幕府法』一四八頁。
(15) 同右、一六五〜一六六頁。
(16) 佐藤進一『日本の中世国家』岩波書店、一九八三年、一七二頁。
(17) 佐藤・池内編『鎌倉幕府法』一八三頁。
(18) 佐藤・池内編『鎌倉幕府法』「補註」。
(19) 同右、二一三〜二一四頁。
(20) 網野善彦『蒙古襲来』（日本の歴史10）小学館、一九七四年、六九頁。
(21) 石井他校註『中世政治社会思想』上、七〇〜七六頁。
(22) 笠松宏至「鎌倉後期の公家法について」笠松宏至・佐藤進一・百瀬今朝雄校註『中世政治社会思想』下（日本思想大系22）岩波書店、一九八一年、四一〇頁。
(23) 網野善彦「未進と身代」網野善彦・石井進・笠松宏至・勝俣鎮夫『中世の罪と罰』東京大学出版会、一九八三年、一三四頁。
(24) 佐藤・百瀬・笠松編『公家法・公家家法・寺社法』一八一頁。
(25) 石井他校註『中世政治社会思想』上、七一頁。西田友広も「村落の有力者」としている（西田友広『悪党召し捕りの中世――鎌倉幕府の治安維持』吉川弘文館、二〇一七年、六二頁）。
(26) 石井他校註『中世政治社会思想』上、一二三頁。「追加法」「手続法」の第一、嘉禄三年（一二二七）閏三月十七日付追加法第一八条。
(27) 同右、八三頁。

(28) 同右、一八〇頁。
(29) 石井他校註『中世政治社会思想』上、一三八頁。
(30) 同右、七四頁。
(31) 佐藤・池内編『鎌倉幕府法』「補註」三九二頁。
(32) 佐藤・池内編『鎌倉幕府法』二一七〜二一九頁。石井他校註『中世政治社会思想』上、七七〜八〇頁。
(33) 石井他校註『中世政治社会思想』上、七八頁。
(34) 脇田晴子「商工業者の成長」林家辰三郎編『京都の歴史2　中世の明暗』学芸書林、一九七一年、四六〇頁。
(35) 佐藤・池内編『鎌倉幕府法』二九八頁。
(36) 同右、三〇〇頁。
(37) 石井他校註『中世政治社会思想』上、一二一頁。
(38) 同右、一一九頁。
(39) 笠松宏至『徳政令――中世の法と慣習』岩波新書、一九八三年、二〇頁、三七頁。
(40) 佐藤進一・網野善彦・笠松宏至『日本中世史を見直す』(悠思社、一九九四年、一〇六頁)で、笠松は「雑務沙汰を取り上げる場合を、幕府の表現で『沙汰に及ぶ』と言うのであって、『沙汰に及ばず』というのが一般の場合であった」としている。
(41) 笠松『徳政令』三八頁。

第12章

(1) 佐藤進一・池内義資編『中世法制史料集　第一巻　鎌倉幕府法』岩波書店、一九五五年、一九六〜二一四頁。
(2) 佐藤進一・百瀬今朝雄・笠松宏至編『中世法制史料集　第六巻　公家法・公家家法・寺社法』岩波書店、二〇〇五年、一一四〜一三〇頁。
(3) 笠松宏至「鎌倉後期の公家法について」笠松宏至・佐藤進一・百瀬今朝雄校註『中世政治社会思想』下(日本思想大系22)岩波書店、一九八一年、「解説」四〇七頁。
(4) 佐藤・百瀬・笠松編『公家法・公家家法・寺社法』一〇八頁。
(5) 笠松「鎌倉後期の公家法について」。
(6) 網野善彦『蒙古襲来』(日本の歴史10) 小学館、一九七四年、二三一頁以降。
(7) 佐藤進一・池内義資編『中世法制史料集　第一巻　鎌倉幕府法』岩波書店、一九五五年、二五〇〜二六六頁。
(8) この第五六九条は弘安七年十一月二十五日付である。

(9) 笠松・佐藤・百瀬校註『中世政治社会思想』下、五七〜六二頁。佐藤・百瀬・笠松編『公家法・公家家法・寺社法』一五九〜一六二頁。
(10) 佐藤・百瀬・笠松編『公家法・公家家法・寺社法』一六二〜一六三頁。
(11) 笠松「鎌倉後期の公家法について」笠松・佐藤・百瀬校註『中世政治社会思想』下、「解説」四一五頁。
(12) 佐藤・百瀬・笠松編『公家法・公家家法・寺社法』一六三頁。
(13) 佐藤進一・池内義資編『中世法制史料集　第一巻　鎌倉幕府法』岩波書店、一九五五年、三一二頁。
(14) 笠松・佐藤・百瀬校註『中世政治社会思想』下、二一頁。
(15) 笠松宏至『徳政令——中世の法と慣習』岩波新書、一九八三年、一六九頁。
(16) 佐藤・百瀬・笠松編『公家法・公家家法・寺社法』一七七頁。
(17) 笠松宏至「中世の政治社会思想」同『日本中世法史論』東京大学出版会、一九七九年、一六五頁。
(18) 同右、一六五頁。
(19) 同右。
(20) 白川静『字統』平凡社、一九九四年、「道」は六五六頁、「権」は二六三頁。
(21) 本郷和人「鎌倉時代朝廷訴訟の一側面」笠松宏至編『法と訴訟』吉川弘文館、一九九二年、一三二頁。
(22) 同右、一三三頁。
(23) 笠松「中世の政治社会思想」一七六頁。
(24) 同右、一六五頁。
(25) 佐藤・百瀬・笠松編『公家法・公家家法・寺社法』一八二〜一八五頁。
(26) 同右、一八三頁。
(27) 笠松「中世の政治社会思想」一六九頁。
(28) 笠松「鎌倉後期の公家法について」四一六頁。
(29) 佐藤進一『南北朝の動乱』(日本の歴史9) 中央公論社、一九六五年、八四頁。
(30) 三浦周行『法制史之研究』正、岩波書店、一九一九年、八九八頁以降。
(31) 同右、九〇一頁。
(32) 佐藤・百瀬・笠松編『公家法・公家家法・寺社法』一八一頁。
(33) 同右、一八四〜一八五頁。
(34) 同右、一二九頁。

(35)笠松宏至「盗み」「夜討ち」網野善彦・石井進・笠松宏至・勝俣鎮夫『中世の罪と罰』東京大学出版会、一九八三年参照。
(36)勝俣鎮夫「家を焼く」網野・石井・笠松・勝俣『中世の罪と罰』には「住宅検断」が述べられている。
(37)『建武式目』は裁判規範である『御成敗式目』とは性格を異にし、足利尊氏が九州より大挙東上して建武政府軍を破り、京都を占領して二カ月後に、幕府の本拠地をどこに置くか、鎌倉か京都か、当面の施政要綱は何かの二点の諮問への答申に基づくもので、訓戒的時務策が中心となっている『御成敗式目』は民間の道理を基に作成されているのに、『建武式目』では権力は儒教倫理を主張している。『建武式目』は鎌倉幕府の『御成敗式目』に対応する室町幕府の基本法とみなすべきであろう。
(38)佐藤進一・池内義資編『中世法制史料集　第二巻　室町幕府法』岩波書店、一九五七年、四頁。
(39)佐藤・百瀬・笠松編『公家法・公家家法・寺社法』一八一頁。
(40)同右、一八五頁。
(41)笠松「鎌倉後期の公家法について」四一六頁。
(42)佐藤・百瀬・笠松編『公家法・公家家法・寺社法』一八八頁。
(43)網野善彦「未進と身代」網野・石井・笠松・勝又『中世の罪と罰』一三五頁。
(44)網野善彦「湖の民と惣の自治」稲垣靖彦編『荘園の世界』東京大学出版会、一九七三年、七一頁以降。
(45)蔵持重裕『中世村の歴史語り——湖国「共和国」の形成史』吉川弘文館、二〇〇二年、七八頁。
(46)応永四年十二月廿九日付、香取文書纂・要害家文書、千葉県史料研究財団編『千葉県史料　資料編　中世2』千葉県、一九九七年、五二三頁。
(47)応永十八年八月十四日付、香取文書纂・案主家文書、千葉県史編纂審議会編『千葉県史料　中世篇　香取文書』千葉県、一九五七年、三五七頁。
(48)文安三年二月廿三日付、香取文書纂・案主家文書、同右、三七四頁。この文書には「郷質」とあるが、それはこの文書が書き写された時によるもので、本来は「高質」であったとする島田の考察に従った。
(49)応仁二年(一四六九)十二月十六日付、香取文書纂・案主家文書、同右、四一二頁。
(50)網野「湖の民と惣の自治」七五頁。
(51)同右、七五~七六頁。
(52)島田次郎「郷質と中世共同体——高質と郷質をめぐって」『経済学論纂(中央大学)』三一(一・二)、一九九〇年、七一~九四頁。
(53)永享九年八月四日付、香取文書・案主家文書、千葉県史編纂審議会編『千葉県史料　中世篇　香取文書』三六九頁。
(54)応永十八年八月十四日付、香取文書纂・案主家文書、同右、三五七頁。

(55)島田「郷質と中世共同体」八七頁。
(56)勝俣鎮夫「国質・郷質についての考察」同『戦国法成立史論』東京大学出版会、一九七九年。
(57)石井良助「古法制雑考(一)」『国家学会雑誌』五一(六)、一九三七年、註3。
(58)村岡幹生「〈所質〉〈国質〉考異説——中世の自力救済と上位暴力依存」『歴史の理論と教育』八七、一九九三年、二頁。
(59)中田薫「古法制雑筆　一　私的差押」同『法制史論集』第三巻下、岩波書店、一九四三年。
(60)島田「郷質と中世共同体」。
(61)佐竹昭広・久保田淳校註『方丈記・徒然草』(新日本古典文学大系39)岩波書店、一九八九年、二八六頁。
(62)安野眞幸「大福長者論」『聖徳大学言語文化研究所　論叢』一五、二〇〇八年、一七一～二〇〇頁。
(63)笠松宏至「契約の世界」同『中世人との対話』東京大学出版会、一九九七年、二九～三〇頁。
(64)菅野覚明『神道の逆襲』講談社現代新書、二〇〇一年。
(65)宮坂宥勝校註『仮名法語集』(古典文学大系83)岩波書店、一九六四年。
(66)二〇一六年『朝日新聞』額絵シリーズ第二回。
(67)中田薫『法制史論集』第三巻上、岩波書店、一九四三年、二九五～二三〇頁。
(68)網野善彦「境界に生きる人々」同『日本中世に何が起きたか——都市と宗教と「資本主義」』(日本エディタースクール出版部、一九九七年、三五頁)において「かつて、私が、〈無縁〉と表現したことについて、中沢新一さんが、これは〈資本主義〉ではないかといったことがありますが、そう言われれば、商業、金融、技術、そして貨幣も〈無縁〉ということになるので、確かにこれはやがて資本主義として展開していく諸活動、諸要素であります。このことは逆に今まで資本主義の発達として経済学の分野からだけとらえられていた社会の動きを、もう一度、このように自然と人間の関係、宗教の問題の中で、根源にさかのぼってとらえ返してみる必要のあることを教えている、と私は考えます」と述べている。
(69)今から二十年ほど前、私は菅野覚明の『神道の逆襲』を説明するついでに、学生たちに向かって、「正直」と聞いて何を思うかを尋ねた。全員の答えは「正直者は馬鹿を見る」であった。「花咲か爺さん」についても「馬鹿正直は理解できない、むしろ隣のいじわる爺さんの方が自分の心のエゴイズムに正直なので理解できる」であった。現在、日本の高級官僚の不祥事が問題となり、エリート官僚の中に〝道義〟が失われているとされているが、日本の近代を支えてきた精神的バックボーンは今や根底から覆っているのであろう。
(70)藤谷俊雄・直木孝次郎『伊勢神宮』三一新書、一九六〇年、九六～九八頁。

第13章

(1) 勝俣鎮夫は『戦国法成立史論』(東京大学出版会、一九七九年)の「はしがき」で内藤湖南の次の言葉を引用している。「日本の歴史を研究するには……応仁の乱前後の歴史を知って居たらそれで沢山です。それ以前のことは、外国の歴史と同じ位にしか感ぜられませぬ」。

(2) 松本新八郎は『中世社会の研究』(東京大学出版会、一九五六年)において、南北朝の争乱は奴隷制が農奴制に転化する封建革命であると主張し、戦後の日本歴史学界を領導した。

(3) 網野善彦は『蒙古襲来』(日本の歴史10、小学館、一九七四年)において、十三世紀後半以降の日本社会は未開から文明へと転換したとした。

(4) 佐々木銀弥「中世市場法の変遷と特質」同『日本中世の都市と法』吉川弘文館、一九九四年。

(5) 網野善彦「悪党と海賊」同『悪党と海賊——日本中世の社会と政治』法政大学出版局、一九九五年、三六一~三七四頁。

(6) 同右、三六五頁。

(7) 網野善彦は「悪党と海賊」の第一節のタイトルは「十三世紀までの流通と神人・悪僧」であるが、「神人・悪僧」を示す言葉として「商人・交易人」という言葉は使用せず、代わりに「職人・非農業民・職能民」という言葉を好んで使っている。ここには人間の能力を重視し、「下財」に注目する網野のものの見方の偏りが確かめられよう。日本社会でカーティンの言う「交易離散共同体」に対応するものとして「廻船鋳物師」を挙げていることにも、それが認められよう。

(8) フィリップ・カーティン『異文化間交易の世界史』田村愛理・中堂幸政・山影進訳、NTT出版、二〇〇二年、三四頁、一九六頁。

(9) ムハンマドの布教の開始がサラセン帝国建設に向けての征服活動に直結していることは、このことを示している。

(10) 網野善彦『異形の王権』平凡社、一九八六年。

(11) 小島道裕「流通の変動に関わる諸現象」同『戦国・織豊期の都市と地域』青史出版、二〇〇五年。

(12) 大田由紀夫「渡来銭と中世の経済」荒野泰典・石井正敏・村井章介編『倭寇と「日本国王」』(日本の対外関係4)吉川弘文館、二〇一〇年。

(13) 鈴木康之『中世瀬戸内の港町——草戸千軒町遺跡』新泉社、二〇〇七年。

(14) 鋤柄俊夫「土器と陶磁器にみる中世京都文化」京都文化博物館学芸第二課編『京都・激動の中世——帝と将軍と町衆と』京都文化博物館、一九九六年。

(15) 佐々木銀弥「中世都市法の変遷と特質」同『日本中世の都市と法』吉川弘文館、一九九四年、三〇~三一頁。

(16) 佐藤進一・池内義資編『中世法制史料集 第一巻 鎌倉幕府法』岩波書店、二一二~二一三頁。

（17）佐藤進一・百瀬今朝雄・笠松宏至編『中世法制史料集　第六巻　公家法・公家家法・寺社法』岩波書店、二〇〇五年、「寺社法」三二、四五〇～四五一頁。

（18）本書第2章の註(29)で述べたように、ヨーロッパにおける遍歴商人たちは一人の指揮者の下で団結した集団をなしていた。朝鮮における行商人の褓負商たちもまた武装していた。

（19）佐藤進一・池内義資・百瀬今朝雄編『中世法制史料集　第三巻　武家家法Ⅰ』岩波書店、一九六五年、一七頁。

（20）植民地時代の朝鮮の市場を明らかにした鄭勝謨は『市場の社会史』（林史樹訳、法政大学出版局、二〇〇六年）において、農民が市場まで商品を売りに行くのが本来の在り方だとしているからであろうか、一八九頁の第一章の訳註(29)で「人々が売りに来た薪を通りの途中で買い付け、市に以ていって売る商人」を「マッパリ」Mat-ba-ri、訳註(30)で「歩き回りながら果物や木材などを仲買する商人」を「チュンドウィ」Jung-do-wi とし、これらと同様な植民地時代以降の「コリモク」Geo-ri-mok 商人を本文の二七頁では次のように説明している。「各市がバスで繋がることで最近になってあらわれた中間商人である。彼らは市場のバス停留場の前に立ちながら、現金を揃えるために穀物の積み荷や唐辛子・ニンニクなどの袋を持って降りる田舎の農民たちから、比較的に安い値段で品物を買い集める。彼らはバスが到着すれば、どかどかと押しかけて品物を奪いでもするようにせわしく取引を始める。収穫の時期には彼らの数も増え、品物を確保するため互いに熾烈な競争がはじまる」。訳註(28)には「コリとは通りのことで、モクとは抜け道の入口や重要な地点のことである」とし、「農村市場の機能を考えたとき、農産物を流通させるうえで彼らはとても重要な役割をしている」とある。今の日本であれば農協が集荷のセンターになっているが、朝鮮ではそうしたセンターもなかったのだろうか。

（21）村井章介『分裂する王権と社会』（日本の中世10）中央公論新社、二〇〇三年、四一～四二頁。

（22）佐藤進一・百瀬今朝雄編『中世法制史料集　第四巻　武家家法Ⅱ』岩波書店、一九九八年、三〇頁。

（23）佐々木銀弥「備前西大寺市場の古図と書入について」同『日本中世の都市と法』。

（24）豊田武『増訂　中世日本商業史の研究』岩波書店、一九五二年、一三〇頁。

（25）佐々木『日本中世の都市と法』九一頁。

（26）安野眞幸「備前西大寺市場定書」『聖徳大学研究紀要　児童学部・人文学部・音楽学部』二一、二〇一一年、一三一～一三八頁。

（27）佐々木銀弥「鎌倉・南北朝時代の国衙と商業」同『中世商品流通史の研究』法政大学出版局、一九七二年。

（28）「福岡の市」では生魚を天秤棒に担いでいる商人が描かれている。

（29）安野眞幸『楽市論――初期信長の流通政策』法政大学出版局、二〇〇九年、xi～xiii頁。

（30）佐々木『日本中世の都市と法』九二頁。

（31）ジェイン・ジェイコブズは『市場の倫理　統治の倫理』（香西泰訳、ちくま学芸文庫、二〇一六年、八〇～八一頁）において、商人の道徳として「暴力を締め出せ」「正直たれ」などを挙げた後、「商人たちはなぜ統治者と共生し、その援助を必要とするのか」を問い、「暴力的な商業略奪者と戦うため、不正直を抑制するため」商人には統治者との共生が必要であるのだと述べている。
(32) 例えば村井章介『分裂する王権と社会』。
(33) 同右、一四〇～一四五頁。
(34) 佐藤進一・池内義資編『中世法制史料集　第二巻　室町幕府法』岩波書店、一九五七年、六頁。
(35) 神田千里『宣教師と「太平記」』集英社新書、二〇一七年。
(36) 同右、五三頁の写真による。
(37) ジェイコブズ『市場の倫理　統治の倫理』八〇～八一頁。ジェイコブズは動物行動学の立場から市場の倫理と縄張りを維持する領土型道徳の二つの道徳大系を挙げ、後者を統治の道徳と言い直している。
(38) 時代はまちまちであるが、イスラーム世界と近代西欧世界では商人たちは国家権力から自立していたのに対して、古代中国では商人たちは「市籍」に編入され七科の讁の一つに数えられていたばかりか、彼ら相互間の契約も国家の承認の下にあった。前漢の武帝の時代には皇帝が塩・鉄の専売を行った。
(39) 佐藤進一「室町幕府論」同『日本中世史論集』岩波書店、一九九〇年、一四九頁。
(40) 佐藤・池内編『室町幕府法』一七頁。
(41) 同右、二四頁。
(42) 佐藤・池内編『室町幕府法』四五～四六頁。
(43) 佐藤「室町幕府論」一四七頁。
(44) 佐藤・池内編『室町幕府法』五九頁。
(45) 石井進他校註『中世政治社会思想』上（日本思想大系21）岩波書店、一九七二年、四〇七～四〇八頁。
(46) 佐藤進一・百瀬今朝雄編『中世法制史料集　第四巻　武家家法Ⅱ』一二八～一二九頁。
(47) 石井他校註『中世政治社会思想』上、五三八～五三九頁。
(48) 古沢直人『鎌倉幕府と中世国家』校倉書房、一九九一年。
(49) 佐藤進一・百瀬今朝雄編『中世法制史料集　第四巻　武家家法Ⅱ』の「補註一〇〇」三四五頁。
(50) 佐藤・百瀬編『武家家法Ⅱ』一三九～一四〇頁。
(51) 佐藤・百瀬編『武家家法Ⅱ』一四九頁。
(52) アンリ・ピレンヌ『中世ヨーロッパ経済史』増田四郎他訳、一条書店、一九五六年、一二二頁。
(53) 佐藤・百瀬編『武家家法Ⅱ』一六四～一六五頁。

(54)桜井英治は「所質考」の「補註」で「同式条」は「あくまでも右京兆家内部法令であった」としている。桜井英治『日本中世の経済構造』岩波書店、一九九六年、三三五頁。
(55)峰岸純夫「国質・郷質について」『中世社会の一揆と宗教』東京大学出版会、二〇〇八年、二一二頁。
(56)村岡幹生「〈所質〉〈国質〉考異説――中世の自力救済と上位暴力依存」『歴史の理論と教育』八七、一九九三年、一二頁。
(57)同右。

第14章

(1)佐藤進一・百瀬今朝雄編『中世法制史料集　第五巻　武家家法III』岩波書店、二〇〇一年、一六〇頁、七六五号。
(2)同右、一六四頁、七七三号。
(3)同右、一六五～一六六頁、七七五号。
(4)「立」と同じ意味であろうか。
(5)笠松宏至「中世の『古文書』」同『法と言葉の中世史』平凡社選書、一九八四年。
(6)藤木久志『織田・豊臣政権』(日本の歴史15)小学館、一九七五年、九〇頁。
(7)西田友広『悪党召し捕りの中世――鎌倉幕府の治安維持』吉川弘文館、二〇一七年、六九頁。
(8)佐藤進一・百瀬今朝雄編『中世法制史料集　第四巻　武家家法II』岩波書店、一九九八年、二二八～二二九頁。
(9)同右、二四七頁。
(10)村岡幹生「〈所質〉〈国質〉考異説――中世の自力救済と上位暴力依存」『歴史の理論と教育』八七、一九九三年、九頁。
(11)佐藤・百瀬編『武家家法II』二四〇頁。
(12)同右、二七一頁。
(13)佐藤・百瀬編『武家家法III』一五四頁、七五二号。
(14)六角義賢が離宮八幡宮に宛てた永禄四年の禁制には「国質・所質・付沙汰之事」がある。「離宮八幡宮文書」二五〇。
(15)仁木宏『京都の都市共同体と権力』思文閣出版、二〇一〇年、一八九頁。『京都町触集成』ではこの史料を永禄十二年のものとするが、仁木は天文十九年としている。仁木はこの史料を請取沙汰が武力を伴う行為であったとして取り上げている。
(16)仁木宏『空間・公・共同体――中世都市から近世都市へ』青木書店、一九九七年、一四四～一四六頁。

第15章

(1)M・ウェーバー『一般社会経済史要論』下巻、黒正巌・青山秀夫訳、岩波書店、一九五五年、二七頁。

（2）藤木久志『豊臣平和令と戦国社会』東京大学出版会、一九八五年、一一四頁、一四〇頁。
（3）島田次郎「郷質と中世共同体――高質と郷質をめぐって」『経済学論纂（中央大学）』三一（一・二）、八七頁。
（4）瀬田勝哉「中世末期の在地徳政」『史学雑誌』七七（九）、一九六八年。
（5）石井進「質に取られた馬――とうたり弥太郎申状」同『中世を読み解く――古文書入門』東京大学出版会、一九九〇年、五一頁以降。
（6）島田次郎「郷質と中世共同体」七九頁。
（7）同右、八七頁。
（8）勝俣鎮夫「国質・郷質についての考察」同『戦国法成立史論』東京大学出版会、一九七九年、三九頁。
（9）佐々木銀弥「中世市場法の展開過程」同『日本中世の流通と対外関係』吉川弘文館、一九九四年、三五頁。
（10）田中克行「全国〈郷質〉〈所質〉分布考」同『中世の惣村と文書』山川出版社、一九九八年。
（11）村岡幹生「〈所質〉〈国質〉考異説――中世の自力救済と上位暴力依存」『歴史の理論と教育』八七、一九九三年、八頁。
（12）安野眞幸「水野太郎左衛門――鋳物師の縄張り」同『楽市論――初期信長の流通政策』法政大学出版局、二〇〇九年、四五頁。
（13）「金森長近越前大野郡鍛冶座定書」佐藤進一・百瀬今朝雄編『中世法制史料集　第五巻　武家家法III』岩波書店、二〇〇一年、一九八頁、および「補註三五七」三八五頁。
（14）勝俣「国質・郷質についての考察」四九頁。
（15）佐藤進一・池内義資・百瀬今朝雄編『中世法制史料集　第三巻　武家家法I』岩波書店、一九六五年、一七四頁。
（16）同右、一二一頁。
（17）同右、二三六頁。
（18）安野『楽市論』一六六頁。ここには「郷質・所質不可執之、押買・狼藉すべからさる事」とあり、市場の平和を命じたものである。
（19）佐藤・百瀬編『武家家法III』一五四頁、七五二号。
（20）安野『楽市論』一九三頁。ここには「国質・郷質不可押（執）、付、理不尽之催促使停止之事」とある。
（21）同右、二三二頁。ここでは市の平和を乱すものとして「喧嘩・口論并国質・郷質・押売・宿之押借以下」とある。
（22）安野「知多郡・篠島諸商人宛て自由通行令」同『楽市論』二五頁。
（23）島田次郎「郷質と中世共同体」八九頁。
（24）安野「瀬戸宛て制札」同『楽市論』六七頁。
（25）佐藤進一・百瀬今朝雄編『中世法制史料集　第四巻　武家家法II』岩波書店、一九九八年、九八頁。

(26) 鄭勝謨『市場の社会史』一〇七～一一二頁。
(27) 安野「符中府宮宛て定書」同『楽市論』一六六頁。佐藤・百瀬編『武家家法III』一四八頁、七四〇号。
(28) 佐藤・百瀬編『武家家法III』二二二～二二三頁、八九三号。
(29) 京都町触研究会編『京都町触集成』別巻二、岩波書店、一九八九年、一四一頁、町触一九六号。
(30) 仁木宏『京都の都市共同体と権力』思文閣出版、二〇一〇年、一五九頁。

第16章

(1) 「日枝神社文書」佐藤進一・百瀬今朝雄編『中世法制史料集　第四巻　武家家法II』岩波書店、一九九八年、二四二頁。
(2) 佐々木銀弥「楽市令と座の保証安堵」同『日本中世の都市と法』吉川弘文館、一九九四年、二三〇頁。
(3) 安野眞幸『楽市論――初期信長の流通政策』法政大学出版局、二〇〇九年、一一三頁。
(4) 佐藤進一・百瀬今朝雄編『中世法制史料集　第五巻　武家家法III』岩波書店、二〇〇一年、八一頁、六一六号。但し後半部の「其役」の読み方、読点の打つ場所については安野眞幸『楽市論』一一五頁により改めた。
(5) 安野眞幸『楽市論』一二六頁。
(6) 鄭勝謨『市場の社会史』村史樹訳、法政大学出版局、二〇〇二年、二六頁。
(7) 同右、八九頁。
(8) 豊田武『増訂　中世日本商業史の研究』岩波書店、一九五二年、四一二頁。
(9) 同右、三四五頁。
(10) 安野「富士大宮楽市令」同『楽市論』一一七～一二三頁。
(11) 小和田哲男『小和田哲男著作集　第三巻　武将たちと駿河・遠江』清文堂、二〇〇一年。
(12) 安野「金森楽市令――寺内町の換骨奪胎」同『楽市論』一九一頁以降。
(13) 島田次郎「郷質と中世共同体――高質と郷質をめぐって」『経済学論纂（中央大学）』三一（一・二）、八七頁。
(14) 安野「符中府宮宛て定書――交通の自由から強制へ」同『楽市論』一六六頁以降。
(15) 島田次郎「郷質と中世共同体」九一頁。
(16) 安野「加納楽市会」同『楽市論』。
(17) 村岡幹生「〈所質〉と〈国質〉考異説――中世の自力救済と上位暴力依存」『歴史の理論と教育』八七、一九九三年、一二頁。
(18) 安野『楽市論』二三二頁。
(19) 佐藤・百瀬編『武家家法III』一八頁、五〇五号。

(20) 仁木宏『京都の都市共同体と権力』思文閣出版、二〇一〇年、四六頁。
(21) 安野『楽市論』二頁。
(22) 同右、一三六頁。
(23) 佐藤・百瀬編『武家家法III』一六一頁、七六七号。
(24) 新行紀一「小山新市は遠江である」『戦国史研究』四三、二〇〇二年。
(25) 榎原雅治『中世の東海道をゆく——京から鎌倉へ、旅路の風景』中公新書、二〇〇八年、二一六頁。
(26) 松平乗承氏所蔵文書。

あとがき

思いきや　先行く学に誘われて　かかる長路を　一人来るとは

書き上げた、という思いと同時に私の胸に去来するものは、こんな歌になるのだろうか。

書き始めた時は焦っていた。「早く！　早く！」と思っていた。それなのに完成という感じにはなかなか至らなかった。平安時代・鎌倉時代についてては素人であり、笠松宏至学の再検討という必要から始めたこととはいえ、まったく馴れない世界であった。たまたま私の手元にあった『中世法制史料集』全六巻と『中世政治社会思想』上・下を基に分析を行った。……驚くべきことに、浅学非才の私が日本中世史を概観するという、想像したこともない離れ業を成し遂げてしまったのである。

この本の原稿は二〇一四年に書き始めたもので、完成までに四年ほどの時間がたっている。その間に「もうこれ以上書き続けることはできない」「完成としたい」と思ったことは何回もあった。それでも書き続けようと思い現在に至った。それゆえこの本の原稿は幾つかの層を成している。ここでは本書の成立過程を振り返りたい。

本書のコア

第1章の「市場は裁判の場である」、第3章の「市場は支払いの場である」、第4章の「市場は文書作成の場である」は本書の中核部分で、本書はここを突破口として日本中世の市場制度の考察を行ったものである。

私の手許には今から三十年以上も前の「一九八五年七月十七日」という日付のある古いノートがある。その表題は「市について」である。これは〈位置に着いて、用意、ドン〉と飛び出したい気持ちを込めて「市について」としたもので、「市について」思いついた史料などが記されている。私がこのノートを作った理由の一つは、その当時「社会史」として一世を風靡していた網野善彦氏の『無縁・公界・楽——日本中世の自由と平和』（一九七八年）への違和感にあった。それゆえノートを作った当時の私の関心の中には〈「公界」とは何か？〉との疑問もあった。本書の第1章、第3章、第4章はその時のノートに基づいている。

しかしそのノートがあったから本書ができたのではない。古いノートを引っ張り出したいとの思いは、思いがけずに外からやってきた。

ビッグ・バン

外から力が加わらなければビッグ・バンは起こらないという。本書を書き上げたいとの思いを私に起こさせたのは、村井章介氏の著書『中世史料との対話』（二〇一四年）の中の「『公界』は一揆か、公権力か」である。村井氏はその本の中で私の昔の論文を取り上げ、『相良氏法度』第一八条の現代語訳を試み「公界」とは何かを論じている。それを読んで私はすぐにも村井氏への反論の形で『相良氏法度』の研究をまとめたいと思った。これが本書成立の直接の契機である。その点で本書は村井氏に多くを負っている。私も齢七十五歳を過ぎており、「一期の月影傾ぶきて、余算、山の端に近し」との想いが強くなっていたからであろう。

私の結論を言えば、「公界」とは笠松宏至・勝俣鎮夫両氏や網野氏の言う在地領主たちの「一揆」ではなく、またこれを批判する安良城盛昭・村井両氏たちの主張する「相良氏権力」=「公権力」でもなく、「市場」に関わった〈金融業者たちの会議の場〉であるとなる。しかしこの議論を展開するためには、その前に「市場論」を述べた方がよいと思い、本書をまとめることにしたのである。本書では「公界」に関する議論が繰り返し展開されているが、幾つかの章に分散しているし、述べたことを総合しても、言い足りないものが残ってしまうと思うので、『相良氏法度』論の方は稿を改めて、別の機会に発表したいと思う。

笠松・勝俣両氏が『宝月圭吾先生還暦記念論文集』に「公界」に関わる論文を発表したのは一九六七年で、今から五十年以上も前のことであり、当時私はそれを読んでいた。それを踏まえて網野氏が『無縁・公界・楽』を発表したのはその十年以上も後となる。網野氏はここで、中世の用語「無縁・公界・楽」の中に戦後日本の価値＝「自由と平和」があると主張した。網野氏のこの議論に対して私は違和感を抱いた。そこで一九九〇年の「相良氏法度十八条の世界」から続けて『相良氏法度』についての論文を数本、奉職していた弘前大学の紀要に発表した。

しかし一九九六年に「〈買免〉とは何か――売買考」を発表して以来、私はこの企画を放棄し、別の課題に転進した。当時の私の気持ちを言えば〈翻然と悟る所があった〉からである。それまでは『相良氏法度』関連の論文の抜き刷りは、それなりに多くの方々に差し上げていたのだが、この最後の論文の別刷りだけは誰にも差し上げず、自分一人の秘密としてソッとしまっておいた。それゆえ上述の村井論文への反論は、この長い間の沈黙を破るものである。

本書の構成と最初の成稿

本書は第Ⅰ部「市場の機能――公界再考」と第Ⅱ部「債権取立てに見る市場と国家（一）――寄沙汰考」と第Ⅲ部「債権取立てに見る市場と国家（二）――国質・所質・郷質考」の三部構成になっている。

第Ⅰ部は第1章から第6章までの六章からなり、「公界論の見直し」が中心テーマで、網野学批判を重点的に取り上げている。ここで述べたものは市場の原理論で、時間と共にあまり大きく変化しない制度・構造・機能などである。

第1章では網野氏の市場論＝「無縁論」を取り上げた。第4章では事柄の根本に遡り「公界の沙汰」という言葉を初めて学界に提出した笠松氏の論文「中世在地裁判権の一考察」の見直しを行い、売券文書成立の過程において既に「公界」が登場しているとした。

こうした第1章・第4章での「公界」への言及を承けて、第6章「戦国家法の中の公界」では『結城氏新法度』と『相良氏法度』の中の「公界」を取り上げて分析し、笠松説とは違う「公界」像を提示した。第5章の「市場は身曳きの場である」は新しい歴史学、社会史の旗手として登場した網野善彦・石井進・笠松宏至・勝俣鎮夫の四氏の共著『中世の罪と罰』の中に、石井氏が収めた「那摩孫三郎身曳状」に対する再考の試みである。この章では、市場で裁判、支払い、処刑、文書作成などが行われていたことを再確認した。

第2章「市場は裏切りの場である」は、洋の東西を問わず「売る」には「裏切る」の意味があり、市場制度を成り立たせている売買には本来暗黒面が存在していたとした。これは市場を美化、理想化して、ここに「自由や平和」を見ようとする網野氏の議論に対する最も厳しい批判となろう。

しかし私の述べる「公界像」が正しいとすれば、それを具体的な事例で論証する必要があると思い、議論を広げる必要を感じた。「公界」論の根本をなす笠松宏至学説の克服を目指して、私は氏の論文「中世在地裁判権の一考察」に引き続き、笠松学の根本をなす論文「中世の社会政治思想」の批判を試みた。具体的には第II部で笠松氏が取り上げた根本史料に対して「蟻の一穴」を目指して分析を試みた。「寄沙汰」を論じた治承二年の公家新制の「公家法」第二九号と、寛喜三年の鎌倉幕府法「宣旨事」＝追加法第三三条の分析に集中した。その結果、前者の「訴訟決断」がなされた場所は「市場」で、「訴訟決断」は「公界の沙汰」だとした（第8章）。追加法第三三条の分析では、笠松氏の読みに対して「振旅」を対置した（第10章）。この分析の結果により「寄沙汰」論をこの『日本中世市場論』に加える見通しが持てた。二つの法令の分析では、笠松氏の論文を丁寧に読みつつ、一つ一つの条文の解釈を氏の解釈に照らしながら進める形を取った。歴史学の研究は最終的には史料解釈の問題である。書いている当人が疲労困憊してしまったものを、「読む」という形で読者に追体験させていることに対しては、申し訳ない気持ちにもなるが、通説・定説に異を唱え、パラダイム転換を主張する緊張がそうさせているのであり、避けて通れないこととして、ご容赦いただきたく思う。佐藤進一氏の議論によれば王朝国家と鎌倉幕府との関係がもう少し違って見えてくるはずだが、現在私が分析の対象としている史料の範囲を超えている。私は網野氏が取り上げた「神人のネットワーク」「都鄙間交通」の背後に「公界の沙汰」の存在を想定したことになる。

この仮説を発展させることが、本書において債権に対する差押えとしての「寄沙汰」や「国質・所質・郷質」を追究した理由であり、第II部・第III部が成立した理由である。実証的に明らかにできた事柄は少ないが、「寄沙汰」の生成・発展・消滅というサイクルを明らかにできたこと、〈寄沙汰の終焉〉が〈高質の発生〉と関係している見通しを持てたことで満足したい。こうしてできた「寄沙汰」関係の数本の論文と、私が先に『楽市論』で取り上げた信長の「国質・郷質・所質」についての議論を合わせたものが、当初の第II部である。

「国質・所質・郷質」などの質取りについては、勝俣鎮夫氏の研究を出発点として分厚い研究史の蓄積があった。「寄沙汰」と「質取り」とは債権の差押えとしては共通しているが、時間的には中世前期と中世後期とが対立している。島田次郎氏の「高質」についての研究を頼りに、「高質」を媒介として「寄沙汰」から「質取り」へと展開するという見通しの下で、「寄沙汰」と「質取り」の二つを統一して説明したいと思った。幸い私は『楽市論』で信長の経済政策を分析する中で「国質・郷質・所質」について取り上げていたので、「質取り」については見通しを持てた。

第13章「日本史上の大断層」では、佐々木銀弥氏の言う経済の停滞期・転換期論をもとに鎌倉末期から南北朝期・室町期を第I期から第IV期に分けて取り上げた。第14章では「付沙汰・請取沙汰」を取り上げた。請取沙汰の事例としては「絹屋一件」を取り上げた。第15章では「国質・郷質・所質」を取り上げ、「水野太郎左衛門宛信長折紙」が「所質」の原初形態だとした。第16章では「楽市令」を取り上げた。おおよそ以上のような原稿を仕上げるのに二年という時間がたっていた。しかしこのままではあまりにも抜け落ちていることが多すぎ、私の主張も伝わらないと思い、しばらくしてから再度研究に入った。二〇一六年の春の日のことである。

新たな展開

平安期はもとより鎌倉期もこれまでの私の研究分野にはなかったので、構想を膨らませる上で困難があった。前述のように手元にあった『中世法制史料集』全六巻と『中世政治社会思想』上・下二冊の史料集から、「寄沙汰」に関する史料を捜し出しその分析を始めた。その年の夏、弘前での単身生活の中で、赤坂憲雄氏の論文「銭を貸す聖たち」を読み、「交通形態」「都鄙間交通」という魅力的な言葉で論文を組み立てた戸田芳実氏の「王朝国家と荘園体制」を再読した。この二つの論文からのインスピレーションの下に第7章「寄沙汰前史」をまとめた。「公家法」第二九号の分析を第8章「平氏政権下での寄沙汰の登場」の第三節に収め、寛喜三年の「宣旨事」を第10章「公武の寄沙汰対策」の第二節とした。

その後、私は「公家法」第三七号に巡り会い、「土地差押えの作法」を明らかにして、それを第8章第四節とした。神人・悪僧の行う土地差押え＝「寄沙汰」は「証拠文書」の提示を伴っていたのである。こうした文書の重視を学界では「文書主義」と言うが、寄沙汰はこの文書主義と〈神の威を借りて〉行う「聖なる暴力」とから構成されている。これに対して王朝国家の「利倍法」が〈文書を破るもの〉として存在していた。それゆえ寄沙汰には王朝国家・鎌倉幕府側の「制定法・利倍法」と、神人・悪僧側の「慣習法・市場法」との対立という対抗関係が内在していることになる。この対抗関係を基に「寄沙汰」の展開を膨らませた。

第11章「証文を破る利倍法」では、売買の戻り現象は笠松氏の「神物・仏物」論で説明できるだろうが、永仁の徳政令における貸借の無効は利倍法の発展として理解すべきだとした。二〇一七年の春の段階では、第9章の「承久の乱前後の寄沙汰の拡大」における「拒捍使」に苦労した。ここに公武の協力体制の陰画があり、これが分かれば鎌倉期の大きな政変「公家将軍から宮将軍へ」が解けるのではないかと思った。しかし、私は自分の能力の限界を感じたので、鎌倉時代の政治史の深淵をのぞき込むことができたことに満足すべきであるとして、それ以上の「拒捍使」の分析を止めた。現在、西田友広の『悪党召し捕りの中世』が出版され、学界では鎌倉末期の本所一円領下の悪党を注目しているが、〈神人・悪僧から悪党へ〉の発展とか、〈神人・悪僧の召し捕りの構造〉にも関心を払うべきだというのが本書での私の主張となる。

第10章「公武の寄沙汰対策」では、「公家法」と「武家法」は共に神人・悪僧の寄沙汰を否定していたが、幕府は秩序維持権力の一元的掌握に成功して、寄沙汰を終焉に持ち込んだとした。第12章の「弘安の徳政」は笠松氏の議論に沿って考えた。市場や流通に関わる世界が「山僧・神人」など宗教に関わる人々から離れて世俗化したとし、「寄沙汰」から「高質」への変化を述べた。こうして寄沙汰の発生＝「登場」(第8章)、寄沙汰の成長＝「拡大」(第9章)、寄沙汰の衰退＝「終焉」(第11章)と、寄沙汰の生成・発展・消滅のサイクルを取り上げることができた。こうして「寄沙汰」の展開を膨らませた点が本書の中心となるだろう。

「寄沙汰」関連が膨らんでしまったので、これを独立させて三部構成とし、第7章から第12章までの六章を第II部「寄沙汰考」に充てることにした。残された第13章から第16章までの四章は「国質・所質・郷質」を取り上げたもので、第III部とした。第II部の第12章第五節で取り上げた「〈正直〉倫理の登場」が本書の結論となる。そして二〇一七年の春、編集者に読んでいただいた。名古屋大学出版会の編集部長の橘宗吾氏とは二〇一七年の夏と二〇一八年の冬に二度お会いして、いろいろご指示をいただいた。

本書のタイトルについて

最初のノートのことを思えば、本書の表題は「市について」でもよいはずだが、これまでの私の著書のスタイルに倣い『市場論』を最初に考えた。しかし、本書が日本中世を扱っていることを明確にするために『日本中世市場論』とした。副題を「制度の歴史分析」としたのは、この領域で大きな業績のある網野氏の研究への批判の意を込めた結果である。私が問題としたいのは、網野氏が明らかにした市場の〈社会史〉ではなく、市場の〈制度史〉であることとの強調である。市場についての研究は社会史と共に発展した分野で、市の立つ場所、市場にやって来る職人や芸能民について、網野氏の研究をはじめ多くの先人により研究が進められている。市場で売られた商品についても多くの研究がある。「連雀商人」についての史料発掘も忘れがたい。

しかし市場が「売買の場」であることはあまりにも当然なことであったせいか、〈売買の契約がどのような制度の下で可能となっていたのか〉を問題として考察することは、これまで十分にはなされてこなかった。それゆえ市場での〈契約や支払いを支える制度〉を解明することが本書の目的となった。

網野善彦批判について

思えば、網野善彦氏の主要な著書はほとんど「献呈」の栞を挟んで寄贈されていた。このたび読み返した本も多い。御著書『無縁・公界・楽』では、私の長崎についての最初の論文を取り上げてくださった。『増補　無縁・公界・楽』でも、さらに別の論文を取り上げてくださった。拙論が引用された最初のものである。しかし私が氏の議論への違和感を表明するようになって以来、当然のことながら引用の栄誉からは遠ざかった。氏と私とは一回りの違いで、氏がお亡くなりになって早十二年以上が過ぎている。今年私は氏が亡くなられた七十六歳を超えている。

あの頃は石井進先生の突然の訃報があり、続いて網野先生、永原慶二先生が相次いでお亡くなりになり、日本中世史の学界にはポッカリと大きな穴が生まれたようだった。それでも網野先生の人気だけは今なお一人衰えていない。毎年年賀状を下さり、いつも「ご健筆をお祈りします」とあった。社交辞令との理解も成り立つが、批判することは継承することであり、このような形で乗り越えることを先生は望んでおられたのだと信じたい。直接お伺いすることはできないし、網野学を引き継ぐと宣言しておられる多くの方々にお聞きするわけにもいくまい。

先生とは二度ほどお酒をご一緒することがあった。私の心の中の網野先生は「網野批判」と聞いて、その時と同様、豪快にカラカラと笑っている。私の先生への批判を一口で言えば、「悪党」をあれほど魅力的に再評価された網野先生も、「悪党から国家へ」という「不逞の道」にまでは思い至らなかった、となるのだろうか。網野先生と私の関係を一言で言えば、網野善彦という巨人の肩に乗って、遠くを見渡しながら、その巨人に向かって、「進むべき道は違っている」と叫んでいる小人のようなものであろう。

私のこれまでの仕事『港市論』『楽市論』など

貿易港は異邦人との交易の場であるが、こうした異世界との交通に関わる人々の作り出す世界は、若いマルクスやエンゲルスが『ドイツ・イデオロギー』で述べた「様々な段階における市民社会」「交通形態」に対応しており、これこそが「歴史の竈」であると私は『港市論』で主張した。『港市論』の中で、私は理解が及ぶ限りでのイスラーム世界のフンドック、キャラバンサライ、ヨーロッパ世界の商館制度、ハンザなど世界各地の貿易港の制度を取り上げて、その比較の中で日本の「船宿制」が古典ギリシャの「主人権」に近いとした。私の関心は地球儀を俯瞰しての世界の市場制度の比較にあった。近年発表した『世界史の中の長崎開港』（言視舎、二〇一一年）、『教会領長崎』（講談社メチエ、二〇一四年）では南蛮貿易の要をなす「岬の教会」を、この船宿制の発展形態だとした。

「市について」のノート作成と『港市論』とは深いところで繋がっていた。ノート作成時の想いを論文にしたのは一九八七年の「瀬戸楽市令と商人宿」だが、しかしその後研究は行き詰まり続けられなかった。二〇〇九年の『楽市論』がその初めての結実であった。信長文書の分析に限ってはいるが、「瀬戸宛の制札」「符中府宮宛て定書」「富士大宮楽市令」「上加納宛て楽市令」と、内部はほとんど「市場論」である。

それゆえこの『日本中世市場論』は『港市論』『楽市論』に繋がっている。そんなわけで、今の地点から振り返ると、これまでの私の仕事はこの『市場論』のためにあったと思われてくる。

二〇一八年九月

安野眞幸

《著者紹介》

安《あん》野《の》眞《ま》幸《さき》

1940年生

1973年　東京大学文学部大学院博士課程単位取得満期退学

現　在　弘前大学名誉教授

著　書　『下人論——中世の異人と境界』（日本エディタースクール出版部，1987年），『バテレン追放令——16世紀の日欧対決』（同，1989年，サントリー学芸賞），『港市論——平戸・長崎・横瀬浦』（同，1992年），『楽市論——初期信長の流通政策』（法政大学出版局，2009年），『教会領長崎——イエズス会と日本』（講談社，2014年）他

日本中世市場論

2018年10月31日　初版第1刷発行

定価はカバーに
表示しています

著　者　安　野　眞　幸

発行者　金　山　弥　平

発行所　一般財団法人　名古屋大学出版会

〒464-0814　名古屋市千種区不老町1名古屋大学構内

電話(052)781-5027 / FAX(052)781-0697

印刷・製本　亜細亜印刷㈱　　ISBN978-4-8158-0921-8

乱丁・落丁はお取替えいたします。

索　引

1 人　名

ア 行

カ 行

サ　行

タ　行

ナ　行

ハ　行

マ　行

ヤ・ラ・ワ行

2　地　　名

市場名・港名

寺社名（比叡山・延暦寺・山門の僧侶は山僧であるが，多いため取り上げなかった）

河海名

街道名

関所名

3　史　料

【文献史料】

【法制史料】

法令全体を引用している場合は太字で示した。

公家法

第二条（荘園整理令） 154
第三号（神人濫行停止令・神人整理令） 154-158, **155**, **156**
第四号（悪僧濫行停止令） 154-157, 159, **155**, **156**
第八号（神人濫行停止令・神人整理令） 155, 158
第一二号（神人濫行停止令・神人整理令） 155, 158
第一三号（悪僧濫行停止令） 155
第二六号（利倍法） **162-163**, 235
第二九号（寄沙汰禁止令） 149, 162, 164-168, 186, **164**
第三〇号（荘園整理令） 150, 162, **171-172**
第三三号 161
第三七号（神人濫行停止令・神人整理令） **173**, 174
第三八号（悪僧濫行停止令） 161
第四六号 269
第四七号 173
第五一号 161
第八三号（利倍法） **176**, 236, 239
第九〇号 236, 256
第九九号（神人・悪僧濫行禁止令） **180**, 263
第一〇八号（僧侶の武装禁止令） 180, **182**
第一〇九号（利倍法） 180, 236
第一三〇号（新補地頭の得分） 214
第一三五号（追加法第一七条） 238
第一三八号（人の勾引・売買禁止令，追加法第一五条） 215, 216, 232
第一三九号（博劇禁止令，追加法第一六条） 215, 216
第一四〇号（利倍法，追加法第一七条） 215, 216, 238
第一四一号 183
第一四三号（荘園整理令） 171, 183
第一四四号（荘園整理令） 183
第一四五号（神人整理令） **183**
第一四六号（私出挙禁止令） 183
第一四七号（荘園整理令） 183
第一四八号（神人整理令） 171, 184, 186
第一四九号（寄沙汰禁止令） 171, **184**, **185**, 190, 193, 207
第一五〇号（神人・悪僧濫行停止令，追加法第三三条） 179, 213
第一七二号（寄沙汰禁止令） 150
第一九二号（利倍法） 236, 240
第二〇四号（神人整理令，追加法第二八〇条） 216
第二一七号 188, **264**
第二五七号（寄沙汰禁止令） 223, **265**
第二六七号 182
第二七一号（犯罪者の住宅破却禁止令） **280**
第二八二号（山賊・海賊追討令） 212
第三五二号（寄沙汰禁止令） 151
第二六〇号 261
第二六一号 261
第三七〇号 182
第三八一号（挙銭・借上禁止令） 157, 171, **267**, 270
第四三一号 **270**, **271**
第四三四号（寄沙汰禁止令） 47, **276**, 283
第四四四号（宅切狼藉の禁止令） **278**, 283, 326
第四四五号（点定の禁止令，点定を雑務沙汰から検断沙汰へ） **282**, 283
第四四九号（寄沙汰禁止令） 151
第四五七号（宅切狼藉） 221, 226
第四五八号（点定物） 226
第四七一号（神人の狼藉禁止令） 263, **264**
第五六八号（寄沙汰禁止令） 151
第五六九号（寄沙汰禁止令） 151, 172

武家法

鎌倉幕府法
　御成敗式目 179, 187
　　第一五条 61
鎌倉幕府追加法
　第九条（新補地頭の得分） 214
　第一〇条 214
　第一五条（人の勾引・売買禁止令） 215, 216
　第一六条（博劇禁止令） 215, 216
　第一七条（利倍法） 179, 215, 216, 232, 236
　第一八条 249
　第三三条（公家法第一五〇号＝宣旨事） 152, 179, 213, 214, **218**, 250, 254, 291
　第三四条（召人預置法） 96

第五一条（寄沙汰に対する幕府の対策）　**187**, **188**, 231
第六七条（寄沙汰禁止令，総力を挙げて寄沙汰に対決）　189-193, **189**
第七〇条（僧侶の武装禁止令）　179, 182, **193**, **194**
第一〇〇条　194
第一〇一条　196
第一〇三条（六波羅探題の宿所に嗷訴）　194-196, **195**
第一〇四条　194
第一一六条（山僧の預所・地頭代補任禁止令）　197, **198**, 207
第一二〇条（山僧・商人・借上の地頭代補任禁止令）　197-**199**, 254, 279
第一四二条（人倫売買禁止令）　46
第一八〇条（出挙利分事，利倍法）　**233**, 236, 240
第一八二号　212
第二一六条　241
第二三八条（神人・拒捍使の寄沙汰）　201, 261, 279
第二六六条（寄沙汰停止令）　242
第二六七条（山僧の寄沙汰禁止令）　243
第二六八条（大和の悪党の追討令）　243
第二八〇条（神人整理令）　216
第二八二条　**250**
第二八六条（牛馬盗み禁止令）　92
第二八九条（土民去留事）　248
第三〇六条　239, **245**
第三九〇条（鎌倉中迎え買いの禁止）　305
第三九五条　239, **246**
第四〇八条（山僧請取沙汰の禁止）　**253**, 261, 285, **333**
第四四四号　248
第六六三条　**258**
第六六七条　256, 257
第六七三条　256, 257
第七〇二条（利銭出挙の事）　249
第七一四条　269
第七三六条（人売禁止令）　63
建武式目　315
第一条（倹約令）　316
第四条（私宅の点定禁止令）　281
第一三条　**316**, **317**
第一四条　**316**, **317**
室町幕府追加法＝建武以来追加
第一八条（他人の借書を誘い取り，負人呵責の禁止）　**322**
第三三条　221
第三九条（他人の借書を誘い取り，負人呵責の禁止）　**322**
第一〇五条　**323**, 324
第一四五条　**325**, 326

武家家法

今川仮名目録
第二五条　364
宇都宮式条
第五九条　**308**, **309**
第六〇条（押買禁止令）　14, **308**, **309**
第六六条（未進年貢の取立関連法）　206
第六七条（未進年貢の取立関連法）　206
第六八条（未進年貢の取立関連法）　206
大内氏掟書
第一六七条　46, 47, 58, 78, 112, 116
相良氏法度
第一八条　52, 57, 108-113, 115, **111**, **112**
塵芥集　14
第九四条　74
第一〇〇条（本銭返年紀売地事）　67, 74
第一〇五条　26
第一二七条　364
第一二八条　364
第一二九条　364
第一三四条　61
第一七一条　14
蔵方の掟　103
宗像氏事書　第五条　250
結城氏新法度　14, 57, 78, 98, 114
第八条　14, 24
第一七条　16
第二九条（公界法）　99, **100**
第三〇条（公界寺）　99
第三五条　364
第三六条（洞中への披露）　293, 364
第四二条（忠信者の負物法）　99, **101**, 103
第四四条（債権取扱法）　99, 103, **104**
第七七条　15, 24
第八二条（門番・夜番法　公界の寄合）　99, 103, **105**
第八三条（撰銭関連法）　99, 103, **106**, **107**
第八七条（公界僧）　99
第九四条（公界寄合，公界活計）　100

4　法と制度

【市場法】

【債権債務の法と制度】

寄沙汰（経緯中心）

5 事　項

ア　行

カ　行

サ　行

タ　行

ナ　行

ハ　行

マ　行

ヤ・ラ・ワ行